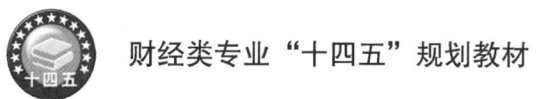财经类专业"十四五"规划教材

财务共享服务

邓黎明　贺旭红　王志伟 ◎ 主　编
刘　杰　黄小芬 ◎ 副主编
厦门网中网软件有限公司 ◎ 组　编

立信会计出版社

图书在版编目(CIP)数据

财务共享服务 / 邓黎明,贺旭红,王志伟主编. —上海：立信会计出版社，2023.8
ISBN 978-7-5429-7359-7

Ⅰ. ①财… Ⅱ. ①邓… ②贺… ③王… Ⅲ. ①企业管理—财务管理—研究 Ⅳ. ①F275

中国国家版本馆 CIP 数据核字(2023)第 150598 号

策划编辑	王斯龙
责任编辑	王斯龙
助理编辑	郑文婧
美术编辑	吴博闻

财务共享服务
CAIWU GONGXIANG FUWU

出版发行	立信会计出版社			
地　　址	上海市中山西路 2230 号	邮政编码	200235	
电　　话	(021)64411389	传　　真	(021)64411325	
网　　址	www.lixinaph.com	电子邮箱	lixinaph2019@126.com	
网上书店	http://lixin.jd.com		http://lxkjcbs.tmall.com	
经　　销	各地新华书店			
印　　刷	上海华业装璜印刷有限公司			
开　　本	787 毫米×1092 毫米	1/16		
印　　张	18.5			
字　　数	439 千字			
版　　次	2023 年 8 月第 1 版			
印　　次	2023 年 8 月第 1 次			
书　　号	ISBN 978-7-5429-7359-7/F			
定　　价	49.00 元			

如有印订差错,请与本社联系调换

前　　言

财务共享是企业集中管理模式在财务管理上的最新应用,目的在于通过一种有效的运作模式,解决财务职能建设中的重复投入和效率低下的问题。企业通过统一的系统平台、统一的会计核算方法、统一的操作流程等形式,由信息网络技术推动运营管理模式的变革与创新。

本教材针对高职教育的特色、财务共享的特点以及课程思政的要求,编写题材独特、思想新颖;采用真实企业流程、真实业务案例进行教与学;每个知识点有操作流程和步骤,能够提高学生独立运用知识解决现实问题的能力,也为学生走上工作岗位奠定了坚实的理论和技能基础。

本教材设置了大量通俗、生动、形象、实用的数字资源学生可通过扫描二维码或登录实践操作平台(https://edu.netinnet.cn/student/index.html♯/home)进行课前、课后进行预习和复习;本教材按照课程思政的理念,设计了思政案例,在学生学习专业课程的同时,培养学生的爱国精神、团队合作精神、遵纪守法的意识等。

本教材共分为四章,第一章为智能财务共享中心,第二章为智能财务机器人,第三章为智能税务,第四章为集团财务共享。

本教材由湖南财经工业职业技术学院邓黎明、贺旭红、王志伟、刘杰、黄小芬、刘颖、肖岚清、蒋怿菁、李赛妮和厦门网中网公司张峰等共同编写。其中,邓黎明、贺旭红、王志伟任主编,刘杰、黄小芬任副主编。

在本教材的编写过程中,我们尽量做到精益求精,但由于水平和时间有限,本教材中如有错误和不足,希望广大读者批评指正。

编　者

2023 年 8 月

目　录

第一章　智能财务共享中心 ·· 1
　第一节　期初建账 ·· 1
　第二节　票据录入 ·· 7
　第三节　财税审核 ·· 33

第二章　智能财务机器人 ·· 45
　第一节　智能识别 ·· 46
　第二节　智能记账 ·· 51
　第三节　智能审核 ·· 57

第三章　智能税务 ·· 68
　第一节　发票的申领与使用 ·· 68
　第二节　社会保险和住房公积金办理 ··· 93
　第三节　纳税申报 ·· 101

第四章　集团财务共享 ··· 141
　第一节　财务共享服务中心认知 ·· 141
　第二节　集团共享企业创立 ··· 149
　第三节　预算编制 ·· 159
　第四节　采购与付款核算 ··· 170
　第五节　销售与收款核算 ··· 208
　第六节　费用报销 ·· 236
　第七节　薪酬与社保 ·· 257

第一章 智能财务共享中心

学习目标及重难点

1. 学习目标

（1）了解会计准则、小企业会计准则、税收政策、会计档案管理办法、企业财务制度等相关法律法规内容；熟悉财务共享服务中心工作规范和工作流程；掌握智能财务共享中心平台期初建账的操作流程；掌握智能财务共享中心平台票据录入的操作流程；掌握智能财务共享中心平台财税审核的操作流程；掌握小规模纳税人税费计算及纳税申报的操作流程；掌握一般纳税人税费计算及纳税申报的操作流程；熟悉会计资料整理归档的操作流程。

（2）培养高效沟通协调能力，准确、及时完成与客户资料对接工作；遵守职业道德规范、保守秘密，具有主动服务意识。

2. 学习重点

（1）期初建账。

（2）票据录入。

（3）财税审核。

3. 学习难点

财税审核。

财税共享，是指社会财务共享服务中心为代账公司、企业主体等提供的基础性财务税务类共享服务。财务共享服务中心或财务共享中心，是提供财务共享服务的业务单位，通过流程再造搭建内控体系，按照会计准则、税法的要求，实现财务、税务日常处理的流程化、标准化，提高工作效率，节约人力成本。

本章旨在培养能够胜任社会财务共享中心、企业集团财务共享中心从事票据整理、信息录入、审核等基础性会计核算工作的新型财务人员；或能在中小微企业从事云会计核算、报表编制、会计档案管理等工作的财务人员。

第一节 期初建账

本章以北京博闻会展服务有限公司为例，介绍智能财务共享中心的相关内容。

一、工作情境

公司名称：北京博闻会展服务有限公司。

所属行业:会议展览服务业。
会计制度:小企业会计准则。
纳税人性质:小规模纳税人。
建账期间:2022年3月。
主营业务:设计、制作、代理、发布各类广告,图文设计制作,产品包装设计,展览展示服务,会务服务,婚庆服务,企业形象策划,市场营销策划,工艺品、装饰品、办公用品、百货销售。

公司智能财务共享中心的组织架构,如图1-1所示;核算中心部门设置的岗位及流转程序,如图1-2所示。

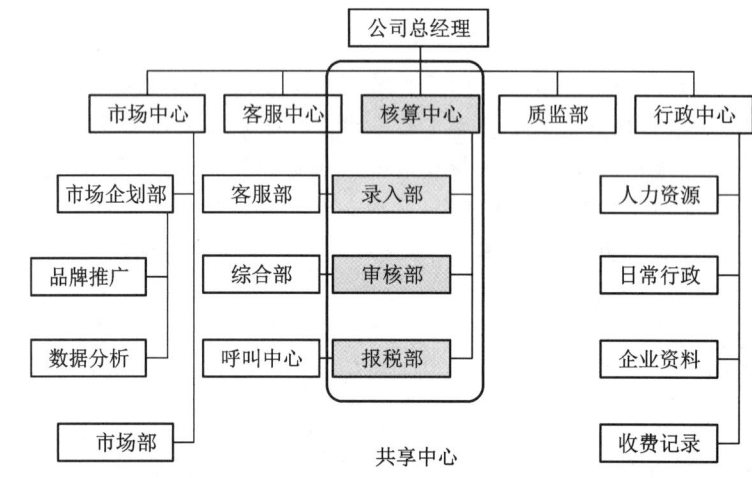

图1-1 智能财务共享中心组织架构

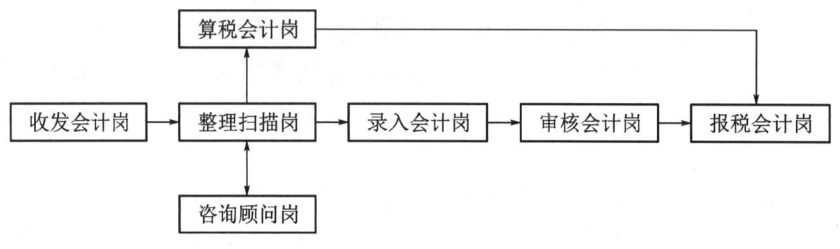

图1-2 核算中心部门设置的岗位及流转程序

二、业务流程

智能财务共享中心的行政专员需要先对北京博闻会展服务有限公司的资料进行建档保存,收集所需的全部资料后,交给会计人员建立企业账套,会计人员根据企业的业务经营范围设置相关的会计科目,录入期初数据。期初建账的业务流程包括企业信息建档、建账资料收集、企业账套建立、会计科目设置、期初数据录入,如图1-3所示。

企业信息建档 → 建档资料收集 → 企业账套建立 → 会计科目设置 → 期初数据录入

图1-3 期初建账的业务流程

(一)企业信息建档

企业信息建档,即将企业名称、地址、联系人、联系方式等企业基本信息收集齐全,对收集资料的真实性、合法性进行审查,审查无误后,录入智能财务共享中心平台。

在进行企业信息建档前,会计人员需要收集企业基本资料,包括企业营业执照副本、法人身份证、企业财务制度、公司章程复印件等。

在进行建档操作时,会计人员应确保录入的企业档案信息全面、详细、真实。

会计人员登录智能财务共享中心平台进行建档操作,在智能财务共享中心平台企业信息建档和建账是同步操作的。

(二)建账资料收集

无论是新设企业建账,还是持续经营期间的企业建账,都应提供健全的财务资料,包括企业的银行账户开户信息、税务账户密码等,以便开展建账工作。新设企业和持续经营期间企业的建账资料清单,如表1-1所示。

表1-1 建账资料清单

相关财务资料	新设企业	持续经营期间企业
银行账户开户信息复印件	√	√
税务账号密码或直接取得CA证书	√	√
公司员工名单及身份证号码相关信息	√	√
社保、工资表相关信息	—	√
财务报表	—	√
当年各种税纳税申报表	—	√
上年度所得税汇算申报表	—	√
记账凭证、总账、日记账、明细账	—	√
累计发生额及余额表、往来科目明细表、长期待摊费用明细表、递延资产明细表、固定资产明细清单、无形资产明细清单	—	√
银行存款余额调节表-账户1(包括企业开立的所有账户)、银行存款余额调节表-账户2	—	√ —
资料交接清单	√	√

在建账资料收集过程中,以上与财务相关的资料,可以通过资料交接清单汇总,如表1-2所示。

表1-2 资料接交清单

公司名称:　　　　　　　资料交接清单(　　)月份　　　　　时间:

移交人:				接收人:
序号	摘要	数量(张/本)		备注
1	营业执照复件复印件			
2	法定代表人身份证复印件			

(续表)

序号	摘要	数量（张/本）	备注
3	银行账户开启信息表复印件		
4	税务账号密码或直接取得CA证书		
5	员工名单及身份证号码相关信息		
6	社保、工资表相关信息		
7	财务报表		
8	当年各税种纳税申报表		
9	上年度所得税汇算申报表		
10	记账凭证、总账、日记账、明细账		
11	累计发生额及余额表、各明细表		
12	固定资产、无形资产清单		
13	银行存款余额调节表		
14			
15			

实务工作中，应对收集到的企业信息资料进行审查，确保合法、真实、完整、有效。如果发现企业提供的资料不全，应及时做好沟通工作，补全所需资料。

（三）企业账套建立

建账资料准备完毕，即可登录智能财务共享中心平台，创建账套信息。平台需要填写的信息有：企业名称、所属行业、纳税人制度、会计制度、建账期间等。其中，会计人员需要根据企业提供的资料，对企业所属行业、纳税人制度、会计制度的选择这三部分内容作出判断。

1. 所属行业

实务工作中，常见的行业类型包括商品流通行业、服务行业、建筑、餐饮、货运代理、培训服务业、会务业、广告业、物流业、制造业等。会计人员通过查看企业营业执照副本复印件中的经营范围，在建账模块中选择所属行业。

2. 纳税人制度

纳税人分类的基本依据是纳税人的会计核算是否健全，以及企业规模的大小。衡量企业规模的大小一般以年销售额为依据，年应征增值税销售额500万元及以下认定为小规模纳税人；年应征增值税销售额500万元以上认定为一般纳税人，特殊规定除外。

3. 会计制度的选择

企业初次建账时，选择合适的会计制度很关键，企业会计制度的选择，会直接影响到后续会计科目的设置、会计核算的方法。会计制度的选择主要是根据企业的规模、业务量、业务特点，可供选择的企业会计制度包括企业会计准则、小企业会计准则。小企业会计准则适用经营规模较小的企业，一般小企业的经济业务相对简单，有特殊要求的企业除外。选择小企业会计准则以后，会计科目设置和会计核算都会比较简化。

(四) 会计科目设置

企业建立账套后,应进行会计科目的设置。会计科目的设置是期初建账工作的关键环节,关系到日后的会计核算。在设置会计科目过程中,应遵循合法性原则、相关性原则、实用性原则。由于不同企业经济业务活动的具体内容、规模大小与业务繁简程度等情况不尽相同,在具体设置会计科目时,企业应考虑其自身特点和具体情况。会计科目设置,如图1-4所示。

图1-4 会计科目设置

企业选用不同的会计制度,其会计科目的设置也会有所差异。小企业会计准则与企业会计准则会计科目设置的区别,如表1-3所示。

表1-3 小企业会计准则与企业会计准则会计科目设置

企业会计准则	小企业会计准则	企业会计准则	小企业会计准则
一、资产类		二、负债类	
交易性金融资产	短期投资	交易性金融负债	
坏账准备		应付股利	应付利润
代理业务资产		代理业务负债	
发出商品		预计负债	
存货跌价准备		应付债券	
债权投资	长期债券投资	未确认融资费用	
其他债权投资		专项应付款	
其他权益工具投资		递延所得税负债	
债权投资减值准备		四、所有者权益类	
长期股权投资减值准备		库存股	
投资性房地产		五、成本类	
长期应收款		劳务成本	
未实现融资收益		六、损益类	
固定资产减值准备		公允价值变动损益	
无形资产减值准备		资产减值损失	
商誉		以前年度损益调整	
递延所得税资产			

（五）期初数据录入

新设企业无期初数据，完成会计科目设置后，即完成了期初建账完整的操作流程。而持续经营期的企业，则需根据提供的期初余额表，进行期初数据的录入，如图1-5所示。

图1-5 期初余额录入

智能财务共享中心平台中录入期初余额有手工录入和Excel导入两种方式。

1. 手工录入期初余额

手工录入方式下，直接手工输入末级科目的期初余额，相应的上级科目会自动累加金额。如手工输入"100201 工商银行北京东城支行"科目的余额，其上级科目"1002 银行存款"的金额会自动累加，如图1-6所示。输入辅助核算类科目时，应注意输入辅助账的期初明细。

图1-6 手工录入期初余额

2. Excel导入期初余额

实务工作中，通过Excel导入期初余额更加方便、准确。Excel导入方式下，需下载平台中的期初余额表模板，并与原来的期初余额表进行对比检查格式是否一致。如果一致则可直接将原来的期初余额表导入上传；如果不一致，则按下载的模板调整一致后再导入上传。

年中建账期初数据需注意以下问题：

（1）如果是新设企业第一次建账，期初数据为"0"。

（2）如果是持续经营企业，则期初金额为上一月末的结余数，并输入当期的期初余额和本年各科目的累计发生额。其目的是在导出资产负债表和利润表时,自动提取年初数据和累计数据。例如,6月份建账,即输入5月底(6月初)的各科目的余额和1~5月的各科目的发生额。

第二节 票据录入

一、工作情境

每月月初,北京博闻会展服务有限公司将财务资料收齐,财务共享中心的收发会计应对企业的资料进行核对;核对无误后,转交给整理扫描会计进行分拣、编号、扫描上传至智能财务共享中心平台;录入会计再将平台的电子票据按照票据类型进行整理分类。票据整理好以后,按财务共享中心的票据分类标准要求,逐类提取票据核算信息,系统便会自动生成记账凭证、账簿登记、财务报表。北京博闻会展服务有限公司服务型财务共享中心业务核算流程,如图1-7所示。

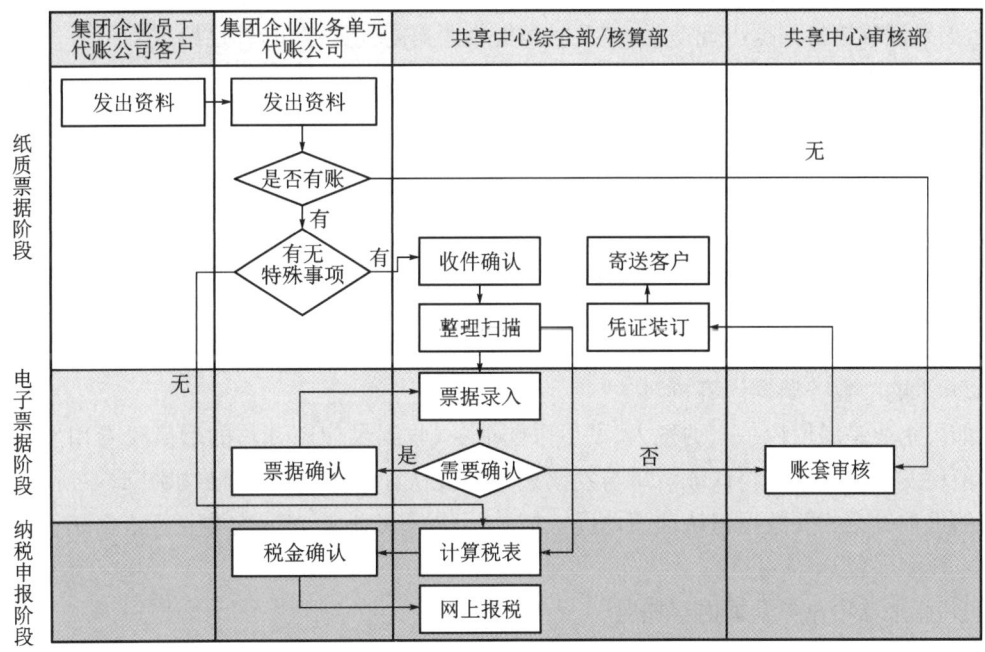

图1-7 服务型财务共享中心业务核算流程

二、业务流程

票据录入的业务流程包括票据整理、票据扫描、票据录入,如图1-8所示。

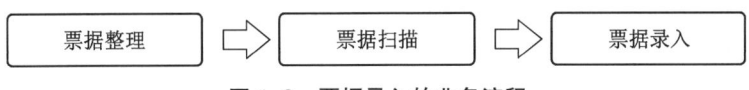

图1-8 票据录入的业务流程

（一）票据整理

票据即原始凭证，是会计记账最基础的资料，是证明企业经济业务发生最有效的证据。会计获取票据时，可先详细翻阅一遍，剔除掉不合规的票据，再进行分类处理。

1. 判断业务类型及票据

根据不同类型的经济业务，整理扫描会计可以大体将票据分为八大业务类型，分别是销售类、收款类、转款类、采购类、费用类、付款类、工资类、成本类。对于无法准确归类到八大业务类型中的票据，记入其他类。

2. 审核票据内容

完成基本的票据分类操作后，须重点核对购销业务和往来款项业务的票据内容。例如，销售类业务，需将整理好的销售类票据与抄税清单进行核对，统计无票收入；采购类业务，需将已认证的进项发票相关数据与认证清单进行核对；往来款项业务，需将各银行回单与银行对账单逐笔核对。

1）销售类业务票据内容核对

详细登记企业开具的增值税专用发票的抄税清单，可用作抄税依据。将整理好的销售类票据与抄税清单核对，便可以清楚知道企业销售业务是否出现遗漏、账证不符等情况。实务中，如果发现销售票据出现遗漏，应及时与提供票据的人员沟通，补足票据。

另外，在实际销售中，很多销售票据的金额很小，且是对个人销售的收入是不开发票的，但是这部分收入也是经营者的应税收入，需要依法申报纳税。因此，会计在整理票据时，发现有无票收入的，要及时做好统计工作。

> **提示**
>
> 企业的无票收入在入账前，应确认清楚是否需要开具发票，如确认需要开具发票，可在开票后再记收入，避免反复调整。

2）采购类业务票据内容核对

如果企业是增值税一般纳税人，发生采购业务，收到供应商开具的增值税专用发票，可在增值税发票税控系统将认证清单与发票核对生成认证清单，认证清单如图1-9所示。已认证的进项发票相关数据与认证清单进行核对，可以有效地检查采购类业务票据是否齐全，避免企业多缴税。

3）往来款项业务票据内容核对

对于往来款项业务，整理扫描会计需将各银行回单与银行对账单逐笔核对，对未达账项及未到记账所属期的票据进行标注。

（二）票据扫描

为了便于业务处理以及方便查找，需将各类票据编号，扫描导入至智能财务共享中心平台。实务中，根据企业的业务量和财务工作人员的习惯，票据编号的规范也略有不同。例如，一个企业有多家工厂，可以按"工厂编码"对票据编号分类；有些商品流通企业则是按照业务类型对票据编号分类。

按照票据编号规则进行票据编号后，即可进行票据扫描导入的工作。

增值税发票税控系统发票认证结果清单							
全部清单 （第1页,共1页）							
企业名称：******************有限公司				纳税人识别号：*****************			
序号	发票代码	发票号码	开票日期	销方税号	金额	税额	认证结果
1	4100121140	*******	2022-09-25	*********	380 854.70	64 745.30	认证通过
2	1200122140	*******	2022-08-18	***********	499 914.53	84 985.47	认证通过
3	4100121140	*******	2022-09-168	***********	634 188.03	107 811.97	认证通过
4	1200121140		2022-09-03		418 803.42	71 196.58	认证通过
5	4100114140		2022-09-22		552 136.75	93 863.25	认证通过
6	4100121140		2022-09-01		314 700.85	53 499.15	认证通过
7			2022-08-29		529 914.53	90 085.47	认证通过
8			2022-09-11				认证通过
9			2022-09-21				认证通过
							认证通过
							认证通过
（当前页） 合计金额 3 330 512.81 元 税额：566 187.19 元							
制表人： ****************** 有限公司 制表时间： 2022-10-29							

图 1-9 认证清单

1. 建立存放路径

票据扫描前,须先在计算机里建立图片的存放路径。

2. 逐张(或批量)扫描

将与扫描驱动相符的扫描仪连接计算机,进行票据扫描。实务工作中,根据扫描仪型号的不同,进行单张票据的扫描或者批量票据扫描。

在票据扫描过程中,应注意以下五点：

(1) 编号清晰。切记不要连笔写,让人看不清楚。

(2) 将便笺纸粘贴在空白区。如果是同一类票据,可以把同一类票据的金额进行相加写到便笺纸上,并将便笺纸粘贴在首张票据上,尽量不要遮挡住票面上的原始信息。

(3) 使用夹板。由于打车票或者停车票特别小,为防止卡纸,可以使用夹板进行助力。

(4) 一次扫描要适量。如果太多会造成严重的卡纸,影响工作效率。

(5) 检查清晰度。票据扫描完成后一定要检查清晰度,如不清晰,应重新扫描。

3. 票据导入

在保证票据扫描的信息清晰的前提下,将票据导入智能财务共享中心平台。具体操作步骤如下：

(1) 登录智能财务共享中心平台,单击智能记账模式下的【企业库】,选择要上传的公司票据,执行【票据管理】—【导入票据】—【账务资料】命令,选择期间,单击【+继续添加】,选择要上传的图片。

(2) 单击【导入】,即完成票据导入工作。

(三) 票据录入

整理扫描会计完成票据整理、扫描、导入智能财务共享中心平台后,即可交由录入会计完成后续的工作。

1. 获取后台票据

录入会计进行票据录入工作前,应先获取后台票据,具体操作步骤如下:

(1) 登录智能财务共享中心平台,选择所属行业、企业名称、记账归属日期,如图1-10所示。

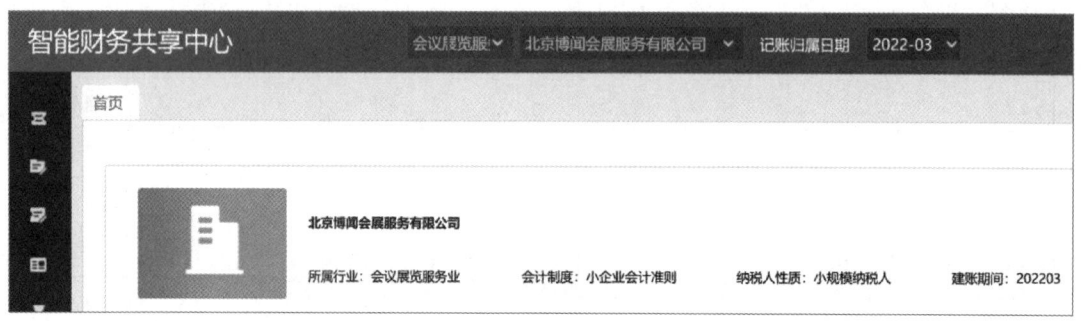

图 1-10　获取后台票据(1)

(2) 依次单击系统左侧【影像管理系统】—【影像获取】—【上传影像】,即可完成获取票据的操作,如图1-11所示。

图 1-11　获取后台票据(2)

2. 录入相关票据

获取票据后,即可整理票据,并对整理后的销售类、收款类、转款类、采购类、费用类、付款类、工资类、成本类、其他类、银行对账单及报税资料等进行录入。

1) 销售类票据

企业发生销售业务,须向客户开具发票,确认销售收入。常见的销售类业务票据包括增值税专用发票、增值税普通发票、增值税电子普通发票打印件、税务局代开的增值税专用发票、发货清单(无票收入统计表)等。

智能财务共享中心平台要求在录入销售类票据时,应准确判断业务内容,解读票据信息,需要抓住三个关键点:发票名称、发票联次、购销企业信息。根据发票名称,可以了解企业是一般纳税人还是小规模纳税人;企业发生销售业务时,发票联和抵扣联提交给购货方,企业财务部留下来做账的是记账联;通过查看发票购销企业信息,确认本企业应为销售方,客户应为购买方。

例如,北京博闻会展服务有限公司增值税普通发票(记账联),如图1-12所示。根据票据内容,解读到以下相关信息:北京博闻会展服务有限公司提供给北京市领航商贸有限公司会展服务,不含税金额￥110 000.00,税额￥3 300.00,价税合计￥113 300.00。

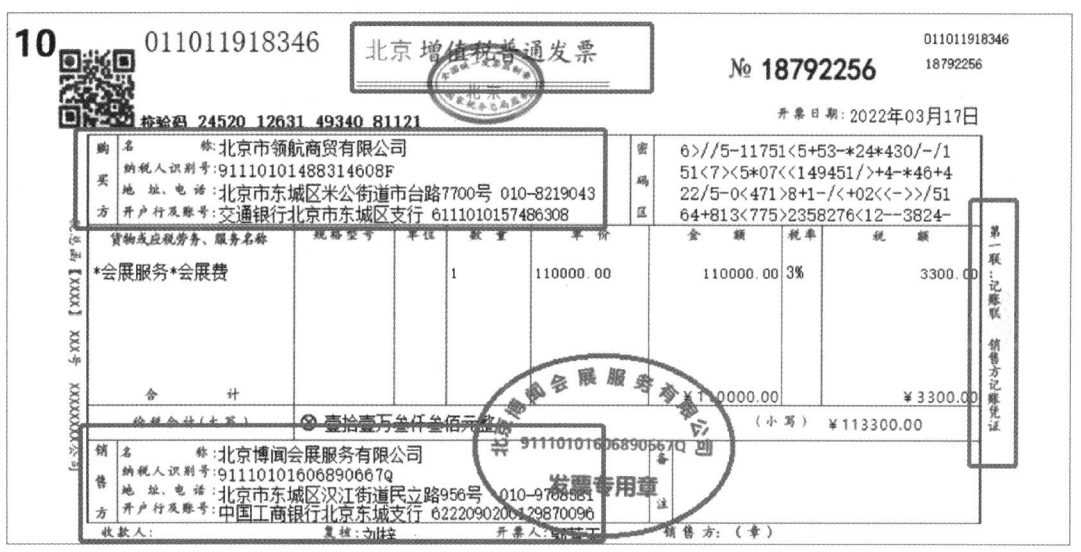

图1-12 增值税专用发票(记账联)

在智能财务共享中心平台智能化系统录入规则下,录入销售业务票据时,应关注以下业务信息:票据编号、票据类型、现金结算、现金金额、业务类型、往来单位、业务特征、未税金额、税率、税额、价税合计。具体操作步骤如下:

(1) 依次单击系统左侧【影像管理系统】—【影像整理】,如图1-13所示。

(2) 根据整理扫描会计在每张票据左上角的手写编号,录入系统右侧【票据编号】项目,如图1-14所示。

(3) 单击系统右侧【票据类型】下拉菜单,选择【销售】,系统自动跳转【现金结算】【现金金额】项目,如图1-15所示。

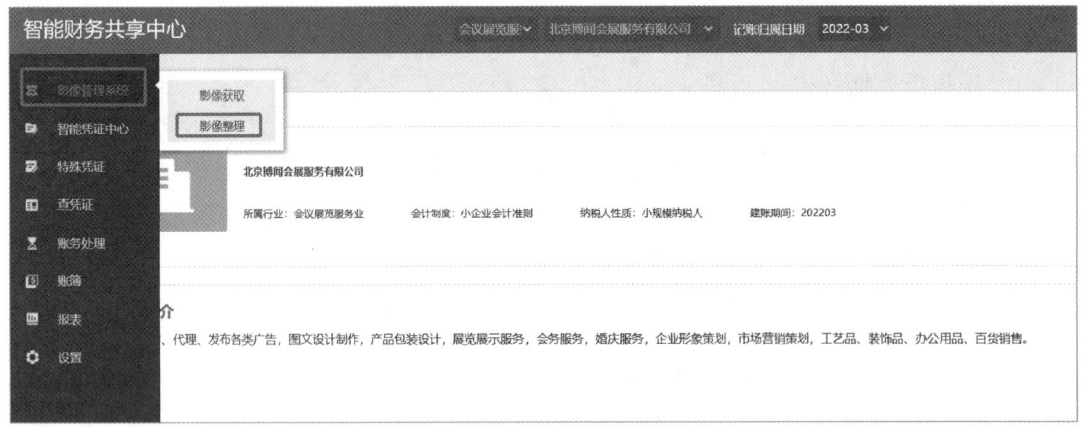

图 1-13　销售类票据录入(1)

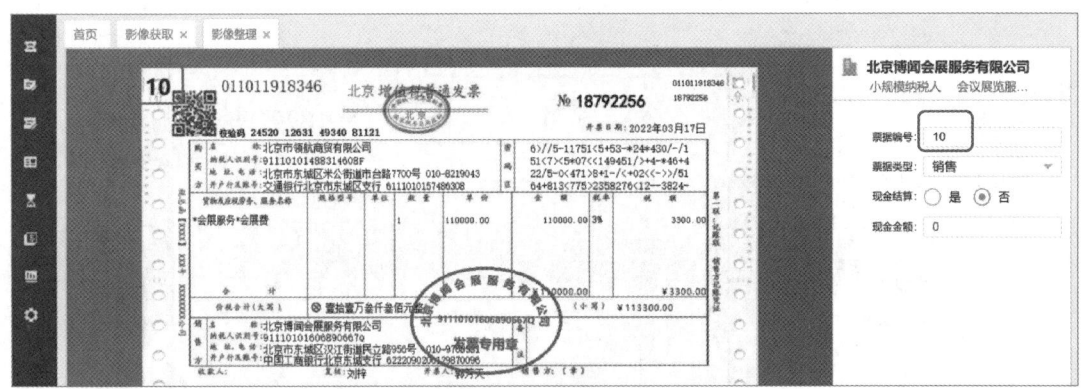

图 1-14　销售类票据录入(2)

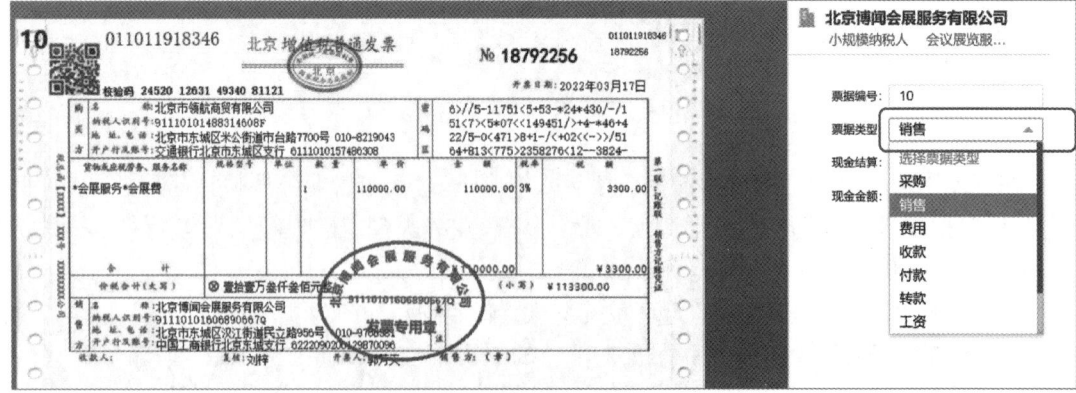

图 1-15　销售类票据录入(3)

（4）查看发票上是否有"现金"字样备注。如果发票上出现"现金"字样，说明该笔销售业务采用现金方式收款，需输入相应的现金金额；如果发票上未出现"现金"字样，直接选择【现金结算】—【否】，系统默认现金金额为"0"，如图1-16所示。

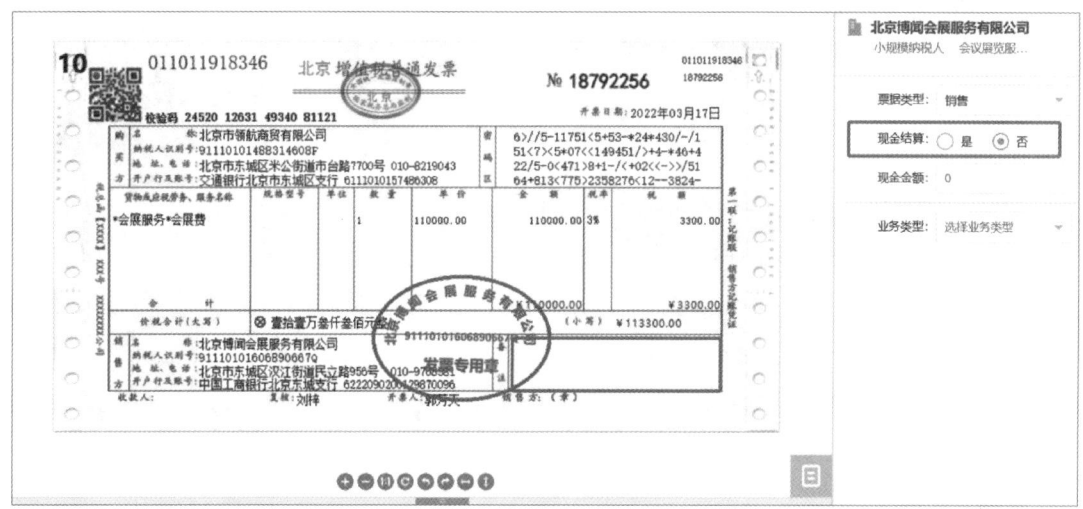

图1-16　销售类票据录入（4）

（5）完成【影像管理系统】—【影像整理】模块的录入工作后，单击系统左侧【智能凭证中心】，如图1-17所示。

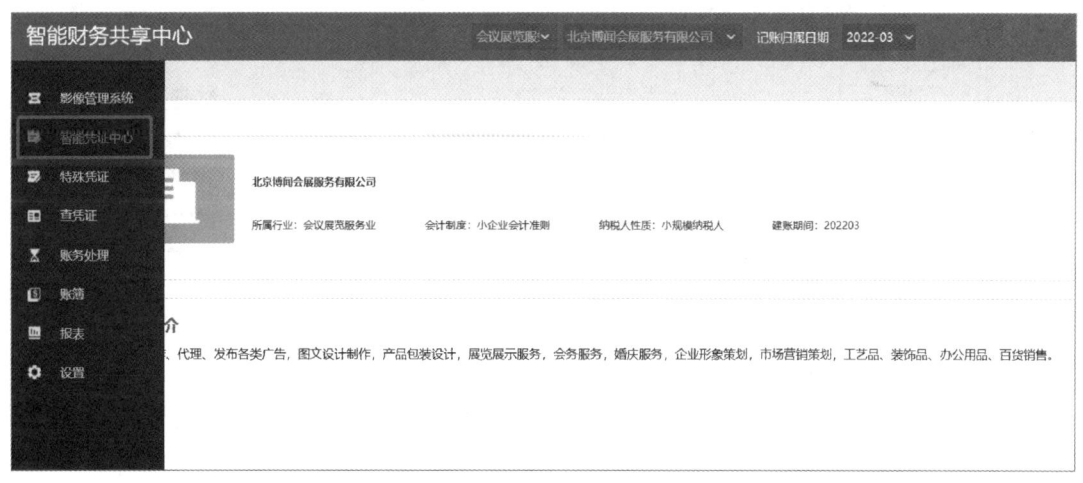

图1-17　销售类票据录入（5）

（6）单击系统右侧【业务类型】下拉菜单，根据发票上的税率栏，判断选择【应税收入】或者【免税收入】，系统自动弹出【往来单位】【业务特征】【未税金额】【税率】【税额】【价税合计】等项目，如图1-18所示。

（7）相对于销售方来说，往来单位就是采购方，也称为企业的客户。企业发生赊销业务时，挂账【应收账款】，此时【往来单位】处需要输入客户全称。单击系统右侧【往来单位】下拉菜单，选择【北京市领航商贸有限公司】，如图1-19所示。

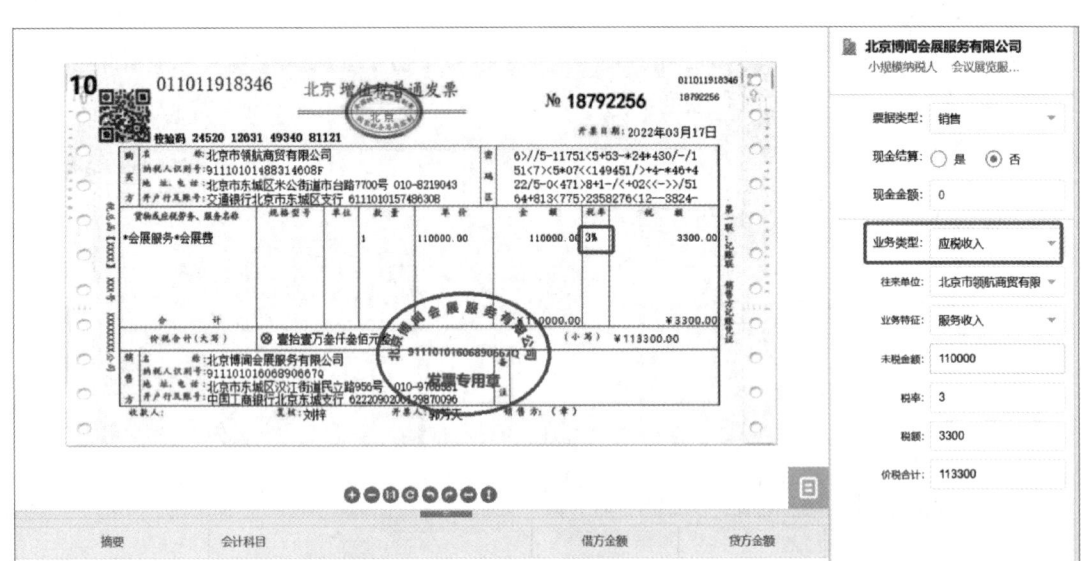

图1-18 销售类票据录入(6)

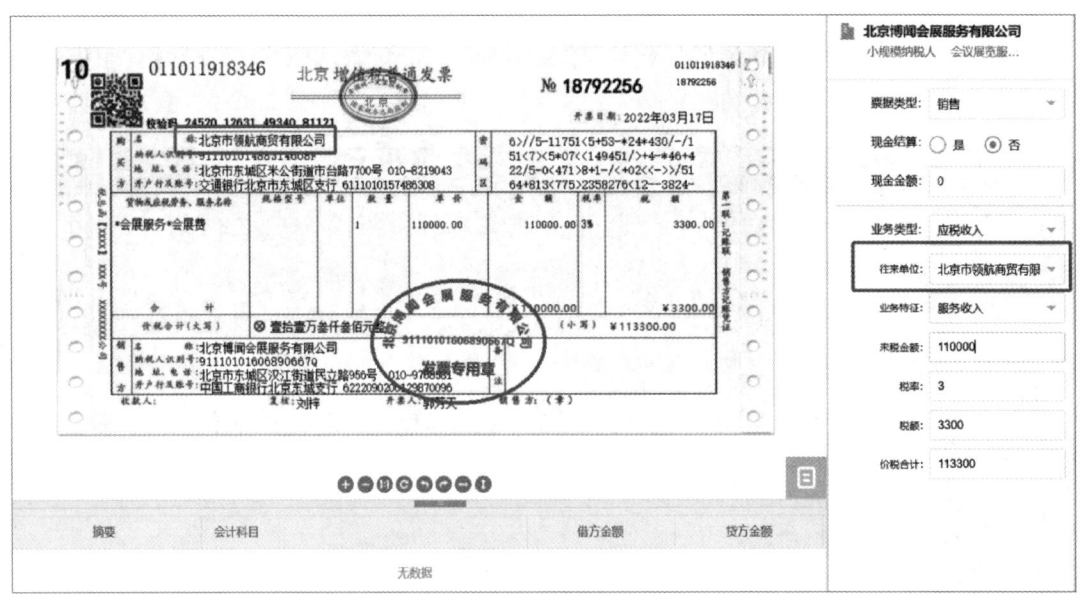

图1-19 销售类票据录入(7)

(8) 销售类【业务特征】分为"服务收入"和"货物及劳务"。单击【业务特征】下拉菜单，判断本业务特征应为【服务收入】，如图1-20所示。

(9) 根据发票上的金额，录入【未税金额】为"110000"，【税率】为"3"，系统自动核算出【税额】【价税合计】项目的数据，如图1-21所示。

完成以上九个步骤的操作，即完成了销售类票据录入工作。在实际操作过程中，经济业务是各式各样的，录入会计应掌握各项经济业务对应的税率，以及各项经济业务归属的业务

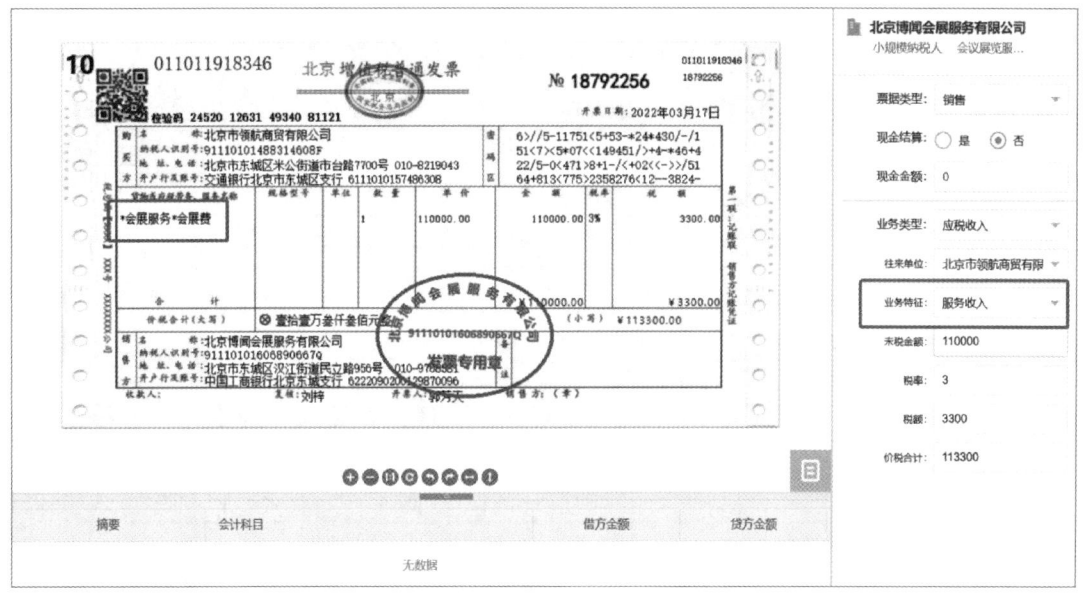

图1-20 销售类票据录入(8)

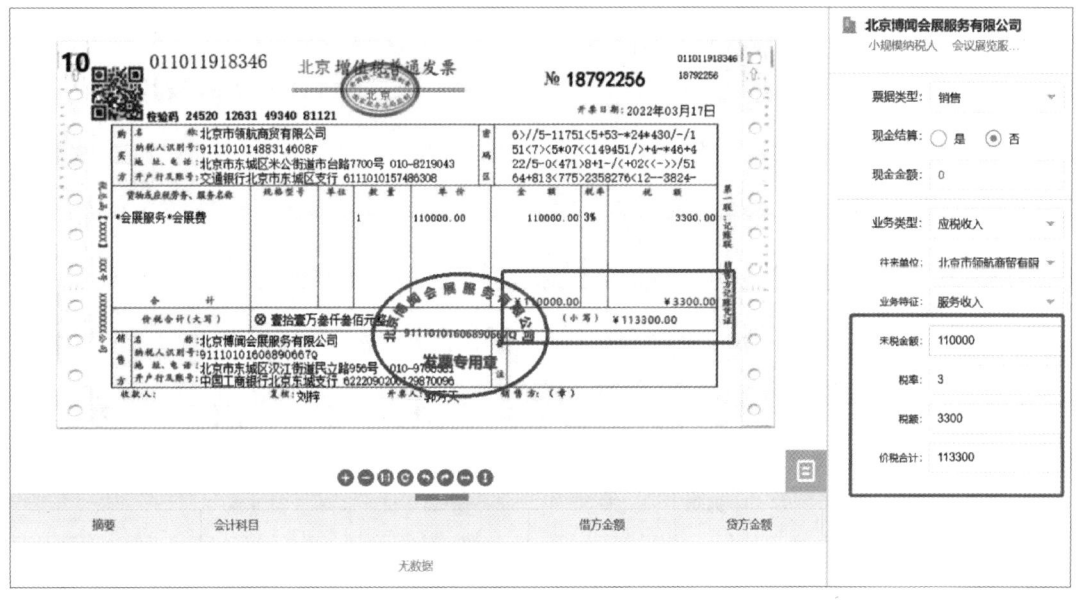

图1-21 销售类票据录入(9)

类型。通常情况下,发票上的"税率"栏标注税率为13%、9%、6%,或者征收率为5%、3%、1.5%的,划分为应税收入;发票上的"税率"栏标注"免税""0"字样的,划分为免税收入。

2)收款类票据

企业发生收款业务,会收到银行收款回单。常见的收款类票据包括银行电子回单、借款借据(收账通知)、证券交易对账单、收款收据等,如图1-22所示。

13 中国工商银行(北京东城)计付存款利息清单 （收款通知）

2022 年 03 月 21 日

单位名称：北京博闻会展服务有限公司					
结算帐号：6222090200129870096			存款帐号：6222090200129870096		
编号	计息类型	计息起讫日期	计息积数	利率	利息金额
01	活期储蓄存款	2021-12-21-2022-03-20	46656000	0.35%	453.60
摘要：利息				金额合计	￥453.60
金额合计（大写）肆佰伍拾叁元陆角					

复核　　　记账

(中国工商银行 北京东城支行 2022.03.21 转讫(01))

存款利息（收款通知）

12 收 款 收 据

NO.32321355

2022 年 03 月 17 日

今 收 到 王恩龙

交 来 违反公司考勤制度

金额（大写）　零佰　零拾　零万　零仟　伍佰　零拾　零元　零角　零分

￥ 500.00　　☑现金　□转账支票　□其他

现金收讫

收款单位（盖章）

第三联交财务

核准　　　会计 刘桦　　　记账　　　出纳 郭芳天　　　经手人 王恩龙

收款收据

图 1-22　收款类票据

> **提示**
> 在收款类业务中，国家法律法规对企业收到股东投资款作了相关规定。根据《中华人民共和国公司法》规定，新成立公司的注册资本由实缴登记制变为认缴登记制，股东可以自主约定认缴出资额、出资方式、出资期限。认缴注册登记时，不作账务处理。

录入会计收到收款类票据时,应重点关注"付款人"的信息、金额、摘要附言用途,以便明确资金的来源,判断该来源的资金属于何种收款业务。

例如,北京博闻会展服务有限公司的银行电子回单凭证,如图 1-23 所示。根据票据内容,解读到相关信息:北京博闻会展服务有限公司收到北京扬洋有限公司转来的货款,金额 ¥100 000.00。

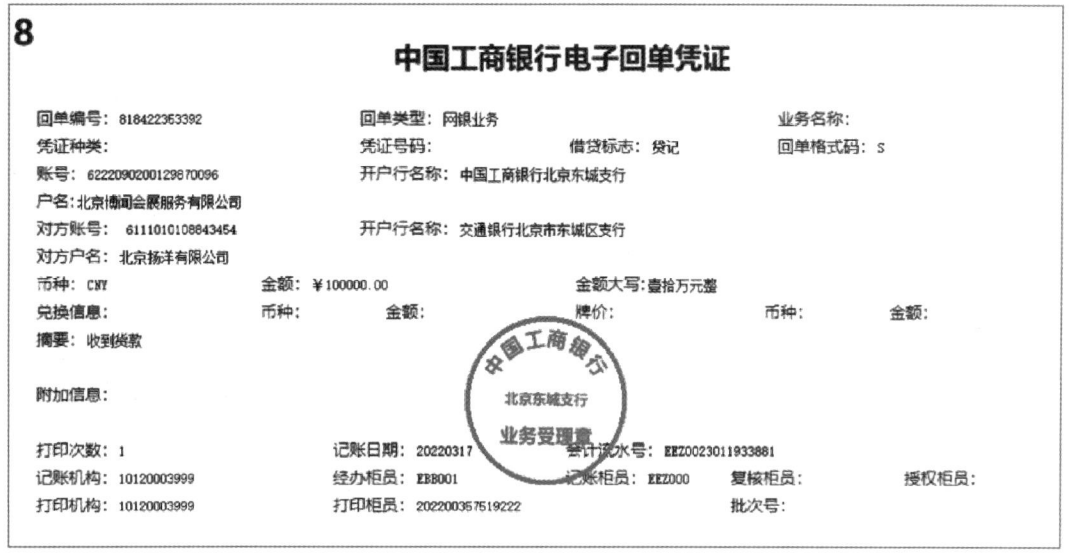

图 1-23　银行电子回单凭证

在智能财务共享中心平台智能化系统录入规则下,录入收款业务票据时,应关注以下业务信息:票据类型、资金账户、业务类型、往来单位、收款金额、银行手续费。具体操作步骤如下:

(1) 依次单击系统左侧【影像管理系统】—【影像整理】。

(2) 根据整理扫描会计在每张票据左上角的手写编号,录入系统右侧【票据编号】项目。

(3) 单击系统右侧【票据类型】下拉菜单,选择【收款】,系统自动跳转出【资金账户】项目。

(4) 根据银行回单上收款方资金账户信息,单击系统右侧【资金账户】下拉菜单,选择【工商银行北京东城支行】,如图 1-24 所示。

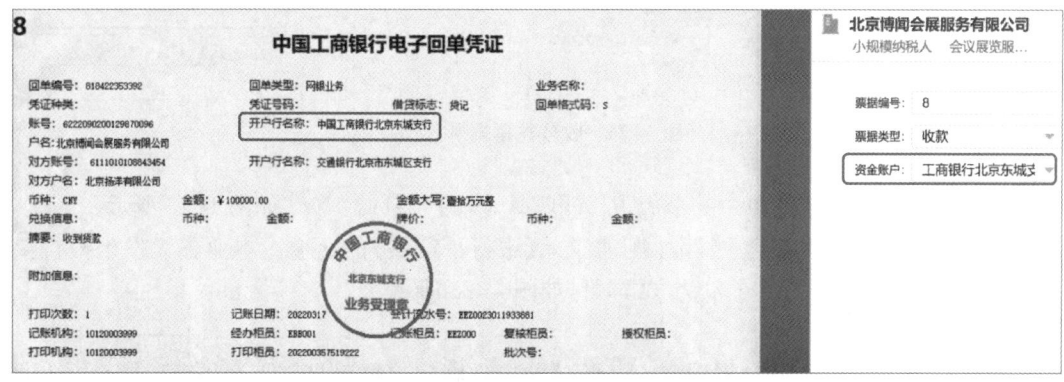

图 1-24　收款类票据录入(1)

(5)完成【影像管理系统】—【影像整理】模块的录入工作后,单击系统左侧【智能凭证中心】。

(6)根据收款票据上载明的用途,判断选择业务类型。系统内置的业务类型包括销售收款、营业外收入、其他收款、收到出口退税、收回借款、股东投资款、借入款、利息收入、收到退款、生育/医疗险、政府补助、保证金/押金、银行退手续费、不征税项目收入、短期借款。本业务属于销售收款业务,单击系统右侧【业务类型】下拉菜单,选择【销售收款】,如图1-25所示。

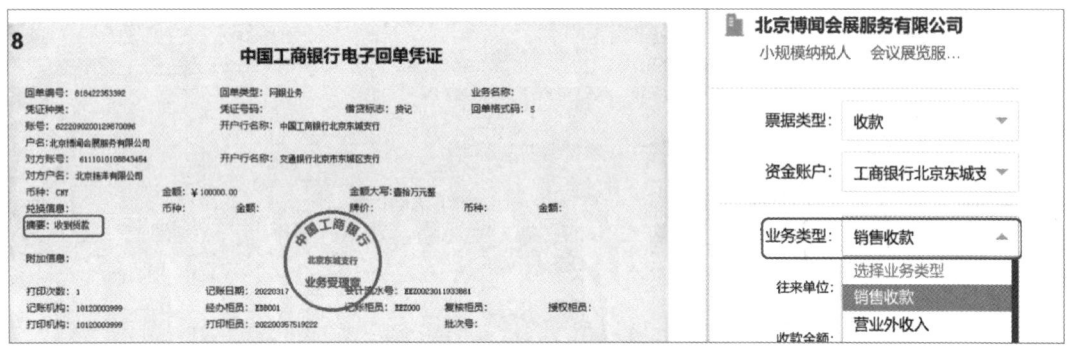

图1-25　收款类票据录入(2)

(7)【业务类型】的选择会影响【往来单位】下拉菜单的选项。例如,企业销售商品收到货款,单击【业务类型】下拉菜单,选择【销售收款】,系统会自动弹出【往来单位】【收款金额】【银行手续费】项目。单击【往来单位】的下拉菜单,选择【北京扬洋有限公司】,如图1-26所示。

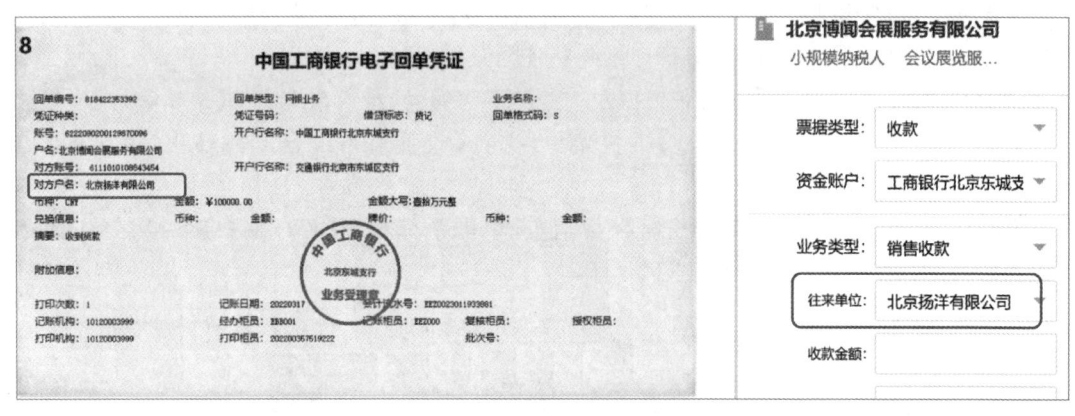

图1-26　收款类票据录入(3)

(8)根据银行收款回单中的金额,录入【收款金额】为"100 000",如图1-27所示。

(9)若票据上载明银行手续费,则需录入【银行手续费】的金额。本业务无发生银行手续费,录入【银行手续费】的金额为"0"即可,如图1-28所示。

3)转款类票据

智能财务共享中心平台将提现、存现、公司内部账户之间转账,定义为转款业务。企业

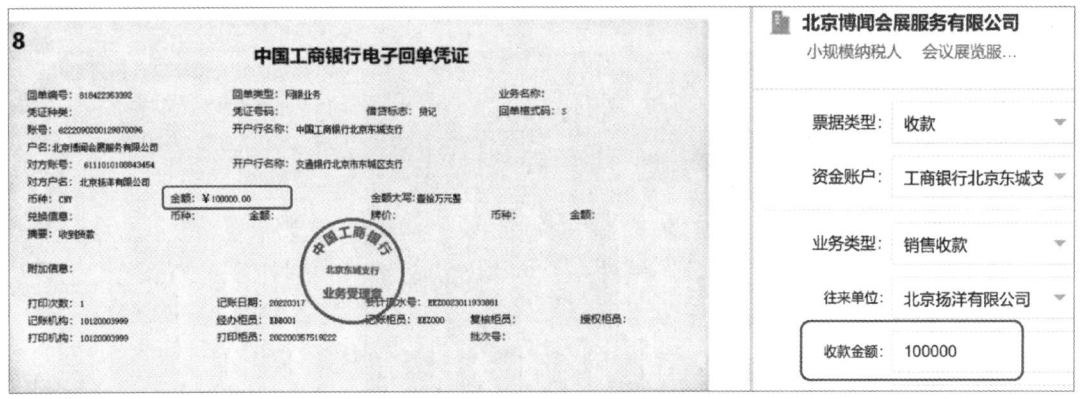

图 1-27 收款类票据录入(4)

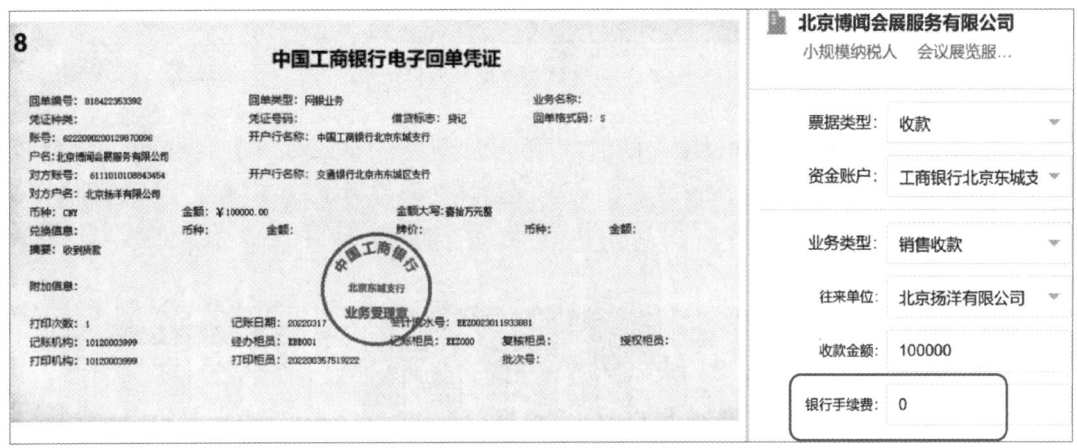

图 1-28 收款类票据录入(5)

发生转款业务会收到银行回单。常见的转款类票据有银行回单、现金支票存根等。

在判别转款类业务时,应认清收款方和付款方的信息,明确资金的流向。

例如,北京博闻会展服务有限公司的现金支票存根凭证,如图 1-29 所示。根据票据内容,解读到相关信息:北京博闻会展服务有限公司提取备用金,金额¥30 000.00。

根据智能财务共享中心平台智能化系统录入规则,录入转款业务票据时,应重点录入票据类型、收款账户、付款账户、业务类型、转款金额等信息。具体操作步骤如下:

(1) 依次单击系统左侧【影像管理系统】—【影像整理】。

(2) 根据整理扫描会计在每张票据左上角的手写编号,录入系统右侧【票据编号】项目。

(3) 单击系统右侧【票据类型】下拉菜单,选择【转款】,系统自动跳转【收款账户】和【付款账户】项目,如图 1-30 所示。

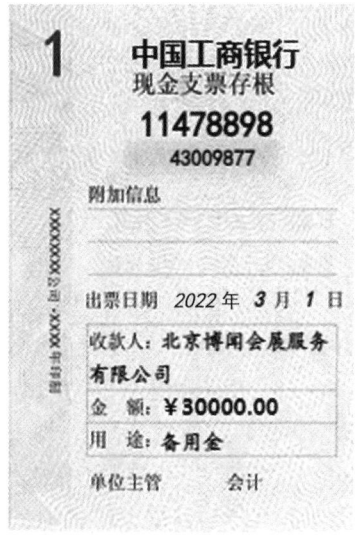

图 1-29 电子回单凭证

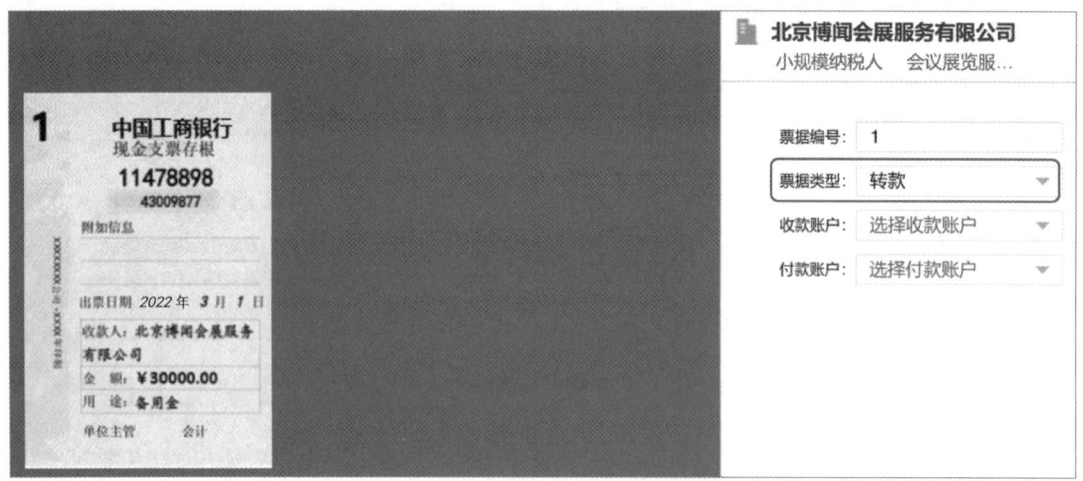

图 1-30　转账类票据录入(1)

（4）根据票据上收款人和付款人的信息，单击系统右侧【收款账户】下拉菜单，选择【现金账户】；单击系统右侧【付款账户】下拉菜单，选择【交通银行北京东城支行】，如图 1-31 所示。

图 1-31　转账类票据录入(2)

（5）完成【影像管理系统】—【影像整理】模块的录入工作后，单击系统左侧【智能凭证中心】。

（6）智能财务共享中心平台转款类票据的业务类型包括三种，分别是"银行转银行""存现""取现"。通常情况下，现金支票涉及"存/取现"业务，银行回单涉及"银行转银行"业务。单击右侧【业务类型】下拉菜单，选择【取现】，如图 1-32 所示。

（7）根据票据上的金额，填写【转款金额】为"30000"，即完成转款类票据录入的全部操作，如图 1-33 所示。

图1-32 转账类票据录入(3)

图1-33 转账类票据录入(4)

4)采购类票据

企业发生采购业务,需要向客户索取发票,确认采购支出。常见的采购类业务票据包括增值税专用发票、增值税普通发票、采购合同、入库单等。

采购类发票抵扣分为"专用发票抵扣""待认证发票""客运计算抵扣"和"其他不得抵扣"。一般纳税人收到增值税专用发票时选择"专用发票抵扣";收到增值税专用发票上面备注"待认证"时,选择"待认证发票";特殊情况下,收到火车票、动车票等交通费发票时,选择"客运计算抵扣"。收到增值税普通发票、通用机打发票均选择"其他不得抵扣"。小规模纳税人不论收到何种形式的发票,均选择"其他不得抵扣"。

在判别采购类票据时,需要抓住三个关键点:发票名称、发票联次、购销企业信息。企业发生采购业务,财务部收到的是发票的第二联和第三联:抵扣联、发票联,通过查看发票购销企业信息,确认本企业应为购买方,客户应为销售方。

例如,北京博闻会展服务有限公司增值税普通发票(发票联),如图1-34所示。根据票据内容,解读到相关信息:北京博闻会展服务有限公司向北京雷家照明商贸有限公司购买10个指示牌,不含税金额￥3 000.00,税额￥90.00,价税合计￥3 090.00。

图1-34 增值税普通发票

录入会计录入采购业务票据时，票据编号、票据类型、现金结算、现金金额、往来单位、未税金额、税率、税额、价税合计与销售业务票据录入类似，详情参见销售类票据；区别在于业务类型、发票抵扣的录入操作。

下面重点讲解采购类票据中业务类型、发票抵扣的录入操作。

（1）完成票据编号、票据类型、现金结算、现金金额录入工作后，单击系统右侧【业务类型】下拉菜单，根据发票上的货物或应税劳务、服务名称栏，判断选择商品、原材料、固定资产、低值易耗品、税控设备（及维护费）、无形资产、服务成本。本业务中选择【业务类型】为【低值易耗品】，系统自动弹出【往来单位】【发票抵扣】【未税金额】【税率】【税额】【价税合计】等项目，如图1-35所示。

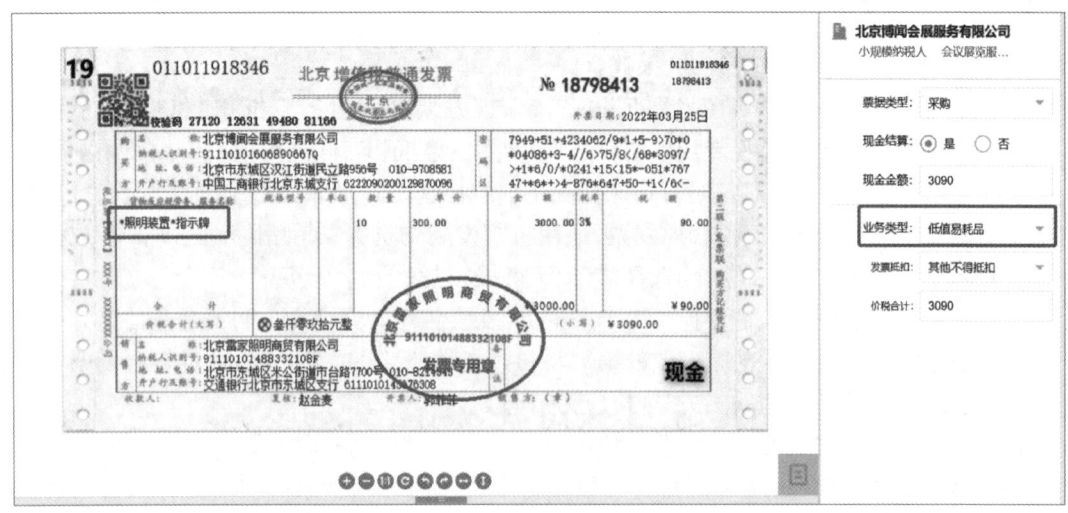

图1-35 采购类票据录入（1）

（2）根据增值税普通发票且发票上的"现金"字样备注信息，单击【发票抵扣】下拉菜单，选择【其他不得抵扣】，如图1-36所示。

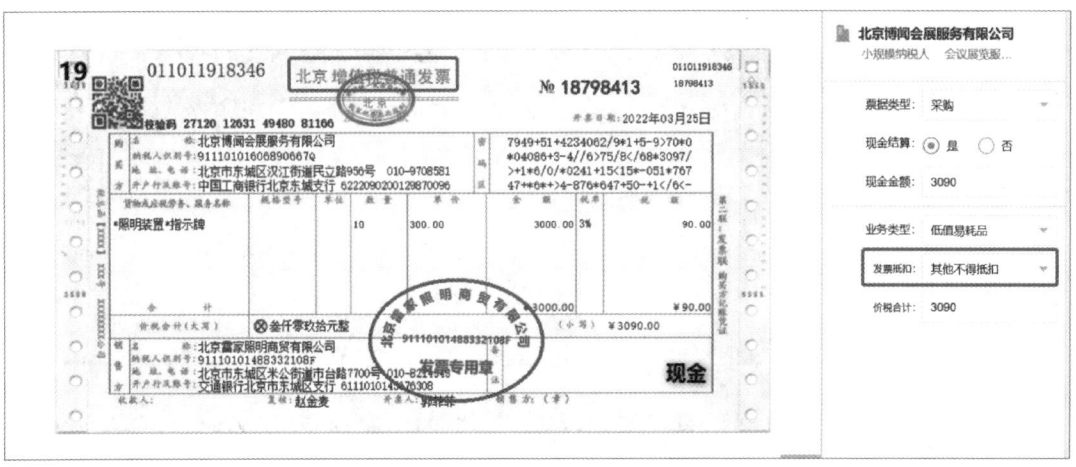

图1-36　采购类票据录入（2）

（3）根据发票上的金额，录入【未税金额】【税率】，系统自动核算【税额】【价税合计】项目的数据，完成采购类票据录入工作。

5）费用类票据

费用报销过程中，常见的原始凭证有差旅费报销单、费用报销单、增值税专用发票、增值税普通发票（发票联如电子普通发票、定额发票等）。

> **提示**
>
> 根据《国家税务总局关于增值税发票开具有关问题的公告》（国家税务总局公告2017年第16号）的文件，2017年7月1日起，国家税务总局对开具汇总办公用品、宣传品、印刷品等发票进行了严格的规定，票据必须附上由税控系统开出的销售货物或者提供应税劳务清单，并加盖发票专用章。否则为不合规票据，不得在企业所得税前扣除。

录入会计判别费用类票据时，应重点关注发票的类别、费用的实际受益主体、购买方的性质等。费用类票据的归属可分为费用报销单和差旅费报销单两种。根据票据内容或费用用途可以判断具体费用类型。除了内部票据代表企业发生了费用，还可以通过发票联的开票内容判断费用明细。

例如，北京博闻会展服务有限公司收到一张支付签字笔的增值税普通发票，如图1-37所示。发票中"货物或应税劳务、服务名称"的内容为"*文具*签字笔"，一般企业都记入"办公费"。

录入会计录入费用业务票据时，票据编号、票据类型、现金结算、现金金额与前面几类票据的录入相同，此处不再赘述。以下重点对费用类票据中的业务类型、部门、往来单位、费用详情、发票抵扣的录入操作进行讲解：

（1）单击【业务类型】下拉菜单，选择【期间费用】，根据受益原则，判断费用承担部门是管理部门还是销售部门。单击【部门】下拉菜单，选择【管理部】。

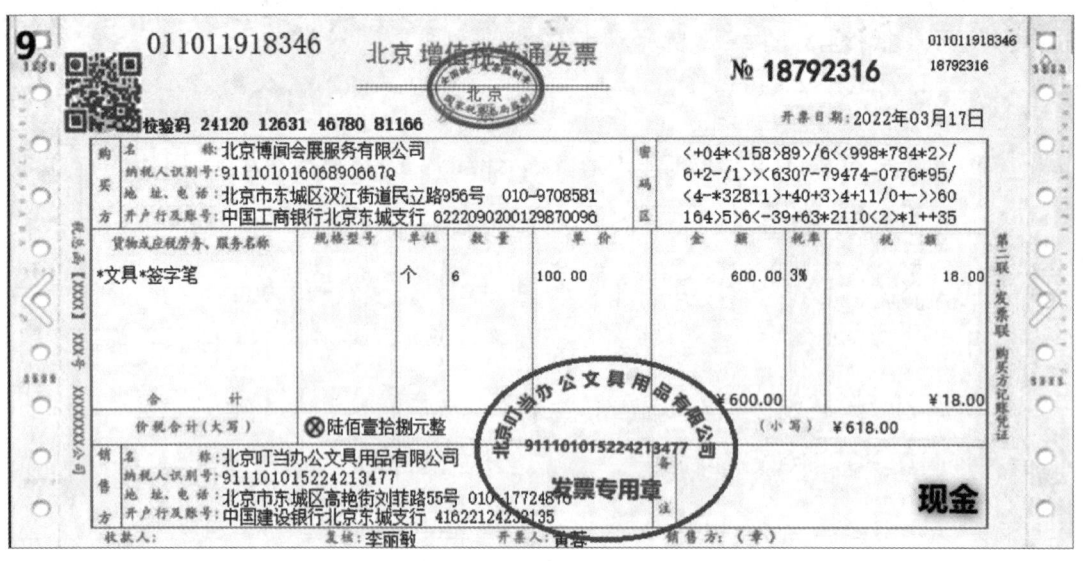

图 1-37　增值税普通发票

（2）如果该费用是现金结算，则无须填写【往来单位】；如果该费用是非现金结算，则单击【往来单位】下拉菜单，选择票据上对应的【往来单位】或者【个人信息】。

（3）单击【费用详情】下拉菜单，依次有办公费、工资、奖金/补贴、单位医社保、单位公积金、低值易耗品、汽车费、所得税纳税调整等项目，根据票据信息作判断选择，本业务判断为【办公费】，如图 1-38 所示。

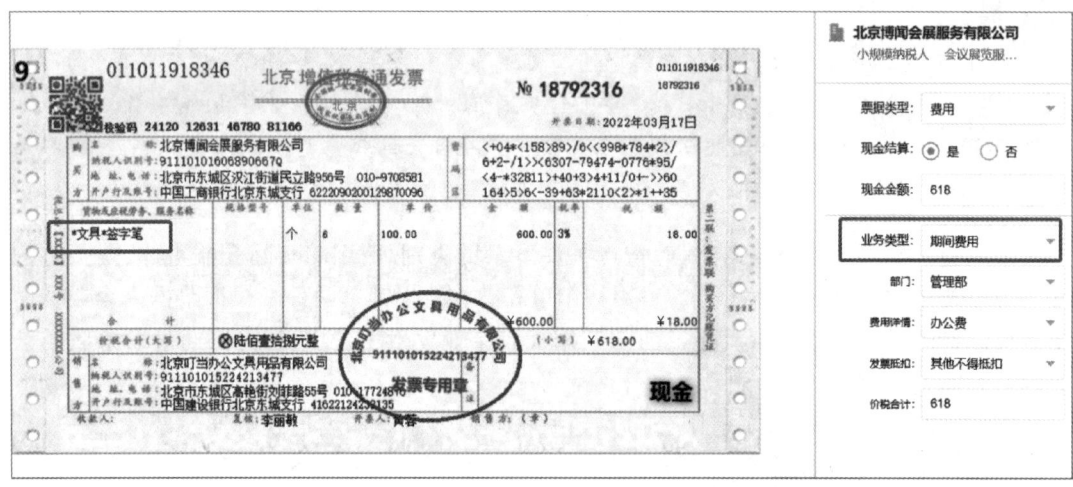

图 1-38　费用类票据录入

（4）发票抵扣情况设置有待认证发票、货运专票抵扣、客运计算抵扣、其他不得抵扣，专用发票抵扣等明细。单击【发票抵扣】下拉菜单，选择【其他不得抵扣】，如图 1-39 所示。

（5）手动录入【价税合计】金额为"618"，即可完成费用类票据录入的操作，如图 1-40 所示。

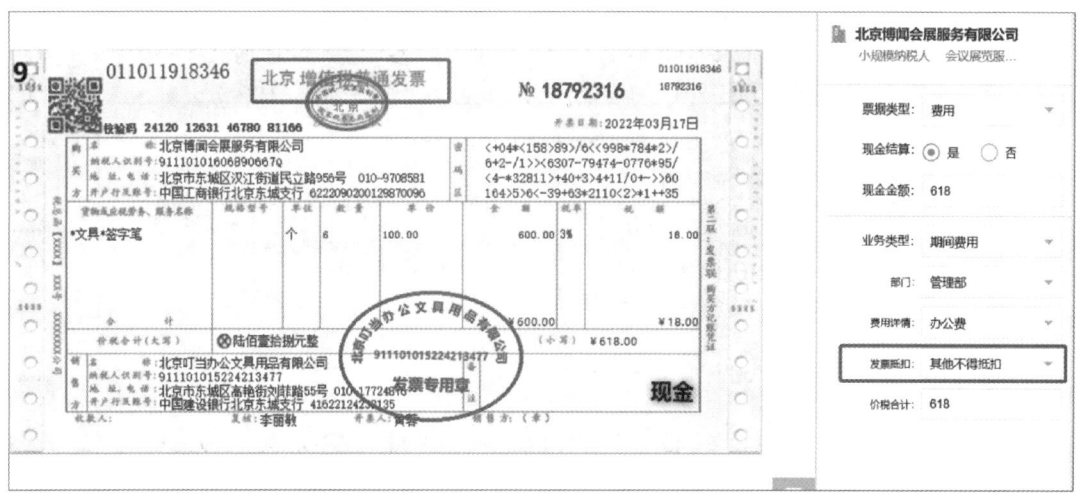

图 1-39　费用类票据录入

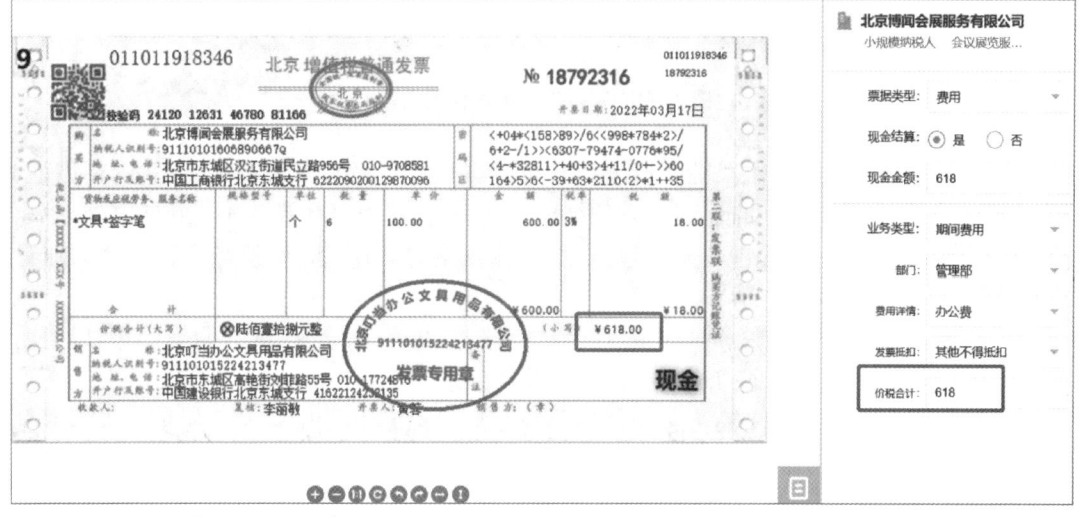

图 1-40　费用类票据录入

> **提示**
>
> 实务工作中,费用的归属问题直接影响企业的利润和纳税核算。因此,如何正确运用最新财税政策,使企业的利润最大化是录入会计需要具备的一项技能。常见的费用处理问题包括广告费的界定、业务招待费的界定、会议费用的界定等。

6）付款类票据

企业发生付款业务,财务收到的付款类票据有银行电子缴税付款凭证、住房公积金汇(补)缴书等。银行电子缴税付款凭证,如图 1-41 所示。

6

图 1-41　银行电子缴税付款凭证

实务中,企业常见的付款类业务有采购付款、支付各项税费、支付职工薪酬、归还借款、利息支出、支付手续费等。目前,企业款项结算方式中,普遍采用网银转账。除此之外,中小微企业费用报销以及一般企业小额款项支付,采用现金结算;零售业、服务业针对个人业务使用的,采用支付宝、微信结算。

录入会计收到付款类票据时,应重点关注"收款人"的信息、金额、摘要附言用途,以便明确资金的去向,判断该去向的资金属于何种付款业务。

例如,北京博闻会展服务有限公司住房公积金汇(补)缴书,如图 1-42 所示。根据票据内容,解读到相关信息:北京博闻会展服务有限公司支付公司及代扣个人的住房公积金,金额￥13 300.00。

录入会计录入付款业务时,票据编号、票据类型、资金账户,发生金额,手续费与前面几类票据的录入相同,此处不再赘述。以下重点对付款类票据中的业务类型、往来单位的录入操作进行讲解:

(1)单击系统右侧【业务类型】下拉菜单,根据付款票据上载明的用途,判断选择业务类型。系统内置的业务类型包括采购(费用)付款、支付税款滞纳金、支付工资、银行手续费、支付个人所得税、缴纳城市维护建设税及附加、缴纳增值税等。本业务中,选择【业务类型】为【缴纳公积金】。

(2)而【业务类型】的选择,会影响【往来单位】下拉菜单的选项。例如,【业务类型】选择【缴纳公积金】后,系统会自动跳出【个人承担部分】【公司承担部分】两项内容。根据工资表上代扣住房公积金的金额手动输入【个人承担部分】;再根据票面上的金额扣除个人承担部

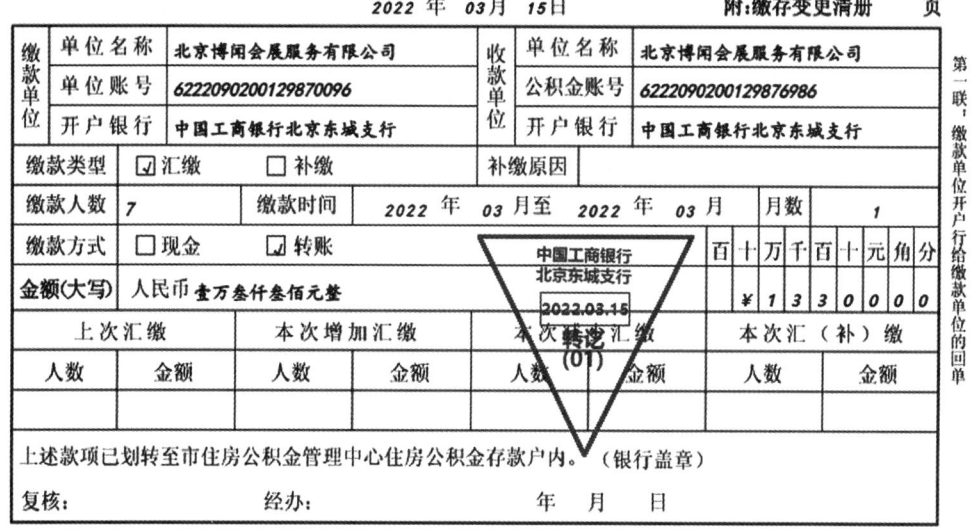

图 1-42 住房公积金汇(补)缴书

分余下的金额填入【公司承担部分】,如图 1-43 所示。具体的每项下拉菜单此处不再赘述,请点击进入智能财务共享中心平台体验。

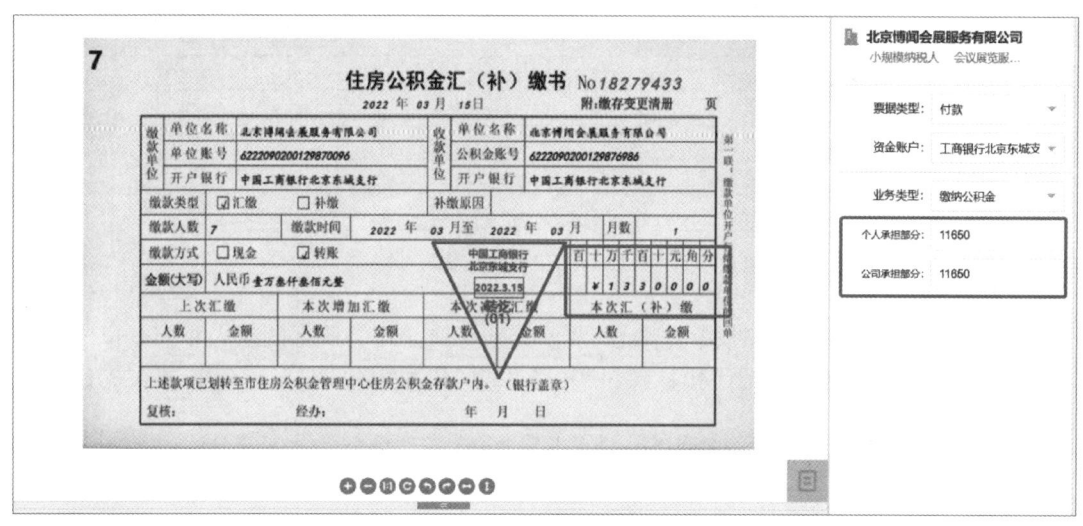

图 1-43 付款类票据录入

7) 工资类票据

通常情况下,企业支付员工工资,需由人力资源部根据员工的考勤记录、工时记录、产量记录、工资标准等提供工资明细表,再由财务进行工资汇总、结算等。实务中,工资类票据有工资汇总表、工资明细表等。

提示

企业员工工资的组成部分包括工资、加班费奖金、职工福利费、社会保险费、住房公积金、职工教育经费、工会经费等。其中,社会保险费指养老保险、医疗保险、失业保险、工伤保险和生育保险。养老保险、医疗保险和失业保险,是由企业和个人共同缴纳的,工伤保险和生育保险完全是由企业承担的。社会保险的月缴费基数一般是按照职工上年度全年工资的月平均值来确定的,每年确定一次,且一旦定以后,一年内不再变动。

根据《中华人民共和国企业所得税法实施条例》第四十条规定,企业发生的职工福利费支出,不超过工资薪金总额14%的部分,准予扣除。大中型企、事业单位,为了均衡费用,职工福利费应当在实际发生时根据实际发生额计入当期损益或相关资产成本。

录入会计收到工资类票据时,应从票据中获取数据,如本月应发员工工资额、实发员工工资额、代扣社保费金额等。

例如,北京博闻会展服务有限公司工资表,如图1-44所示。根据票据内容,解读到相关信息:3月份应付工资总金额为¥62 500.00,代扣三险一金总金额为¥11 340.00,实发工资总金额为¥51 160.00。

姓名	应付工资	代扣养老保险	代扣医疗保险	代扣失业保险	代扣住房公积金	三险一金合计	其他专项扣除	代扣个人所得税	扣款合计	实发工资
张吉韦	9500.00	450.00	200.00	20.00	950.00	1620.00	3000.00	0.00	1620.00	7880.00
林国瑞	9300.00	450.00	200.00	20.00	950.00	1620.00	3000.00	0.00	1620.00	7680.00
夏志鑫	8500.00	450.00	200.00	20.00	950.00	1620.00	3000.00	0.00	1620.00	6880.00
刘柠	9000.00	450.00	200.00	20.00	950.00	1620.00	3000.00	0.00	1620.00	7380.00
荣嫦婷	9100.00	450.00	200.00	20.00	950.00	1620.00	3000.00	0.00	1620.00	7480.00
郭芳天	8600.00	450.00	200.00	20.00	950.00	1620.00	3000.00	0.00	1620.00	6980.00
王思龙	8500.00	450.00	200.00	20.00	950.00	1620.00	3000.00	0.00	1620.00	6880.00
合计	62500.00	3150.00	1400.00	140.00	6650.00	11340.00	21000.00	0.00	11340.00	51160.00

审核:林国瑞　　编制:刘柠

图1-44　工资类票据

录入会计录入工资业务时、票据编号、票据类型与前面几类票据的录入相同。以下重点对工资类票据中的应付工资、代扣社保、代扣公积金、代扣个税、实发工资的录入操作进行讲解:

(1) 单击系统右侧【业务类型】下拉菜单,根据给出的票据信息,判断选择业务类型。系统内置的业务类型包括工资、奖金、补贴。

(2) 选择【业务类型】后,系统会自动弹出【往来单位】【应发工资】【代扣公积金】【代扣个税】【实发工资】,不同的选择会影响系统是否自动弹出【代扣社保】项目。

(3) 根据工资表中的应付工资金额合计,录入【应发工资】为"62 500";根据表中的代扣养老保险、代扣医疗保险、代扣失业保险的金额相加,录入【代扣社保】为"4 690";根据代扣住房公积金金额合计,录入【代扣公积金】为"6 650";根据代扣个人所得税金额合计,录入【代扣个税】为"0";完成以上几项录入,系统自动算出【实发工资】为"51 160",如图1-45所示。

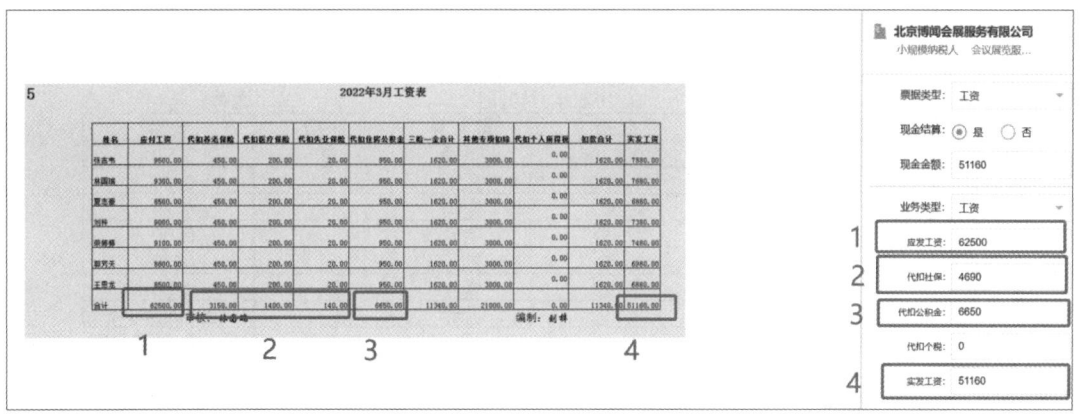

图 1-45　工资类票据录入

8）成本类票据

产品成本是为生产产品而发生的各种耗费的总和,通常是企业存货的主要构成内容。成本按产品进行归集,一般以材料费用分配表、产品成本计算表等为计算依据。

不同行业,产品的核算内容也不尽相同。加工制造业的产品归集与分配,通过产品成本明细表,按照成本项目归集相应的生产费用,将当月发生的生产成本,加上月初在产品成本,在完工产品和月末在产品之间进行分配,以求得本月完工产品成本;商品流通企业直接依据进销存计算表,结转销售商品成本;部分服务行业不涉及成本结转,在发生时直接计入"主营业务成本——服务成本"科目,在票据分类归属于采购类票据。

因此,录入会计在录入成本类票据前,应先判断企业的行业类型以及业务类型,从票据信息获取成本金额。

例如,北京博闻会展服务有限公司所属服务行业,参照采购类发票处理。

9）其他票据

实务中,有些业务票据无法明确归类到这八大业务类型中,比如盘亏盘盈业务、票据贴现、出售或出租固定资产、捐赠支出、研发支出、分配职工教育经费、计提个税、结转未交增值税、计提附加税、计提借款利息、计提所得税等,智能财务共享中心平台固有的记账模式,将这些业务票据归类到其他。其他类票据无法自动生成记账凭证的,需要手动录入。

因此,智能财务共享中心平台需要手动录入记账凭证的票据,有固定资产盘盈盘亏报告表、未交增值税计算表、应交所得税计算表、库存现金盘点表等。

例如,北京博闻会展服务有限公司库存现金盘点表,如图 1-46 所示。根据票据内容,解读到相关信息:月末,企业实盘金额￥29 129.70,日记账金额为￥29 131.70,差额为￥2.00。

其他类票据录入工作较为特殊。首先,录入会计需要根据票据,判断业务类型,解读票据信息;其次,录入会计能够根据票据做账务处理,录入平台。因此,录入会计进行其他类票据的录入工作时,需完成【影像管理系统】—【影像整理】模块和【特殊凭证】—【手工录入】模块的操作。具体操作步骤如下:

(1) 填写票据编号,单击系统右侧【票据类型】下拉菜单,选择【其他(手工凭证)】,如图 1-47 所示。

图 1-46　库存现金盘点表

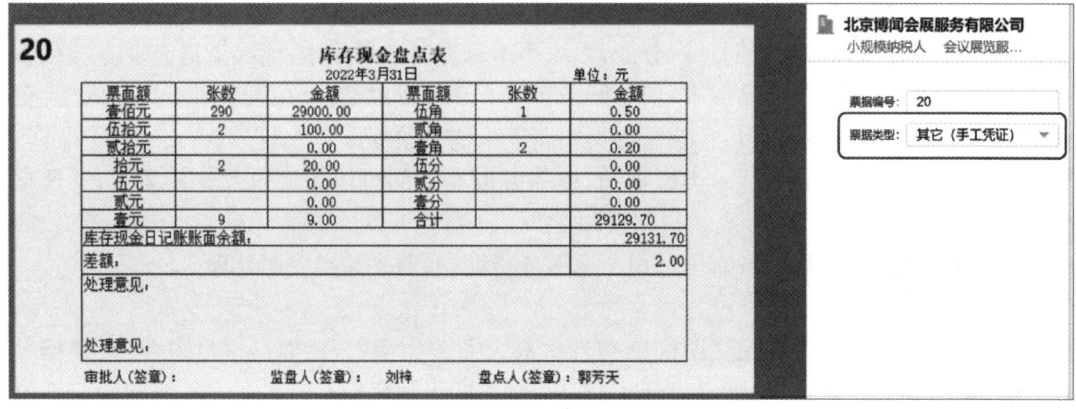

图 1-47　其他类票据录入(1)

（2）完成【影像管理系统】—【影像整理】模块的录入工作后，单击系统左侧【特殊凭证】—【手工录入】，如图 1-48 所示。

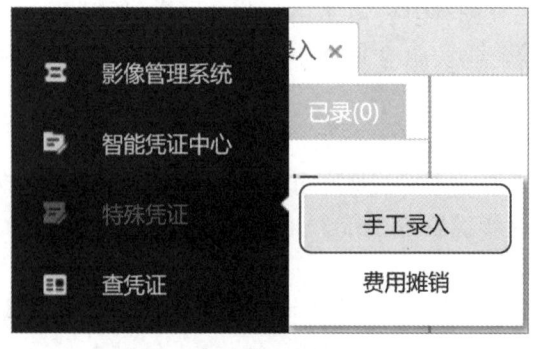

图 1-48　其他类票据录入(2)

(3) 根据左侧的票据，填写右侧的记账凭证。主要填写的信息有记账凭证摘要，在下拉菜单选择【会计科目】【借方金额】【贷方金额】。填写完成后，点击【保存】即可，如图 1-49 所示。

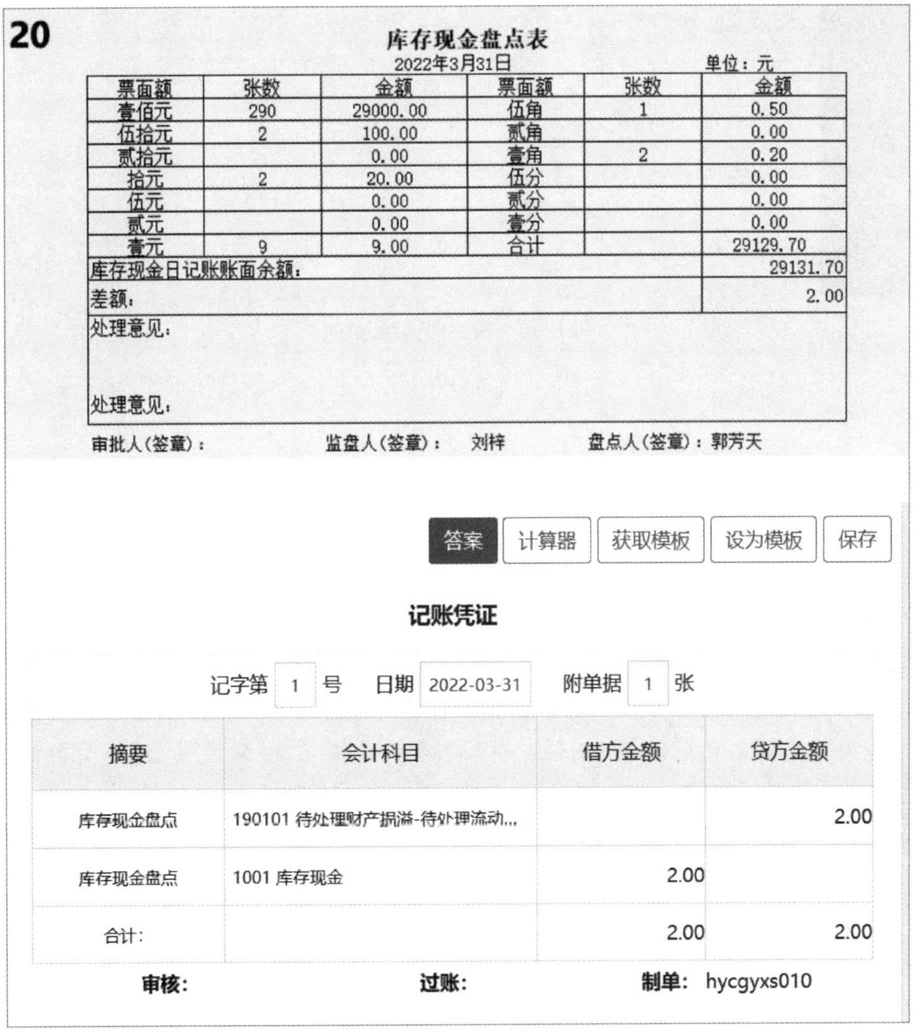

20

库存现金盘点表

2022年3月31日　　单位：元

票面额	张数	金额	票面额	张数	金额
壹佰元	290	29000.00	伍角	1	0.50
伍拾元	2	100.00	贰角		0.00
贰拾元		0.00	壹角	2	0.20
拾元	2	20.00	伍分		0.00
伍元		0.00	贰分		0.00
贰元		0.00	壹分		0.00
壹元	9	9.00	合计		29129.70
库存现金日记账账面余额：					29131.70
差额：					2.00
处理意见：					
处理意见：					

审批人（签章）：　　监盘人（签章）：　刘梓　　盘点人（签章）：郭芳天

记账凭证

记字第 1 号　日期 2022-03-31　附单据 1 张

摘要	会计科目	借方金额	贷方金额
库存现金盘点	190101 待处理财产损溢-待处理流动...		2.00
库存现金盘点	1001 库存现金	2.00	
合计:		2.00	2.00

审核:　　过账:　　制单: hycgyxs010

图 1-49　其他类票据录入(3)

为了提高工作效率，常见的业务类型做完分录后，可单击【设置模板】，下次录入相同类型的业务时，只需单击【获取模板】修改相应的金额即可。

以上介绍的是常见的其他类票据的录入操作。而在智能财务共享中心平台中，【特殊凭证】模块下单独设立了【费用摊销】项目。【费用摊销】项目可核算跨期费用、固定资产、无形资产三项费用。企业发生费用摊销业务，需由整理扫描会计将期初数据录入平台，再由录入会计登录平台获取数据并进行操作。

这里以北京博闻会展服务有限公司计提固定资产折旧费录入为例，具体操作步骤如下：

(1) 单击系统左侧【特殊凭证】菜单，单击【费用摊销】，如图 1-50 所示。

(2) 依次单击【固定资产】—【同步教师数据】，如图 1-51 所示。

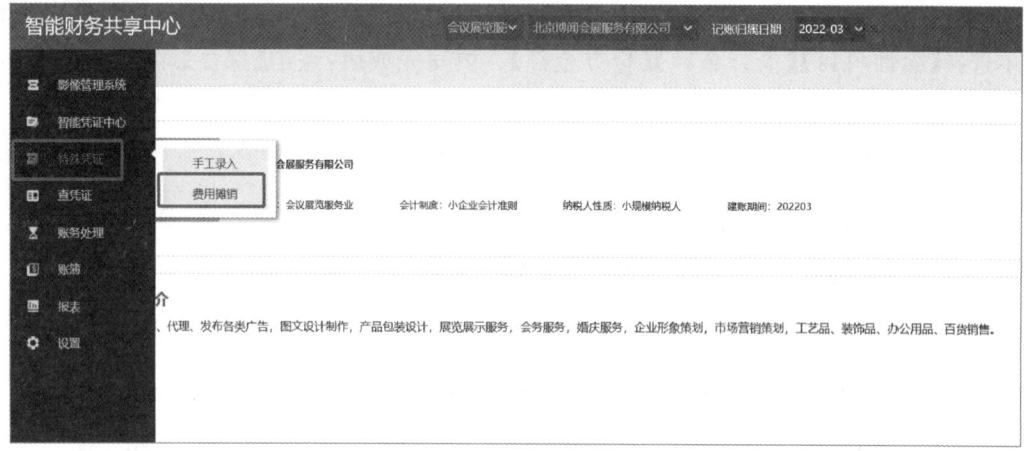

图 1-50　费用摊销录入(1)

图 1-51　费用摊销录入(2)

（3）单击【生成凭证】，系统则自动生成计提固定资产折旧的账务处理。

> **提示**
>
> 录入会计录入票据时，可能因为票据信息不全，无法准确判断出票据类型或者结算方式，也可能因为票据信息模糊不清，无法获取正确的票据信息，需要使用【查看备注】功能，单击【查看备注】，读取票据补充说明的信息，如图 1-52 所示。

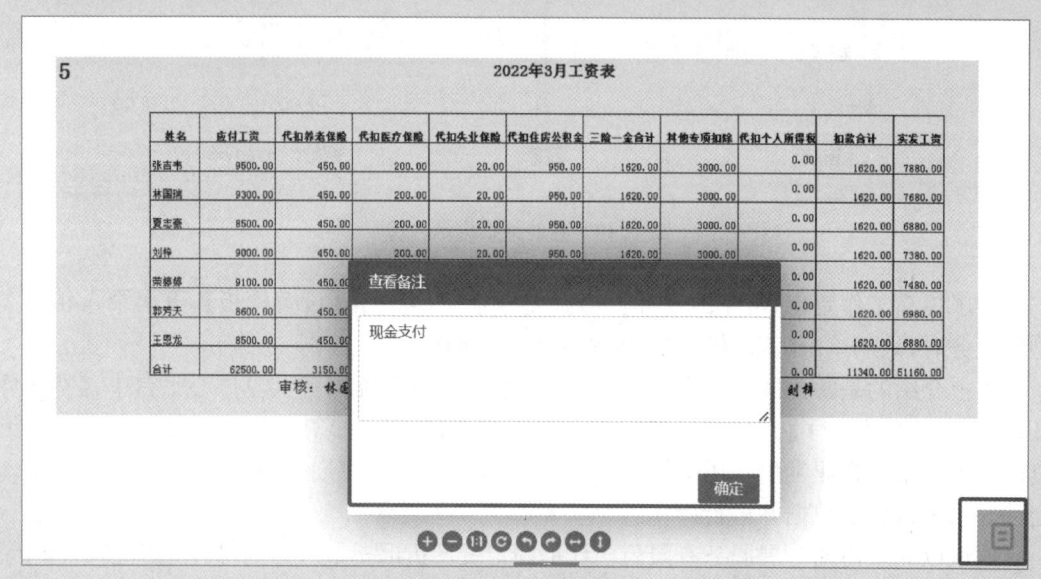

图 1-52　查看备注

和电算化下的会计处理相同,录入会计完成票据录入工作后,系统自动生成记账凭证。单击系统左侧【查凭证】,可进行凭证的审核、反审核、一键整理凭证号、导出凭证,如图1-53所示。

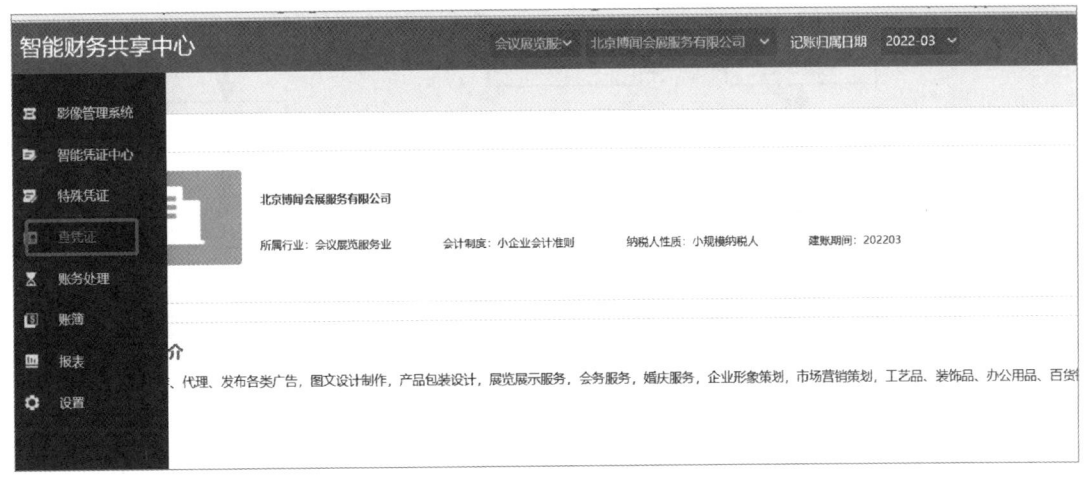

图 1-53　查凭证

第三节　财税审核

一、工作情境

当财务共享中心的录入会计完成票据整理录入工作后,系统将自动生成记账凭证,审核会计对记账凭证进行审核、过账后,系统会自动完成总账及明细账的登记工作,自动生成资产负债表、利润表。

尽管系统自动完成了凭证、财务报表的处理,其结果正确与否还需要审核会计的再次复核,保证每笔经济业务的会计科目使用正确、金额无误、附件完整;保证各项税费计算正确;保证财务报表各项数据准确及表间勾稽关系无误。

二、业务流程

录入会计完成前期的票据录入工作后,后续的工作交由审核会计进行凭证审核、过账、结转损益,然后再次对结转损益生成的记账凭证审核、过账,最后生成财务报表并结账,如图1-54所示。

在后续的一系列工作环节中,审核会计应对凭证、账簿、报表进行审核。根据审核的业务内容,可以划分为原始凭证审核、记账凭证审核、主要账户审核、期末事项审核、财务报表审核、纳税申报审核,如图1-55所示。

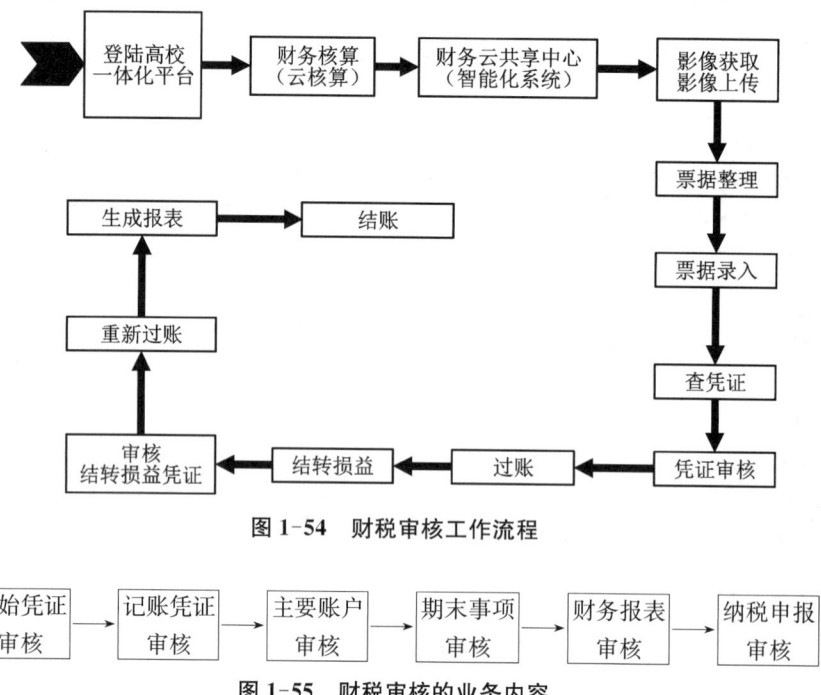

图 1-54 财税审核工作流程

图 1-55 财税审核的业务内容

三、业务操作

（一）原始凭证的审核

原始凭证又称单据，是在交易或事项发生或完成时取得或填制的，用以记录或证明交易或者事项的发生或完成情况的文字凭证。根据会计基础工作规范规定，只有审核无误的原始凭证，才能作为编制记账凭证和登记账簿的依据。

因此，审核原始凭证时，要保证原始凭证所记载的经济业务的确是企业所发生的，内容真实可靠、合理合法。对于企业外部取得的原始凭证，必须保证各项目齐全准确，比如单位名称、纳税人识别号、单位地址、电话、开户行、账号、货物或应税劳务及服务名称、税收编码、税率、发票专用章等；而企业自制的原始凭证，应保证手续完备、内容完整。

财务共享中心要求审核会计须认真完成原始凭证的审核工作，有效保证核算结果的准确性。实务工作中，企业核算会计对原始凭证的审核内容较多，这里所列举的审核工作可满足智能财务共享中心的需求。

例如，对北京博闻会展服务有限公司增值税普通发票做票据审核，如图 1-56 所示。审核要点包括：①审核发票的真伪，可通过网上查询、扫描发票二维码、电话查询等方式进行发票真伪的查询；②审核发票联是否加盖发票专用章；③审核购销方信息是否正确，发票日期是否为当月；④审核发票金额是否与合同金额相符。具体操作步骤如下：

智能财务共享中心平台审核原始凭证，执行【查凭证】—【修改】命令，可查看每张记账凭证对应的原始凭证，如图 1-57 所示。

（二）记账凭证的审核

为了保证账务处理的质量，在结转损益前应对记账凭证进行严格的审核。智能财务共

图 1-56 增值税普通发票

图 1-57 原始凭证的审核

享中心平台的记账凭证,是根据录入会计录入票据信息后,由系统自动生成的。因此,审核记账凭证时,关注的重点应是生成的会计科目应借、应贷科目是否正确,账户的对应关系是否清晰,记账凭证是否有原始凭证为依据,所附原始凭证的内容是否与记账凭证一致。

例如,以北京博闻会展服务有限公司采购业务为例,做记账凭证审核工作,相关发票如图 1-58 所示。审核要点:①采购商品的会计分录是否正确;②"周转材料"的金额是否与发票金额栏金额相同;发票有"现金"字样,说明价税合计金额应记入"库存现金"。具体操作步骤如下:

(1) 智能财务共享中心平台审核记账凭证,执行【查凭证】—【预览】命令,查看单张记账凭证,如图 1-59 所示;也可以执行【查凭证】—【修改】命令,查看每张记账凭证对应的原始凭证,如图 1-60 所示。

(2) 凭证经审核会计逐笔审核无误后,即可进行审核操作。登录智能财务共享中心平台,单击【查凭证】,勾选审核通过的记录,单击【审核】,如图 1-61 所示。

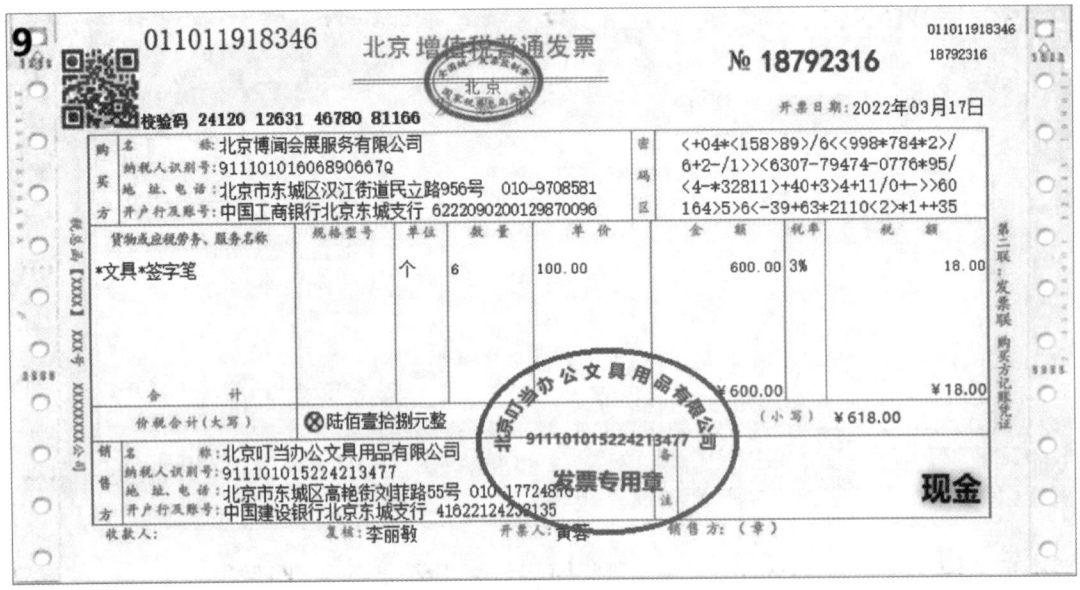

图 1-58　记账凭证的审核

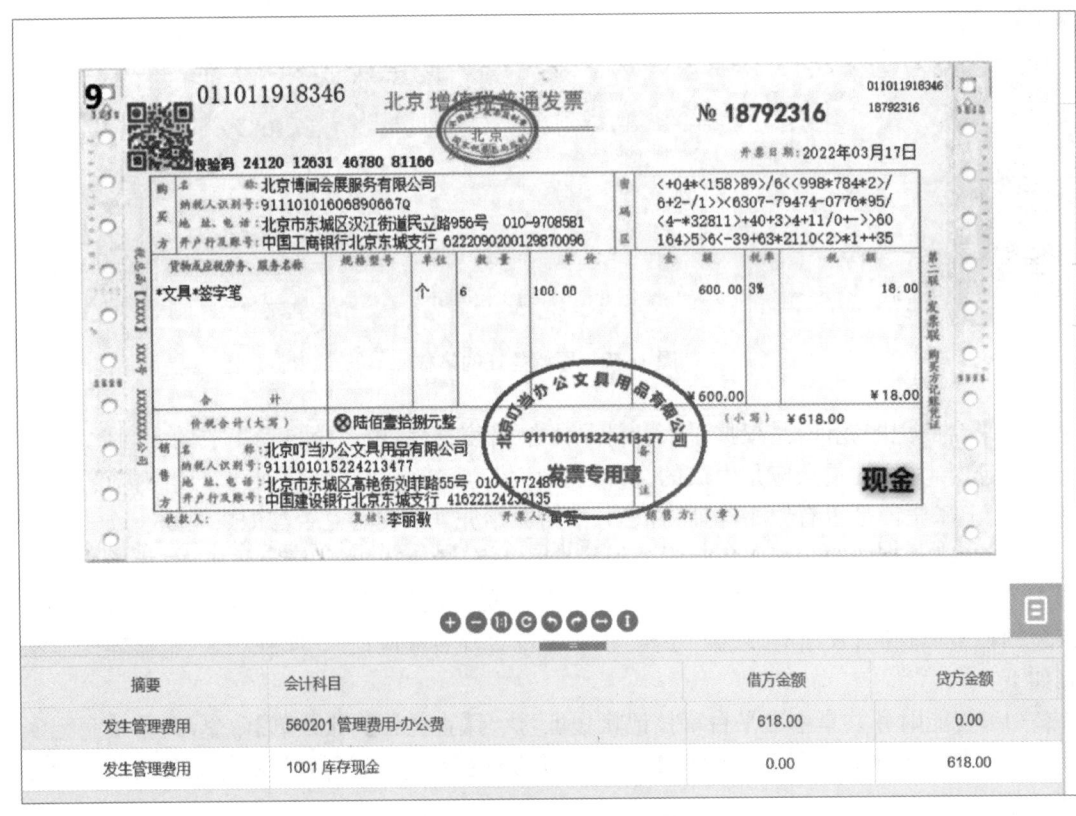

图 1-59　记账凭证的审核

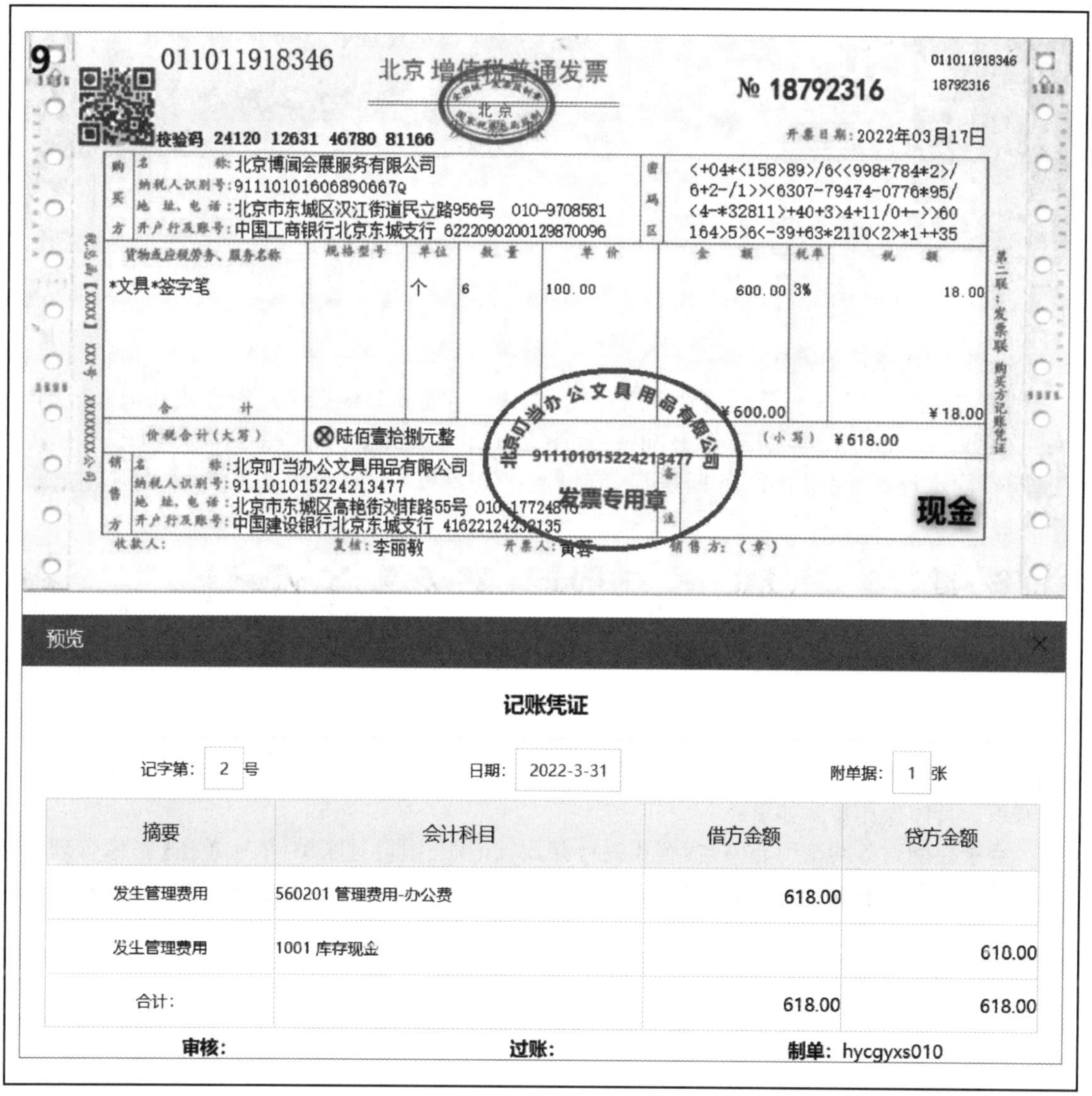

记字第：2 号　　日期：2022-3-31　　附单据：1 张

摘要	会计科目	借方金额	贷方金额
发生管理费用	560201 管理费用-办公费	618.00	
发生管理费用	1001 库存现金		618.00
合计：		618.00	618.00

审核：　　过账：　　制单：hycgyxs010

图 1-60　记账凭证与原始凭证核对

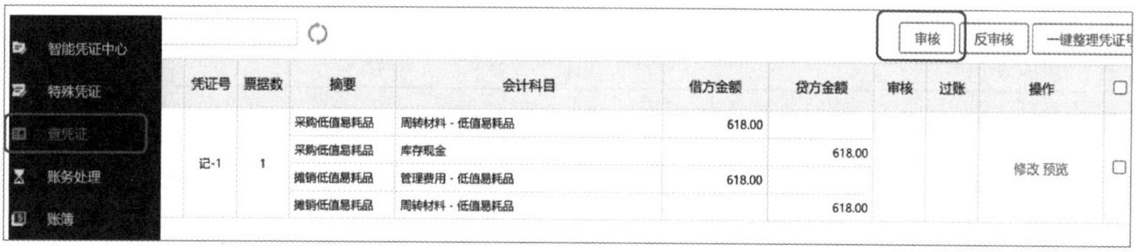

凭证号	票据数	摘要	会计科目	借方金额	贷方金额	审核	过账	操作
记-1	1	采购低值易耗品	周转材料 - 低值易耗品	618.00				修改 预览
		采购低值易耗品	库存现金		618.00			
		摊销低值易耗品	管理费用 - 低值易耗品	618.00				
		摊销低值易耗品	周转材料 - 低值易耗品		618.00			

图 1-61　凭证审核

（3）完成凭证审核操作后，即可进行过账。过账即表示凭证的数据全部登记到账簿上，执行【账务处理】—【过账】—【过账】命令，如图 1-62 所示。

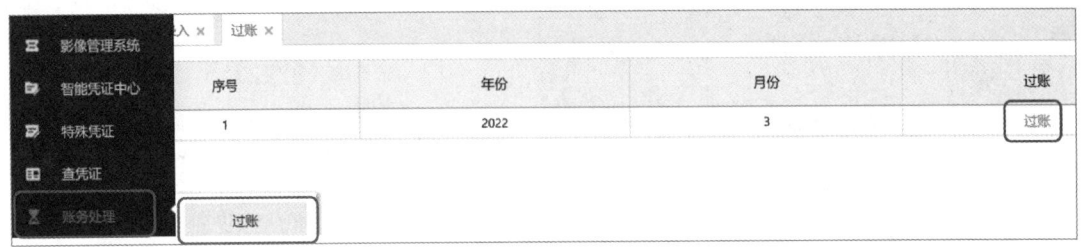

图 1-62　过账

(三) 主要账户的审核

除了逐笔对以上每一笔经济业务进行凭证审核外,还需要根据账户的性质和记账规则,对主要账户进行审核。实务工作中,审核会计应重点审核资金类账户、往来款项账户、存货类账户、固定资产/无形资产备抵账户、应付职工薪酬账户、应交税费账户以及损益类账户等。

1. 资金类账户的审核

资金类账户主要是指库存现金和银行存款。库存现金作为资产类账户,应保证不能出现贷方余额。而银行存款账户,应保证银行存款日记账的本期发生额、余额与银行对账单一致。

审核要点:①将银行日记账的本期借方金额与银行对账单的本期贷方金额、银行日记账的本期贷方金额与银行对账单的本期借方金额以及期末余额进行核对;②检查是否存在未达账项。具体操作步骤如下:

登录智能财务共享中心平台,查找银行存款日记账、银行对账单,依次单击【影像管理系统】—【影像获取】;在银行对账单辅助类单据里再依次单击【账簿】—【三栏式明细账】,选择银行存款下对应的二级科目,查看银行存款日记账,并根据摘要将银行存款日记账和银行对账单的金额进行核对,并生成银行存款余额调节表,如表 1-4 所示。

表 1-4　银行存款余额调节表

项目	金额(元)	项目	金额(元)
企业银行存款日记账余额	4 500	银行对账单余额	3 800
加:银行已收企业未收	480	加:企业已收银行未收	1 480
减:银行已付企业未付	240	减:企业已付银行未付	540
调节后的存款余额	4 740	调节后的存款余额	4 740

2. 往来款项账户的审核

实务工作中,往来款项往往容易出现问题。例如,对账不及时出现呆账;会计处理不规范把应收账款计入其他应收款,导致后期资金结算麻烦等。因此,需要做好内部控制,保证应收、应付账款单位清晰、金额准确。

审核时,首先需要根据科目余额表中"应收账款"的二级明细科目查找对应客户明细账;其次需要对当月的期初余额、本期借方发生、本期贷方发生、期末余额进行一一核对。

例如,某公司针对同一供应商,设置的明细账,如表 1-5、表 1-6 所示。

表 1-5　应付账款明细账

应付账款——美吉公司　　　　　　　　　　　　　　　　　　　　　　　　　　　单位：元

	摘要	借方金额	贷方金额		余额
	期初余额			平	
记-21	11月美吉采购		31 179.90	贷	31 179.90
记-23	11月美吉采购		73 284.00	贷	104 463.90
记-30	支付美吉货款	16 450.40		贷	88 013.90
记-40	支付美吉货款	13 129.00		贷	74 884.50
记-49	支付美吉货款	29 751.00		贷	45 133.50
记-52	支付美吉货款	13 905.00		贷	31 228.50
记-55	支付美吉货款	2 274.00		贷	28 954.50
记-60	支付美吉货款	24 748.00		贷	4 206.50
记-64	支付美吉货款	3 204.00		贷	1 002.50
	本期合计	103 461.40	104 463.90	贷	1 002.50

表 1-6　预付账款明细账

预付账款——美吉公司　　　　　　　　　　　　　　　　　　　　　　　　　　　单位：元

	摘要	借方金额	贷方金额		余额
	期初余额			借	25 097.00
记-21	11月美吉采购		25 097.00	平	
记-41	预付美吉货款	1 600.50		借	1 600.50
记-53	预付美吉货款	1 626.00		借	1 626.00
记-59	预付美吉货款	980.00		借	980.00
	本期合计	4 206.50	25 097.00	借	4 206.50
	本年累计	134 299.70	130 093.20	借	4 206.50

存在问题：与同一家供应商的采购业务既有欠款又有预付款，有些混乱。

在实务工作中，对于往来业务比较多的企业，为了对账方便，只设置一个"应付账款"明细科目，记账时可以将预付的款项记在"应付账款"的借方，贷方反映应付而未付的款项。下面，将上述两个明细科目进行合并，如图 1-63 所示。

```
应付账款——美吉公司

期初余额：  25 097.00
本期发生额
          16 450.40      31 179.90
          13 129.00
          29 751.00      73 284.00
          13 905.00
           2 274.00      25 097.00
          24 748.00
           3 204.00
           1 600.50
           1 626.00
             980.00

期末余额：   3 204.00
```

图 1-63　应付账款合并账户

通过合并处理后,可以清晰地看到该公司并不欠供应商美吉公司的货款,"应付账款——美吉公司"明细科目,借方余额表示预付的货款有 3 204.00 元。

3. 存货类账户的审核

在企业中,存货经常处于不断销售、耗用、购买或重置,具有较快的变现能力和明显的流动性。存货类账户包括原材料、库存商品、在途物资、材料采购等,审核会计审核该类账户,应保证不能出现贷方余额。

审核存货类账户时,应注意以下几个方面:

(1) 审核原材料、库存商品的出入库单据,是否有相关负责人签字。

(2) 审核期末存货明细账余额,确定明细账余额与实际库存余额是否相符。

(3) 审核是否存在残冷背次的存货,影响存货的价值如果存在,是否按规定计提了存货跌价准备。

4. 应交税费账户的审核

应交税费账户用来核算企业应缴纳的各种税费,包括增值税、所得税、附加税等。审核会计应审核应交税费各明细科目发生额、余额准确无误。

对于一般纳税人应交增值税的审核,将"应交税费——应交增值税(销项税额)"专栏贷方合计金额与"增值税专用发票汇总统计表""增值税普通发票汇总统计表""电子普通发票汇总统计表"中"实际销项税额"核对无误,同时也应含无票收入计算的增值税销项税额;将"应交税费——应交增值税(进项税额)"专栏借方合计金额应与进项税额认证清单核对无误。

审核要点:①通过科目余额表,可以查找"应交税费——应交增值税(销项税额)"账户本期发生额、期末余额;②与该账户的明细账核对金额。若发现有金额不符的,可以通过凭证号查找问题。

小规模纳税人对应交税费账户的审核,需将"应交税费——应交增值税"明细科目与增值税开票汇总统计表核对无误,一定要注意是否享受增值税减免税政策。

在保证增值税计算准确无误的情况下,再计算附加税费。例如,城市维护建设税、教育费附加、地方教育附加等,同样要注意相关附加税费的减免税政策。

5. 损益类账户的审核

季度末,计算企业所得税时,一定保证"营业收入""营业成本""利润总额"的金额与相关科目核对无误。例如,将企业所得税计算表中的营业收入项目与"主营业务收入""其他业务收入"项目的加总金额核对。

审核要点:①营业收入包括主营业务收入和其他业务收入;②企业所得税计算表中的营业收入项目,应等于主营业务收入与其他业务收入当月发生额合计。

实务工作中,审核会计应充分运用职业判断,熟练掌握账户之间的关系,以及账户与账簿、报表、税费的勾稽关系,做好审核工作。主要账户审核无误后,即可结转损益。具体操作如下:

登录智能财务共享中心平台,单击【账务处理】—【结转损益】—【结转损益】,系统自动生成结转损益的记账凭证,如图 1-64 所示。

(四) 期末事项的审核

月末,审核会计需要对期末事项涉及的相关数据进行审核,常见的期末事项包括计提固

图1-64 结转损益

定资产折旧、计提无形资产摊销、计提职工工资、房屋租金摊销、结转损益等,确保计提、摊销、结转事项均无遗漏。

1. 计提固定资产折旧的审核

通常情况下,企业采用直接法计提折旧。审核会计可通过查看固定资产费用摊销表,查看当月的折旧额是否有异常,是否有新增的固定资产或者处置固定资产。

审核要点:①固定资产的入账时间;②月折旧额是否异常;③固定资产是否发生增减变动。

2. 计提职工工资的审核

对计提的职工工资、社保金额与工资表、社保计算表中的金额核对,保证数据准确无误。

3. 结转损益的审核

期末,应将各损益类账户的金额结转至"本年利润",结转后无余额。因此,月末需检查是否生成损益结转的记账凭证,结转后损益类账户应无余额。具体操作步骤如下:

(1)登录智能财务共享中心平台,单击【账簿】—【多栏式明细账】,选择科目后单击【查询】,选择损益类账户查看是否无余额,如图1-65所示。

图1-65 损益类账户的审核

（2）审核损益类账户是否全部结转至本年利润，如图1-66所示。

图1-66　结转损益的审核

（3）完成结转损益生成记账凭证后，仍需对该凭证进行审核、过账。具体操作与凭证审核、过账相同，请登录智能财务共享中心平台体验。

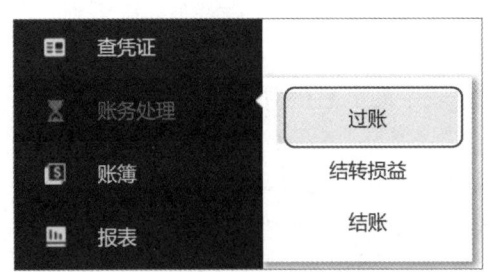

图1-67　生成财务报表

（五）财务报表的审核

财务报表是财务核算的最终产品，为了保证其数据准确无误，必须清楚表内及表间的勾稽关系。

在智能财务共享中心平台中，单击【账务处理】—【过账】，系统自动生成财务报表。如图1-67所示。

审核会计可通过单击【报表】查看资产负债表、利润表，如图1-68所示。

图1-68　查看报表

实务工作中，一般企业的财务报表包括资产负债表、利润表、现金流量表等。

1. 资产负债表的审核

资产负债表是反映企业财务状况的报表,包括资产、负债、所有者权益三个会计要素,且三要素之间的总体关系为:

$$资产总额＝负债总额＋所有者权益总额$$

在资产负债表中,首先要保证表内关系正确,即"资产＝负债＋所有者权益";其次,是表间关系,资产负债表报表项目"货币资金"期末余额应与现金流量表中的"六、期末现金及现金等价物余额"相等;最后,资产负债表报表项目"未分配利润"期末余额与期初余额相减,差额应等于本期利润表中的"本年累计净利润"。

例如,对北京博闻会展服务有限公司的资产负债表的勾稽关系进行审核,如图1-69所示。

资　产	期末余额	上年年末余额	负债和所有者权益（或股东权益）	期末余额	上年年末余额
流动资产:			流动负债:		
货币资金	1795393.83	2002520.83	短期借款		
短期投资			应付票据	70000.00	50000.00
应收票据	500000.00		应付账款	689500.00	111008.00
应收账款	647000.00	326000.00	预收账款		
预付账款			应付职工薪酬		
应收股利			应交税费	6300.00	3280.00
应收利息			应付利息		
其他应收款			应付利润		
存货			其他应付款		
其中：原材料			其他流动负债		
在产品			流动负债合计	765800.00	164288.00
库存商品			非流动负债:		
周转材料			长期借款		
其他流动资产	-2.00		长期应付款		
流动资产合计	2942391.83	2328520.83	递延收益		
非流动资产:			其他非流动负债		
长期债券投资			非流动负债合计		
长期股权投资			负债合计	765800.00	164288.00
固定资产原价	5232500.00	5232500.00			
减：累计折旧	626908.50	574493.00			

图1-69 资产负债表的审核

审核要点：①表内填列内容是否完整，如日期是否漏填及有关人员签章是否齐全等；②表内相关数据的准确性，如将表内左右两边项目数字分别相加，计算资产的总额是否等于负债总额与所有者权益总额之和；③表内综合项目的填列是否正确，如资产负债表"年初余额"栏内各项数字与上年末资产负债表的"期末余额"栏内所列数字是否一致。

2. 利润表的审核

利润表是反映企业在一定会计期间经营成果的财务报表。系统生成利润表后，须与"本年利润"科目的发生额、余额进行核对，保证数据准确无误。

3. 现金流量表的审核

现金流量表是反映一定时期内（如月度、季度或年度）企业经营活动、投资活动和筹资活动对其现金及现金等价物所产生影响的财务报表。审核时需将本期资产负债报表中的"货币资金"项目期末余额与上月资产负债表中"货币资金"项目期末余额相减，检查差额是否与报表中"现金及现金等价物净增加额"项目的金额相同。

目前，智能财务共享中心平台仅内置资产负债表、利润表。审核会计只需确认这两张报表的数据无误即可。

（六）纳税申报的审核

根据《中华人民共和国税收征收管理法》规定，纳税人必须依照法律、行政法规规定或者税务机关依照法律、行政法规的规定确定的申报期限、申报内容如实办理纳税申报，报送纳税申报表、财务会计报表以及税务机关根据实际需要要求纳税人报送的其他纳税资料。

在智能财务共享中心平台下产生的会计数据，经审核无误后，应按规定进行纳税申报。

通常情况下，中小微企业主要申报的税种包括：增值税、企业所得税、个人所得税、城市维护建设税、教育费附加、地方教育附加、印花税等。审核会计应重点审核税费计算表与纳税申报的数据是否一致。

各税种纳税申报时所需审核的资料，如表1-7所示。

表1-7 各税种纳税申报资料审核

税种纳税申报	审核的资料	税种纳税申报	审核的资料
增值税	未交增值税计算表、应纳增值税额计算表	个人所得税	个人所得税计算表
企业所得税	应纳所得税计算表、所得税计算表	附加税费	税金及附加计算表

其中，企业进行增值税纳税申报时，应重点关注应纳税额的计算以及适用税率（或征收率），根据当月的经济业务，判断是否有视同销售的业务、非正常损失、免税项目、加计抵减等。具体审核要点包括：①申报前，核对科目余额表中"应交税费——应交增值税"明细科目与未交增值税计算表的数据；②申报后，核对申报表与发票认证清单内的数据；③考虑本月有无发生进项税额转出、留抵税额、加计抵减税额、预缴税额业务。

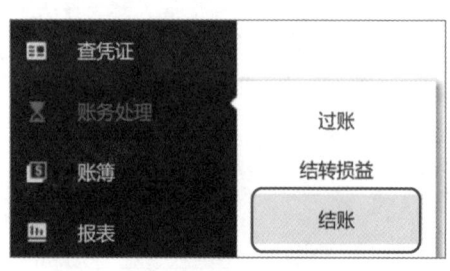

图1-70 结账

完成上述审核工作后，即可结账。登录智能财务共享中心平台，单击【账务处理】—【结账】—【期末结账】，表示各账户余额结清或结转下期，如图1-70所示。

第二章 智能财务机器人

学习目标及重难点

1. 学习目标

(1) 能够按照影像识别操作的工作规范要求,将票据扫描成对应格式文件,并上传至智能财务机器人平台;能够运用复核的方法和技巧,复核智能识别数据正确性,对系统传递过来的业务凭证信息进行复核,针对出现的问题进行修改或手工录入凭证,复核修改无误后一键记账。

(2) 能够理解OCR智能财务机器人的工作原理,了解运用智能技术在财务各个领域中的应用;熟悉维护智能财务机器人,及时发现、组织制定预防措施并解决问题,掌握利用智能财务机器人完成企业的账务处理;掌握组织对智能财务机器人账务处理规则模板进行选择性复查。

(3) 能够遵守职业道德规范,对经手企业的数据保密;能够严格遵守扫描操作工作规范,针对相关问题与相关部门沟通。

2. 学习重点

(1) 将票据准确分类并扫描到对应存储后台。
(2) 利用OCR技术识别票据字段。
(3) 操作智能记账流程。

3. 学习难点

(1) 对识别出的错误字段进行纠错。
(2) 票据信息的审核。
(3) 期末结账的流程。

财务机器人模块基于OCR文字识别技术,帮助学生体验企业智能识别票据的账务处理全流程。OCR(optical character recognition,OCR)技术其工作原理,是通过扫描等光学输入方式将各种票据、报刊、数据、文稿及其他印刷品的文字转化为图像信息,再利用文字识别技术将图像信息转化为可以使用的计算机输入技术,对文本资料的图像文件进行分析识别处理,获取文字及版面信息的过程。OCR识别应用场景主要包括车牌路牌识别、验证码识别、触屏输入法、数字识别、古籍识别、PDF to Word转换器、财务机器人等。

本章着重介绍OCR智能识别在财务机器人中的应用,以北京佳鱼旅游有限公司智能财务机器人的工作情景为主线,模拟企业利用智能财务机器人进行账务处理的全流程,包括智能识别、智能记账和智能审核三个板块。

第一节 智能识别

课程思政

一、工作情境

北京佳鱼旅游有限公司采用 OCR 智能识别机器人的工作原理，将票据按影像识别扫描成对应格式文件上传至财务机器人平台的。财务人员拿到纸质票据后应先进行整理分类，然后将票据扫描上传至平台，再应用 OCR 智能识别出关键字段信息，模糊不清、有折痕的票据会导致识别信息有误的情况发生，财务人员应进行检查核实。

二、业务流程

北京佳鱼旅游有限公司财务人员首先对收到企业票据进行检查和分类，保证票据的完整性，按照账务资料、银行对账单、附件资料和报税资料上传到相对应的位置，将票据库中的票据通过 OCR 识别技术识别出关键字段信息，并对识别出的错误字段进行纠正。OCR 智能识别业务流程，如图 2-1 所示。

图 2-1　OCR 智能识别业务流程

（一）影像管理

影像管理支持对票据的采集、传输、存储和调用，并能实时跟踪影像文件。影像管理系统分为扫描子系统和存储后台子系统。扫描子系统安装在电脑端，电脑端通过控制扫描仪对各种原始凭证、银行对账单、报税资料等进行影像扫描、图片处理、OCR 智能识别、影像分类和影像上传（包括扫描上传和本地上传）等处理；存储后台系统对影像票据进行分类管理，可以实现对影像资料的审核查阅和调取使用。影像管理的流程，如图 2-2 所示。

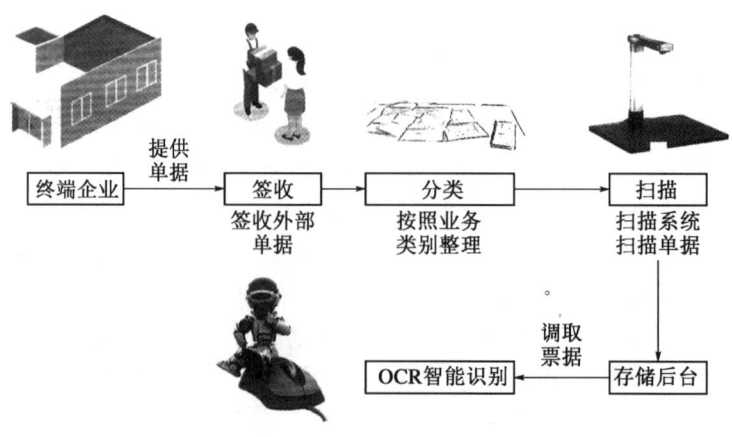

图 2-2　影像管理的流程

实务工作中,北京佳鱼旅游有限公司会收到不同形式的票据,分别是电子票据和纸质票据,两者处理方法略有不同。若收到纸质票据,需要使用扫描仪,将纸质票据转化成电子票据,通过"扫描上传",将账务资料、银行对账单、附件资料和报税资料按类别传送至财务机器人平台的票据存储系统进行储存已备调取使用。若收到电子票据,通过"本地上传",将账务资料、银行对账单、附件资料和报税资料类别传送到财务机器人平台的票据存储系统进行储存已备调取使用。

北京佳鱼旅游有限公司智能机器人系统已将企业票据内置于票据库,读者只需进行票据获取的操作即可,具体操作步骤如下:

(1)登录智能财务机器人平台,选择企业类型、企业名称进入主界面,如图2-3所示。

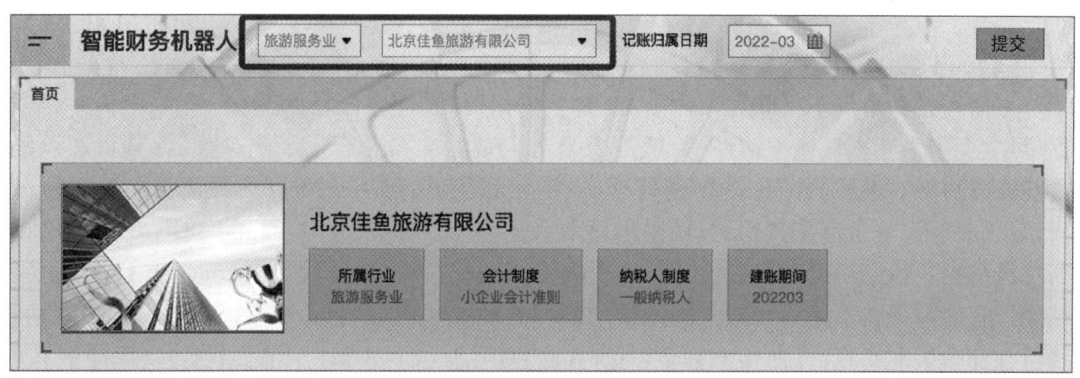

图2-3 登录智能财务机器人平台

(2)单击左上角菜单按钮,执行【影像】—【影像获取】命令,即可获取企业当月相关票据,如图2-4、图2-5所示。

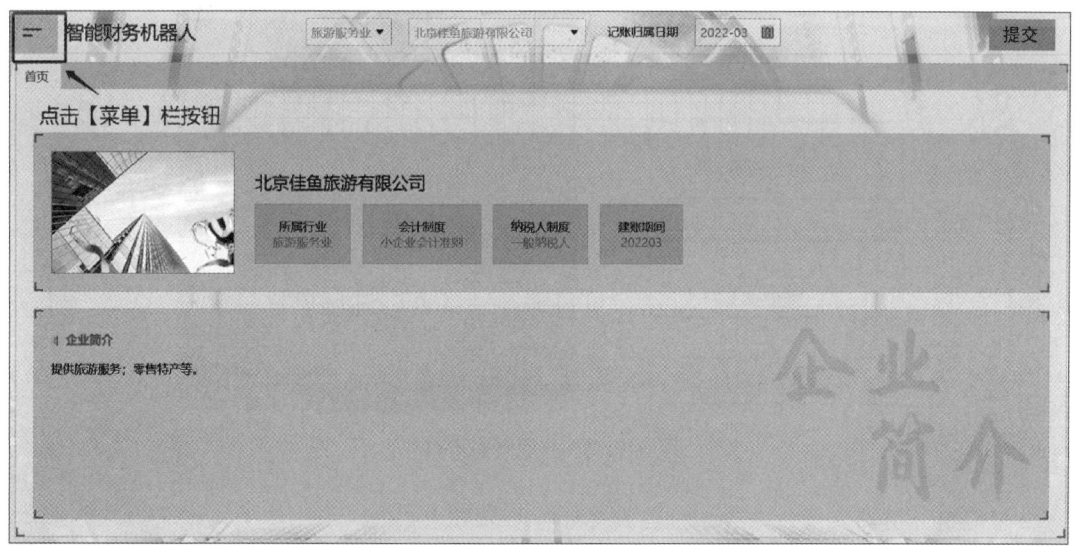

图2-4 菜单按钮

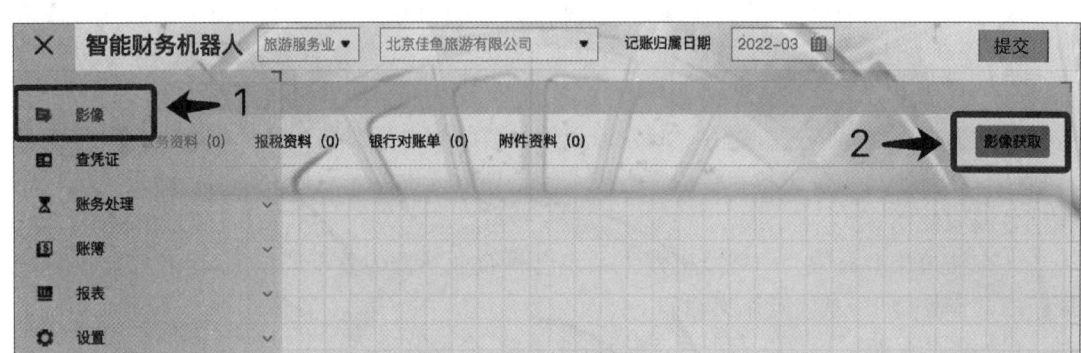

图 2-5 获取票据

(二) 内容识别

下面通过一个例子帮助大家理解 OCR 智能识别的工作原理及流程。例如,上传一张票据,可能会因为票据墨迹不清楚、折痕等因素对识别的准确性产生影响,所以计算机在识别之前会先对带有杂质的图片进行预处理,做矫正和去噪;然后计算机会对文档版面进行分析,分别对行和列进行字符切割,切割出每个字符,将该字符送入内置好的 OCR 识别模型进行字符识别。识别后处理主要应用于两个方面,分别是版面恢复及识别校正,便于修改识别结果。智能财务机器人后台对上述的识别进行处理后,储存识别的字段信息以便调取使用,并且在前台展示出来,方便检查纠正。OCR 内容识别流程,如图 2-6 所示。

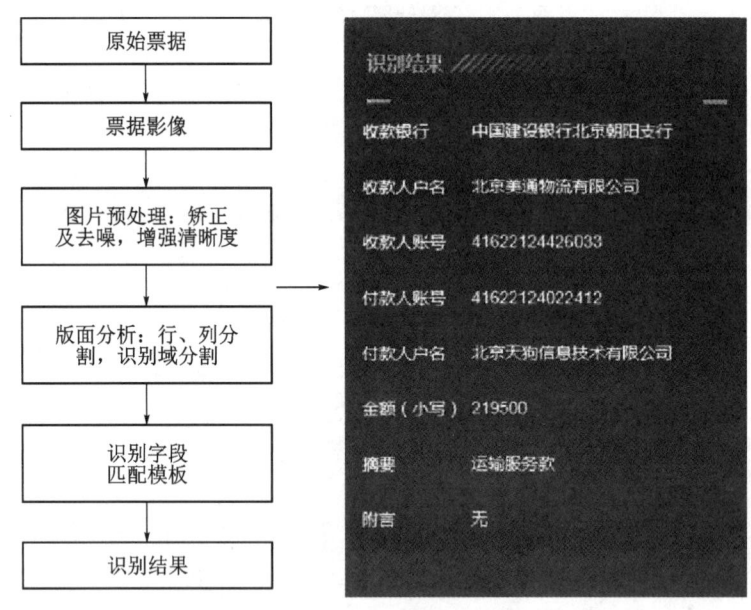

图 2-6 OCR 内容识别流程

智能财务机器人平台内容识别的具体操作步骤如下:

(1) 票据获取成功后,点击右上角【识别内容】,系统利用 OCR 技术识别出票据关键信息字段,如图 2-7 所示。

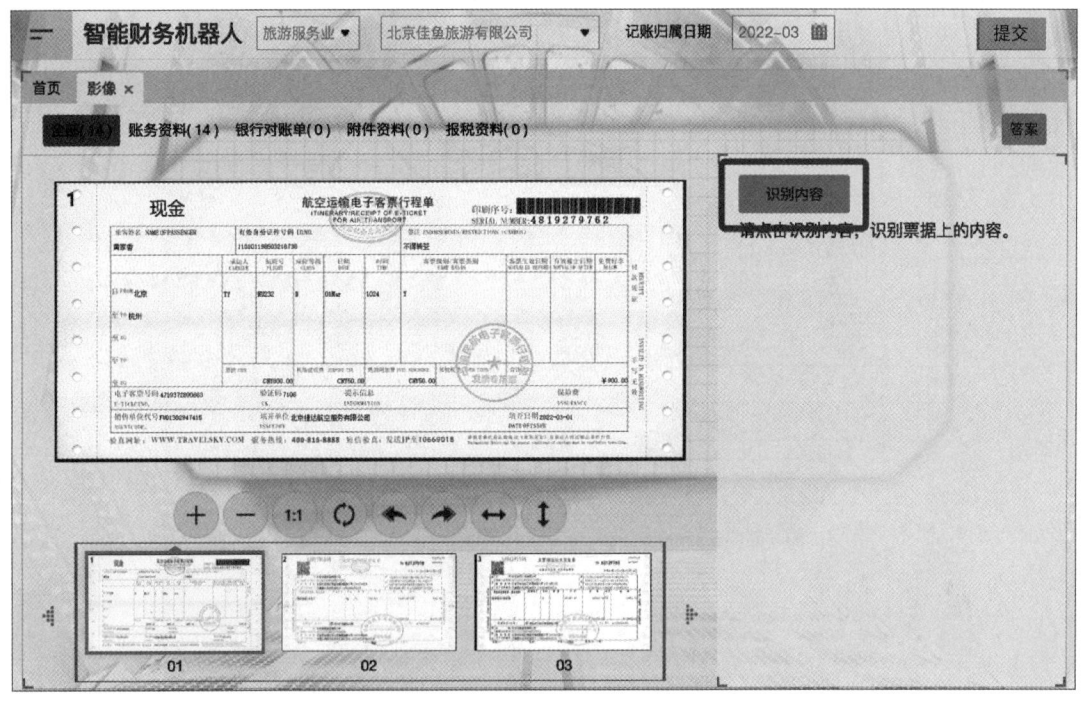

图 2-7 OCR 识别票据关键信息字段

(2) 识别出的字段信息确认无误后,系统会自动生成记账凭证,右下角出现"已自动生成该票据凭证【立即查看】"字样,说明系统已对该张票据进行了处理,单击【立即查看】即可查阅自动生成的记账凭证,如图 2-8、图 2-9 所示。

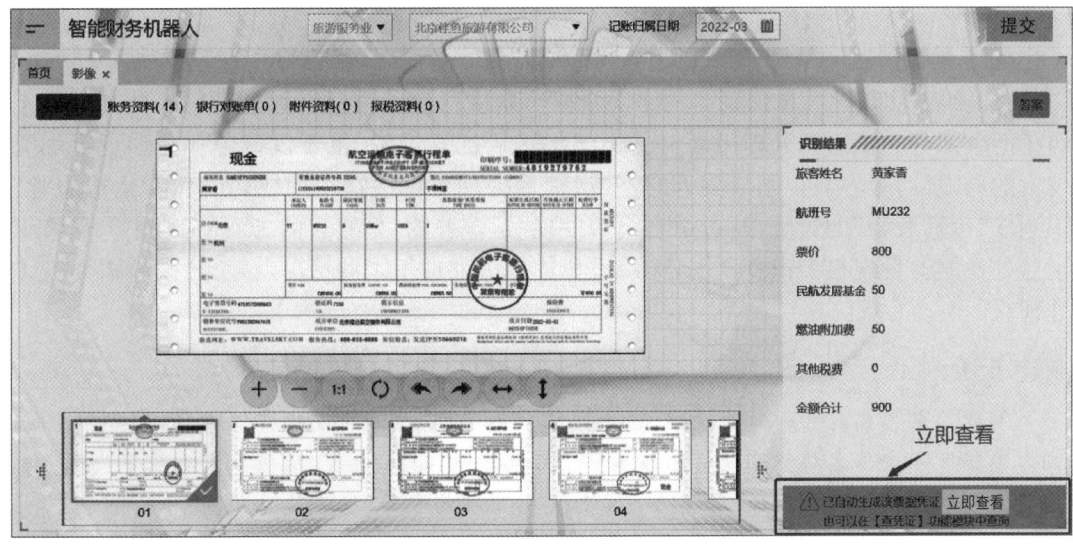

图 2-8 内容识别

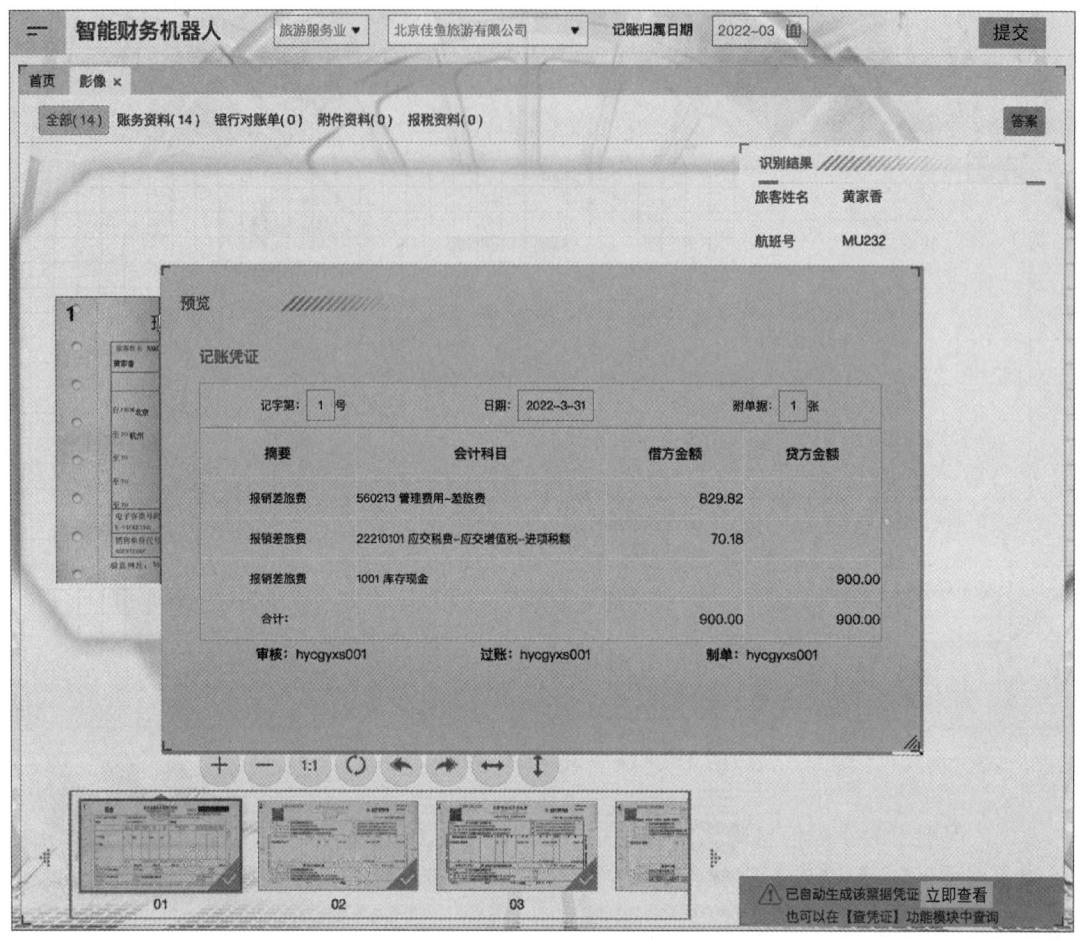

图 2-9 内容识别(记账凭证)

(三) 错误纠正

错误纠正,即对 OCR 识别出的错误票据信息进行纠正,包括 OCR 识别后处理和人工纠正两个部分。识别后处理用来对分类结果进行优化识别,由于汉字中存在形近字加上技术的局限性,很容易识别成相近的字,识别后处理可解决这个问题,如存在"运输服务"识别成"运输股物"的情况,通过语言模型发现"运输股物"是错误的,即进行纠正。尽管识别后处理能够发现很多识别错误,无法避免计算机处理不了的情况,这个时候就需要人工处理。

> **提示**
> 智能识别票据是为了做账使用,当出现识别不准确、无法自动记账的情况,需要检查的内容包括做账主体名称识别是否出现错误、往来单位名称是否与期初往来单位不一致、税率是否出现错误、货物或应税劳务服务名称是否出现错误等,检查修改即可。

第二节 智能记账

课程思政

一、工作情境

情景对话

财务经理：小张，我发现一笔销售业务的往来单位挂错了，你仔细检查过吗？

实习生小张：不是智能机器人系统自动记账了吗？还会有问题？

智能记账是 RPA（robotic process automatic）在财务领域应用的一个环节，RPA 是针对各行业存在大批量、重复性、机械化人工操作的情况，用自动化处理代替人工任务处理的软件机器人。RPA 的发展到目前为止大概经历了三个阶段，第一阶段是基本流程自动化，第二阶段是增强流程自动化，第三阶段是认知自动化。本节介绍的智能记账处于第一阶段基本流程自动化。

情景对话中，该笔销售业务可能是新增客户的往来账款，财务机器人平台尚未设置模板。目前，北京佳鱼旅游有限公司智能记账存在缺陷，在 OCR 智能识别票据过程中，虽然自动生成记账凭证，但是票据信息模糊、业务特殊，机器人无法准确识别字段，因此需要人为干预，对记账结果、特殊业务进行审核记账。

二、业务流程

智能财务机器人平台对收到的票据应用 OCR 智能识别并纠正错误后，自动生成记账凭证。财务人员需要对结果进行选择性审核，对智能记账不能处理的特殊业务进行人工特殊处理，如图 2-10 所示。

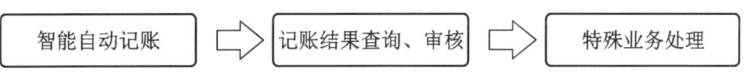

图 2-10 智能记账业务流程

（一）智能自动记账

目前 RPA 技术在财务、金融、医疗上的应用比较广泛，但 RPA 的应用并不止于此，还可应用于人力资源的员工入职和离职、员工薪酬计算、邮件通知等；也可应用于销售与市场启用 NLP（自然语言处理分析）、社交媒体挖掘/监控、预测高价值销售线索等。智能记账就是 RPA 在财务领域账务处理环节的应用，旨在提高财务工作的准确性、规范性和效率性。本业务属于基本流程自动化，需要根据明确的业务规则和操作流程，实现计算机自动记账。适用于任务复杂程度低、分析决策难度低、有明确的规则、数据复杂程度低并且具有规范性的业务流程。

1. 智能记账条件

智能记账的应用场景需要满足两大要点：大量重复（存在的必要性）、规则明确（存在的可能性）。机器人内置适合不同行业不同业务的记账模板，通过 OCR 识别票据信息字段数据，将有用的字段与记账模板字段匹配成功后，自动生成记账凭证，人工只需要监控整个操作流程。通过OCR智能识别出来的有用字段与记账模板字段匹配成功后，自动生成记账凭证，如图2-11所示。

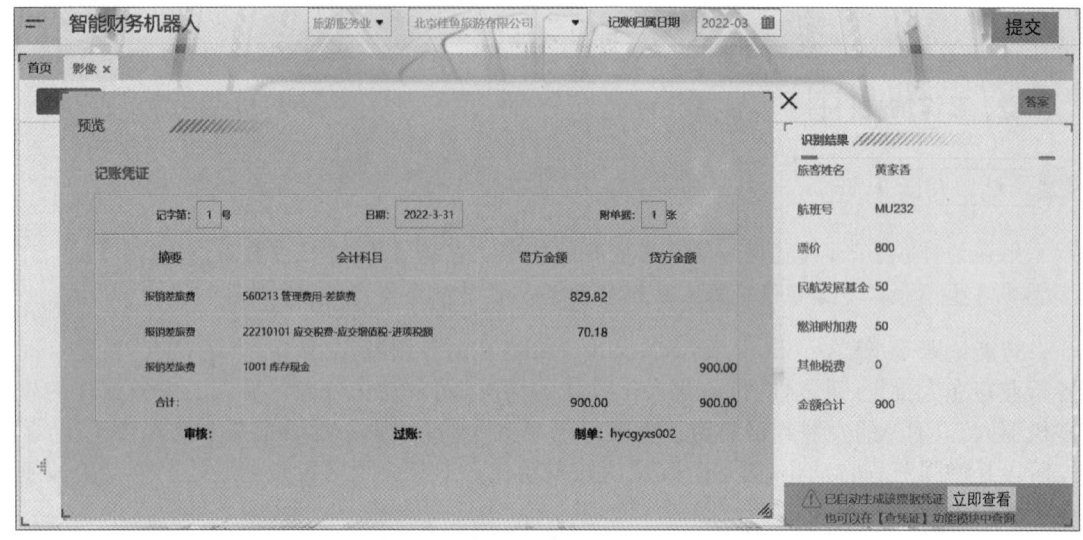

图2-11 智能自动记账

2. 智能记账预期收益

与传统的财务软件和工作流程相比，智能记账更能给企业带来预期的收益。智能记账不管是操作过程还是业务处理，都是按照既定规则执行的，不受人为干预，完成流程速度明显高于人工。同时基于规则化的流程和任务，消除了人工处理结果的不一致，避免人工操作的高错误率。在提高工作效率的同时，也保障财务工作的质量。

智能记账模式下，大量简单、重复、枯燥的基础工作由计算机完成，财务人员转型完成决策分析等工作，能够调动财务人员积极性，并且增加财务人员的价值。智能记账过程中，企业可随时调取财务数据，更好地为企业长远发展提供有用的数据支持。

（二）记账结果查询、审核

"查凭证"功能主要用于会计凭证的查询，同时，在查询界面可以进行会计凭证的审核、反审核、凭证号整理等操作，如图2-12所示。

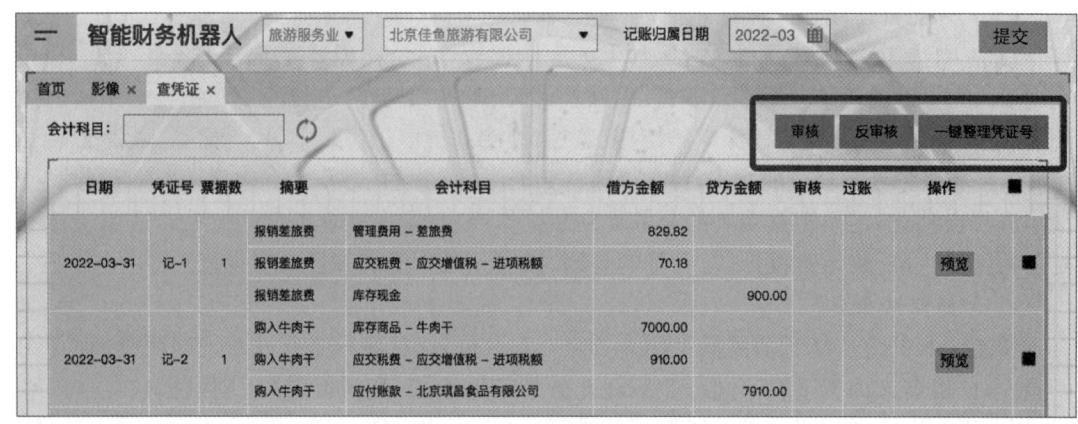

图2-12 "查凭证"功能

单击菜单栏【查凭证】—【预览】进行凭证预览,确认信息无误后,勾选需要审核的凭证,单击【审核】进行凭证审核,如图2-13、图2-14所示。

图2-13 凭证预览

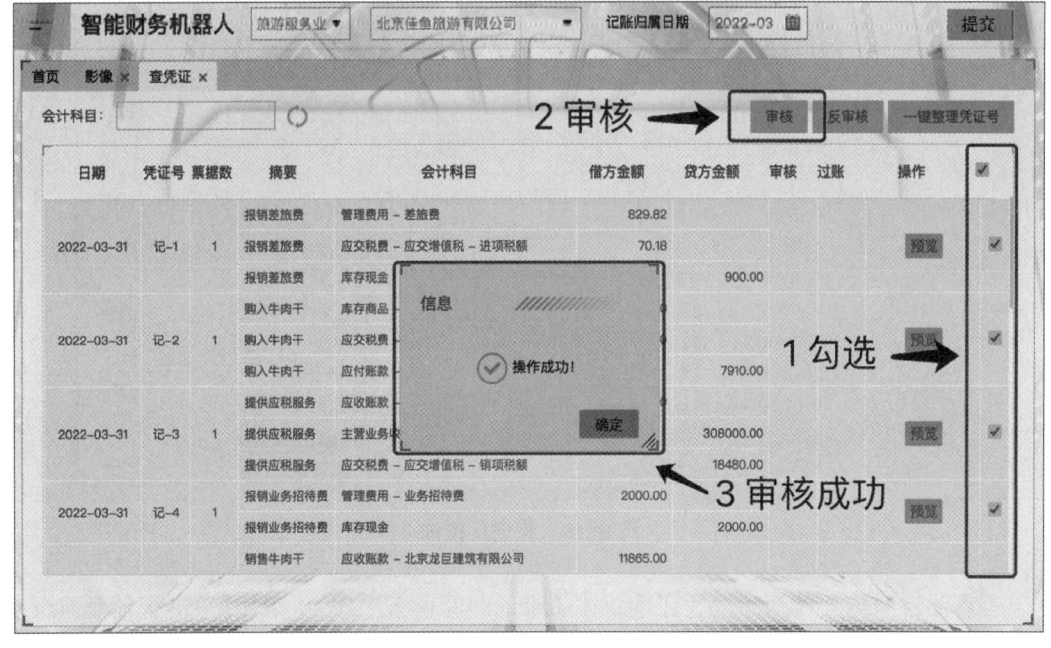

图2-14 凭证审核

凭证审核完成后,【审核】栏会出现 ✓ 图标,如图 2-15 所示。

图 2-15 凭证审核完成

若发现凭证信息有误,可勾选需要的凭证,执行【反审核】命令,撤销审核,进行信息修改,如图 2-16 所示。

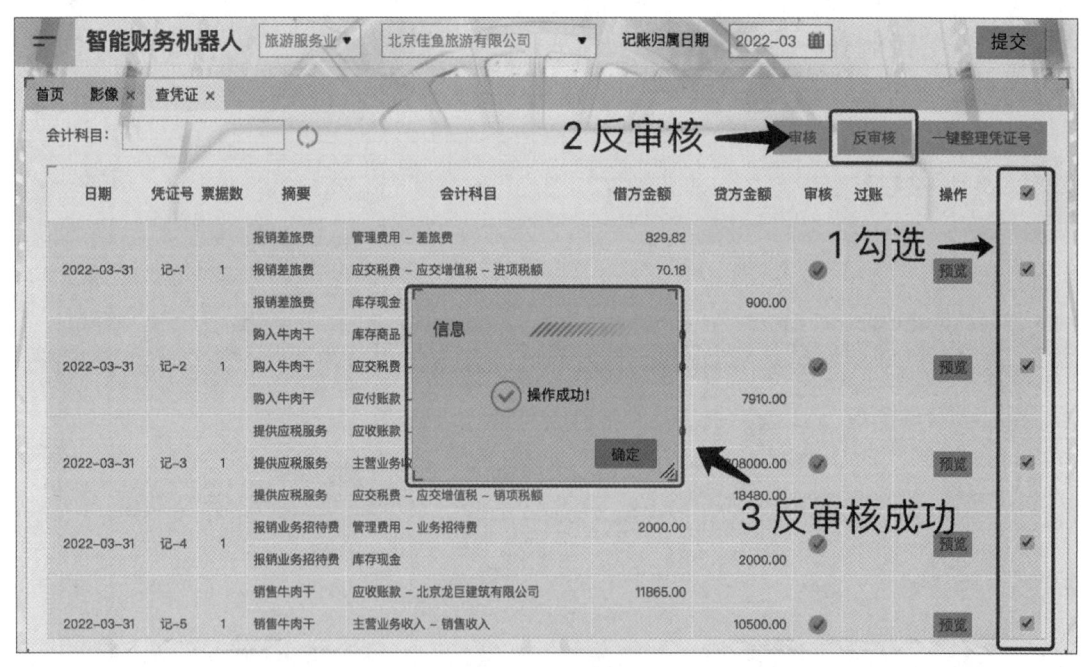

图 2-16 凭证反审核

若需要将当前会计期间的凭证重新按照录入时间调整顺序,可采用【一键智能整理凭证号】操作。如图 2-17 所示。

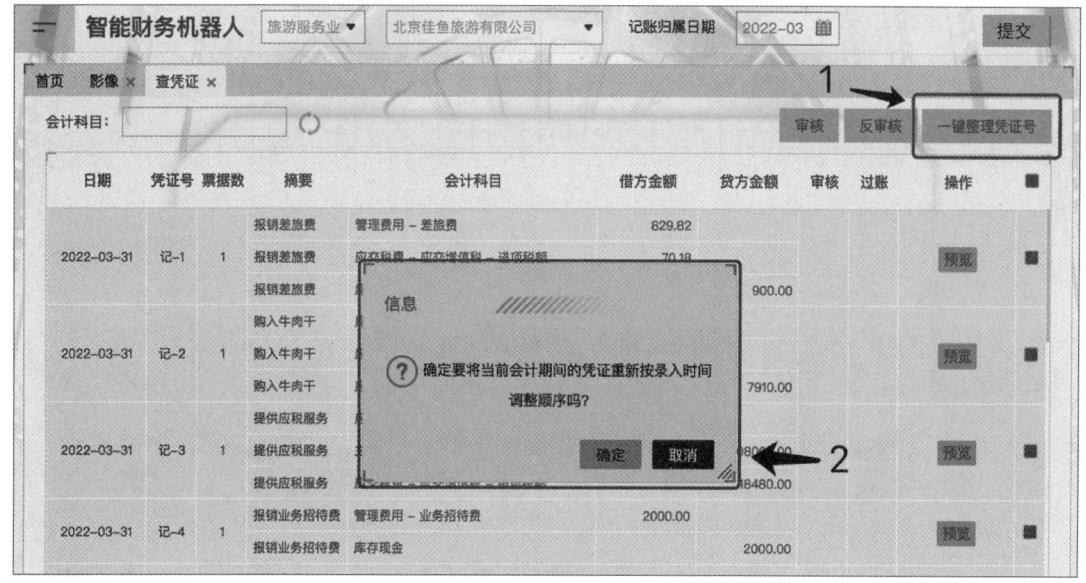

图 2-17 一键整理凭证号

OCR 智能识别内容没有差错后自动生成记账结果,财务人员可以按照不同类型选择审核自动生成的结果,只要规则没有问题,相同的业务处理结果都是一样的。财务人员应该着重审核新增加的业务类型和特殊处理业务,因为新增业务计算机后台会增加规则模板,计算机产生记忆后自动处理,用户只需要对计算机处理结果进行检查。例如,单击系统右侧【预览】,查询已审核的【记账凭证1】【记账凭证2】,如图 2-18 至图 2-21 所示。

图 2-18 凭证预览

(三) 特殊业务处理

处于第一阶段的智能记账对特殊业务的处理还存在一些缺陷,例如固定资产折旧表、工资表、税费计算表等手工单据,由于每家公司票据信息不一致,OCR 很难准确识别出这字段,这种类型的票据还是需要通过手工进行处理并审核。随着业务的逐渐规范和技术的不断发展,这个问题将很快得到解决。

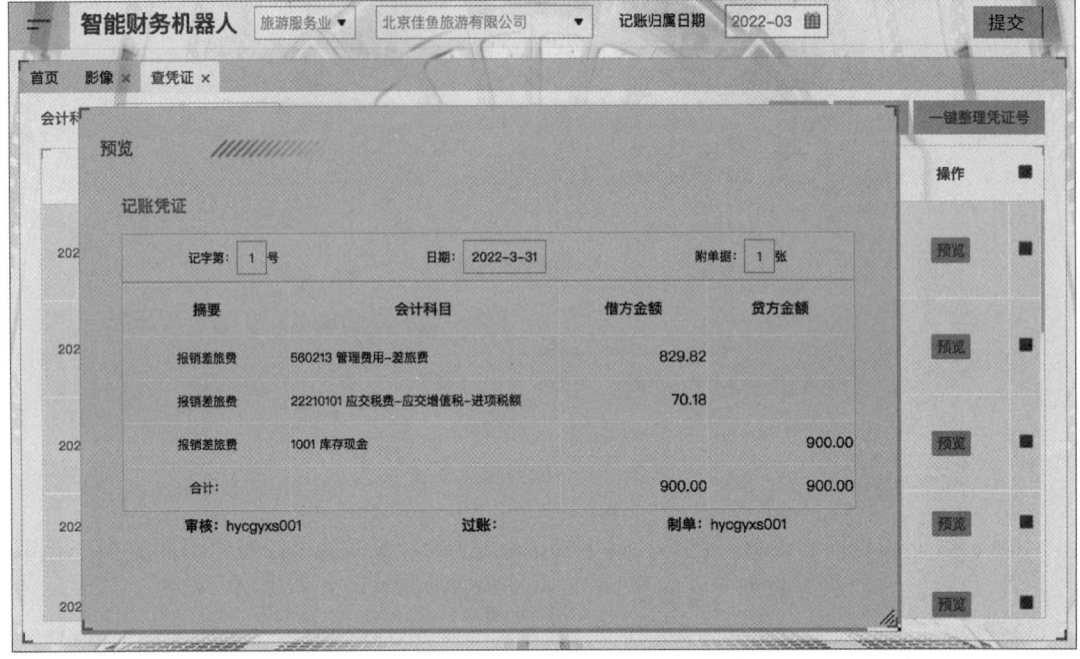

图 2-19 查看【记账凭证 1】

图 2-20 凭证预览

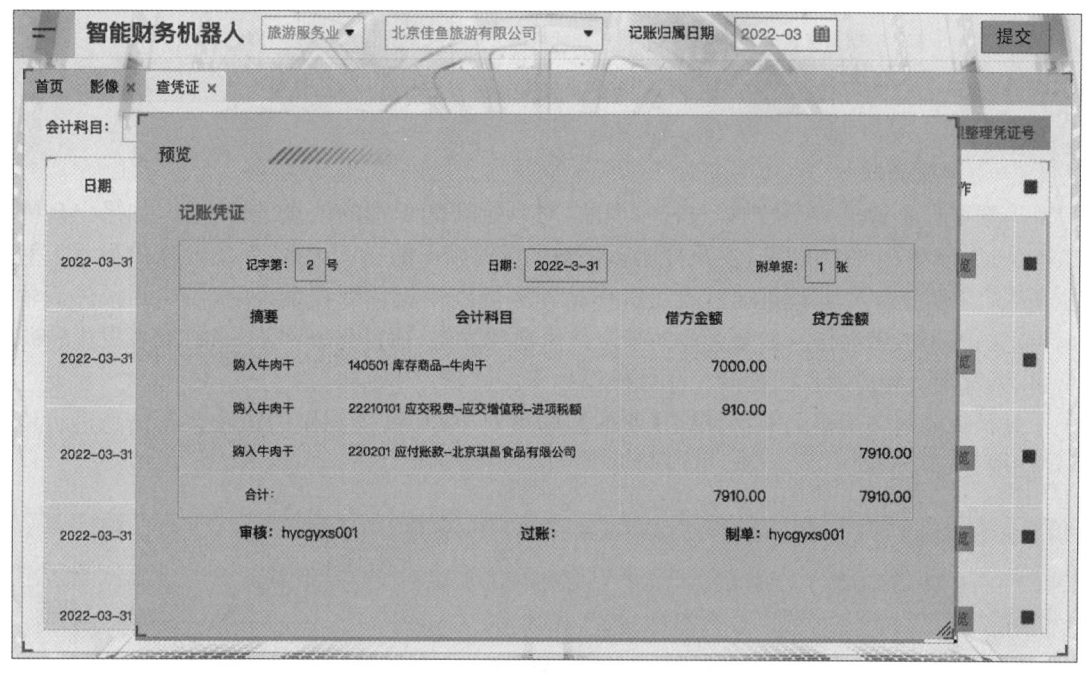

图 2-21 查看【记账凭证 2】

第三节 智能审核

课程思政

一、工作情境

情景对话

实习生小张：经理，为什么点击【一键审核】，显示不通过呢？
财务经理：检查一下会计科目是不是有金额出现负数了？

实务工作中，财务人员对票据信息输入及记账信息输出的审核是十分关键的，通常情况下有经验的财务人员会通过查找票据重要科目的金额来发现问题。在智能财务机器人平台中，如果发现账务有问题，系统会识别出来并显示审核不通过。

北京佳鱼旅游有限公司财务机器人自动生成记账凭证后，财务人员仍需要对原始凭证及记账凭证进行审核，先对原始票据的真伪性进行审核，再对系统智能识别出的票据信息进行审核，然后按照发生的业务类别进行凭证审核，最后对重要的会计科目进行审核。

二、业务流程

财务机器人平台对票据智能识别、智能记账之后，财务人员需要对记账过程和记账结果进行审核，并完成期末结账工作，如图 2-22 所示。

57

```
票据审核  ⇒  凭证审核  ⇒  期末结账
```

图 2-22　OCR 智能审核业务流程

(一) 票据审核

票据审核是通过 OCR 扫描过程实现的,对系统智能识别的信息进行审核,如果出现发票抬头、大小写、金额不相符,发票日期不正确等情况则不能自动记账,系统会作出提示。智能记账机器人的工作原理是通过人工操作把业务规则模板预制在系统中,当达到条件后输出指定的结果或者动作。如果企业的某个月份出现发票、项目与以往不一致,或者发生特殊项目,系统则会相应地作出提醒。具体操作如下:

登录智能财务机器人平台,单击【票据】,即可对 OCR 智能识别的该张票据信息进行审核,如图 2-23 所示。

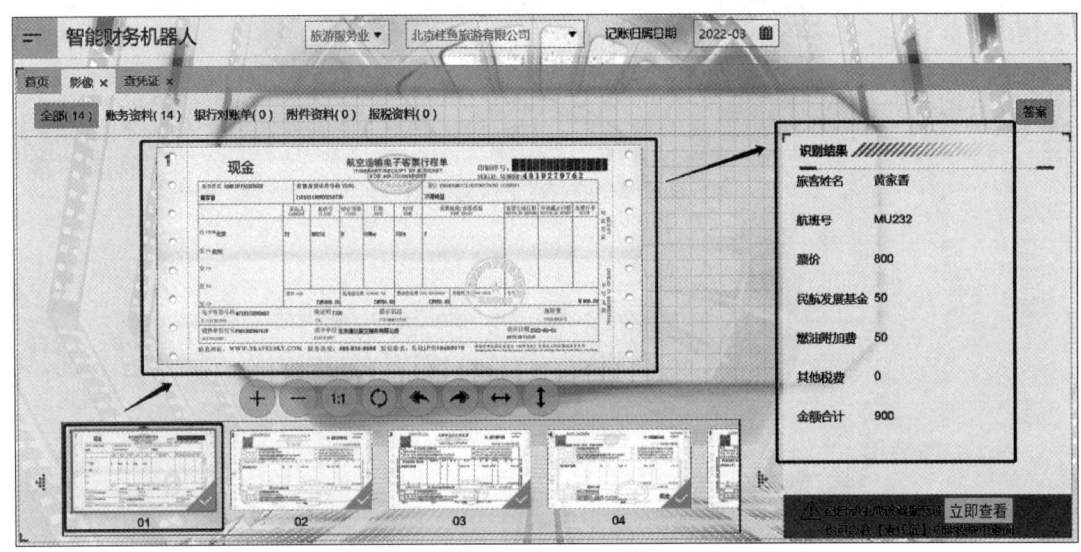

图 2-23　OCR 智能识别票据信息的审核

(二) 凭证审核

虽然目前的财务软件都实现了一键审核的功能,操作非常简单,但是审核的重要性还是不能忽视。由于智能记账机器人业务规则模板已经内置到系统中,相同的业务生成的摘要、使用的会计科目、借贷方向、税额、金额都是机器人根据规则模板和识别字段自动生成的,所以凭证审核相对简单,按照发生业务类别选择性审核即可。具体操作如下:

在智能财务机器人平台审核凭证,单击【立即查看】,审核原始票据与系统生成的记账凭证信息是否相符。也可以单击菜单栏【查凭证】—【预览】进行凭证审核,如图 2-24 所示。

除了凭证的审核,财务人员还应对重要的会计科目进行审核。例如,往来科目重分类审核:当一个客户挂在不同的往来科目下时,系统会进行自动抓取,按照重分类规定进行处理;货币资金审核:设置现金、银行存款、其他货币资金的比对值为 0,当账面金额小于 0 时,审核不通过;存货项目审核:设置存货类科目库存、商品原材料等科目的比对值为 0,当科目

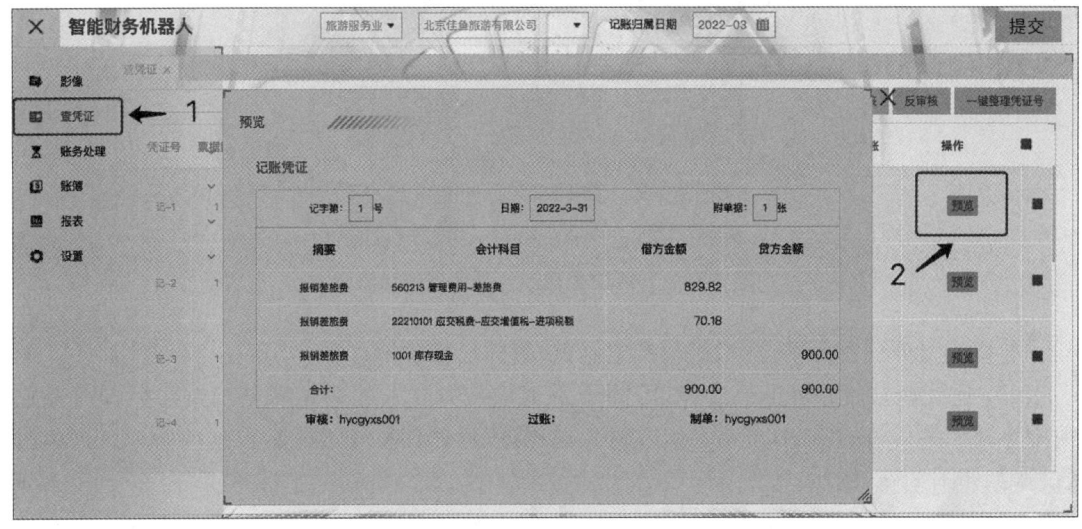

图 2-24 凭证审核

金额小于 0 时,审核不通过。若财务人员在审核过程中发现问题,应及时检查相关业务是否发生错误。

完成以上审核工作之后,单击【查凭证】,勾选未审核的业务,单击【审核】,即可完成智能审核的工作,如图 2-25 所示。

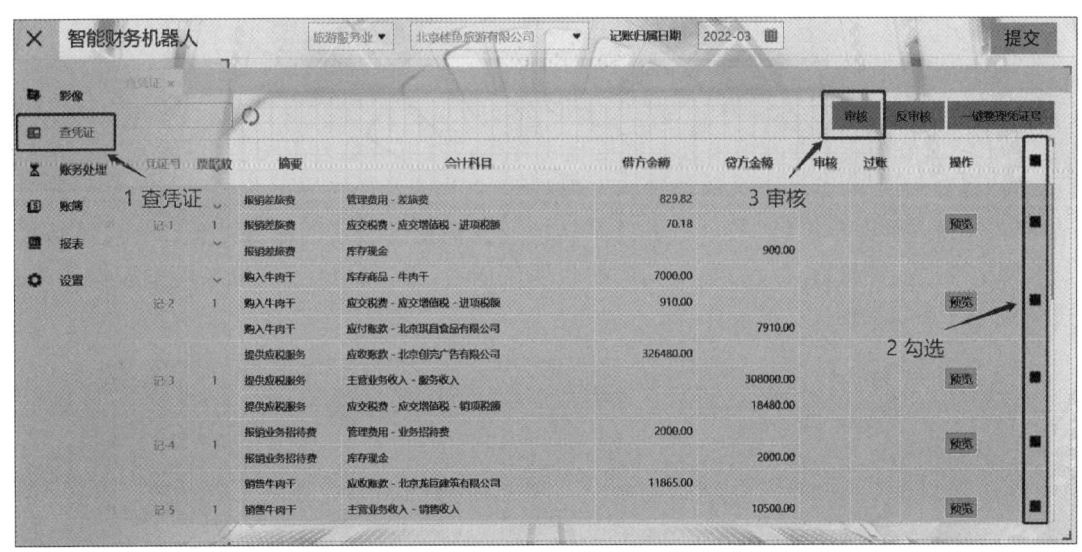

图 2-25 智能审核

(三) 期末结账

通过以上学习,我们知道智能财务机器人平台对企业票据处理的全流程与财务云共享中心的处理流程极其类似。唯一的区别点在于,财务机器人平台利用智能工作直接读取票据信息,不需要进行人工录入票据。

智能财务机器人平台对企业票据进行处理的全流程,如图 2-26 所示。

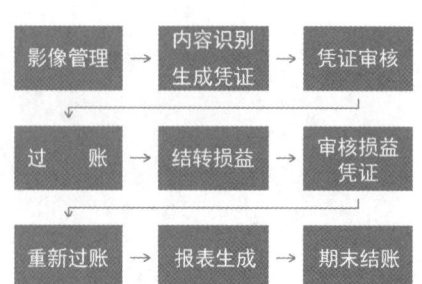

图 2-26　智能财务机器人平台操作全流程

在智能财务机器人平台中，进行期末结账，具体操作步骤如下：

（1）凭证审核后即可进行过账，等同于手工记账方式下的登记账簿。过账后即可在账簿中查询相关科目的明细，单击系统左侧菜单栏【账务处理】—【过账】，根据年份、月份，单击【过账】，如图 2-27 所示。

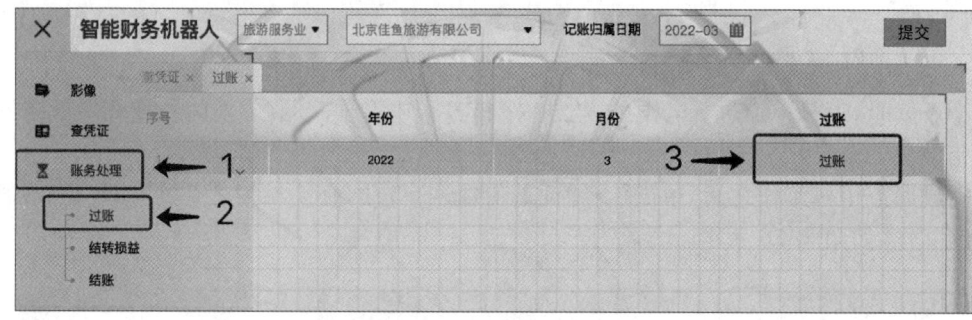

图 2-27　期末结账(1)

（2）当所有的凭证处理结束且完成审核工作后，在【账务处理】下进行结转损益。单击【结转损益】，确认后，系统会自动结转期末损益类科目，无须手工录入损益类科目的结转分录；单击系统左侧菜单栏【账务处理】—【结转损益】；根据已结账的账务处理，单击【结转损益】，即出现损益类科目对应的本年利润科目明细内容，单击【确定】完成结转损益操作，如图 2-28、图 2-29 所示。

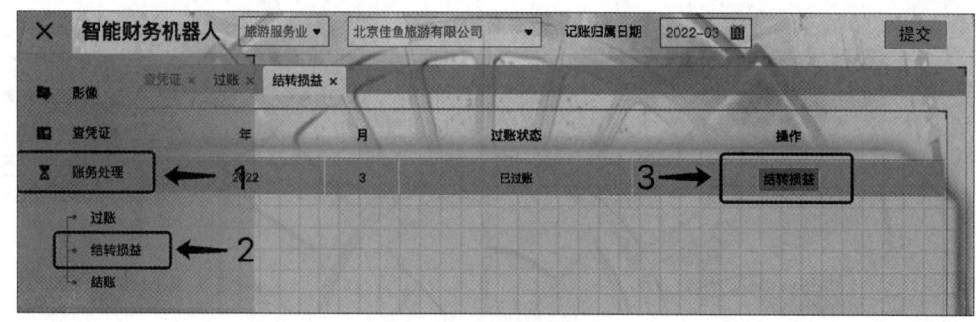

图 2-28　期末结账(2)

（3）因为结转损益后重新生成了损益凭证，需要重新审核凭证。单击系统左侧菜单栏【查凭证】，勾选结转损益的会计凭证，单击【审核】，如图 2-30 所示。

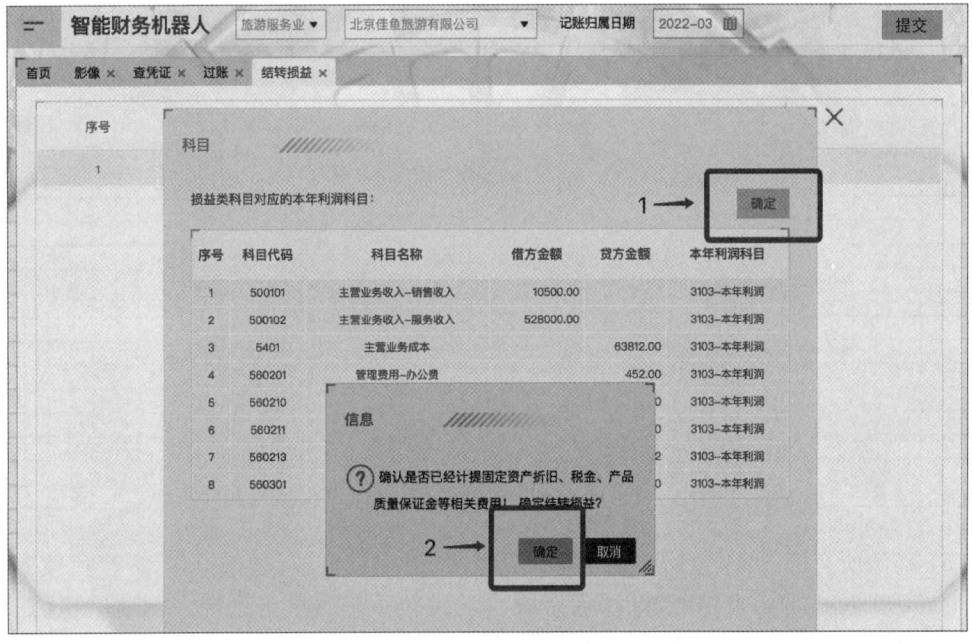

图 2-29 期末结账(2)

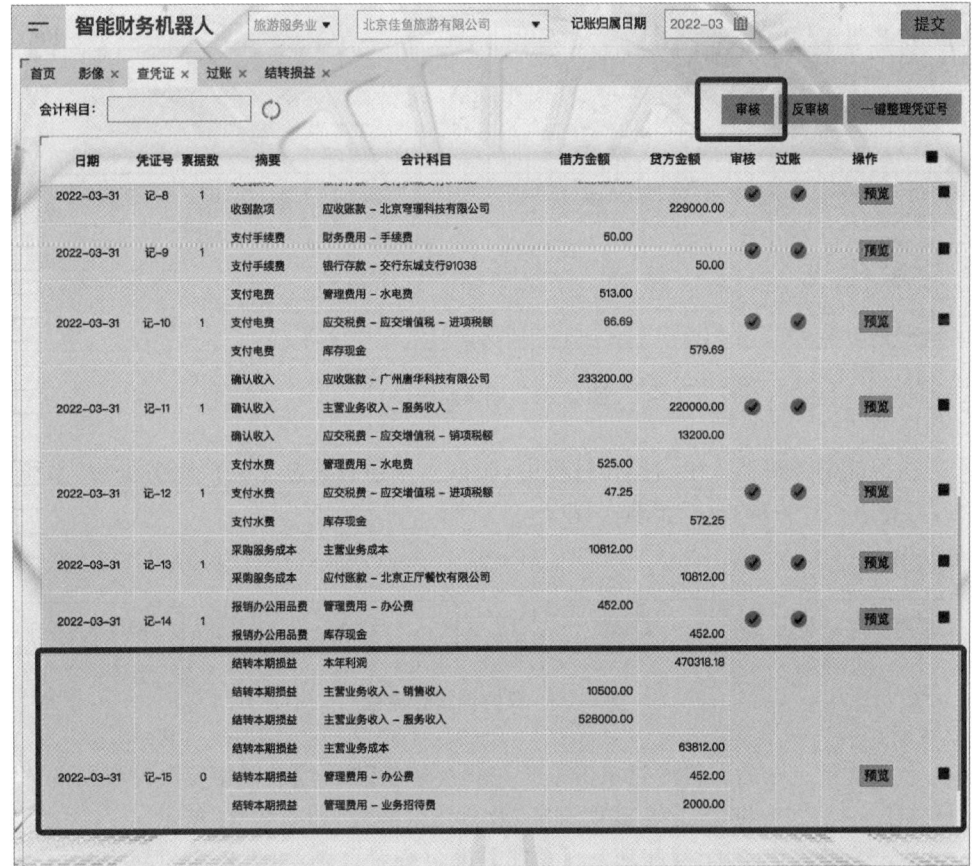

图 2-30 期末结账(3)

(4)单击系统左侧菜单栏的【账务处理】—【过账】,单击【重新过账】,如图2-31所示。

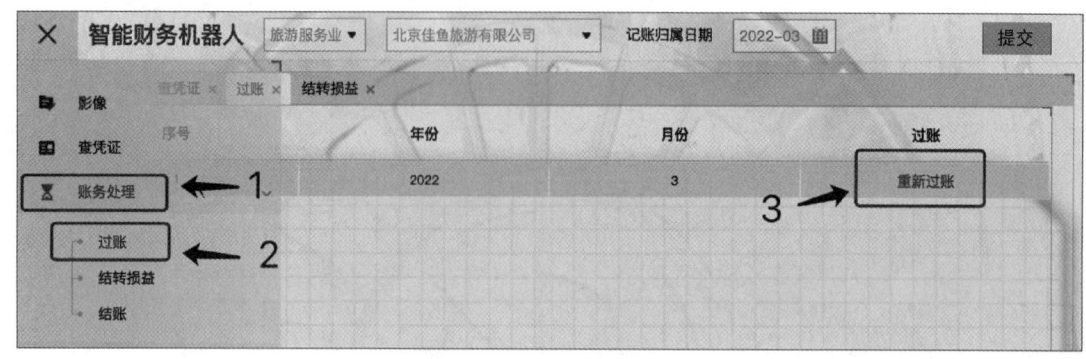

图2-31 期末结账(4)

(5)确认所有的凭证(包括结转损益的分录)均已完成审核、过账操作,资产负债表与利润表生成后即可进行期末结账,结账后系统自动跳转下月。单击系统左侧菜单栏【账务处理】—【结账】,单击【期末结账】,即表示完成结账,如图2-32所示。

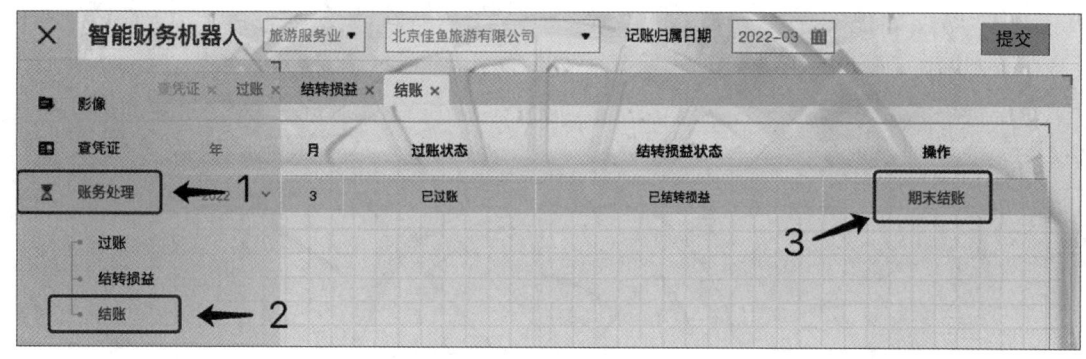

图2-32 期末结账(5)

(6)在智能财务机器人平台操作过程中,如果当月还有票据未完成账务处理,系统不允许结账,需要进行反方向操作,流程如图2-33所示。

图2-33 反方向操作流程

(7)会计凭证过账后即可通过单击系统左侧菜单栏【账簿】查看相应会计科目的账簿明细(包括总账、三栏式明细账、多栏式明细账)及科目余额表,如图2-34所示。

(8)单击系统左侧菜单栏【账簿】—【总账】,即可查看总账,如图2-35所示。

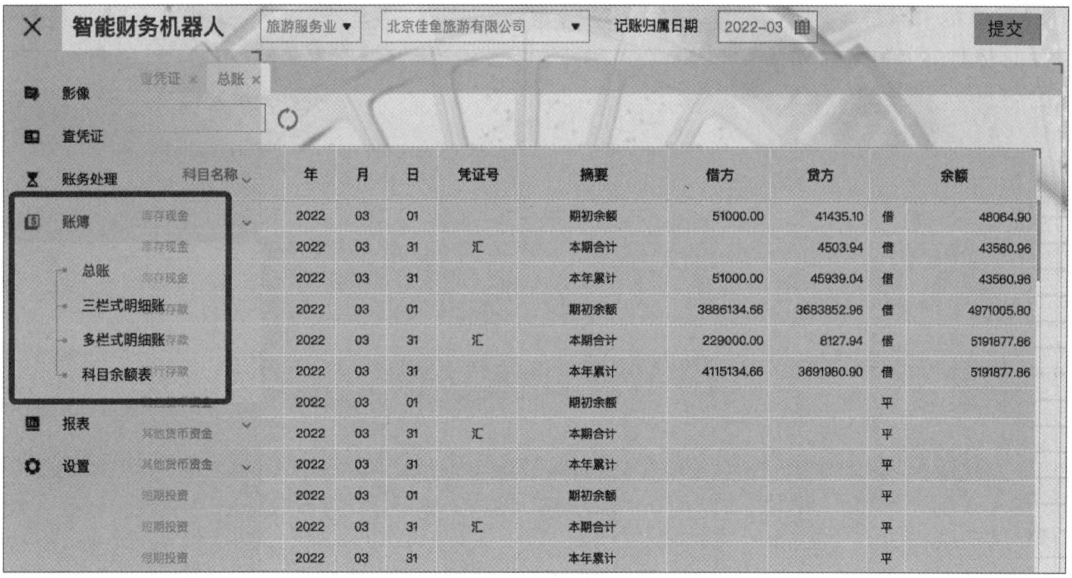

科目名称	年	月	日	凭证号	摘要	借方	贷方		余额
库存现金	2022	03	01		期初余额	51000.00	41435.10	借	48064.90
库存现金	2022	03	31	汇	本期合计		4503.94	借	43560.96
库存现金	2022	03	31		本年累计	51000.00	45939.04	借	43560.96
	2022	03	01		期初余额	3886134.66	3683852.96	借	4971005.80
	2022	03	31	汇	本期合计	229000.00	8127.94	借	5191877.86
	2022	03	31		本年累计	4115134.66	3691980.90	借	5191877.86
	2022	03	01		期初余额			平	
其他货币资金	2022	03	31	汇	本期合计			平	
其他货币资金	2022	03	31		本年累计			平	
短期投资	2022	03	01		期初余额			平	
短期投资	2022	03	31	汇	本期合计			平	
短期投资	2022	03	31		本年累计			平	

图 2-34 查看账簿

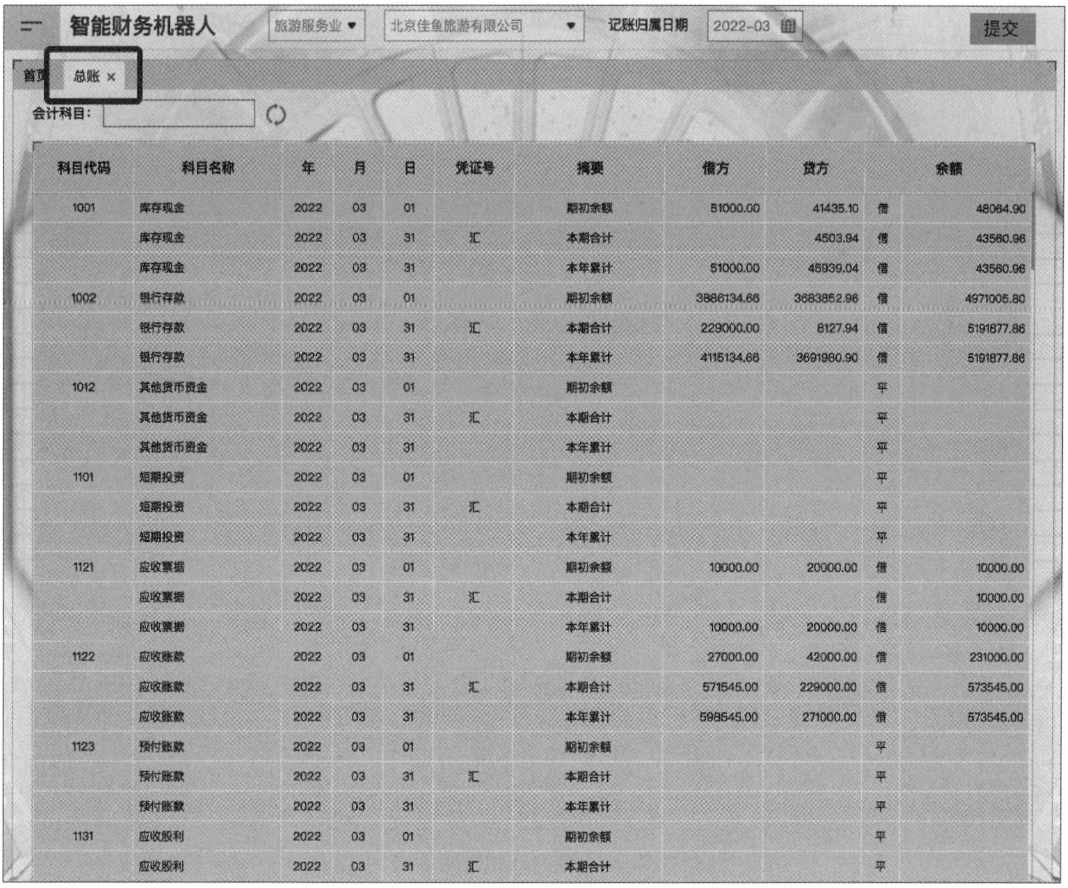

科目代码	科目名称	年	月	日	凭证号	摘要	借方	贷方		余额
1001	库存现金	2022	03	01		期初余额	51000.00	41435.10	借	48064.90
	库存现金	2022	03	31	汇	本期合计		4503.94	借	43560.96
	库存现金	2022	03	31		本年累计	51000.00	45939.04	借	43560.96
1002	银行存款	2022	03	01		期初余额	3886134.66	3683852.96	借	4971005.80
	银行存款	2022	03	31	汇	本期合计	229000.00	8127.94	借	5191877.86
	银行存款	2022	03	31		本年累计	4115134.66	3691980.90	借	5191877.86
1012	其他货币资金	2022	03	01		期初余额			平	
	其他货币资金	2022	03	31	汇	本期合计			平	
	其他货币资金	2022	03	31		本年累计			平	
1101	短期投资	2022	03	01		期初余额			平	
	短期投资	2022	03	31	汇	本期合计			平	
	短期投资	2022	03	31		本年累计			平	
1121	应收票据	2022	03	01		期初余额	10000.00	20000.00	借	10000.00
	应收票据	2022	03	31	汇	本期合计			借	10000.00
	应收票据	2022	03	31		本年累计	10000.00	20000.00	借	10000.00
1122	应收账款	2022	03	01		期初余额	27000.00	42000.00	借	231000.00
	应收账款	2022	03	31	汇	本期合计	571545.00	229000.00	借	573545.00
	应收账款	2022	03	31		本年累计	598545.00	271000.00	借	573545.00
1123	预付账款	2022	03	01		期初余额			平	
	预付账款	2022	03	31	汇	本期合计			平	
	预付账款	2022	03	31		本年累计			平	
1131	应收股利	2022	03	01		期初余额			平	
	应收股利	2022	03	31	汇	本期合计			平	

图 2-35 查看总账

（9）单击系统左侧菜单栏【账簿】—【三栏式明细账】—【会计科目】—【选取会计科目】—【查询】，即可进行查看对应科目的三栏式明细账。以查询【其他货币资金】三栏式明细账为例，如图 2-36 所示。

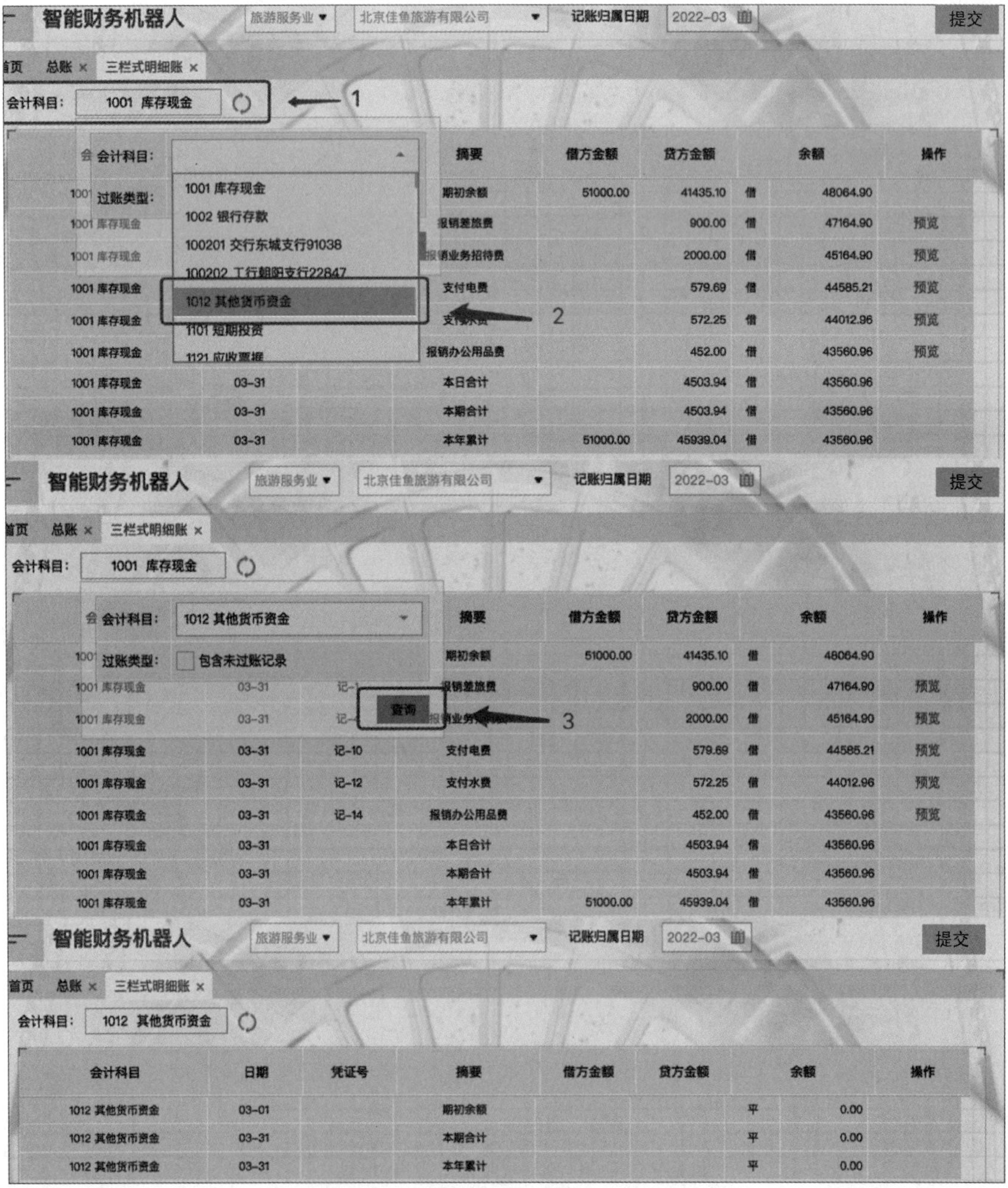

图 2-36　查询三栏式明细账

（10）单击系统左侧菜单栏【账簿】—【多栏式明细账】—【会计科目】—【选取会计科目】—【查询】，即可进行查看对应科目的多栏式明细账。以查询【制造费用】多栏式明细账为例，如图 2-37 所示。

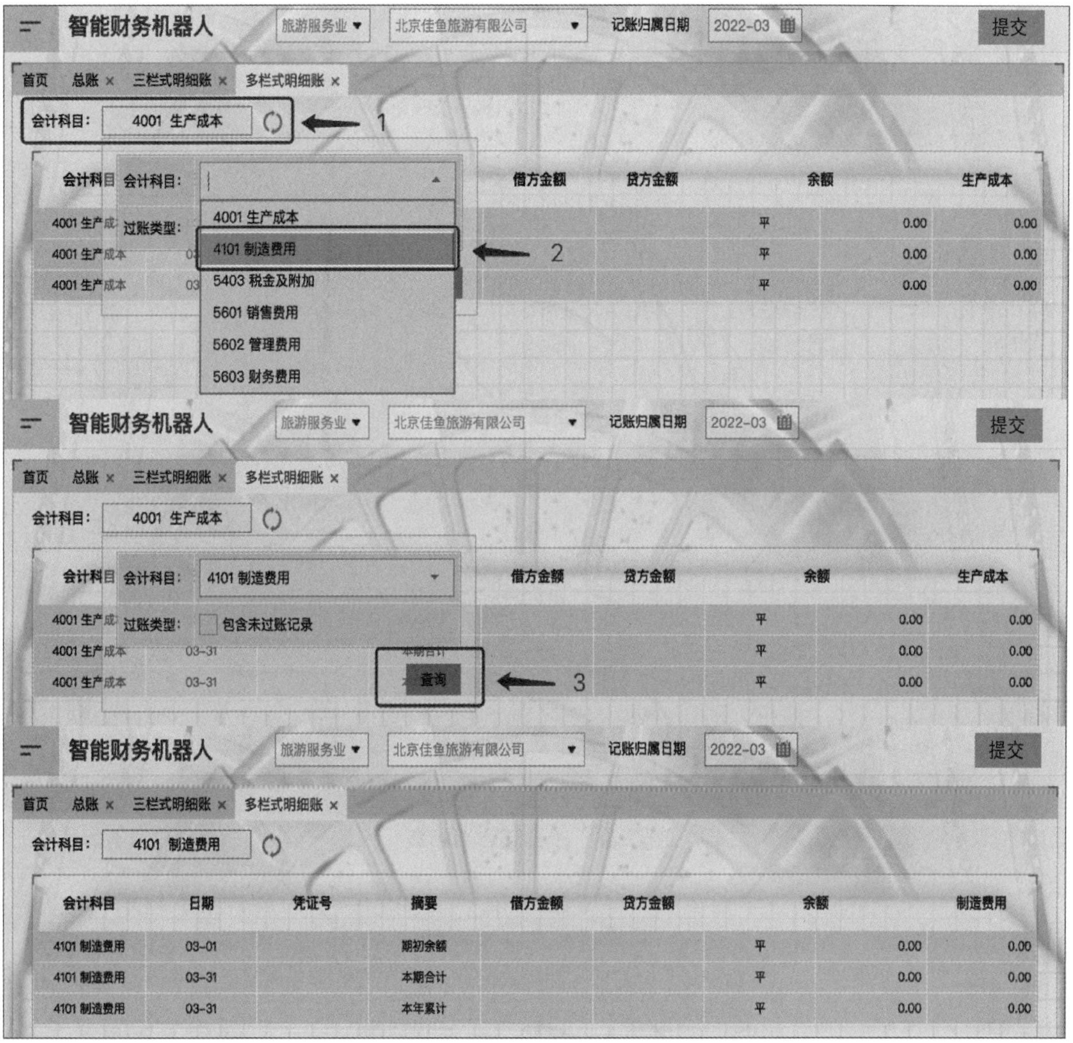

图 2-37　查询多栏式明细账

（11）单击系统左侧菜单栏【账簿】—【科目余额表】，即出现科目余额表总表，单击【会计科目】—【会计科目】—【查询】，即可进行查询对应科目的科目余额表，如图 2-38 所示。

（12）所有凭证（包含结转损益的凭证）完成审核且过账完毕后，选择对应的报表，单击【生成报表】，系统自动生成报表，如图 2-39、图 2-40 所示。

（13）报表生成后可点击【查看报表】查看、核对报表数据，如图 2-41、图 2-42 所示。

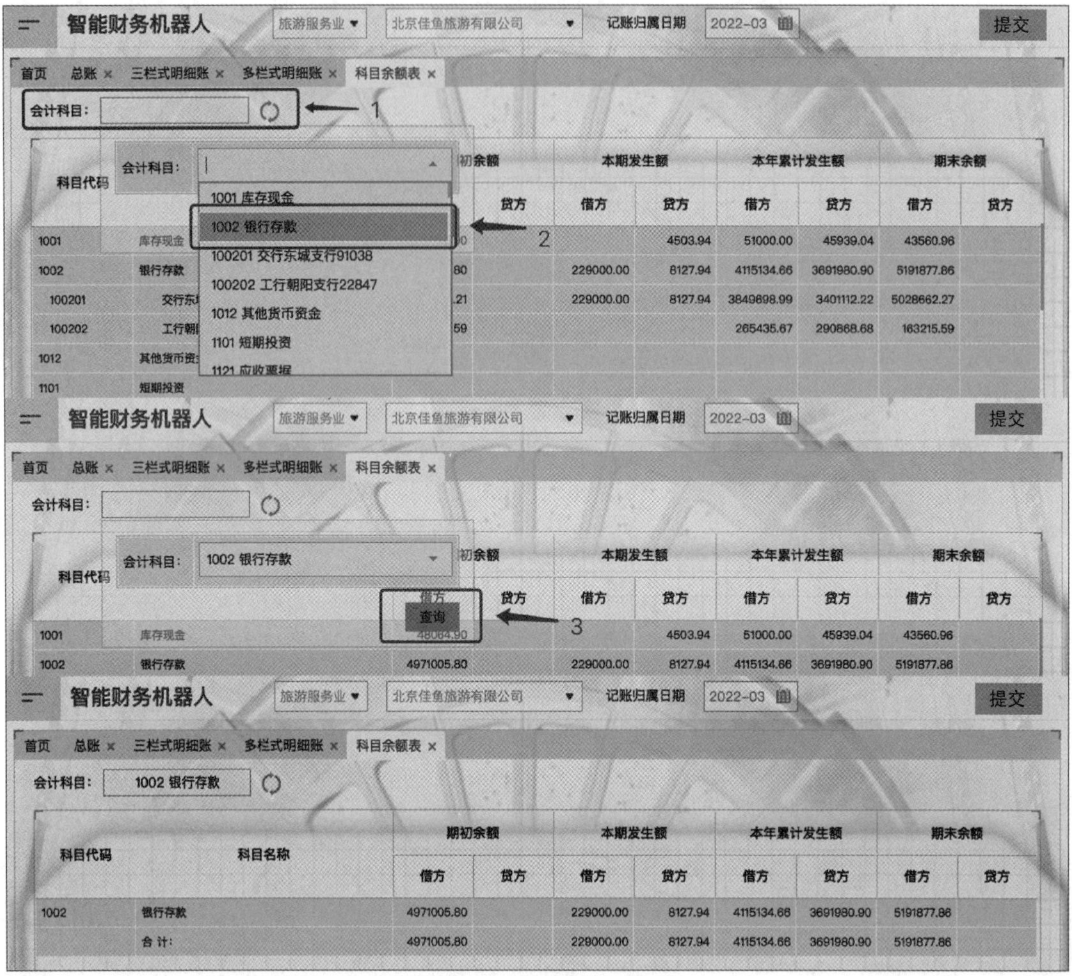

图 2-38 查询科目余额表

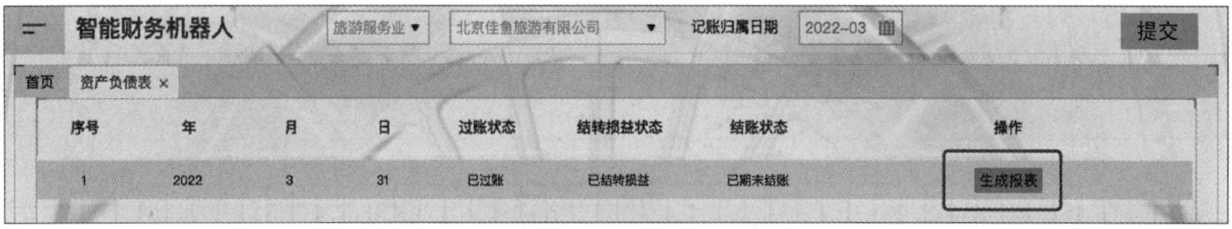

图 2-39 生成资产负债表

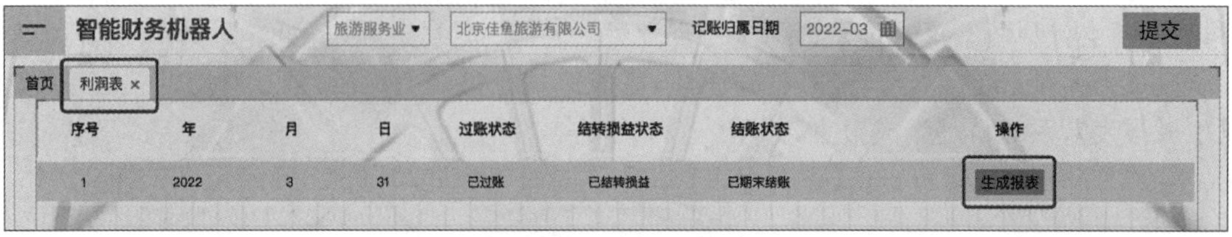

图 2-40 生成利润表

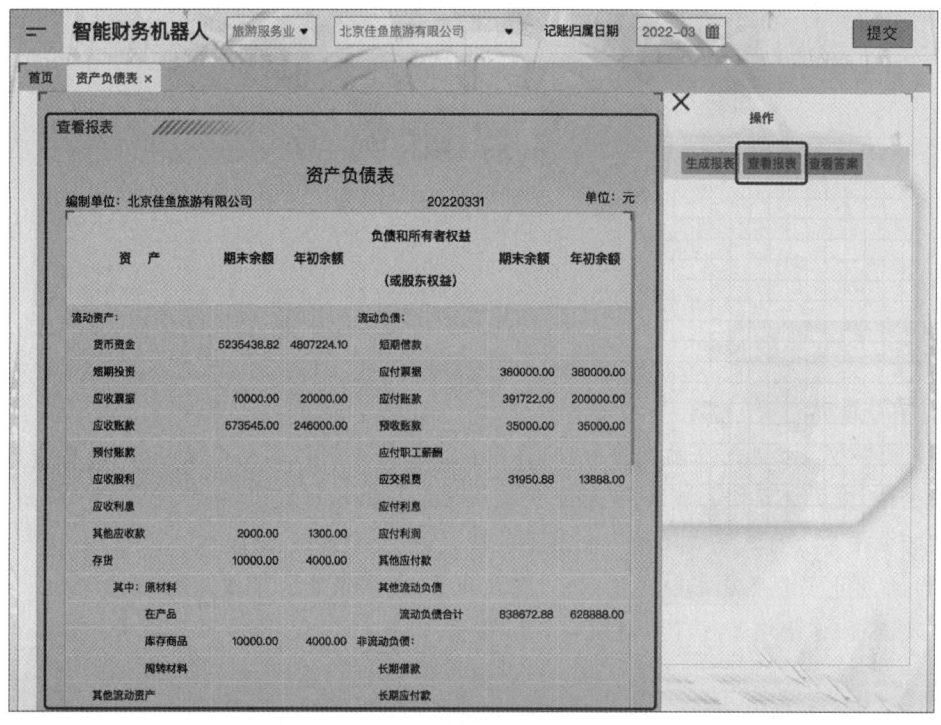

图 2-41 查看资产负债表

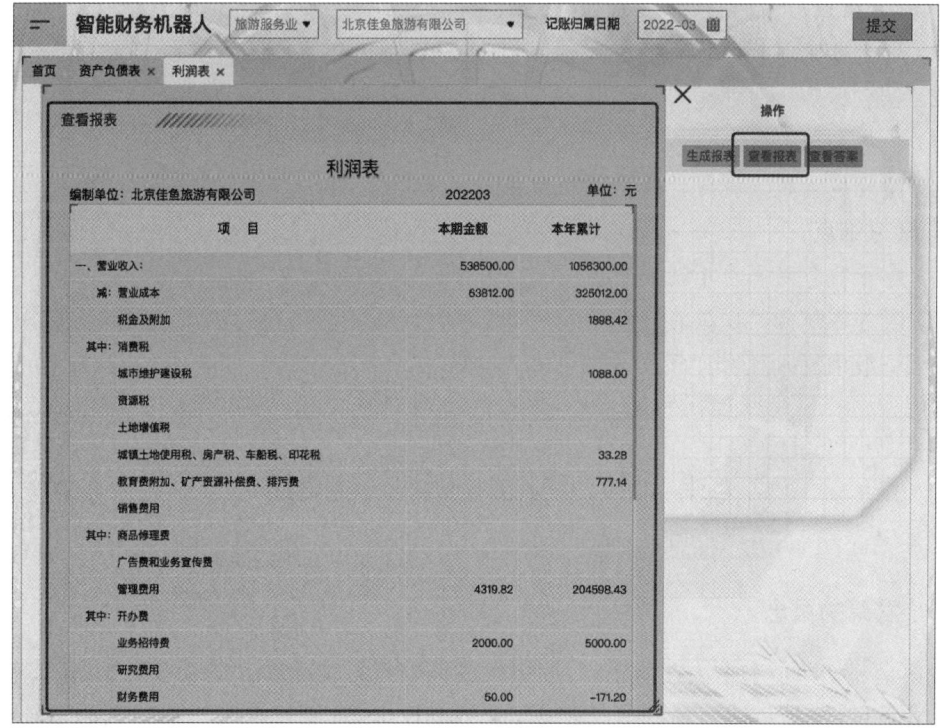

图 2-42 查看利润表

第三章 智能税务

学习目标及重难点

1. 学习目标

（1）能够收集企业所在地发票管理、五险一金业务办理的相关政策和流程；能够办理发票申请手续，按照流程购买发票；能够正确使用税控系统开具发票，做好发票日常保管工作；能够在相关平台上熟练完成五险一金业务的填报、提交和追踪工作。

（2）掌握电子税务局平台发票申请、发票开具、发票保管的操作流程；掌握社保、公积金业务办理流程；掌握增值税、附加税、企业所得税、印花税、个人所得税等税费计算与纳税申报的操作流程。

（3）培养高效的沟通、协调能力，准确、及时地完成与客户资料对接工作；遵守职业道德规范、保守秘密，具有主动服务意识。

2. 学习重点

（1）发票日常保管。

（2）社会保险费的办理。

（3）住房公积金的办理。

（4）小规模纳税人税费计算与纳税申报。

3. 学习难点

（1）电子税务局平台申请发票。

（2）税控系统开具发票。

（3）一般纳税人税费计算及纳税申报。

第一节　发票的申领与使用

课程思政

一、发票的概念

发票是一切单位和个人在购销商品、提供或接受服务以及从事其他经营活动中，开具和收取的业务凭证，是会计核算的原始依据，也是审计机关、税务机关执法检查的重要依据。收据才是收付款凭证，发票只能证明业务发生，不能证明款项是否收付。

二、发票申领与使用的操作

办税人员办理发票相关业务的流程,如图 3-1 所示。办税人员需要先为该公司办理初次领购发票的相关事项,办理完成后,在日常经营过程中,根据发票的使用情况申领发票,并熟悉发票开具的操作步骤,及时查询发票的剩余数量和开具情况,并妥善保管发票。

图 3-1　发票办理流程

(一) 前期准备

以登录厦门市电子税务局为例,对申领发票的前期准备工作进行详细的介绍。

新设企业在办理工商设立、银行开户、税务局报到,并与银行签订第三方代扣协议等事项后,可通过【厦门市电子税务局】进入【新办纳税人套餐】,根据系统提示填写信息,完成新办纳税人相关事项申请,待税务机关审批通过后,购买增值税税控系统专用设备,并在税务局办理初始发行。具体操作可分为网上办理和现场办理。

1. 网上办理

实务中,企业首次进行发票申领时要先在网上办理相关事项。

1) 电子税务局账号注册

企业在办理网上事项时,要先注册电子税务局账号。注册时,登录国家税务总局厦门市税务局网站,单击【厦门市电子税务局】—【在线注册】,如图 3-2 所示,根据系统提示,完成相关信息的登记及电子税务局账号注册。

图 3-2　厦门市电子税务局在线注册页面

2) 法人及经办人员实名信息采集

(1) 电子税务局账号注册成功后,登录【厦门市电子税务局】,单击【新办纳税人套餐】模块。

(2) 选择【新办纳税人套餐式服务】,勾选需要办理的相关事项。这里要注意,【企业类型选择】是根据企业实际情况进行勾选,可以勾选【我自愿成为小规模纳税人】,也可以勾选【我自愿成为一般纳税人】。实务中,新办企业一般情况下都勾选【我自愿成为小规模纳税人】,符合一般纳税人条件的必须勾选【我自愿成为一般纳税人】。

(3) 完成新办纳税人套餐式服务申请后,单击【下一步】进入【纳税人基本信息采集】界面,根据提示录入纳税人基本信息。

(4) 单击【下一步】,进入【法人、经办人员实名信息验证】界面,根据页面提示,法人及财务负责人应扫描(带税徽)二维码,进入【厦门税务掌上办税厅】完成手机号码验证、人脸识别,并将当前经办人绑定为企业办税人员。

3) 财务会计制度及核算软件备案报告

法人及经办人员通过实名认证后,单击【下一步】,进入【财务会计制度及核算软件备案报告书】填写界面,根据提示完成报告书相关内容的选择及填写,包括企业适用的会计制度、折旧方法、会计核算软件名称等内容的选择和填写。

4) 纳税人存款账户账号报告

完成【财务会计制度及核算软件备案报告书】填写后,单击【下一步】进入【纳税人存款账户账号报告表】填写界面,单击右上角【增加账户】新增企业银行账户账号。

5) 增值税一般纳税人资格登记

企业银行账户账号新增成功后,单击【下一步】,根据企业实际情况及需求勾选相应的选项,完成【增值税一般纳税人资格登记】。

6) 纳税人领用发票票种核定

完成【增值税一般纳税人资格登记】后,单击【下一步】进行票种核定。根据页面提示,单击右上角的【添加票种】,添加需要领购的发票种类,并填写领购份数等信息。

提示

新设企业在进行票种核定时要注意:一般情况下,新设企业可申领的增值税专用发票最多为25份,增值税普通发票最多为50份,税务机关没有规定增值税电子普通发票限量领用。企业可根据实际发票使用情况进行申领,增值税专用发票和增值税普通发票领用数量不超过税务机关规定的最高数量即可,具体领用份数不同地区有所差异,企业可根据当地税务机关规定进行申领。

7) 增值税专用发票最高开票限额申请

纳税人领用发票票种核定完后,可以进行增值税专用发票最高开票限额的申请。实务中,一般新设企业最高开票限额为10万元,具体可根据公司实际情况进行申请,勾选完成后要填写最高开票限额申请理由。

8) 附列资料

上述资料填写完成后,上传附件资料,主要包括增值税一般纳税人登记表、加载统一社会信用代码的营业执照或登记证件、税务行政许可申请表等。上传时可根据【附件资料】界面上"是否必报传"提示上传必报的资料,上传完成后单击【提交申请】。

以上内容是新设企业采用【新办纳税人套餐】网上办理相关事项的具体操作步骤。实务中,不同地区网上办理的操作有所不同,具体可咨询当地税务局。

2. 现场办理

新设企业通过网上【新办纳税人套餐】提交相关申请业务后,须等待税务局审核,审核通过后,即可到税务机关服务厅办理其他事项,具体操作步骤如下:

(1)登录【厦门市电子税务局】,打开【新办纳税人套餐】,单击【增值税税控系统安装使用告知书打印】,如图3-3所示,打印告知书,凭此告知书到指定的增值税税控系统服务单位购买增值税税控系统专用设备。

图3-3 增值税税控系统安装使用告知书打印

(2)携带增值税税控系统专用设备、公章、加载统一社会信用代码的营业执照复印件(加盖公章)、经办人身份证原件,如图3-4所示,到办税服务厅办理增值税税控系统专用设备初始发行和工商登记信息确认后,即可在现场申领发票。

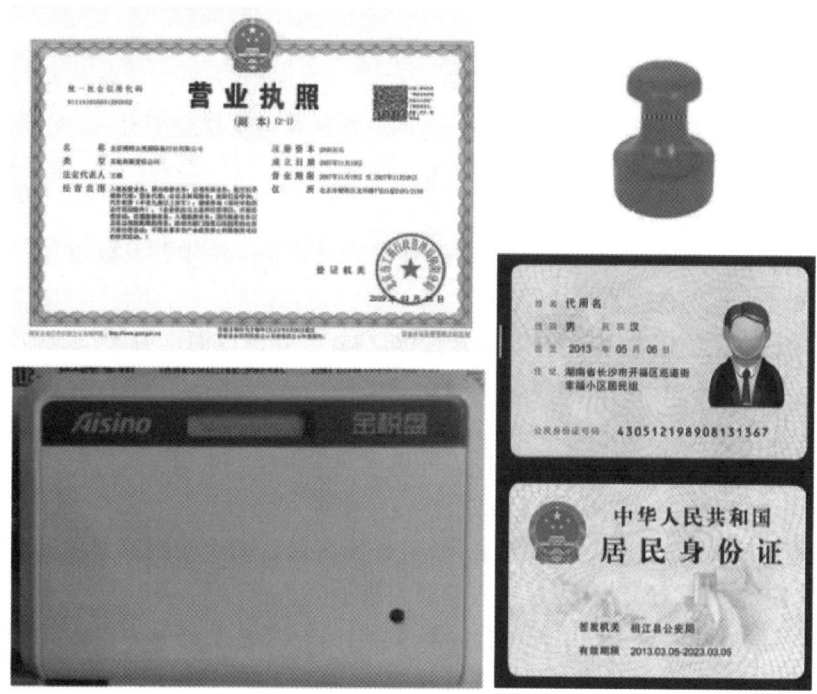

图3-4 提交资料

实际工作中,企业开具发票除了采用增值税发票税控系统专用设备,还可以采用税务U-Key开具发票。如果企业选择采用税务U-Key方式开具发票,待资料审核通过后可直接到税务局领取税务U-Key,然后登录税务局网站,在【下载中心】下载增值税开票软件(税务U-Key版)即可开具发票。

提示

新设企业在首次办理发票申领手续时,还应注意以下两点事项:第一,目前厦门市税务U-Key只能开具普通发票,需要开具增值税专用发票的企业必须采用增值税发票税控系统专用设备,其他地区税务U-Key开票的类型可咨询当地税务局;第二,不同地区首次进行发票申领的流程有所不同,具体需根据当地税务局规定进行办理。

(二) 发票申领

发票申领可分为首次申领发票和日常申领发票,纳税人首次申领发票一般是在办理增值税税控系统专用设备初始发行时,直接在柜台申领。日常经营过程中需要申领发票时,申领的方式有:柜台申领、网上申领、微信申领和自助机申领。

1. 柜台申领

实务中,距离主管税务机关较近的企业往往会选择前往柜台申领发票,可以最快的速度领到发票,节省等待发票送达的时间。

柜台申领发票的具体操作步骤如下:

(1) 发票验旧。纳税人把发票的开具情况反馈给税务部门,进行发票验旧时,需将税控盘、办税人员身份证原件交由办税服务人员,办税服务人员通过办税系统对企业已经开具的发票进行验旧。

实务中,不同地区的发票验旧有所不同,一般情况下纳税人只需将税控盘、办税人员身份证原件提交给税务机关即可进行发票验旧,部分地区要将发票全部开完,并携带最后一张已开具发票的记账联和作废发票的所有联次到柜台才能进行发票验旧,具体可根据当地税务局规定办理。

(2) 发票申领。发票验旧通过后,由办税服务人员现场办结申领发票业务。

(3) 发票领取。纳税人现场领取发票。

(4) 发票读入。纳税人领回发票后,要将税控盘 USB 接口插入电脑,进入开票系统,单击【发票读入】,将购买的发票读入开票软件。

2. 网上申领

随着信息技术的发展,税务局向纳税人推出了网上申领发票业务,企业可以直接通过网上提交发票申领。具体操作步骤如下:

(1) 单击【开票软件】,进入开票系统,如图 3-5 所示。初次使用开票软件单击【系统设置】进入系统初始化,设置公司参数,录入购票人基本信息。

(2) 执行【发票管理】—【发票领用管理】—【网上申领管理】—【发票申领】命令,如图 3-6 所示。选择需要购买的发票类型,填写申领数量,选择发票的领取方式,单击【申领】,如图 3-7 所示。税务机关核定该公司可以开具增值税普通发票、增值税电子普通发票、增值税专用发票、机动车销售统一发票四类发票,各类发票每次最多申领 50 份。

图 3-5　开票软件登录界面

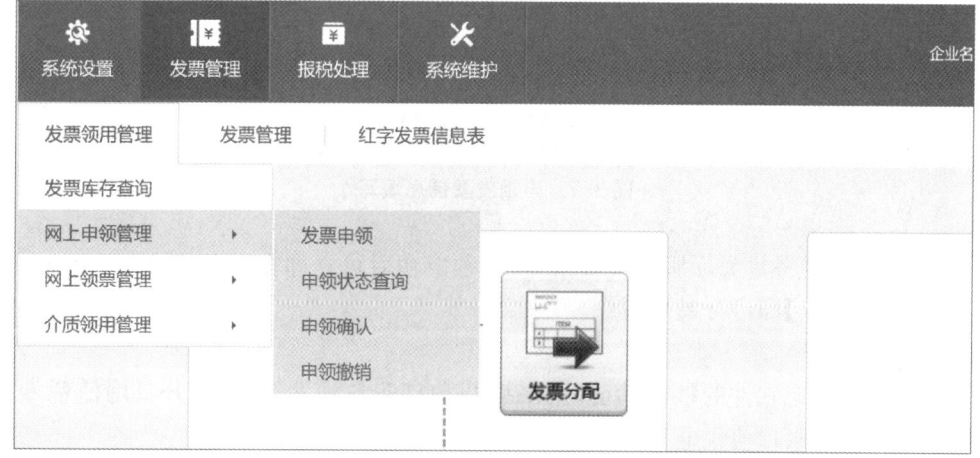

图 3-6　网上申领发票界面

（3）申领成功后，进行申领确认。单击【申领确认】，进入【申领确认】界面，全部勾选"√"，单击【确认】，确认信息录入无误。

（4）发票领取，等待税务机关审核通过后，根据选择的领票方式领取发票。

（5）发票读入，收到发票后，单击【网上领票管理】—【领用发票】，进入【网上领票】界面，全部勾选"√"，单击【按日期导出】将购买的发票信息读入到开票软件。

3. 微信申领

为了企业纳税人能更加方便、快捷地领取发票，税务局还推出了申领发票手机端，纳税人可通过微信关注当地税务机关公众号，进行发票网上申领。

4. 自助机申领

通过自助机办理发票申领时，需携带税控盘及办税人员身份证原件，根据自助机提示步

图 3-7 申领发票信息填写

骤申领发票,可请税务局大厅服务人员指导,申领成功后可立即在自助机领取发票,在开票系统完成【发票读入】即可开具发票。

(三) 发票填开

发票填开是开票软件的核心功能,用来填开和打印各种发票,主要开具增值税专用发票、增值税普通发票、增值税电子普通发票、机动车销售统一发票。

实务中,企业除了自开发票,也会涉及让税务局代开发票,因此,发票填开应重点掌握:增值税专用发票填开(带清单);增值税电子普通发票填开(含折扣);代开增值税发票;增值税发票作废;负数增值税普通发票填开;红字增值税专用发票填开;手机填开发票。

1. 增值税专用发票填开(带清单)

根据《国家税务总局关于增值税发票管理等有关事项的公告》(国家税务总局公告 2019 年第 33 号)规定,从 2020 年 2 月 1 日起,所有小规模纳税人同一般纳税人一样都可以自开增值税专用发票。

> **提示**
> 一般来说,增值税发票开具行数不能超过发票所允许的最大开具行数,如果超过最大开具行数,可以使用清单开具。

填开增值税专用发票操作流程,如图 3-8 所示。

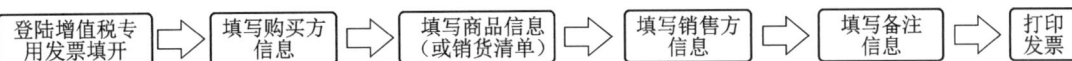

图 3-8　增值税专用发票填写流程

1）登录增值税专用发票填开

(1) 单击【发票填开】—【增值税专用发票填开】,如图 3-9 所示。或者通过执行【发票管理】—【发票填开】—【增值税专用发票填开】命令,单击【增值税专用发票填开】,如图 3-10 所示。

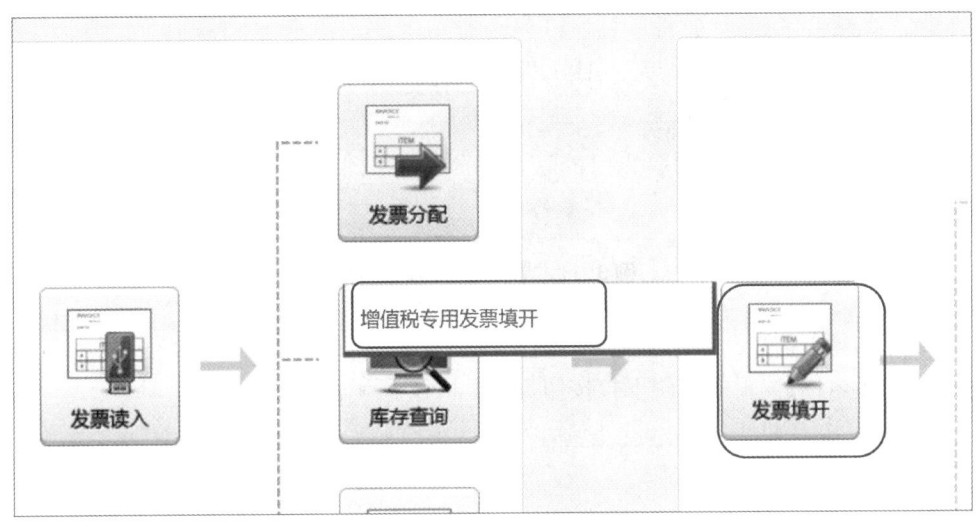

图 3-9　增值税专用发票填开

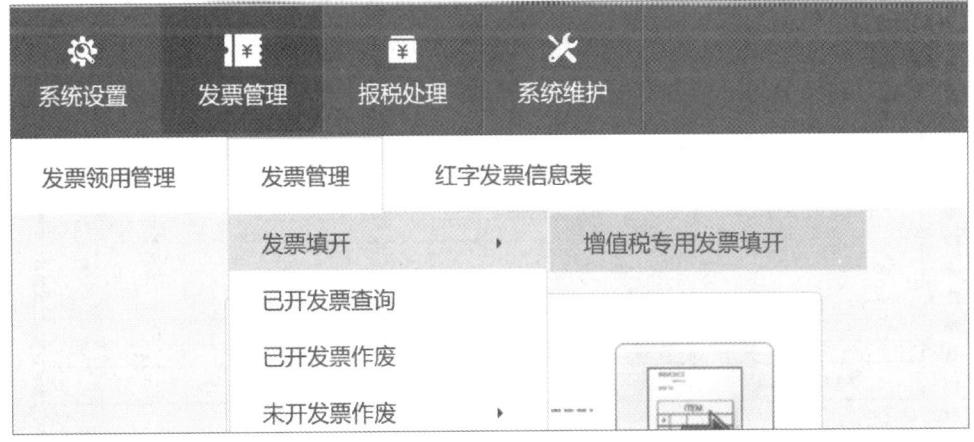

图 3-10　增值税专用发票填开

(2) 系统弹出【单据填开】窗口,确认纸质发票种类与号码是否与平台一致,核对无误后,单击【确认】,如图 3-11 所示。系统弹出【增值税专用发票填开】窗口,该窗口的格式与实际票面格式基本相同。

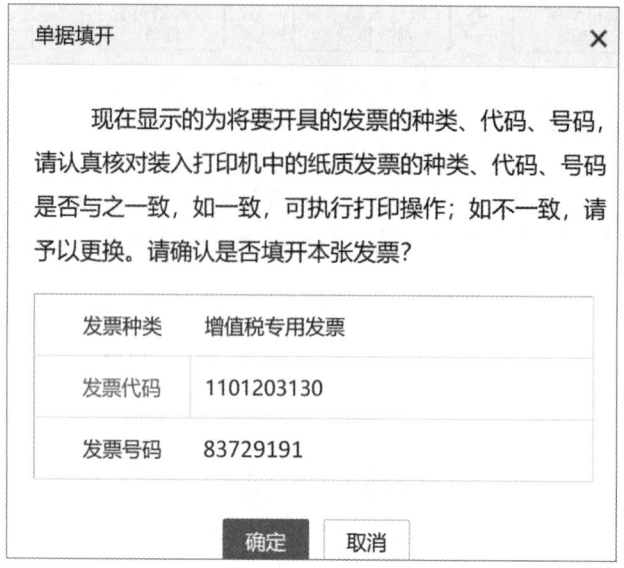

图 3-11　单据填开确认界面

2）填写购买方信息

(1) 单击【名称】编辑框右侧下拉按钮，如图 3-12 所示。

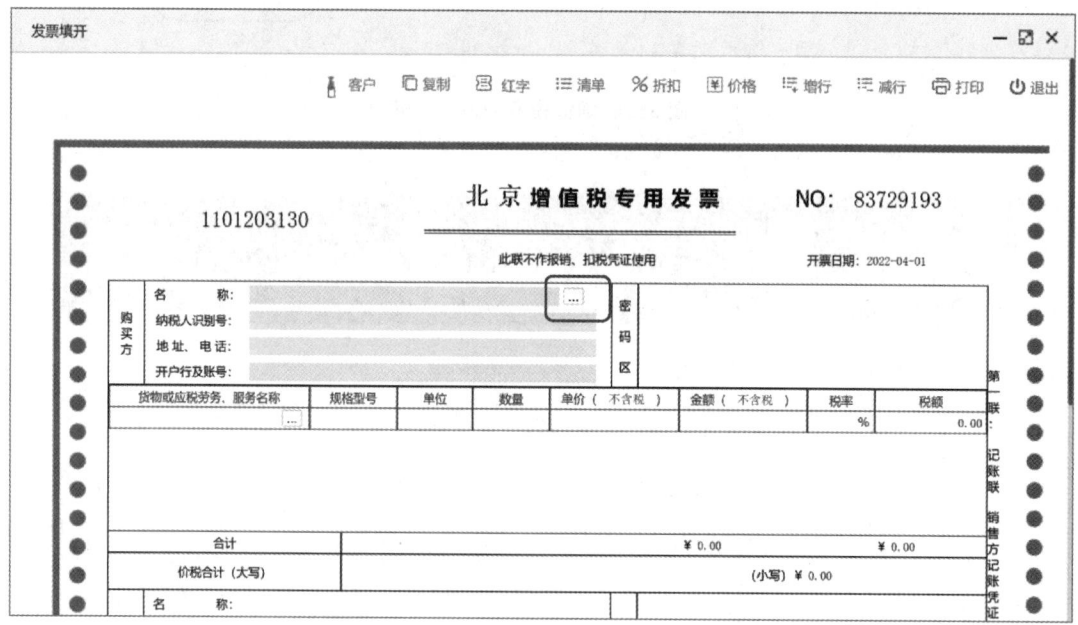

图 3-12　选择购买方信息

(2) 系统弹出【选择客户】窗口，如果之前在【系统设置】的【客户编码】中录入相关信息，可以通过【搜索】选取相应客户，如图 3-13 所示。双击所需的客户信息后，系统自动将客户信息写入发票界面的购买方信息栏。

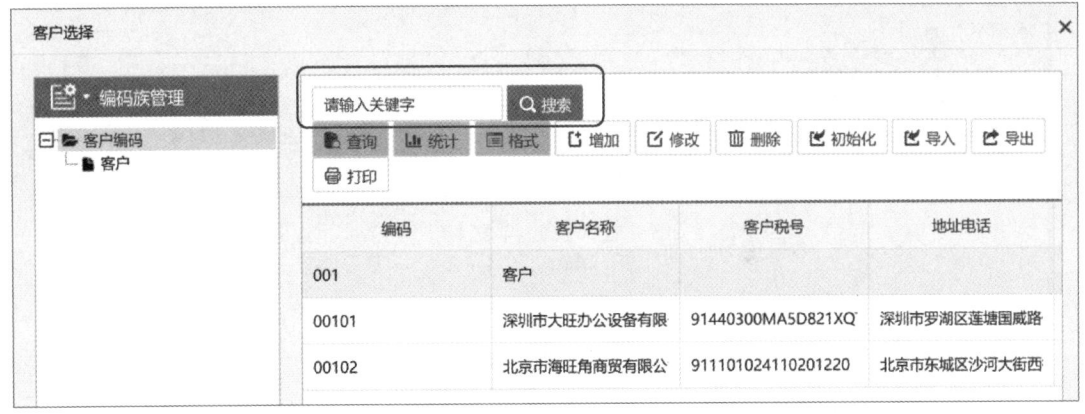

图 3-13　搜索购买方信息

（3）如果是第一次操作或还没在【系统设置】下的【客户编码】录入相关信息，可以单击【增加】增加客户信息，如图 3-14 所示。或者在【基础设置】中，单击【客户编码】增加客户信息。填写完成后，客户信息会自动添加保存在客户编码库中。

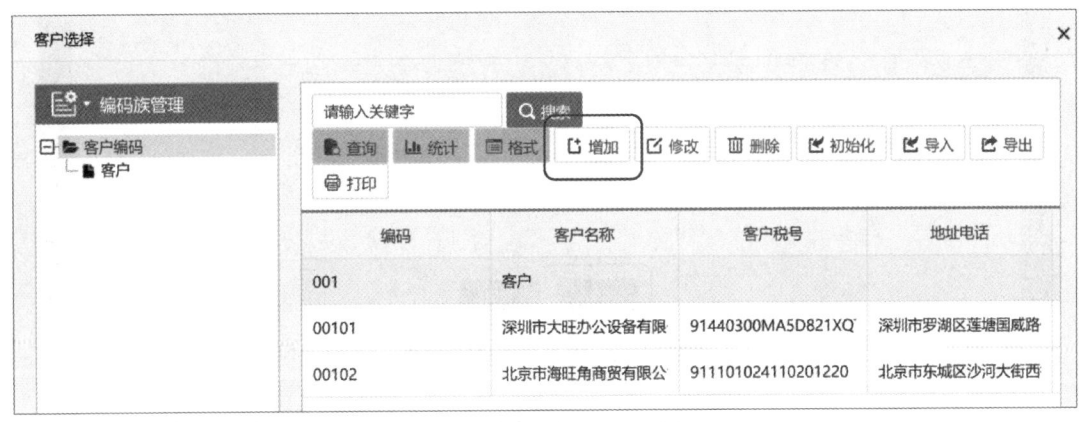

图 3-14　添加购买方信息

3）填写商品信息（或销货清单）

（1）如果商品信息较少时，可以逐个选择商品，单击【货物或应税劳务、服务名称】编辑框右侧的按钮，系统弹出【商品选择】页面，通过【搜索】选择相应商品。

（2）如果是第一次操作或还没在【系统设置】下的【商品编码】录入相关信息，可以选择【商品】，再单击【增加】增加商品信息，如图 3-15 所示。或者在【基础设置】下的【商品编码】中，增加商品信息。

（3）打开【商品编码编辑】界面，对照销售单新增商品信息，如"Y1 办公椅子"，录入后单击【保存】，如图 3-16 所示。

（4）这里需要注意【税收分类编码】的选择，单击税收分类编码【...】，逐级选择商品的分类，单击对应的商品编码，单击【确认】，如图 3-17 所示。

（5）双击所需的商品信息后，系统会自动写入发票界面的商品信息栏，手动输入数量，系统会自动计算金额和税额。

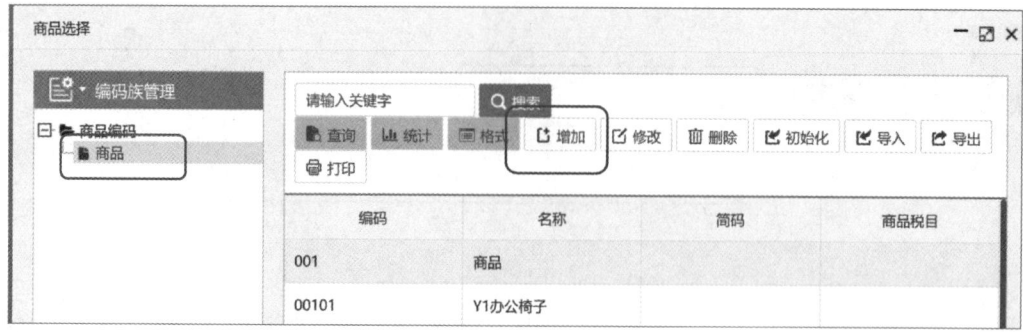

图 3-15　增加商品信息

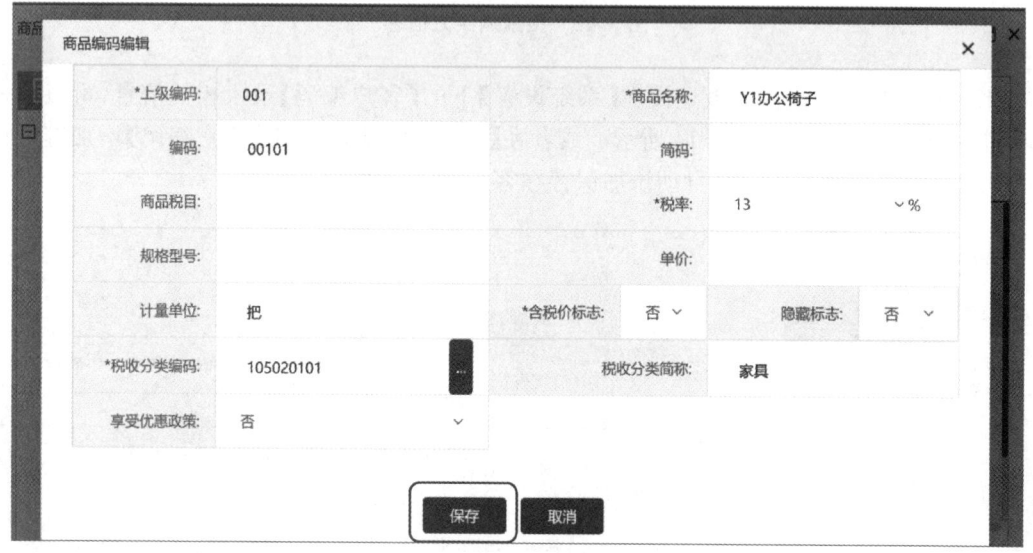

图 3-16　商品编码编辑界面

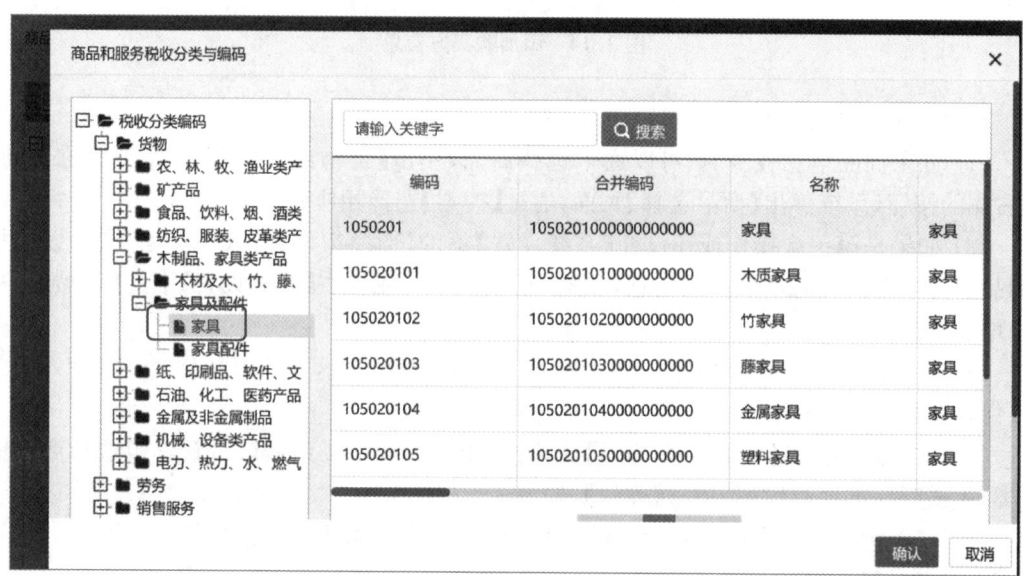

图 3-17　商品和服务税收分类与编码界面

(6) 继续录入下一个商品信息，单击【增行】新增下一个商品信息，操作与"Y1 办公椅子"类似，不再赘述。

(7) 由于本次开票商品的项目较多，一张发票上填写不下，超过了发票所允许的最大开具行数，因此，要通过清单来开票，直接单击工具条上的【清单】，系统弹出【清单填开】窗口，如图 3-18 所示，单击【增行】增加对应商品的信息。

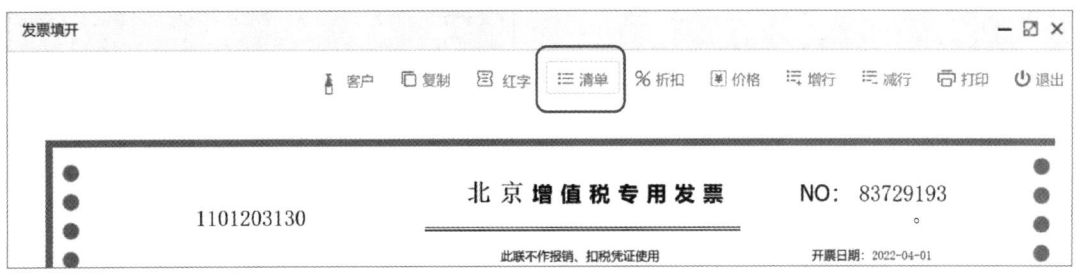

图 3-18　清单添加

(8) 清单上的商品信息增加完成后，单击工具条上的【完成】，返回发票填开界面，此时，商品信息表中第一行出现"(详见销货清单)"字样，并且显示清单中所有商品的不含税合计金额和税额，所有栏不允许修改或再开具其他商品，每一张发票只允许填写一张销货清单。

4）填写销售方信息

销货清单填写完成后，接着填写销售方信息，销售方信息中企业名称、纳税人识别号、地址、电话均由系统自动从金税盘和系统参数设置中的企业税务信息中提取，开票时不能修改。

5）填写备注信息

核对好销售方信息后，填写备注信息。营业税改增值税以后，无论是纳税人自行开具，还是税务机关代开增值税专用发票，对备注栏填写内容有明确规定，若没按要求填写就是不合规发票，不能作为抵扣凭证。备注栏信息的填写主要涉及以下行业或业务：货物运输行业、建筑服务行业、转让不动产/土地使用权、出租不动产/土地使用权、单用途商业预付卡、多用途卡、保险机构代收车船税、差额开票业务、跨区域提供不动产经营租赁/建筑服务代开增值税发票、个人保险代理人汇总代开增值税发票业务等。

【相关链接】

有关行业或业务备注栏具体填写方式，如表 3-1 所示。

表 3-1　备注栏填写信息表

序号	行业/业务类型	备注栏信息	依据
1	货物运输服务	起运地、到达地、车种车号、运输货物信息等内容，如内容较多可另附清单	《国家税务总局关于停止使用货运运输业增值税专用发票有关问题的公告》(国家税务总局公告 2015 年 99 号)第一条
2	铁路运输企业提供货物运输服务	受托代征的印花税款信息	《国家税务总局关于停止使用货运运输业增值税专用发票有关问题的公告》(国家税务总局公告 2015 年第 99 号)第三条
3	建筑服务	建筑服务发生地县(市、区)名称及项目名称	《国家税务总局关于全面推开营业税改增值税试点有关税收征收管理事项的公告》(国家税务总局公告 2016 年第 23 号)第四项第三条

(续表)

序号	行业/业务类型	备注栏信息	依据
4	销售不动产	不动产的详细地址。同时应在发票"货物或应税劳务、服务名称"栏填写不动产名称及房屋产权证书号码(无房屋产权证书的可不填写),"单位"栏填写面积单位	《国家税务总局关于全面推开营业税改征增值税试点有关税收征收管理事项的公告》(国家税务总局公告2016年第23号)第四项第四条
5	出租不动产	不动产的详细地址	《国家税务总局关于全面推开营业税改征增值税试点有关税收征收管理事项的公告》(国家税务总局公告2016年第23号)第四项第五条
6	税务机关为跨县(市、区)提供不动产经营租赁服务、建筑服务的小规模纳税人(不包括其他个人)	自动打印"YD"字样	《国家税务总局关于全面推开营业税改征增值税试点有关税收征收管理事项的公告》(国家税务总局公告2016年第23号)第四项第八条
7	地税机关为小规模纳税人销售或出租不动产代开发票	销售或出租不动产纳税人的名称、纳税人识别号(或者组织机构代码)、不动产的详细地址;按照核定计税价格征税的还要注明"核定计税价格,实际成交含税金额×××元"	《国家税务总局货物和劳务税司关于做好增值税发票使用宣传辅导有关工作的通知》(税总货便函〔2017〕127号)第三章第七节第二项第五条和第八条
8	单用途商业预付卡	销售方与售卡方不是同一个纳税人的,销售方在收到售卡方结算的销售款时,应向售卡方开具增值税普通发票,并在备注栏注明"收到预付卡结算款",不得开具增值税专用发票	《国家税务总局关于营改增试点若干征管问题的公告》(国家税务总局公告2016年第53号)第三项第四条
9	支付机构预付卡	特约商户收到支付机构结算的销售款时,应向支付机构开具增值税普通发票,并在备注栏注明"收到预付卡结算款",不得开具增值税专用发票	《国家税务总局关于营改增试点若干征管问题的公告》(国家税务总局公告2016年第53号)第四项第四条
10	生产企业委托综服企业代办退税	代办退税专用	《国家税务总局关于调整完善外贸综合服务企业办理出口货物退(免)税有关事项的公告》(国家税务总局公告2017年第35号)第六项
11	保险机构作为车船税扣缴义务人代收车船税	保险单号、税款所属期(详细至月)、代收车船税金额、滞纳金金额、金额合计等	《国家税务总局关于保险机构代收车船税开具增值税发票问题的公告》(国家税务总局公告2016年第51号)
12	差额征税开票业务	通过新系统中差额征税开票功能,录入含税销售额(或含税评估额)和扣除额,系统自动计算税额和不含税金额,备注栏自动打印"差额征税"字样	《国家税务总局关于全面推开营业税改征增值税试点有关税收征收管理事项的公告》(国家税务总局公告2016年第23号)第四项第二条
13	个人保险代理人汇总代开增值税发票业务	注明"个人保险代理人汇总代开"字样	《国家税务总局关于个人保险代理人税收征管有关问题的公告》(国家税务总局公告2016年第45号)第五项
14	互联网物流平台企业提供货物运输服务	会员的纳税人名称和统一社会信用代码(或税务登记证号码或组织机构代码)	《国家税务总局关于开展互联网物流平台企业代开增值税专用发票试点工作的通知》(税总函〔2017〕579号)第三项第三条
15	税务机关代开增值税专用发票	增值税纳税人的名称和纳税人识别号	《国家税务总局关于印发〈税务机关代开增值税专用发票管理办法(试行)〉的通知》(国税发〔2004〕153号)规定第十条第五点

6) 打印发票

本案例暂不涉及备注栏的填写,其他信息核对无误后,单击工具条上的【打印】打印发票,系统弹出提示框,如图3-19所示。

单击提示框中的【打印】,系统将所开发票信息记入金税盘与开票软件数据库,弹出【执行安装】对话框,单击【执行安装】,如图3-20所示。根据安装步骤安装成功且已启动,单击【确定】。

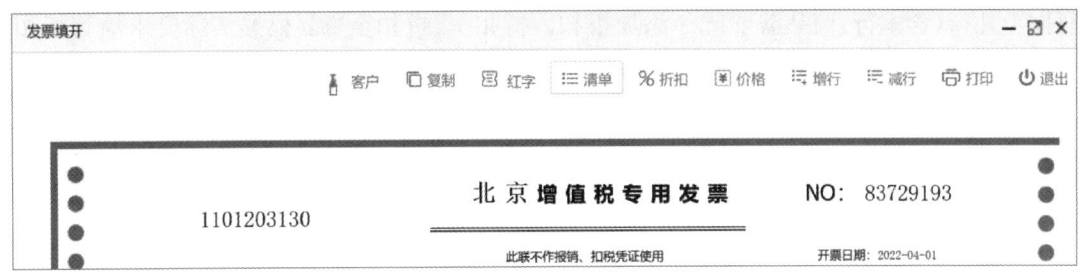

图 3-19　发票打印

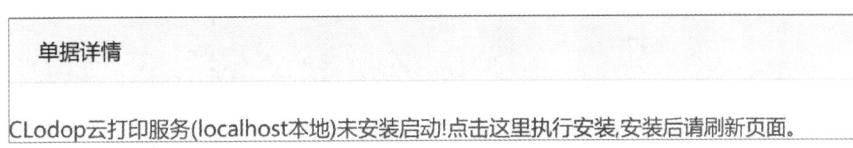

图 3-20　打印软件安装

> **提示**
> 打印机安装后即可打印发票,打印发票前,应注意调试打印机,调整税票打印区域、打印联数,进行发票试打印。发票试打印方法有两种,第一种是将 A4 纸剪裁至与发票大小一样,试打印以前开具的发票并与未开发票进行对比,检查 A4 纸打印出来的文字是否在发票边框内,如果字体超出范围则要设置开票软件或打印机;第二种方法是将空白发票复印一份,裁剪成发票大小进行试打印,打印后检查文字是否在复印的发票边框内即可。

2. 增值税电子普通发票填开(含折扣)

增值税电子发票是在购销商品、提供或者接受服务以及从事其他经营活动中,开具、收取的数据电文形式的收付款凭证,其法律效力、基本用途和基本使用规定等与税务机关监制的增值税普通发票相同。

增值税电子发票的传送与保存可通过微信、邮件、短信等方式,不用担心发票丢失、毁损,因此,很多行业、企业都在使用增值税电子发票。

企业在经营过程中,会涉及折扣销售,开具折扣发票的情况。开具含折扣的增值税电子普通发票的具体操作步骤如下:

(1) 登录增值税专用发票。

(2) 填写购买方信息。

(3) 填写商品信息(或销货清单)。

(4) 填写销售方信息。

前面四个步骤与【增值税专用发票填开(带清单)】对应步骤类似,请参考【增值税专用发票填开(带清单)】前四个步骤。

(5) 商品折扣设置:

① 选中需要添加折扣的某个商品行或多个商品行的最后一行,单击工具条上的【折扣】。

② 弹出【添加折扣行】对话框,根据实际要求填写折扣行数和折扣率。折扣行数、商品金额:每一个商品行都可以单独添加折扣,也可以对多行商品统一加折扣,填写从当前选中

行向上几行(含本行)商品需要统一添加折扣。折扣率、折扣金额：根据实际要求填写折扣率,折扣金额系统会自动计算,核对无误后,单击【确认】,如图 3-21 所示。

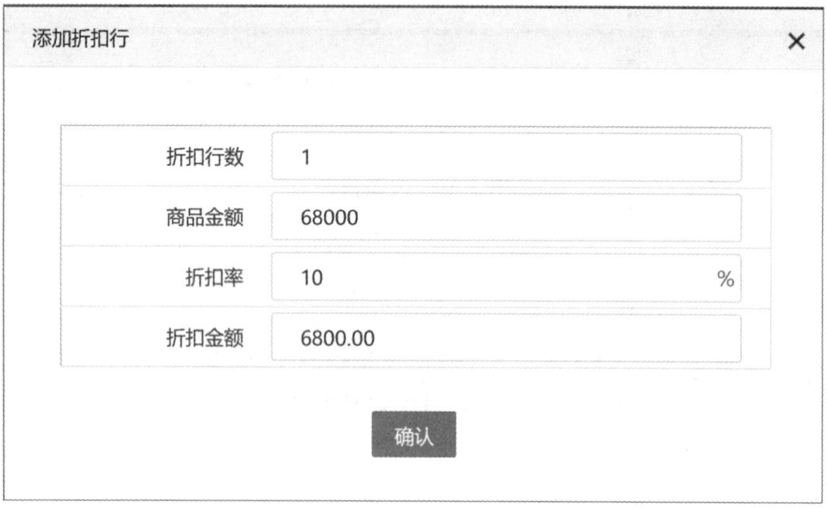

图 3-21 添加折扣行

发票中对应商品栏次会增加一栏折扣额。当某一行商品加折扣之后,便不允许修改。若需要修改,应先将折扣行删除再修改。

(6) 打印发票。

核对发票的销售方、备注栏,无误后,如果需要打印,可以单击【打印】打印出电子发票,操作步骤与【增值税专用发票填开(带清单)】对应步骤类似,请参考【增值税专用发票填开(带清单)】对应步骤。

增值税电子普通发票一般不需要打印成纸质发票交给对方,只需要通过电子发票软件交付发票即可。

3. 代开增值税发票

根据《国家税务总局关于增值税发票管理等有关事项的公告》(国家税务总局公告 2019 年第 33 号)第五条规定,增值税小规模纳税人(其他个人除外)发生增值税应税行为,需要开具增值税专用发票的,可以自愿使用增值税发票管理系统自行开具。选择自行开具增值税专用发票的小规模纳税人,税务机关不再为其代开增值税专用发票。

因此,没有选择自行开具增值税发票的小规模纳税人,可以到税务局代开发票。税务局一般会代开两种发票：增值税专用发票和增值税普通发票。国家税务总局出台了《关于纳税人申请代开增值税发票办理流程的公告》(国家税务总局公告 2016 年第 59 号)文件,介绍纳税人申请代开发票的办理流程。

4. 增值税发票作废

企业开具增值税发票后可能会发生开票有误、销货退回或销售折让等情形,要将发票作废或红冲。作废发票只能作废当月的,上月的发票如果有问题,只能红冲。但是增值税电子普通发票、成品油专用发票、已经认证了的增值税专用发票三类发票只能冲红,即便是当月需要作废,也不能进行作废操作,只能进行红冲操作。常见的增值税发票作废情况和不能作废只能红冲的发票,如表 3-2 所示。

表 3-2　常见的增值税发票作废情况表

项目	情况一	情况二	情况三
常见的增值税发票作废情况	收到退回的发票联、抵扣联时间未超过销售方开票当月	销售方未抄税并未记账	购买方未认证或者认证结果为"纳税人识别号认证不符""专用发票代码、号码认证不符"
不能作废只能红冲的发票	增值税电子普通发票	成品油专用发票	已经认证了的增值税专用发票

作废增值税专用发票的具体操作步骤如下:

(1)单击主界面【发票作废】或通过主界面工具栏【发票管理】—【已开发票作废】,如图 3-22 所示。

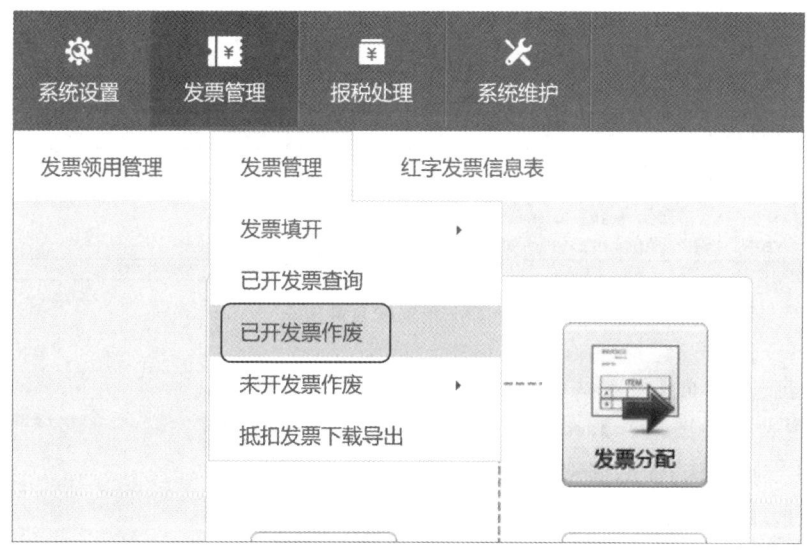

图 3-22　已开发票作废

(2)系统弹出【单击发票号码作废】窗口,选中需要作废的发票号码,单击右上角【作废】,系统提示"将要作废发票,您要继续吗?",单击【确定】,系统提示作废发票成功。发票界面的【作废标志】栏会显示"是"以及标注当前作废日期,代表该张发票已作废。作废发票后,可以重新按照正确信息开具蓝字发票。

以上介绍的是企业自行开具的发票需要作废时的处理操作流程,如果在税务局申请代开的增值税发票需要作废,经办人须携带身份证和已代开纸质发票各联次在代开当月向原代开税务机关提出作废申请,经税务机关核定后作废,或者在电子税务局网站中执行【发票使用】—【发票代开】命令申请代开发票作废。

5. 负数增值税普通发票填开

当企业所开发票有误或者由于商品质量等问题购买方需要退货,但蓝字普通发票已抄税,不能作废,此时,可开具负数增值税普通发票。负数增值税普通发票的开具与红字增值税专用发票的开具有所不同,在开具负数增值税普通发票时,不需要填写红字发票信息表编号,可以在开票系统中直接开具。

我们以北京宜红家具有限公司填开负数增值税普通发票为例,红冲这张增值税普通发票,如图 3-23 所示,具体操作步骤如下:

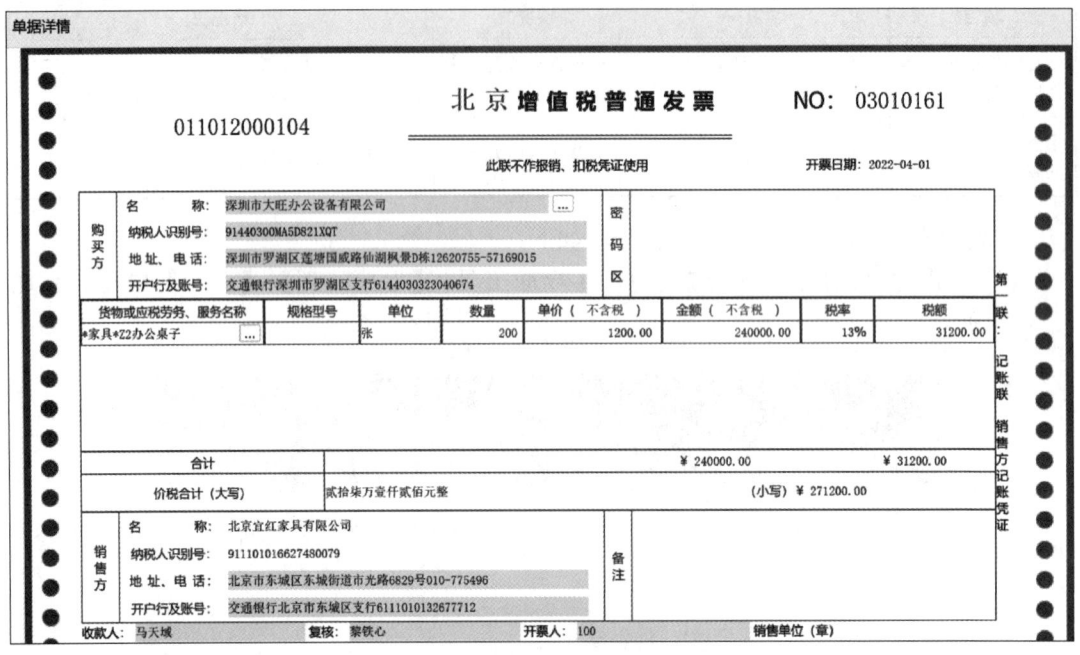

图 3-23 增值税普通发票

(1) 单击主界面【发票填开】—【增值税普通发票填开】,在弹出的【发票号码确认】提示框中单击【确认】打开【发票填开】界面。

(2) 单击【增值税普通发票填开】界面工具条上的【红字】,弹出【销项正数发票代码/号码确认】窗口。发票代码:直接输入所对应正数发票的发票代码"011012000104";发票号码:直接输入所对应正数发票的发票号码"03010161",如图 3-24 所示。

为保证用户输入数据的准确性,系统采用加密方式显示发票代码和发票号码,并且用户需要输入两次进行准确性校验。

图 3-24 销项正数发票代码/号码确认

(3) 确认无误后,单击【下一步】,系统将根据所填写发票的情况显示正数发票的确认窗口,如图 3-25 所示,单击【查看发票明细】可以查看正数发票具体信息。

(4) 核对需要作废的发票的信息,无误后单击【确认】,系统会将该张发票的发票数据自动填充到负数发票的发票行,同时将其数量和金额自动填充为负数。

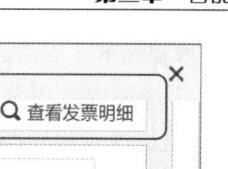

图 3-25　销项正数发票代码/号码确认

如果只是开具部分金额负数发票,可在该界面直接修改数量、单价,但要注意负数发票的金额、税额不能超过对应正数发票的金额和税额。

(5) 核对负数增值税普通发票信息无误,单击【打印】打印出负数的增值税普通发票。该步骤与【增值税专用发票填开(带清单)】对应步骤类似。

需要查询已开具的负数增值税普通发票时,单击【发票管理】—【已开发票查询】即可查询到开具的负数增值税普通发票。

6. 红字增值税专用发票填开

当企业开具增值税专用发票后,发生销货退回、开票有误、应税服务中止等情形但不符合发票作废条件,或者因销货部分退回及发生销售折让,需要填开红字专用发票。红字增值税专用发票填开的流程,如图 3-26 所示。

填开红字增值税专用发票信息表 ⇒ 上传《红字增值税专用发票信息表》校验 ⇒ 填红字增值税专用发票

图 3-26　红字增值税专用发票填开流程

我们以北京宜红家具有限公司为例,申请红冲增值税专用发票,如图 3-27 所示。

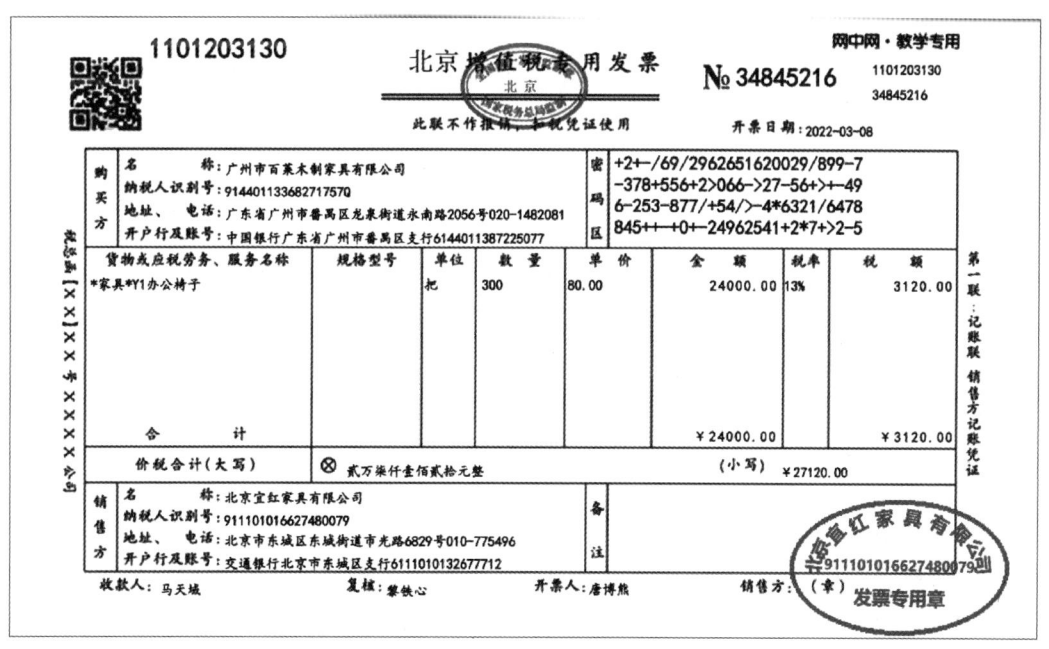

图 3-27　增值税专用发票

具体操作步骤如下：

1）填开红字增值税专用发票信息表

开具《红字增值税专用发票信息表》由采购方填写还是由销售方填写，需结合发票是否退回、申报抵扣来区分，填写说明如表3-3所示。

表3-3 《红字增值税专用发票信息表》填写说明

申请人	发票实际情况	信息表填写注意
购买方	购买方取得增值税专用发票已用于申报抵扣	在填开《红字增值税专用发票信息表》时不填写相对应的蓝字专用发票信息，应暂依《红字增值税专用发票信息表》所列增值税税额从当期进项税额中转出，待取得销售方开具的红字专用发票后，与《红字增值税专用发票信息表》一并作为记账凭证
购买方	购买方取得增值税专用发票未用于申报抵扣、但发票联或抵扣联无法退回的	填开《红字增值税专用发票信息表》时应填写相对应的蓝字专用发票信息
销售方	销售方开具增值税专用发票尚未交付购买方，以及购买方未用于申报抵扣并将发票联及抵扣联退回的	填开《红字增值税专用发票信息表》时应填写相对应的蓝字专用发票信息

（1）在发票填开界面中，单击【红字发票信息表】—【红字增值税专用发票信息表填开】，如图3-28所示。

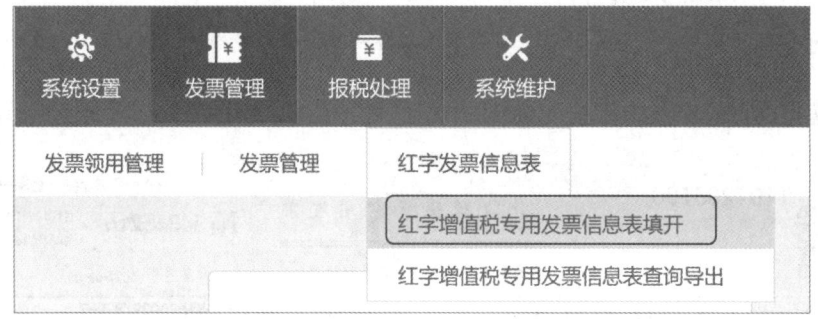

图3-28 红字增值税专用发票信息表填开

（2）系统弹出对应信息表信息填写，可以选择两种申请方式：购买方申请和销售方申请。如果是购买方申请已抵扣的情况，不需要填写对应蓝字增值税专用发票信息；如果是购买方申请未抵扣和销售方申请的情况，则要填写对应蓝字增值税专用发票信息。

本案例以北京宜红家具有限公司作为销售方申请红冲增值税专用发票，发票代码：1101203130，发票号码：34845216，如图3-29所示。

（3）确认无误后，单击【下一步】，系统弹出对应正数发票信息，单击【查看发票明细】查看正数发票具体信息。

（4）核对无误后，单击【确定】，进入开具红字增值税专用发票信息表填写界面，系统自动填写开具红字增值税专用发票信息表的信息，如果红冲的是部分的金额，则可以直接修改单价、金额。

图 3-29　红字信息填开

（5）如果不需要修改单价、金额，直接按照系统默认的信息单击【打印】即可。一张信息表只能对应开具一张红字增值税专用发票，不能重复使用。

2）上传红字增值税专用发票信息表校验

填写完成红字增值税专用发票信息表后，需要将该表导出、上传给主管税务机关校验，主管税务机关通过网络接收到上传的红字增值税专用发票信息表，系统自动校验通过后，生成带有"红字发票信息表编号"的红字增值税专用发票信息表，并将信息同步至纳税人端系统中。纳税人也可凭红字增值税专用发票信息表电子信息或纸质资料到税务机关柜台对红字增值税专用发票信息表内容进行系统校验。具体操作步骤如下：

（1）查询导出已填开的红字增值税专用发票信息表。在发票填开界面中，单击【红字发票信息表】，单击【红字增值税专用发票信息表查询导出】，如图 3-30 所示。或者单击主界面【信息表】中【红字增值税专用发票信息表查询导出】，如图 3-31 所示。

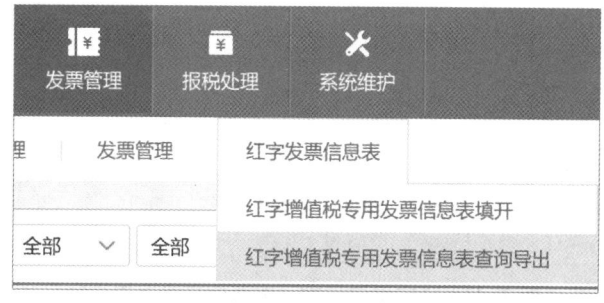

图 3-30　红字增值税专用发票信息表查询导出

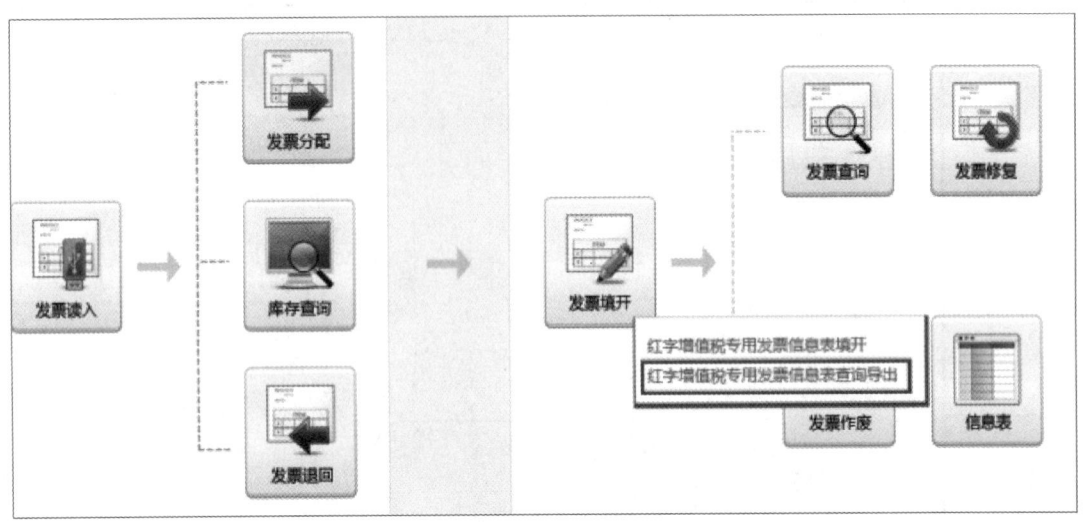

图 3-31　红字增值税专用发票信息表查询导出

（2）进入【红字增值税专用发票信息表查询导出】界面，找到填开的红字增值税专用发票信息表，如果需要到税务机关柜台校验的，可以单击【导出】导出红字增值税专用发票 Excel 信息表，也可以单击【打印】打印出红字增值税专用发票信息表；如果是通过网络校验的，可以直接单击【上传】，如图 3-32 所示。

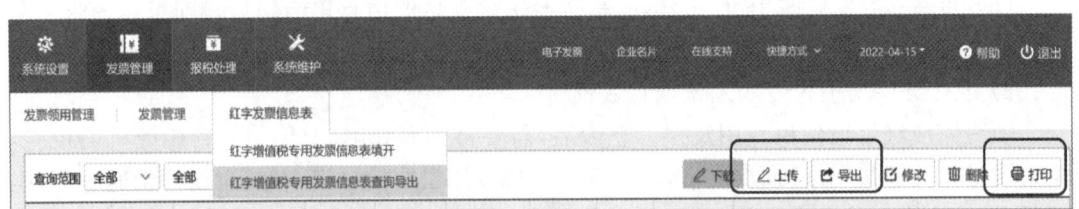

图 3-32　红字增值税专用发票信息表的上传、导出、打印

（3）企业通常通过网络校验，方便快捷。单击【上次】后，系统弹出提示"本次待上传红字增值税专用发票信息表张数：1 张。您要继续吗？"，单击【确定】。

红字增值税专用发票信息表上传成功，经过税务局审核通过后，系统自动显示该信息表编号，在【信息表描述】栏中显示为"审核通过"。可以记录该信息表编号，开具红字增值税专用发票时备用，如图 3-33 所示。

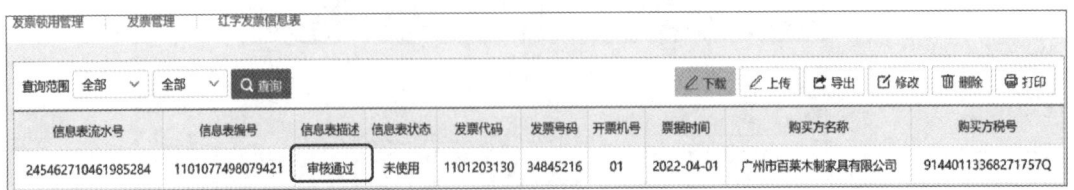

图 3-33　红字增值税专用发票信息表上传成功

3) 填开红字增值税专用发票

销售方凭税务机关系统校验通过的红字增值税专用发票信息表开具红字增值税专用发票,在系统中以销项负数开具,红字增值税专用发票信息应与红字增值税专用发票信息表一一对应,具体操作步骤如下:

(1) 依次单击【发票填开】—【增值税专用发票填开】,或执行【发票管理】—【发票填开】—【增值税专用发票填开】命令,选择【增值税专用发票填开】类型,如图 3-34 所示。

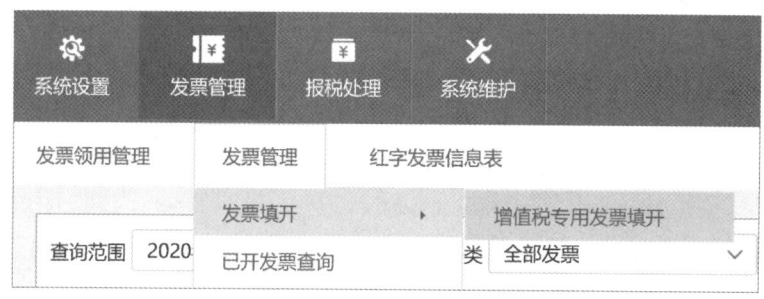

图 3-34　增值税专用发票填开

(2) 系统弹出【单据填开】窗口,核对无误后,单击【确定】,如图 3-35 所示。

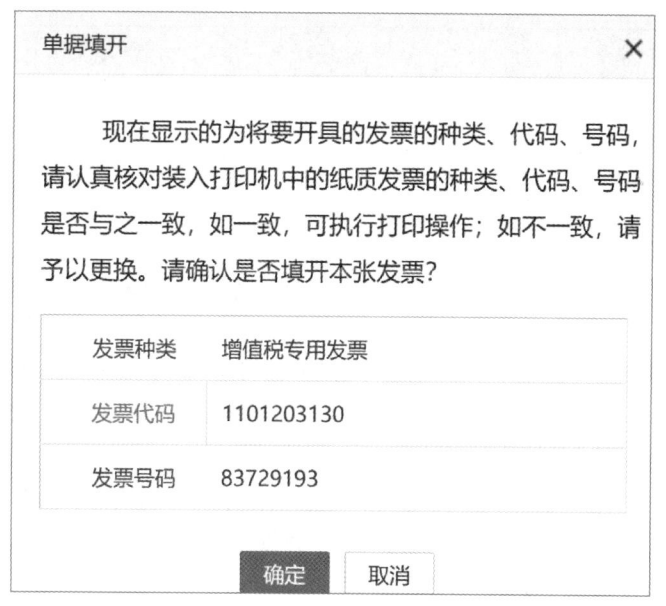

图 3-35　单据填开

(3) 系统弹出【增值税专用发票填开】窗口,单击【红字】—【直接开具】或者【导入网络下载红字发票信息表】,如图 3-36 所示。

若单击【直接开具】,需要输入刚刚记录下来的红字增值税专用发票信息表编号,如图 3-37 所示。系统自动匹配对应的红字增值税专用发票信息表,选中该信息表,单击该条信息,如图 3-38 所示,红字增值税专用发票信息表的信息会自动填入【发票填开】界面。

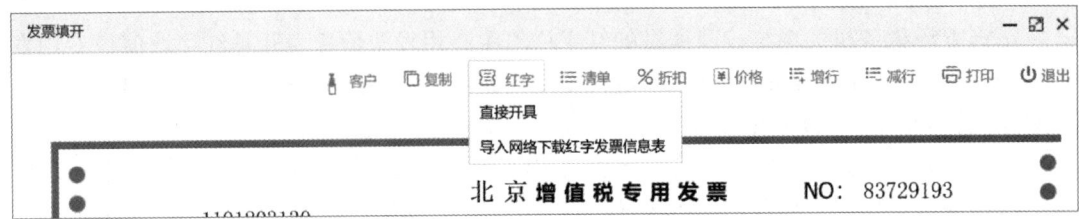

图 3-36　增值税专用发票填开

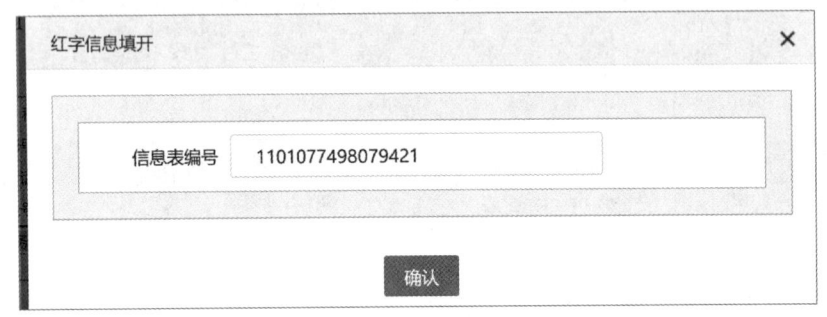

图 3-37　直接开具(红字信息填开)

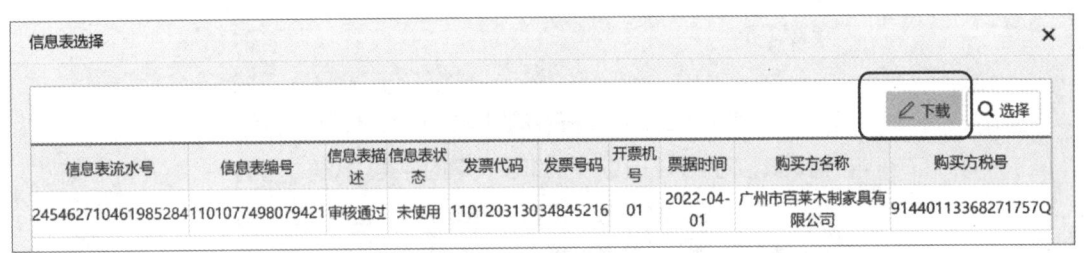

图 3-38　直接开具下载红字发票信息表(信息表选择)

若单击【导入网络下载红字发票信息表】,系统自动匹配红字增值税专用发票信息表,选中该信息表,单击【选择】,系统同样也会将红字信息表的信息自动填入【发票填开】界面。

(4)核对无误后,单击【打印】,就完成了红字增值税专用发票的开具。查询已开具的红字增值税专用发票,操作步骤与【查询已开具的负数增值税普通发票】类似,请参考【查询已开具的负数增值税普通发票】对应步骤。

红字增值税专用发票开具后是否要交给购买方,根据红字增值税专用发票信息表的填开者来区分。如果红字增值税专用发票信息表由销售方填写,红字增值税专用发票开具后无须交付给对方;如果由购买方申请填写,则销售方开具的红字增值税专用发票需要交付给购买方。

若申请代开红字发票,则由经办人携带身份证和已代开纸质发票各联次在代开当月向原代开税务机关提出申请,经税务机关核定后开具红字发票,具体操作可咨询当地税务机关。

（四）发票查询和保管

实际工作中，企业已开具和未开具的发票都应妥善管理，企业办税人员对于发票管理应掌握发票查询和发票保管。

1. 发票查询

发票开具后，可以查询库存发票、已开发票、发票汇总表、发票清单等信息，方便后续开票、报税工作。

1）查询库存发票

实务中，在开票时，开票系统会跳出库存结余发票份数，也可以单独查询库存发票。单击【库存查询】，如图3-39所示。进入【库存查询】界面，可以看到不同发票的起始号码、发票张数、卷终止号、领购日期等。

2）查询已开发票

如果要了解截至目前企业已开具的各类发票信息，可单击【发票查询】，

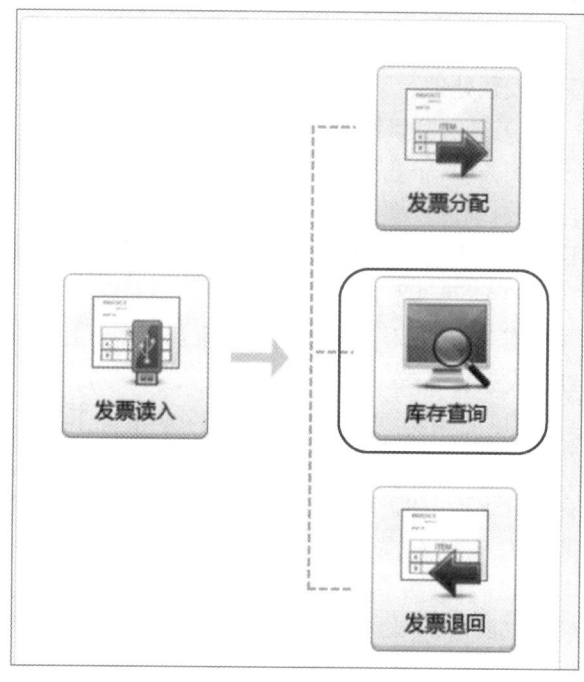

图3-39 库存查询

如图3-40所示。选择查询年月，进入到该月已开的各类发票的具体信息。

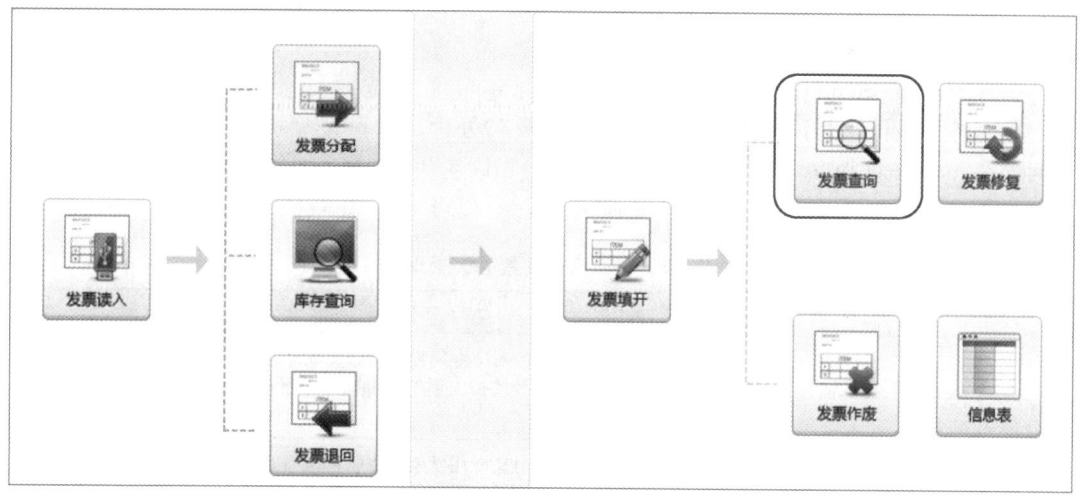

图3-40 发票查询

3）查询发票汇总表和发票清单

月末，纳税人应打印发票汇总表和发票清单，核对开票金额，便于报税。打印时进入开票系统，依次单击【报税处理】—【发票资料】，进入【发票资料打印查询】界面，可以在该界面查询、打印增值税普通发票、增值税电子普通发票、增值税专用发票、机动车销售统一发票的发票汇总表和各类清单。

2. 发票保管

企业在日常经营活动中,对于发票的保管主要包括:空白发票保管、已开具发票保管和丢失发票处理。

1)空白发票保管

实务中,企业要指定专人保管空白发票,领取的空白发票要设立专门的柜子或保险柜进行存放,确保发票的安全,做到防盗、防湿、防潮。如果空白发票不慎丢失,应于发现丢失当日书面报告税务机关,并接受税务局机关处罚。

2)已开具发票保管

实务中,要对已开具的发票妥善保管,主要包括已开具正数发票保管、作废发票保管和红字发票保管等。

(1)已开具正数发票保管。一般情况下,已开具发票的记账联直接附在记账凭证后面作为原始凭证,开具的存根联应当按照公司规定的份数进行整理,打印开具汇总表附在每册存根联上面,加盖封面后装订成册,将每册存根联编号后进行存档保管,发票存根一般保管期限为五年,在保管期限内,任何单位都不得私自销毁。

(2)作废发票保管。对于开票人员因工作失误或者其他原因开错的发票,必须妥善保管全部联次,并将作废发票粘贴在原发票存根上,不得私自销毁,以备查核。

税务机关实行发票统一换版或政策变化的,一般会规定一个过渡期,在过渡期内,新旧发票可以同时使用,到期后,旧版发票全部作废,由税务机关组织全面清理和收缴,此类发票应当在税务机关收缴完毕以后,指定专人集中保管,并登记清册,经办人员和负责人签字后,统一销毁。

(3)红字发票保管。红字发票记账联直接附在对应的记账凭证后面作为原始单据,其他联次没有给对方的自行保管。

3)已开发票丢失处理

实务中,如果企业不慎将已开发票丢失应及时处理。已开发票丢失包括三种情况:第一种是发票联和抵扣联同时丢失;第二种是仅抵扣联丢失;第三种是仅发票联丢失。每种情况的账务处理方法有所不同,如表3-4所示。

表3-4 已开发票丢失处理

丢失联次	是否认证	账务处理
发票联、抵扣联	已认证	(1)购买方可凭销售方提供的对应专用发票记账凭证复印件作为记账依据 (2)销售方主管税务机关出具的丢失增值税专用发票已报税证明单作为增值税进项税额的抵扣凭证
发票联、抵扣联	未认证	(1)购买方凭销售方提供的对应专用发票记账联复印件进行认证 (2)认证相符的可凭专用发票记账联复印件及销售方主管税务机关出具的证明单,作为增值税进项税额的抵扣凭证,专用发票记账联复印件和证明单留存查
仅抵扣联		(1)丢失前已认证相符的,可使用增值税专用发票发票联复印件留存备查 (2)丢失前未认证的,可使用专用发票的发票联认证,专用发票发票联复印件留存备查
仅发票联		可将专用发票抵扣联作为记账凭证,专用发票抵扣联复印件留存备查

第二节　社会保险和住房公积金办理

课程思政

一、社会保险和住房公积金的概念

社会保险,是指国家通过立法强制建立的社会保险基金,社会保险不以盈利为目的,主要项目包括养老保险、医疗保险、失业保险、工伤保险、生育保险。住房公积金制度实际上是一种住房保障制度,是住房分配货币化的一种形式。

二、社会保险和住房公积金的办理

社会保险、住房公积金的办理流程如图 3-41 所示。首先,经办人员对该公司社会保险、住房公积金资料进行收集、整理;其次,根据公司所在地区的社会保险、公积金办理流程进行开户、登记;最后,进行增、减员操作。

图 3-41　社会保险、住房公积金的办理流程

下面以厦门地区社会保险和住房公积金办理流程为例,对办理的各个环节操作作详细的介绍。

(一) 社会保险办理

社会保险是国家通过立法筹集资金,对劳动者因年老、失业、患病、工伤、生育而减少劳动收入时给予补偿,使他们能够享受基本生活保障的一项社会保障制度。用人单位和劳动者必须依法缴纳社会保险。首次办理社会保险业务一般包括收集资料、开户、增/减员 3 个操作。

1. 收集资料

不同地区社会保险业务的办理各不相同,因此,在办理社会保险业务前,应先收集企业所在地社会保险业务的办理流程和资料,收集途径常用的有两种:电话咨询和网上查询。

1) 电话咨询

拨打"12333"人力资源和社会保障系统全国公益服务电话,咨询就业创业、社会保障等业务办理。

2) 网上查询

网上搜索"国家社会保险公共服务平台",单击【服务指南】页签下【各地办事大厅】,找到公司所在地的人力资源和社会保障局(以下简称人社局)网页进入查询,如图 3-42 所示。

图 3-42　国家社会保险公共服务平台

查询后,我们了解到厦门企业首次办理社会保险业务一般在网上操作,经办人应准备以下资料:①经办人身份证;②企业公章;③员工劳动合同;④营业执照;⑤员工基本信息(身份证复印件、文化程度、技能证书等)等,填写网上信息,如图3-43所示。

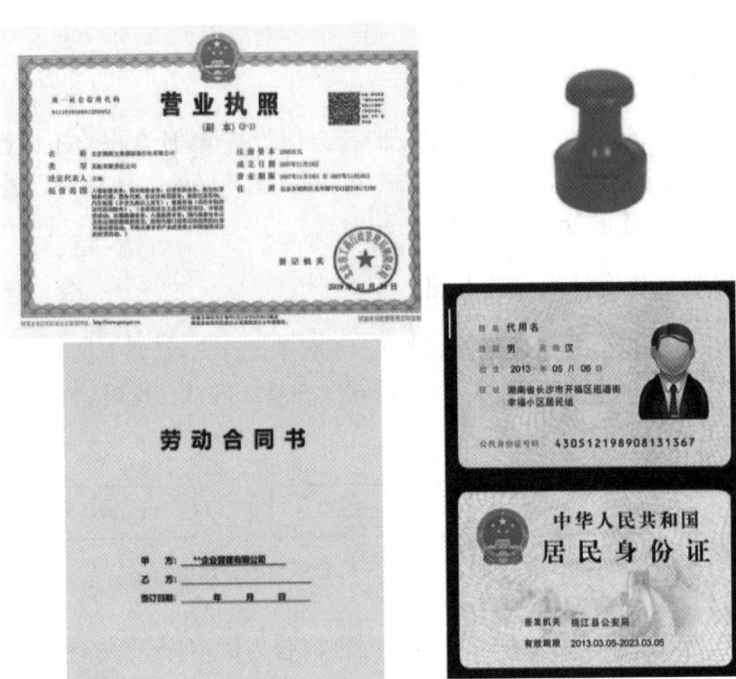

图3-43　提交资料

2. 开立账户

资料收集完成后,开始办理社会保险业务。首次办理社会保险业务应先开立账户,开立账户流程如图3-44所示。

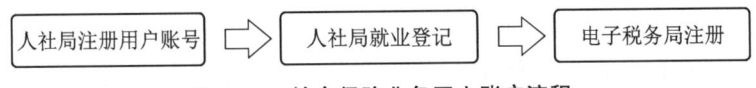

图3-44　社会保险业务开立账户流程

1) 人社局注册用户账号

经办人应在厦门人力资源和社会保障局官网进行用户注册或者手机微信扫码注册,操作步骤如下:

(1) 点击【用户注册】或者微信扫描二维码注册,如图3-45所示。

(2) 注册服务协议,勾选【已经阅读注册协议】,点击【同意】弹出提示框,选择下载【授权委托书】,如图3-46所示。授权委托书模板,如图3-47所示,经办人根据要求填写后盖公章。

(3) 选择用户类型,根据实际情况选择。

(4) 单位注册信息,根据实际情况设置用户名和密码,填写单位信息、经办人信息等,单位用户信息一般根据《营业执照》填写。

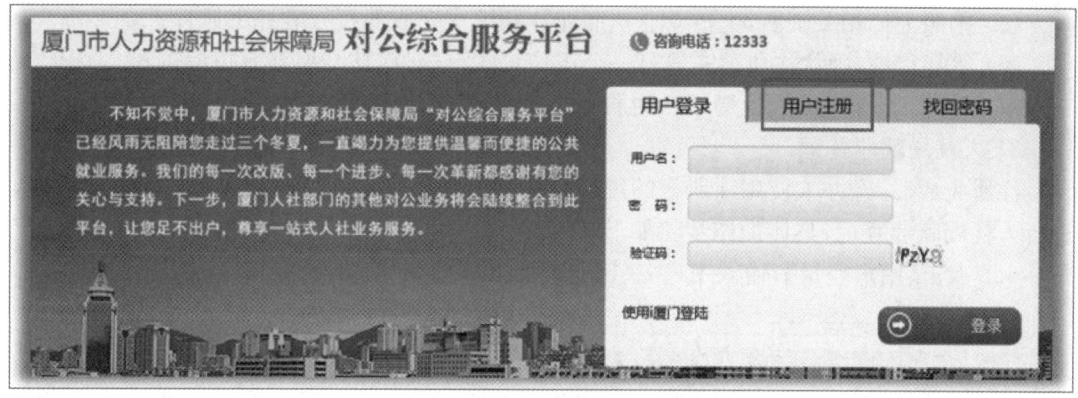

图 3-45　用户注册

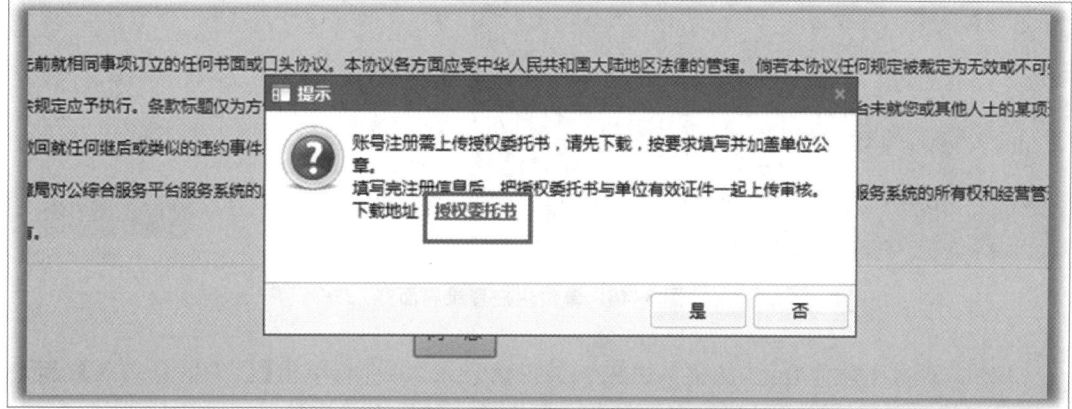

图 3-46　下载授权委托书

图 3-47　授权委托书模板

(5)拍照上传相关资料,上传营业执照照片和填写完成的授权委托书照片。
(6)等待审核,确认注册后需等待一个工作日的审核,审核结果会有短信告知。
审核通过后,即完成人社局用户注册。

2)人社局就业登记

注册完成后,经办人使用注册好的用户名和密码登录厦门人力资源和社会保障局官网,进行人社局就业登记,具体操作步骤如下:

(1)点击【用户登录】,输入用户名、密码、验证码,如图3-48所示。

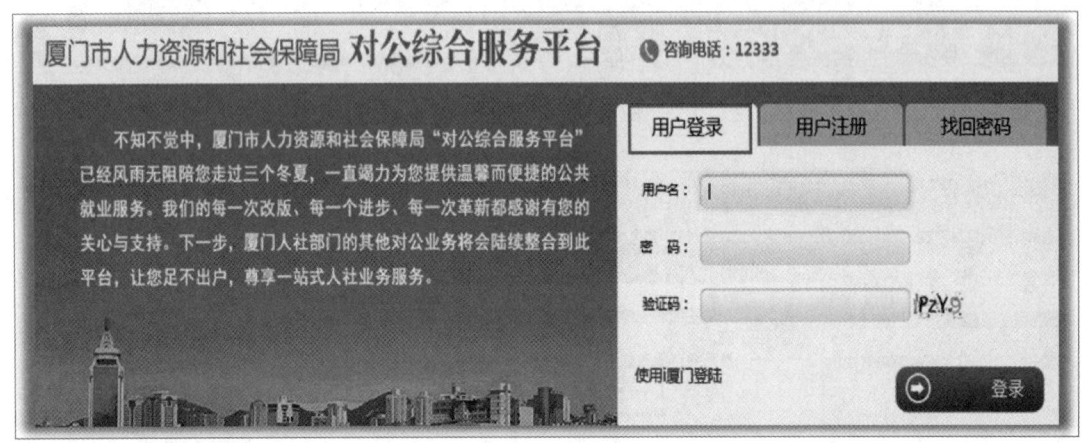

图3-48 单位用户登录界面

(2)办理员工就业登记,从菜单区进入员工信息录入界面,单击【员工信息录入】,逐个办理员工就业登记;单击【员工信息批量录入】,批量办理员工就业登记。

员工具体录入的信息(以逐个录入操作界面为例),应结合员工入职时签订的劳动合同以及基本信息(身份证、学历证书、职业资格证书、专业技术证书等复印件或者照片)填写。

(3)进入系统审核阶段,就业登记完成后,单击【提交审核】,经办人可以单击【办理进度查询】查询就业登记审核进度(未提交、待审核、审核通过、审核不通过)。

全部审核通过后,系统提示【转换成功】代表就业登记完成;系统提示【转换失败】代表审核不通过,增员失败,应根据审核不通过的原因进行修改。

3)电子税务局注册

就业登记完成后,经办人应到电子税务局注册。实务中,企业办理营业执照完成后,税务局自动完成信息接收,经办人可以使用统一社会信用代码直接登录企业电子税务局,若可以登录,则不需要注册操作;若登录不了,就表示税务局没有接收到信息,经办人就需要先到电子税务局注册,注册后网上预约柜台办理,再携带相关资料去柜台办理,并绑定对公基本账户。

3. 日常社会保险增员、减员操作

电子税务局开通之后,就可以在网上办理参保登记了。日常社会保险的增员、减员需先在厦门人力资源和社会保障局官网上分别进行就业、失业登记,再登录电子税务局进行增员、减员操作。

1)增员

经办人在厦门人力资源和社会保障局官网上进行就业登记,首次办理社会保险,在人社局开户的时候就会进行就业登记;非首次办理社保增员则要重新登录人社局网站进行就业登记,该操作与【人社局就业登记】操作相同,请参考【人社局就业登记】内容。

(1)登录国家税务总局厦门市电子税务局进行增员操作,选择【企业登录】,输入用户名、密码、验证码,选择登录,如图3-49所示。

图3-49　企业登录界面

(2)单击【按期应申报】,进入【税费申报】界面,选择【申报税(费)清册】下的【其他申报】,选择【社会保险费信息采集】,单击【进入采集】,如图3-50所示。

图3-50　税费申报界面

(3)选择【社保业务】下的【单位人员增员申报】,如图3-51所示。

(4)根据新增人员数量选择社保增员申报方式,可逐个办理增员,也可批量办理增员。

(5)以逐个增员为例,进入【社保增员申报】界面,阅读网上社保增员申报协议、网上社保增员须知,单击【同意】,填写员工的姓名、证件类型、证件号码后,单击【新增】。

(6)增员完成后选择提交受理,查看结果。提交数据后,在【查询已提交数据】模块中查看处理结果。

图3-51　单位人员增员申报

提示

实务中,企业也经常要帮助员工办理社保卡,应该在办理完参保人员投保登记手续的5个工作日后,到所属的市或区级社保中心办理社会保障卡制作手续,办理时需提供以下资料:

(1) 经办人须提供参保单位网上申报转换成功的单位增员已提交数据查询表,并加盖单位公章。

(2) 参保人员身份证复印件。

(3) 参保人员近期1寸正面免冠彩色头像一张,相片必须符合以下要求:参照居民身份证用数字相片技术要求(GA4612004),照片背景为白色,无边框,人像清晰,必须着有领的深颜色衣服。

经办人领取社会保障卡时,须凭社会保障卡领取通知单和领卡人身份证原件领取。

2) 减员

企业有员工离职时,需要及时办理社保停保减员,办理时需先在厦门人力资源和社会保障局官网上办理失业登记备案手续后再到电子税务局办理社保减员申报。

完成人社局的失业登记后,登录国家税务总局,具体操作步骤如下:

(1) 进入社会保险信息采集,与增员操作一样,请参考增员部分内容。

(2) 选择【社保业务】下的【单位人员减员申报】。

(3) 根据减员人员数量选择社保减员申报方式,可逐个办理减员,也可批量办理减员。

(4) 以逐个减员界面为例,进入【单位人员减员申报】界面,阅读网上社保减员申报协议、网上社保减员须知,单击【同意】,填写员工的姓名、证件类型、证件号码,单击【减员】后,跳出【单位减员登记】界面,核对人员信息,选择减员原因,员工离职一般选择【减退】,如图3-52所示,单击【保存】。

图3-52 减员原因选择

（5）保存后选择提交受理，在【查询已提交数据】模块中可以查看处理结果。

（二）住房公积金办理

住房公积金是指国家机关和事业单位、国有企业、城镇集体企业、外商投资企业、城镇私营企业及其他城镇企业和事业单位、民办非企业单位、社会团体及其在职职工，对等缴存的长期住房储蓄。

根据我国住房公积金管理条例规定，新设立的企业应当自设立之日起30日内向住房公积金管理中心办理住房公积金缴存登记，应为新入职职工及时办理开户或公积金转移手续。首次办理住房公积金一般分为收集资料，开立账户，增员、减员3个操作。

1. 收集资料

实际工作中，由于不同地区住房公积金业务的办理有所不同，在办理住房公积金业务之前应先了解办理业务的流程与需要提交的具体资料，了解这些信息的途径通常有：电话咨询、网上查询。

（1）电话咨询。拨打"12329"住房公积金热线服务电话，咨询住房公积金业务办理流程等。

（2）网上查询。网上搜索当地住房公积金管理中心，查询当地办理住房公积金业务的相关事项。例如，搜索"厦门市住房公积金中心"，选择【办事指南】模块中的【单位业务】即可查询住房公积金相关业务的办理流程及说明，如图3-53所示。

图3-53 厦门市住房公积金中心

2. 开立账户

新设企业首次办理公积金时须登录住房公积金中心进行网上注册，注册成功后准备相关资料到银行办理住房公积金代扣业务。下面以厦门市为例，具体操作步骤如下：

（1）登录厦门市住房公积金中心，找到综合服务平台，选择【公积金缴存】模块进行住房公积金注册。注册时须录入相关信息，如企业统一社会信用代码，经办人相关信息及登录密码等。

（2）账户注册成功后，登录厦门市住房公积金单位综合服务平台，选择【单位缴存登记】，根据企业实际情况，填写企业相关信息，选择住房公积金账户的开户银行。

信息录入完后，在【提交审核资料】处上传联系人的身份证照片，确认信息完整无误后点击【提交】。

实际工作中，在办理单位缴存登记时要注意，单位缴存登记成功后，如果信息录入完整无误，一般情况下当天可审核通过；如果审核不通过，应根据审核不通过的原因进行修改，具体审核时间各地区有所不同，可咨询当地住房公积金管理中心。

(3) 企业住房公积金账户开立成功后，为了方便后续扣款，一般情况下，企业会到银行办理代扣业务。办理同行代扣时，需提交的资料包括经办人身份证原件、法定代表人身份证复印件、同行特约委托收款申请书、营业执照复印件等，如图 3-54 所示，办理成功后次月生效扣款。

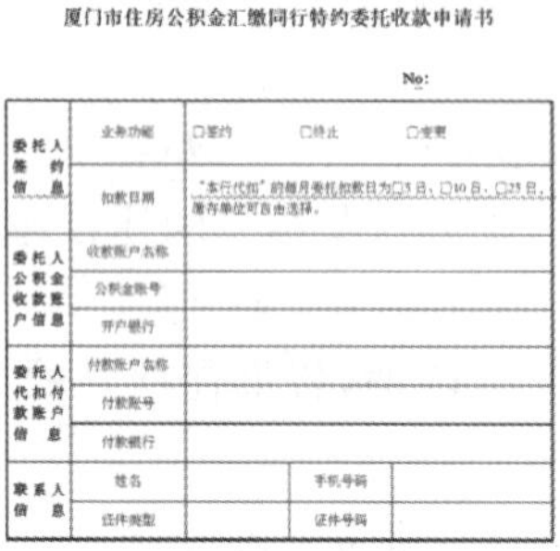

厦门市住房公积金汇缴同行特约委托收款申请书

No:

委托人签约信息	业务功能	□签约　□终止　□变更		
	扣款日期	"本行代扣"的每月委托扣款日为□5日、□10日、□25日，缴存单位可自由选择。		
委托人公积金收款账户信息	收款账户名称			
	公积金账号			
	开户银行			
委托人代扣付款账户信息	付款账户名称			
	付款账号			
	付款银行			
联系人信息	姓名		手机号码	
	证件类型		证件号码	

同行特约委托收款申请书

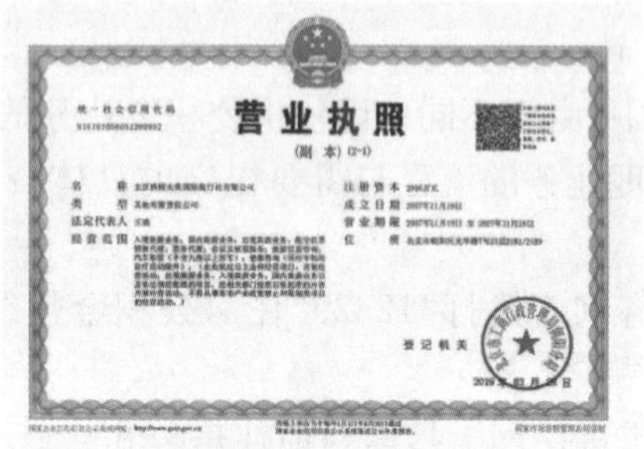

营业执照（复印件）

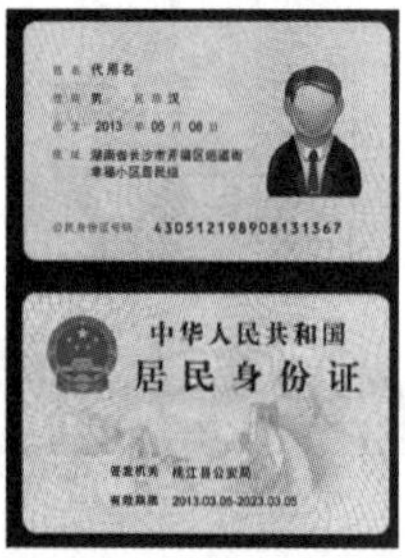

经办人身份证原件

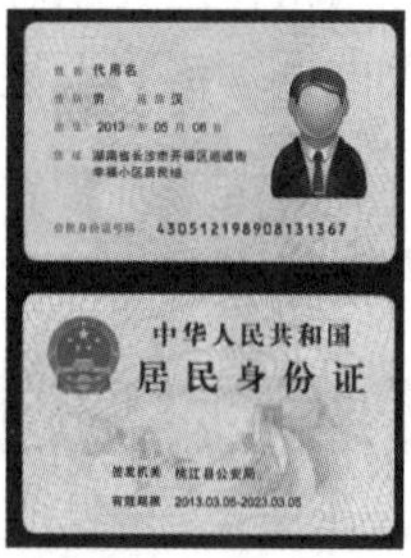

法定代表人身份证复印件

图 3-54　住房公积金开户资料

实际工作中，住房公积金也可办理跨行代扣业务，提交的资料与同行代扣大致相同，只需将《住房公积金汇缴同行特约委托收款申请书》和《协议书》换成《住房公积金跨行委托收款申请书》和《协议书》即可。

如果企业没有办理银行代扣业务，每个月需提交盖有公章的《住房公积金汇补缴书》《汇补缴清册》，携带经办人身份证前往银行办理住房公积金汇缴，并按银行告知方式付款。

3. 增员、减员

住房公积金的增员、减员一般直接登录当地住房公积金单位综合服务平台办理开户或者转移、封存即可。

1) 增员

住房公积金银行代扣业务办理成功后，可在住房公积金单位综合服务平台新增职工，为其缴交住房公积金，新增职工分为两种情况：第一种是首次办理；第二种是非首次办理。

(1) 首次办理。企业职工首次办理住房公积金，也就是职工还没有住房公积金账户的，需为职工开立个人住房公积金账户，具体操作步骤如下：

① 登录住房公积金单位综合服务平台,点击【职工账户设立】。

② 根据职工提供的资料录入相关信息,包括职工个人基础信息、住房公积金个人缴存基数、单位月缴存额等,填写完整后单击【确定】。

录入的信息通过审核后,职工账户就开设成功了。实务中,如果新开户的职工较多,可以选择批量导盘,进行员工开户的批量处理,速度相对较快。

(2) 非首次办理。如果企业职工在上家企业已缴纳住房公积金,即已有住房公积金账户的情况,只需为职工办理个人账户转移即可,具体操作步骤如下:

① 登录住房公积金单位综合服务平台,选择【个人账户转移】。

② 系统跳出转入单位信息、转出单位信息和转入职工信息,其中转入单位信息也就是本单位信息由系统自动生成,转出单位信息根据职工提供的上家企业资料录入,转入职工信息为职工的住房公积金账号和身份证号码。

2) 减员

实际工作中,如果企业职工离职后,企业需在住房公积金单位综合服务平台为其办理住房公积金封存,作减员处理,这样该职工到新单位才能继续缴纳住房公积金。操作时点击【个人封存启封】,查询需要封存的个人账户,点击【封存】即可。

第三节 纳税申报

课程思政

一、纳税申报的概念

纳税申报是指纳税人按照税法或税务机关相关行政法规规定的期限和内容向税务机关提交有关纳税事项书面报告的法律行为,是纳税人履行纳税义务、承担法律责任的主要依据,是税务机关税收管理信息的主要来源和税务管埋的一项重要制度。

二、纳税申报的流程

财务共享中心会计人员首先要对企业当月发生的经济业务做相关的账务处理,然后根据企业提供的当月报税资料,进行整理、审核、统计,并计算应纳税额,在税费申报期内登录国家税务总局平台进行税费的申报,最后完成税款缴纳,具体流程如图 3-55 所示。

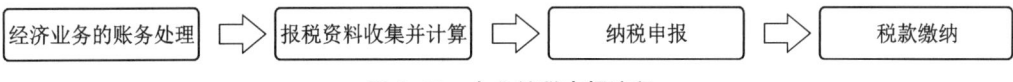

图 3-55 企业纳税申报流程

中小微企业日常申报的税费有:增值税、附加税、企业所得税、印花税、个人所得税、社保费等。

(一) 增值税的计算与申报

增值税是对在我国境内销售货物或者提供加工、修理修配劳务,销售服务、无形资产或者不动产,以及进口货物的单位和个人,就其取得的增值额为课税对象征收的一种税。

增值税企业类型有一般纳税人和小规模纳税人,增值税的计算与申报分为按照小规模纳税人增值税的计算与申报和一般纳税人增值税的计算与申报两种。因此,报税会计在计算申报增值税时,要先区分该企业类型,再进行计算与申报操作。

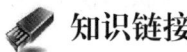

知识链接

小规模纳税人认定标准

自2018年5月1日起,增值税小规模纳税人标准为年应征增值税销售额500万元及以下。

另外规定:

(1) 年应税销售额超过小规模纳税人标准的其他个人一律视同小规模纳税人,不经常发生应税行为的单位和个体工商户可选择按小规模纳税人纳税。

(2) 下列纳税人不办理一般纳税人资格认定:个体工商户以外的其他个人;选择按照小规模纳税人纳税的非企业性单位;选择按照小规模纳税人纳税的不经常发生应税行为的企业。

1. 小规模纳税人增值税的计算与申报

小规模纳税人申报缴纳增值税,首先根据申报期内发生的业务计算应纳税额,然后填写申报表,最后进行申报缴纳。

1) 增值税的计算

(1) 小规模纳税人的征收率。小规模纳税人的征收率主要有3%和5%,不同征收率适用范围有所不同,具体如表3-5所示。

表3-5　小规模纳税人税率

征收率	适用范围
3%	销售货物或者加工、修理修配劳务;销售应税服务、无形资产
5%	销售不动产、经营租赁不动产等

除以上适用的征收率外,还需注意:个人出租住房,按5%征收率减按1.5%计算应纳税额;小规模纳税人销售旧货或销售自己使用过的固定资产,按3%征收率减按2%计算应纳税额。

(2) 计算应纳税额。小规模纳税人销售货物、服务、无形资产、不动产或提供加工、修理修配劳务,其应纳税额的计算不适用扣税法,而是实行按照销售额和征收率计算应纳税额的简易办法,不得抵扣进项税额。应纳税额计算公式如下:

$$应纳税额 = 销售额 \times 征收率$$

销售额不包括收取的增值税销项税额,即不含税销售额。对于货物、服务、无形资产、不动产或提供加工、修理修配劳务,采取销售额和增值税销项税额合并定价的方法,要分离出不含税销售额,其计算公式如下:

销售额＝含税销售额÷(1＋征收率)

小规模纳税人销售自己使用过的固定资产和旧货,销售额和应纳税额计算公式如下:

销售额＝含税销售额÷(1＋3％)

应纳税额＝销售额×2％

案例引入

上海盛合设计服务有限公司为小规模纳税人,适用 3％ 征收率,纳税人识别号 913101136555579808V。公司经营范围有装饰装潢设计与施工、室内环境设计、产品包装设计、平面设计、景观设计等。

上海盛合设计服务有限公司在 2022 年第一季度发生下列销售业务,具体如图 3-56 所示。

第一季度经营业务说明

上海盛合设计服务有限公司系增值税小规模纳税人,从事平面设计、景观设计等经营项目。2022 年第 1 季度发生业务如下:

(1) 本季度平面设计服务取得不含税收入 110 000 元,已开具增值税普通发票。

(2) 本季度景观设计服务取得不含税收入 284 000 元,其中:税务局代开的增值税专用发票不含税收入 75 000 元,已预缴税款;开具增值税电子普通发票不含税收入 40 000 元;未开发票不含税收入 169 000 元。

(3) 本季度销售外购车位取得不含税收入 120 000 元,已经开具增值税普通发票,该车位购买价为含税价 94 500 元。

(4) 本季度销售 21 年购入的小轿车取得不含税收入 135 000 元,已经开具增值税普通发票。

(5) 收到税控设备维护费发票含税价 450 元,请抵减"服务、不动产和无形资产"类别。

图 3-56　第一季度经营业务说明

根据上海盛合设计服务有限公司第一季度经营业务说明,计算如下:

该季度不含税销售额(含销售不动产为 559 000 元(110 000＋284 000＋(120 000－94 500÷1.05)＋135 000＝559 000)大于 450 000 元,应当交税。

该季度不含税销售额(不含销售不动产)为 529 000 元(110 000＋284 000＋135 000＝529 000)大于 450 000 元,仍然应当交税。

上海盛合设计服务有限公司 2022 年第一季度应纳税额计算如下:

平面设计服务应纳税额＝110 000×3％＝3 300(元)

景观设计服务应纳税额＝284 000×3％＝8 520(元),其中已预缴税款 75 000×3％＝2 250(元)

销售外购车位应纳税额＝(120 000－94 500÷1.05)×5％＝1 500(元)

销售购入小轿车应纳税额＝135 000×2％＝2 700(元)

支付税控设备维护费 450 元可在增值税应纳税额中全额抵减。

>
>
> **小规模纳税人税收优惠政策**
>
> 自 2021 年 4 月 1 日至 2022 年 12 月 31 日,对月销售额未超过 15 万元(以一个季度为一个纳税期的,季度销售额未超过 45 万元)的增值税小规模纳税人,免征增值税。
>
> 小规模纳税人发生增值税应税销售行为,合计月销售额超过 15 万元,但扣除本期发生的销售不动产的销售额后未超过 15 万元的,其销售货物、劳务、服务、无形资产取得的销售额免征增值税。
>
> 小规模纳税人销售其取得(不含自建)的不动产(不含个体工商户销售购买的住房和其他个人销售不动产),应以取得的全部价款和价外费用减去该项不动产购置原价或者取得不动产时的作价后的余额为销售额,按照 5% 的征收率计算应纳税额。
>
> 增值税纳税人购买增值税税控系统专用设备支付的费用以及缴纳的技术维护费可在增值税应纳税额中全额抵减,不足抵减的可结转下期继续抵减。

2)增值税的申报

企业申报增值税的具体流程如图 3-57 所示。

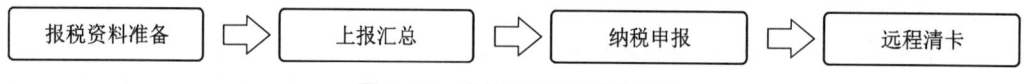

图 3-57 增值税纳税申报流程

> **提示**
>
> 实务中,企业在进行纳税申报时,只需要使用账号密码登录即可。但部分地区的企业在办理纳税申报时,还需要插入税控盘(税控 U 盘)才能登录系统,清卡结束后,即可拔出税控盘,具体的操作根据各地的实际情况而定。

(1)报税资料准备。作为报税会计,首先要确认该企业的纳税申报时间,其次对报税资料进行整理汇总核对,由此完成小规模纳税人报税资料的准备。

① 确认申报时间。实务工作中,小规模纳税人申报大多数采用季报的形式,一般在季度结束的次月 15 日之前(遇节假日会顺延,具体依照税务网站征期的截止日期)完成纳税申报工作。

② 报税资料的整理汇总及核对。报税会计应将本季度三个月的增值税普通发票汇总表、增值税电子普通发票汇总表、增值税专用发票汇总表及无票收入等相关报税资料进行汇总,计算本季度的税费,并与账簿进行详细核对。

(2)上报汇总。上报汇总是指将企业上期所开发票信息和留存的发票信息通过网络远程上报至税务局,其操作是在税控系统中完成的(即金税盘或税控盘的开票软件)。具体操作步骤如下:

① 单击【开票软件】,如图 3-58 所示。

② 单击【立即开票】,如图 3-59 所示。登录增值税发票税控开票软件(金税盘版),如图 3-60 所示。

图 3-58　开票软件

图 3-59　立即开票

图 3-60　增值税发票税控开票软件(金税盘版)

③进入开票软件后,选择【报税处理】,单击【上报汇总】。弹出对话框显示"抄报数据上传成功,请执行远程清卡操作",单击【确定】即完成上报汇总的操作。

(3)纳税申报。缴纳增值税是每个增值税纳税人应履行的义务,小规模纳税人应依法向国家税务总局申报增值税。报税会计应先填写小规模纳税人增值税申报表,再进行申报。

①申报表的填写。小规模纳税人增值税申报表有主表1张、附列资料2张。小规模纳税人需在申报期内填写增值税纳税申报表及附列资料,若存在符合国家政策的增值税减免税的情况,则需填写增值税减免税申报明细表。完成增值税报表的填写后,进行申报、缴纳税款。

案例引入

结合前面上海盛合设计服务有限公司2022年第一季度的销售情况,编制小规模纳税人增值税申报表,第一季度经营业务说明,如图3-61所示。

第一季度经营业务说明

上海盛合设计服务有限公司系增值税小规模纳税人,从事平面设计、景观设计等经营项目。2022年第一季度发生业务如下:
(1)该季度平面设计服务取得不含税收入110 000元,已开具增值税普通发票。
(2)该季度景观设计服务取得不含税收入284 000元,其中:税务局代开增值税专用发票不含税收入75 000元,已预缴税款;开具增值税电子普通发票不含税收入40 000元;未开发票不含税收入169 000元。
(3)该季度销售外购车位取得不含税收入120 000元,已开具增值税普通发票,该车位购买价为含税价94 500元。
(4)该季度销售2021年购入的小轿车,取得不含税收入135 000元,已开具增值税普通发票。
(5)收到税控设备维护费发票含税价450元,抵减"服务、不动产和无形资产"类别。

图3-61 第一季度经营业务说明

(1)增值税减免税申报明细表的填写。

根据财税〔2012〕15号文件规定:"自2011年12月1日起,增值税纳税人购买增值税税控系统专用设备支付的费用以及缴纳的技术维护费可在增值税应纳税额中全额抵减。"因此,上海盛合设计服务有限公司收到税控设备维护费发票含税价450元可以全额抵减。在增值税减免税申报明细表中"减税性质代码及名称"第一行选择"财税〔2012〕15号文件","本期发生额"栏内填入450元,"本期实际抵税额"栏内填入450元。

根据财税〔2014〕57号文件规定:"小规模纳税人(除其他个人外,下同)销售自己使用过的固定资产,依照3%征收率减按2%征收增值税。"因此,上海盛合设计服务有限公司本季度销售2021年购入的小轿车取得不含税收入135 000元,可以抵减税额1 350元。在增值税减免税申报明细表中"减税性质代码及名称"第二行选择"财税〔2014〕57号文件","本期发生额"栏内填入1 350元,"本期实际抵税额"栏内填入1 350元。

(2)增值税及附加税费申报表(小规模纳税人适用)附列资料(一)的填写。

上海盛合设计服务有限公司属于服务行业,提供的设计服务按3%征收率计税。根据附列资料的填写要求,需要填写"应税行为(3%征收率)计税销售额计算"栏。本季度提供的设计服务不含税销售额进行合计,换算为含税销售额,即(110 000+284 000)×1.03=405 820(元),填入附列资料(一)的"全部含税收入(适用3%征收率)"栏,该行剩余的内容会自动计算。

上海盛合设计服务有限公司本季度有销售外购车位的经济业务应差额计税。本季度销售的外购车位购买价为含税价94 500元,则在"应税行为(5%征收率)扣除额计算"栏下的"本期发生额"栏、"本期扣除额"栏填入94 500元。销售外购车位取得不含税收入120 000元,换算为含税销售额,即120 000×1.05=126 000(元),填入"应税行为(5%征收率)计税销售额计算"栏下的"全部含税收入(适用5%征收率)"栏,该行剩余的内容会自动计算。

(3)增值税及附加税费申报表(小规模纳税人适用)的填写。

第1栏应征增值税不含税销售额(3%征收率)的第2列=110 000+284 000=394 000(元)计算填入。

第2栏增值税专用发票不含税销售额的第2列根据经营业务说明中的代开增值税专用发票的不含税收入75 000元填入。

第3栏其他增值税发票不含税销售额的第2列根据3%征收率的其他增值税发票不含税销售额=110 000+40 000=150 000(元)计算填入。

第4栏应征增值税不含税销售额(5%征收率)的第2列根据销售车位的销售额是=120 000−94 500÷1.05=30 000(元)计算填入。

第6栏其他增值税发票不含税销售额的第2列根据销售车位所开具的增值税普通发票的不含税金额120 000元填入。

第7栏销售使用过的固定资产不含税销售额的第1列根据销售小轿车的不含税销售额为135 000元填入。

第8栏其他增值税发票不含税销售额的第1列根据销售小轿车所开具的增值税普通发票的不含税金额135 000元填入。

第15栏本期应纳税额的第1列根据销售使用过的固定资产应纳税额=135 000×3%=4 050(元)计算填入。

第15栏本期应纳税额的第2列根据394 000(第1栏第2列)×3%+30 000(第4栏第2列)×5%=13 320(元)计算填入。

第16栏本期应纳税额减征额第1列根据小规模纳税人销售自己使用过的固定资产按3%减按2%征收增值税,减征1%,所以对应的应纳税额减征额=135 000×1%=1 350(元)计算填入。

第16栏本期应纳税额减征额第2列,根据政策,收到的税控系统维护费发票全额抵减增值税,所以收到的税控系统维护费普通发票的含税金额450元全额抵减增值税,对应的类别为"服务、不动产和无形资产"类别。

第21栏本期预缴税额第2列根据完税凭证,税务机关代开专票已交增值税2 250元。

剩余的数据,报税平台会自动计算合计。

② 申报。实务工作中,常见小规模纳税人增值税申报采取的申报方式是登录电子税务局进行网上申报。报税会计在填写申报表后,点击【申报】进行申报。申报后,系统提示"是否进入缴纳",若进入缴纳,企业选择对应的缴纳方式,点击【缴款】。缴款成功后,则完成小规模纳税人的申报及缴纳。

(4) 远程清卡。小规模纳税人或者一般纳税人纳税申报完成后,清空上期开票信息,将留存的发票结转本期使用。清卡操作是在税控系统中完成的,一般纳税申报后应立即清卡,清卡的期限不能超过本月报税期的最后一天,否则税控系统将自动锁死,锁死后不能开具发票,不能上报汇总,只能携带金税盘或税控盘至税务大厅进行解锁处理。具体操作步骤如下:

① 单击【开票软件】,登录开票系统,单击【报税处理】,如图 3-62 所示。

图 3-62 报税处理

② 单击【远程清卡】,跳出清卡进度轴。等清卡进度轴达到 100% 的时候,弹出对话框信息显示"金税设备已经完成清卡操作,将重新启动开票软件!",单击【确定】即可,如图 3-63 所示。

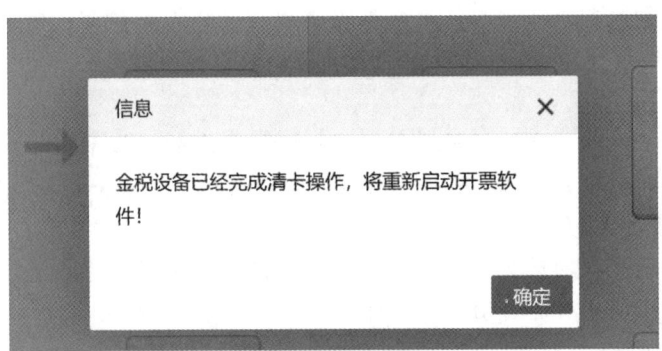

图 3-63 清卡结束

2. 一般纳税人增值税的计算与申报

一般纳税人要申报缴纳增值税时,首先要对申报期内发生的业务进行汇总计算,然后填写申报表,最后进行申报缴纳。

1) 增值税的计算

(1) 一般纳税人的税率。一般纳税人的税率主要有 13%、9%、6%、0 几种,不同的税率适用范围有所不同,具体如表 3-6 所示。

表 3-6 一般纳税人的税率

税率名称	税率/征收率	适用范围
基本税率	13%	销售或进口货物,提供应税劳务,提供有形动产租赁服务
低税率	9%	提供交通运输服务、邮政服务、基础电信服务、建筑服务、不动产租赁服务,销售不动产,转让土地使用权,销售或者进口货物适用较低税率的规定
	6%	提供现代服务(租赁除外)、增值电信服务、金融服务、生活服务,销售无形资产(转让土地使用权除外)
	5%	简易计税
零税率	0	出口货物、劳务,境内单位和个人发生的跨境应税行为

(2) 计算应纳税额。一般纳税人增值税应纳税额一般采用扣减法计征,即根据一个纳税期的销售额乘以适用税率计算销项税额,再扣除采购环节已经支付的进项税额,据以计算应纳税额的方法。其计算公式如下:

当期应纳税额＝当期销项税额－当期进项税额＋进项税额转出－上期留抵税额

实务中,计算应纳税额的关键在于正确计算销项税额和进项税额。

A. 销项税额。企业在开具发票后,报税会计就可以进行增值税销项税额的确定。销项税额是销售货物、服务、无形资产、不动产或提供加工、修理修配劳务的销售额与税率的乘积,其计算公式如下:

当期销项税额＝当期销售额×适用税率

或者:

当期销项税额＝组成计税价格×适用税率

组成计税价格是指按照计税价格应当包含的因素计算合成的计税价格。一般情况下,在产品没有实际交易价格或实际交易价格难以确定时,才会按产品的组成计税价格计税。

从公式可以看出,在增值税税率一定的情况下,计算销项税额的关键在于正确、合理地确定销售额。实务中,企业在发生增值税应税项目时,可先确定销售额,再根据销售额来确定销项税额。

在确定销售额的过程中,企业根据销售时提供发票的不同,将销售额的确定分为已开具发票的销售额和未开具发票的销售额两种情形。

情形一:已开具发票的销售额。实务工作中,企业销售货物、服务、无形资产、不动产或提供加工、修理修配劳务开具增值税专用发票和增值税普通发票,可根据发票上的金额确定销售额。

从开票软件系统上也可以查询本月增值税专用发票、增值税普通发票及增值税电子普

通发票的开具记录,计算销售额及销项税额,具体操作步骤如下:

① 登录增值税发票税控开票软件(金税盘版),单击【发票查询】,弹出【发票查询】界面,企业可以根据需要的年份、月份进行查询。

② 进入【发票查询】界面后可以查看这个月所有开具的发票,包括专用发票、普通发票和电子发票,同时还可以查询发票开具的销售合计金额及销项税额。

情形二:未开具发票的销售额。企业偶尔会发生一些零散的销售业务,这些销售业务的购买方很多都是个人,销售时往往采用现金结算,也不开具发票。这种情况下,收到的总价款为价税合计金额,应换算成不含税的销售额,计算公式如下:

$$不含税的销售额 = 收到总价款 \div (1 + 适用税率)$$

另外,企业发生的一些视同销售行为,一般不开具发票,但也应确认销售额,计算缴纳增值税。

法律法规

《中华人民共和国增值税暂行条例实施细则》

第四条 单位或者个体工商户的下列行为,视同销售货物:
(一)将货物交付其他单位或者个人代销;
(二)销售代销货物;
(三)设有两个以上机构并实行统一核算的纳税人,将货物从一个机构移送其他机构用于销售,但相关机构设在同一县(市)的除外;
(四)将自产或者委托加工的货物用于非增值税应税项目;
(五)将自产、委托加工的货物用于集体福利或者个人消费;
(六)将自产、委托加工或者购进的货物作为投资,提供给其他单位或者个体工商户;
(七)将自产、委托加工或者购进的货物分配给股东或者投资者;
(八)将自产、委托加工或者购进的货物无偿赠送其他单位或者个人。

财政部、国家税务总局关于在全国开展交通运输业和部分现代服务业营业税改征增值税试点税收政策的通知

第十一条 单位和个体工商户的下列情形,视同提供应税服务:
(一)向其他单位或者个人无偿提供交通运输业和部分现代服务业,但以公益活动为目的或者以社会公众为对象的除外。
(二)财政部和国家税务总局规定的其他情形。

为了防止因上述行为漏申报纳税,而遭受税务机关处罚,发生上述行为时纳税人应视同销售进行纳税申报。

通过上述方法,企业确认当期销售额后,就可以根据税法规定的税率与销售额(不含税)的乘积算出当期销项税额,计算公式如下:

$$当期销项税额 = \left(\frac{专用发票汇总表的}{实际销项税额} + \frac{普通发票汇总表的}{实际销项税额} + \frac{未开具发票}{的销售额} \right) \times 适用税率$$

案例引入

北京宜红家具有限公司为一般纳税人,经营范围为生产经营家具、运输业务等其他经营项目,企业代码为911101016627480079,法定代表人为赵越秀。

根据北京宜红家具有限公司2023年3月份的业务资料,得出该公司3月份的销售情况统计表,如表3-7所示,计算该公司当期销项税额。

表3-7 本期销售情况统计表 单位:元

开票情况	应税项目	金额	税率	税额	备注
增值税专用发票	*家具*Y1办公椅子	396 000.00	13%	51 480.00	—
增值税电子普通发票	*家具*Z2办公桌子	369 800.00	13%	48 074.00	—
增值税普通发票	*机动车*客车	120 000.00	3%	3 600.00	—
增值税普通发票	*不动产*商用店铺D216	600 000.00	5%	30 000.00	—
增值税普通发票	*家具*C1餐椅	9 600.00	13%	1 248.00	—
增值税普通发票	*家具*B3餐桌	168 000.00	13%	21 840.00	—

当期销项税额＝396 000×13%＋369 800×13%＋9 600×13%＋168 000×13%
＝51 480＋48 074＋1 248＋21 840＝122 642(元)

B. 进项税额。进项税额是指纳税人购进货物、服务、不动产、无形资产或接受修理修配劳务,所支付或者负担的增值税税额。一般纳税人可根据取得的可抵扣凭证核算准予抵扣的进项税额,并从销项税额中抵扣。这里需掌握以下两点:

第一,可抵扣的情况。实务工作中,准予从销项税额中抵扣的进项税额是增值税扣税凭证上注明的增值税税款和按规定的扣除率计算的进项税额。最常见的是企业一般纳税人开具的增值税专用发票,除此之外,还有机动车销售统一发票、海关进口增值税专用缴款书、农产品收购发票或销售发票、解缴税款完税凭证、道路桥闸通行费、旅客运输凭证等。

第二,发票勾选抵扣。自2019年3月1日起,取消增值税发票认证的纳税人范围扩大至全部一般纳税人。一般纳税人可以自愿使用增值税发票综合服务平台查询,选择用于申报抵扣、出口退税或者代办退税的增值税发票信息。

具体操作步骤如下:

① 登录增值税发票选择确认平台,单击【发票勾选】,查询当期可勾选发票,依次单击【勾选】—【保存】,弹出勾选确认信息的对话框,单击【确定】。

② 依次单击【确认勾选】—【确定】,弹出提示对话框,选择【未完成申报】,单击【确定】。

③ 弹出发票确认勾选信息,数据核对无误后,单击【提交】,确认本批次发票勾选认证成功。

案例引入

结合北京宜红家具有限公司的业务,可以在增值税发票选择确认平台上面查询到抵扣发票统计表。根据以上信息,可以看出该企业抵扣勾选的增值税专用发票的金额为88 000.00元,税额为7 360.00元。

北京宜红家具有限公司 2023 年 3 月接受旅客运输服务国内旅客运输发票汇总,如表 3-8 所示。

机票不含税额=(840+50+1 040+50)÷1.09×9%=163.49(元)

高铁票不含税额=327×2÷1.09×9%=54(元)

公路客运发票不含税额=(103+206)÷1.03×3%=9(元)

可抵扣的进项税额合计=163.49+54+9=226.49(元)

表 3-8 国内旅客运输发票汇总表　　　　　　　　　　　金额单位:元

员工姓名	类型	张数	金额	备注
张离含	机票	1	940.00	含票价 840 元、燃油附加费 50 元、其他税费 50 元
张离含	机票	1	1 140.00	含票价 1 040 元、燃油附加费 50 元、其他税费 50 元
张小伟	高铁票	1	327.00	—
张小伟	高铁票	1	327.00	—
林丽芳	公路客运发票	1	103.00	—
林丽芳	公路客运发票	1	206.00	—
合计		6	3 043.00	—

北京宜红家具有限公司 2023 年 3 月发生空调冷凝器损坏,属于非正常损失,需转出进项税额 78 元,空调冷凝器损坏说明如图 3-64 所示。

关于空调冷凝器损坏说明

仓储部损失说明:

2023 年 3 月 31 日盘查发现因放置不当导致螺丝配件发生损坏(已抵扣过进项),其价值 600 元,税额 78 元。此损失由企业自行承担。特此申明,即日生效。

参加人员:全体董事会

日期:2023-03-31

图 3-64 空调冷凝器损坏说明

根据以上信息,计算北京宜红家具有限公司 2022 年 3 月份可抵扣的进项税额为 7 586.49 元(7 360+226.49),当期进项税额转出 78 元。

计算北京宜红家具有限公司 2023 年 3 月份应纳税额还应注意以下三笔业务:

1) 销售商用店铺

北京宜红家具有限公司 2016 年 3 月 28 日购入该店铺,房产交易价格为 360 000 元,房屋买卖合同如图 3-65 所示。

一般纳税人销售其 2016 年 4 月 30 日前取得(不含自建)的不动产,可以选择适用简易计税方法,即以取得的全部价款和价外费用减去该项不动产购置原价或者取得不动产时的作价后的余额为销售额,按照 5% 的征收率计算应纳税额。

销售商用店铺按简易计税方法计算的应纳税额=(600 000-360 000÷1.05)×5%=12 857.14(元)

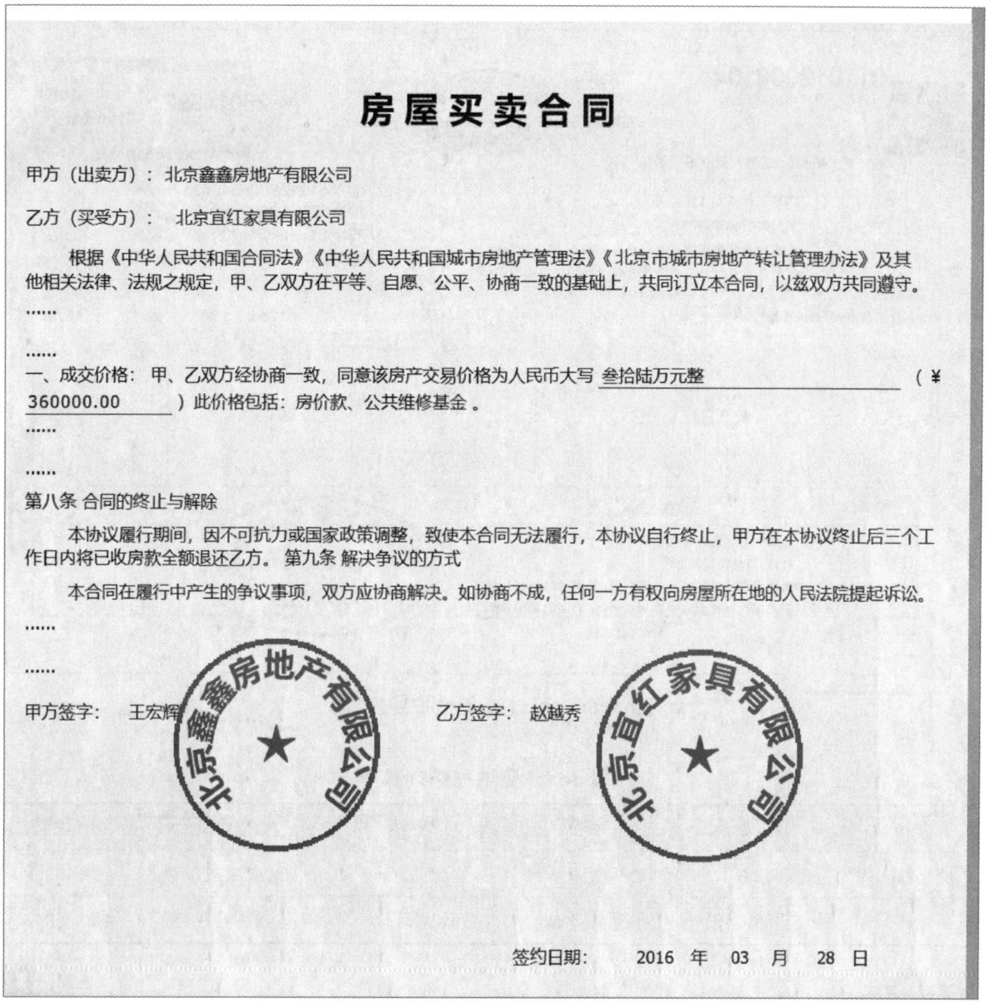

房屋买卖合同

甲方（出卖方）：北京鑫鑫房地产有限公司

乙方（买受方）：北京宜红家具有限公司

根据《中华人民共和国合同法》《中华人民共和国城市房地产管理法》《北京市城市房地产转让管理办法》及其他相关法律、法规之规定，甲、乙双方在平等、自愿、公平、协商一致的基础上，共同订立本合同，以兹双方共同遵守。

……

……

一、成交价格：甲、乙双方经协商一致，同意该房产交易价格为人民币大写 叁拾陆万元整 （¥ 360000.00 ）此价格包括：房价款、公共维修基金。

……

……

第八条 合同的终止与解除

本协议履行期间，因不可抗力或国家政策调整，致使本合同无法履行，本协议自行终止，甲方在本协议终止后三个工作日内将已收房款全额退还乙方。 第九条 解决争议的方式

本合同在履行中产生的争议事项，双方应协商解决。如协商不成，任何一方有权向房屋所在地的人民法院提起诉讼。

……

……

甲方签字：王宏辉　　　　　　乙方签字：赵越秀

签约日期：2016 年 03 月 28 日

图 3-65　房屋买卖合同

2）销售客车

一般纳税人销售自己使用过固定资产（符合简易计税方法条件的），选择适用简易计税办法，依照3%征收率减按2%征收增值税。

销售客车按简易计税方法计算的应纳税额＝120 000×3%＝3 600（元）

因此，减征税额1 200元。

3）支付税控系统维护费

增值税纳税人购买增值税税控系统专用设备支付的费用以及缴纳的技术维护费可在增值税应纳税额中全额抵减。因此，北京宜红家具有限公司收到税控设备维护费发票含税价280元可以全额抵减，税控设备维护费发票如图3-66所示。

综合北京宜红家具有限公司2023年3月的销项税额122 642元，进项税额7 586.49元，进项税额转出78元，简易计税额16 457.14元（12 857.14＋3 600），应纳税额减征额1 480元（1 200＋280），本期应纳税额为130 110.65元[122 642－（7 586.49－78）＋16 457.14－1 480]，如表3-9所示。

图 3-66 税控设备维护费发票

表 3-9 应纳税额计算 单位：元

项目	税额	项目	税额	项目	税额
销项税额	122 642.00	进项税额转出	78.00	应纳税额减征额	1 480.00
进项税额	7 586.49	简易计税	16 457.14	本期应纳税额	130 110.65

2）增值税的申报

申报增值税的具体流程如图 3-67 所示。

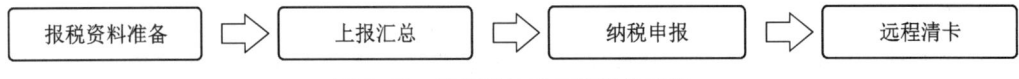

图 3-67 增值税纳税申报操作流程

（1）报税资料准备。一般纳税人的报税会计，在整理报税资料时，首先确认纳税申报的时间，其次在申报时间之前进行报税资料的整理统计等，最后完成报税资料的整理。

① 确认申报时间。增值税一般纳税人一般情况下都是按月进行纳税申报，在次月 15 日之前（遇节假日会顺延，具体看税务网站征期的截止日期）完成纳税申报工作。

② 报税资料整理汇总及统计。

a. 制作本期销售统计表，按照所开发票类型及货物、劳务、服务进行明细区分。

b. 进入税控系统查询统计并打印本期开票信息，即增值税普通发票汇总表、增值税电子普通发票汇总表、增值税专用发票汇总表并与月销售额统计表进行核对，同时统计未开票收入等相关报税资料，如表 3-10 所示。

表 3-10 月销售额统计表

年　　月　　　　　　　　　　　　　　　　　　　　　　　　　　单位：元

序号	发票类型	发票份数	应税项目	13%		9%		6%		5%		3%		备注
				金额	税额	金额	税额	金额	税额	金额	税额	金额	税额	
1	专用发票		货物											
			服务											
2	普通发票		货物											
			服务											
3	电子普通发票		货物											
			服务											
4	未开票		货物											
			服务											
5	其他发票		货物											
			服务											
	合　计													

c. 进入电子税务局平台，选择查询增值税发票，统计勾选本期认证信息，并打印本期的抵扣发票统计表。

d. 统计本期可享受税收优惠政策的数据资料，如加计抵减的进项税额、税控设备及技术维护费等。

e. 制作增值税、附加税计算表，并与相关报税资料、账簿进行详细核对。

（2）上报汇总。实务中，一般纳税人在申报税费前，也需要进行上报汇总。上报汇总与小规模纳税人的操作步骤一样，具体可以参照小规模纳税人的上报汇总。

（3）纳税申报。实务工作中，报税会计应先填写申报表，根据填写完整无误的申报表信息在平台上进行申报，最后缴纳税款。

① 申报表的填写。一般纳税人的增值税纳税申报表共计 6 张，包含 1 张主表和 5 张附表，分别是：增值税纳税申报表（一般纳税人适用）；增值税纳税申报表附列资料（一）——本期销售情况明细）、增值税纳税申报表附列资料（二）——本期进项税额明细、增值税纳税申报表附列资料（三）——服务、不动产和无形资产扣除项目明细、增值税纳税申报表附列资料（四）——税额抵减情况表、增值税及附加税费申报表附列资料（五）——附加税情况表（附加税中介绍）、增值税减免税申报明细表。一般纳税人填写增值税申报表时，先填写附列资料，最后填写增值税纳税申报主表。

案例引入

结合北京宜红家具有限公司 2023 年 3 月份发票汇总表、销售情况统计表及抵扣发票统计表等相关信息。填写增值税一般纳税人申报表，包括主表、附列资料（一）、附列资料（二）、附列资料（三）、附列资料（四）及增值税减免税申报明细表。

1. 增值税纳税申报表主表的填写

增值税申报表主表的大部分内容会根据附表填写的信息自动生成：

第1栏一般项目本月销售额为943 400.00元。

第5栏按简易办法计税销售额一般项目本月销售额为720 000.00元。

第11栏本月销项税额为122 642.00元。

第12栏本月进项税额为7 586.49元。

第14栏本月进项税额转出78.00元。

第21栏简易计税办法计算的应纳税额为16 457.14元。

第24栏应纳税额合计为130 110.65元。

以下内容需要补充填列：

第2栏应税货物销售额填入943 400.00元。

第23栏应纳税额减征额根据增值税减免税明细表中的金额填入1 480.00元。

2. 附列资料（一）的填写

第1栏13%税率的货物及加工修理修配劳务的第1列根据本期销售情况统计表13%税率的增值税专用发票合计金额填列396 000.00元，税额系统自动计算。第3列根据本期销售情况统计表13%税率的增值税普通发票及增值税电子普通发票合计金额填列547 400.00元（369 800.00＋9 600.00＋168 000.00＝547 400.00），税额系统自动计算。

第9b栏5%征收率的服务、不动产和无形资产的第3列根据本期销售情况统计表中销售商用店铺的不含税销售额填列600 000.00元，税额系统自动计算。该业务适用5%税率，可以判断是简易计税。第12列根据附列资料（三）填写自动填列360 000.00元。

第11栏3%征收率的货物及加工修理修配劳务的第3列根据本期销售情况统计表中销售机动车的不含税销售额填列120 000.00元，税额系统自动计算。

3. 附列资料（二）的填写

第1栏认证相符的增值税专用发票的内容是根据认证抵扣勾选的结果进行填列。企业在认证完发票后，第1栏的数据在认证后会自动读取过来。

第8b栏其他和第10栏数本期用于抵扣的旅客运输服务扣税凭证根据背景资料国内旅客运输发票汇总表填列，份数6份，金额2 716.51元，税额226.49元，详见表3-8国内旅客运输发票汇总表。

第16栏非正常损失金额根据背景资料关于螺丝配件损坏说明填列税额为78元，详见图3-64空调冷凝器损坏说明。

第35栏本期认证相符的全部防伪税控专用发票根据增值税发票选择确认平台认证通过的可抵扣发票数据自动读取过来。

4. 附列资料（三）的填写

第5栏5%税率的项目的第1列系统自动根据附列资料（一）的填写情况，自动填入630 000.00元，根据背景单据房屋买卖合同填写第3、第4、第5列均为360 000.00元。

5. 附列资料（四）的填写

增值税税控系统专用设备费及技术维护费可在增值税应纳税额中全额抵减。因此第1栏增值税税控系统专用设备费及技术维护费的第2列、第4列填入280.00元。

6. 增值税减免税申报明细表的填写

增值税纳税人购买增值税税控设备技术维护费可在增值税应纳税额中全额抵减。因此在增值税减免税申报明细表中"减税性质代码及名称"第一行选择减免性质代码：01129914，"本期发生额"栏内填入280.00元，"本期实际抵税额"栏内填入280.00元。

一般纳税人销售使用过的固定资产，符合简易计税方法计税的，依照3%征收率减按2%征收增值税。因此在增值税减免税申报明细表中"减税性质代码及名称"第二行选择减免性质代码：01129924，"本期发生额"栏内填入1 200.00元，"本期实际抵税额"栏内填入1 200.00元。

② 纳税申报操作。一般纳税人增值税申报常见采取的申报方式是网上申报。报税会计在填写完申报表后，单击【申报】进行申报。申报后，系统会提示是否进入缴纳，若进入缴纳，企业选择对应的缴纳方式进行缴款。缴款成功后，就完成了一般纳税人的申报及缴纳。

(4) 远程清卡。一般纳税人在纳税申报完成后，同样需要进行远程清卡，表示该月已经完成纳税申报。具体操作与小规模纳税人相同，可以参照小规模企业的远程清卡操作进行学习。

(二) 附加税的计算与申报

实务工作中，附加税主要包括城市维护建设税(以下简称城建税)、教育费附加和地方教育附加。附加税是对缴纳增值税、消费税的单位和个人征收的一种税。

1. 附加税的计算

报税会计要计算附加税，首先要知道附加税的税率，然后根据附加税的计算公式进行计算。

城建税、教育费附加、地方教育附加直接以企业缴纳的增值税和消费税税额为计税依据，具体的税率如表3-11所示。

表3-11 附加税税率

税 种	税/费率	备 注	税 种	税/费率	备 注
城市维护建设税	7%	市区的纳税人	教育费附加	3%	—
	5%	县城、镇的纳税人	地方教育附加	2%	—
	1%	不在以上区域的纳税人			

计算公式如下：

$$\text{企业当期应纳的城市维护建设税} = (\text{实际缴纳的增值税税额} + \text{当期实际缴纳的消费税税额}) \times \text{企业对应的城市维护建设税税率}$$

$$\text{企业当期应纳的教育费附加} = (\text{实际缴纳的增值税税额} + \text{当期实际缴纳的消费税税额}) \times \text{教育费附加费率}$$

$$\text{企业当期应纳的地方教育附加} = (\text{实际缴纳的增值税税额} + \text{当期实际缴纳的消费税税额}) \times \text{地方教育附加费率}$$

案例引入

北京宜红家具有限公司2023年3月缴纳的增值税额为130 110.65元，该公司的注册地在市区，城市维护建设税的税率适用7%，企业信息说明如图3-68所示，计算北京宜红家具有限公司当期应纳的附加税。

> **企业信息说明**
>
> 北京宜红家具有限公司系属于小型微利企业,其城市维护建设税、教育费附加、地方教育附加、印花税减半征收。依据政策为:国家发展改革委等 14 部门印发《关于促进服务业领域困难行业恢复发展的若干政策》的通知—发改财金〔2022〕271 号 http://www.chinatax.gov.cn/chinatax/n359/c5172973/content.html

图 3-68 企业信息说明

(1) 企业当期应纳的城市维护建设税＝130 110.65×7‰×50％＝4 553.87(元)
(2) 企业当期应纳的教育费附加＝130 110.65×3‰×50％＝1 951.66(元)
(3) 企业当期应纳的地方教育附加＝130 110.65×2‰×50％＝1 301.11(元)

2. 附加税的申报

城建税、教育费附加和地方教育附加应根据增值税和消费税的申报情况进行申报。

1) 申报表的填写

企业申报附加税时,同样需要填写城建税、教育费附加、地方教育附加税费申报表。国家税务总局公告明确自 2021 年 8 月 1 日起,全面推行增值税、消费税分别与附加税费申报表整合工作,附加税费申报表整合到增值税及附加税费申报表附列资料(五)—附加税情况表。

案例引入

结合前面计算编制的北京宜红家具有限公司增值税申报主表,填写增值税及附加税费申报表附列资料(五)。

第 1 列、第 4 列、第 5 列根据增值税纳税申报表主表的数据自动读取。第 7 列根据税收优惠政策减半征收附加税费分别填列城市维护建设税 4 553.87 元,教育费附加 1 951.66 元,地方教育附加 1 301.11 元,第 11 列本期应补(退)税(费)额根据第 7 列的数据自动计算。

2) 纳税申报操作

系统根据增值税、消费税申报情况,自动将主税和附加税一并申报与扣款。

(三) 企业所得税的计算与申报

企业所得税是对中华人民共和国境内的企业和其他取得收入的组织生产经营所得和其他所得征收的一种税。

1. 企业所得税的计算

企业所得税的纳税义务人分为居民企业和非居民企业,下面重点介绍居民企业的企业所得税计算与申报。

1) 企业所得税的税率

企业所得税实行比例税率,主要有基本税率、低税率、优惠税率三档税率,如表 3-12 所示。

表 3-12 企业所得税税率表

种类	税率	适用范围
基本税率	25%	（1）居民企业 （2）在中国境内设有机构、场所且取得的所得与机构、场所有关联的非居民企业
低税率	20% （实际按10%征收）	在中国境内未设立机构、场所的，或者虽设立机构、场所但取得的所得与其所设机构、场所没有实际联系的非居民企业
优惠税率	20%	符合条件的小型微利企业
	15%	国家需要重点扶持的高新技术企业

知识链接

小型微利企业优惠税率

自 2021 年 1 月 1 日至 2022 年 12 月 31 日，对小型微利企业年应纳税所得额不超过 100 万元的部分，减按 12.5% 计入应纳税所得额，按 20% 的税率征收企业所得税；对年应纳税所得额超过 100 万元但不超过 300 万元的部分，减按 25% 计入应纳税所得额，按 20% 的税率征收企业所得税。

2）企业所得税税额计算

企业缴纳企业所得税之前要进行税额计算，计算公式如下：

企业所得税额＝应纳税所得额×适用税率－减免税额－抵免税额

应纳税所得额＝收入总额－不征税收入－免税收入－各项扣除－允许弥补的以前年度亏损

在实务中，纳税人预缴企业所得税时，一般情况下应当按纳税人月度或季度的实际利润额预缴，即直接根据月（或季）度实际实现的利润与规定的税率进行计算预缴。因此，编制当期利润表就显得尤为重要，可以以利润表数据作为企业所得税预缴申报时的数据计算参考来源。

利润表编制的主要计算公式如下：

营业利润＝主营业务收入－主营业务成本－税金及附加＋其他业务收入－其他业务成本－销售费用－管理费用－财务费用

利润总额＝营业利润＋补贴收入＋营业外收入－营业外支出

净利润＝利润总额－所得税

2. 企业所得税的申报

企业所得税按年计征，分期预缴，年终汇算清缴，多退少补。企业所得税的申报方式主要有企业分期预缴和企业年终汇算清缴。

企业分期预缴一般是按月或按季预缴，应于月度或者季度终了之日起 15 日内，向税务机关提交报税资料，同时应按规定附送财务会计报表和其他有关资料，预缴税款。

企业年终汇算清缴，应于年度终了之日起 5 个月内，填写企业所得税年度纳税申报表并向税务机关报送，汇算清缴，结清应缴应退税额。

企业所得税的征收方式直接决定了纳税人税款的计算方法。企业所得税的征收方式分为查账征收和核定征收。企业所得税征收方式一经确定，一般在纳税年度内不作变更，如

表 3-13 所示。

表 3-13　企业所得税征收方式

项目	适用范围	注意
查账征收	适用于会计机构和会计核算体系健全,能够正确核算应纳税所得额,提供纳税资料的企业	实务工作中,并非所有的小规模纳税人都是核定征收,也可以是查账征收
核定征收	适用于账册不健全,不能提供完整、准确的收入凭证、成本资料、费用凭证,不能正确计算应纳税所得额的企业	

1)查账征收

查账征收方式下,纳税人在固定的纳税期限内根据自己的财务报表或经营情况,填写纳税申报表,向税务机关申报、缴纳企业所得税。报税会计应先了解《中华人民共和国企业所得税月(季)度预缴纳税申报表(A 类)》及附表,根据背景单据填写纳税申报表,最后进行纳税申报操作。

2021 年国家税务总局推出"修订查账征收企业所得税预缴纳税申报表,简化表单样式"的行动举措。查账征收方式下的企业报税会计,月(季)度预缴企业所得税时,申报表简化为 3 张:中华人民共和国企业所得税月(季)度预缴纳税申报表(A 类)、资产加速折旧、摊销(扣除)优惠明细表、中华人民共和国企业所得税汇总纳税分支机构所得税分配表。

(1)中华人民共和国企业所得税月(季)度预缴纳税申报表(A 类)(以下简称 A 类申报表)。企业所得税征收方式为查账征收的企业在预缴企业所得税时,如果没有享受优惠政策,则只需要填写 A 类申报表,保存其他表格即可,如表 3-14 所示。

表 3-14　A200000 中华人民共和国企业所得税月(季)度预缴纳税申报表(A 类)

税款所属期间:　　年　月　日至　　年　月　日

纳税人识别号(统一社会信用代码):□□□□□□□□□□□□□□□□□□

纳税人名称:　　　　　　　　　　　　　　　金额单位:人民币元(列至角分)

优惠及附报事项有关信息									
项目	一季度		二季度		三季度		四季度		季度平均值
	季初	季末	季初	季末	季初	季末	季初	季末	
从业人数									
资产总额(万元)									
国家限制或禁止行业	□是□否				小型微利企业				□是□否
附报事项名称									金额或选项
事项 1	(填写特定事项名称)								
事项 2	(填写特定事项名称)								
预缴税款计算									本年累计
1	营业收入								
2	营业成本								
3	利润总额								
4	加:特定业务计算的应纳税所得额								

(续表)

	预缴税款计算		本年累计
5	减：不征税收入		
6	减：资产加速折旧、摊销(扣除)调减额(填写A201020)		
7	减：免税收入、减计收入、加计扣除(7.1+7.2+…)		
7.1	(填写优惠事项名称)		
7.2	(填写优惠事项名称)		
8	减：所得减免(8.1+8.2+…)		
8.1	(填写优惠事项名称)		
8.2	(填写优惠事项名称)		
9	减：弥补以前年度亏损		
10	实际利润额(3+4-5-6-7-8-9)\按照上一纳税年度应纳税所得额平均额确立的应纳税所得额		
11	税率(25%)		
12	应纳所得税额(10×11)		
13	减：减免所得税额(13.1+13.2+…)		
13.1	(填写优惠事项名称)		
13.2	(填写优惠事项名称)		
14	减：本年实际已缴纳所得税额		
15	减：特定业务预缴(征)所得税额		
16	本期应补(退)所得税额(12-13-14-15)\税务机关确定的本期应纳所得税额		
	汇总纳税企业总分机构税款计算		
17	总机构	总机构本期分摊应补(退)所得税额(18+19+20)	
18		其中：总机构分摊应补(退)所得税额(16×总机构分摊比例____%)	
19		财政集中分配应补(退)所得税额(16×财政集中分配比例____%)	
20		总机构具有主体生产经营职能的部门分摊所得税额(16×全部分支机构分摊比例____%×总机构具有主体生产经营职能部门分摊比例____%)	
21	分支机构	分支机构本期分摊比例	
22		分支机构本期分摊应补(退)所得税额	
	实际缴纳企业所得税计算		
23	减：民族自治地区企业所得税地方分享部分：□免征 □减征；减征幅度____%	本年累计应减免金额[(12-13-15)×40%×减征幅度]	
24	实际应补(退)所得税额		
	谨声明：本纳税申报表是根据国家税收法律法规及相关规定填报的，是真实的、可靠的、完整的。 　　　　　　　　　　　　　　　　　　　　纳税人(签章)：　　年 月 日		
经办人： 经办人身份证号： 代理机构签章： 代理机构统一社会信用代码：		受理人： 受理税务机关(章)： 受理日期：　　年 月 日	

(2) 资产加速折旧、摊销(扣除)优惠明细表。A类申报表附表,适用于享受资产加速折旧、摊销和一次性扣除优惠政策的纳税人填报。不享受资产加速折旧、摊销和一次性扣除优惠政策的纳税人,无须填报。

(3) 中华人民共和国企业所得税汇总纳税分支机构所得税分配表。A类申报表附表,适用于跨地区经营汇总纳税企业的总机构填报,如表3-15所示。

表3-15 中华人民共和国企业所得税汇总纳税分支机构分配表

税款所属期间:　　年　月　日至　　年　月　日

分配比例有效期:　年　月　日至　　年　月　日　　　　　　　金额单位:人民币元(列至角分)

总机构情况	纳税人识别号	总机构名称	三项因素				分支机构分摊的所得税额
			收入总额	工资总额	资产总额	合计	
分支机构情况	纳税人识别号	分支机构名称	三项因素				分配比例	分配税额
			收入总额	工资总额	资产总额	合计		

纳税人公章:　　　　　　　　　　　　　　主管税务机关受理专用章:
会计主管:　　　　　　　　　　　　　　　受理人:
填表日期:　　　　　　　年　月　日　　　受理日期:　　　　　　　年　月　日

案例引入

北京宜红家具有限公司是一家以生产经营家具为主要经营范围的企业,2023年4月1日,报税会计根据企业日常经营盈利情况编制季度利润表(2023年1~3月),编制结果如表3-16所示。

表3-16 利润表　　　　　　　会小企02表

编制单位:北京宜红家具有限公司　　2023年1~3月　　　　　　　单位:元

项目	行次	本期合计	本年累计
一、营业收入	1	2 074 169.20	2 074 169.20
减:营业成本	2	1 244 501.52	1 244 501.52

(续表)

项目	行次	本期合计	本年累计
税金及附加	3	9 794.74	9 794.74
其中：消费税	4		
城市维护建设税	5	5 567.65	5 567.65
资源税	6		
土地增值税	7		
城镇土地使用税、房产税、车船税、印花税	8	250.20	250.20
教育费附加、矿产资源补偿费、排污费	9	3 976.89	3 976.89
销售费用	10	248 900.30	248 900.30
其中：商品维修费	11		
广告费和业务宣传费	12	140 000.00	140 000.00
管理费用	13	165 933.54	1 659 33.54
其中：开办费	14		
业务招待费	15	48 000.00	48 000.00
研究费用	16		
财务费用	17	6 222.51	6 222.51
其中：利息费用(收入以"－"号填列)	18	502.32	502.32
加：投资收益(损失以"－"号填列)	19		
二、营业利润(亏损以"－"号填列)	20	398 816.59	398 816.59
加：营业外收入	21		
其中：政府补助	22		
减：营业外支出	23	100 000.00	100 000.00
其中：坏账损失	24		
无法收回的长期债券投资损失	25		
无法收回的长期股权投资损失	26		
自然灾害等不可抗力因素造成的损失	27		
税收滞纳金	28		
三、利润总额(亏损总额以"－"号填列)	29	298 816.59	298 816.59
减：所得税费用	30	7 470.41	7 470.41
四、净利润(净亏损以"－"号填列)	31	291 346.18	291 346.18

单位负责人：赵越秀　　　　会计主管：黎铁心　　　　复核：黎铁心　　　　制表：唐博熊

季度利润表中，数据的填列分为两大列，分别是"本期合计"及"本年累计"。"本期合计"与"本年累计"计算的方式是一致的。因企业所得税季度申报是以季度利润表数据作为数据填写来源，且主要以季度利润表中"本年累计"数据进行计算，故这里只以"本年累计"列为例进行分析，填写 A 类申报表，如表 3-17 所示。

表 3-17　A200000 中华人民共和国企业所得税月(季)度预缴纳税申报表(A 类)

税款所属时间：2023-01-01　至 2023-03-31

纳税人识别号(统一社会信用代码)：911101016627480079

纳税人名称：北京宜红家具有限公司　　　　　　　　　　　　　金额单位：人民币元(列至角分)

优惠及附报事项有关信息											
项目	一季度		二季度		三季度		四季度		季度平均值		
	季初	季末	季初	季末	季初	季末	季初	季末			
从业人数	12	12							12		
资产总额(万元)	1 788.00	1 885.00							1 836.5		
国家限制或禁止行业	□是　☑否				小型微利企业			☑是　□否				
附报事项名称								金额或选项			
事项 1											
事项 2											

	预缴税款计算			本年累计
1	营业收入			2 074 169.20
2	营业成本			1 244 501.52
3	利润总额			298 816.59
4	加：特定业务计算的应纳税所得额			
5	减：不征税收入			
6	减：资产加速折旧、摊销(扣除)调减额(填写 A201020)			
7	减：免税收入、减计收入、加计扣除(7.1＋7.2＋…)			0.00
8	减：所得减免(8.1＋8.2＋…)			0.00
9	减：弥补以前年度亏损			
10	实际利润额(3＋4－5－6－7－8－9)\按照上一纳税年度应纳税所得额平均额确定的应纳税所得额			298 816.59
11	税率(25%)			25%
12	应纳所得税额(10×11)			74 704.15
13	减：减免所得税额(13.1＋13.2＋…)			
13.1	符合条件的小型微利企业减免企业所得税			
14	减：本年实际已缴纳所得税额			
15	减：特定业务预缴(征)所得税额			
16	本期应补(退)所得税额(12－13－14－15)\税务机关确定的本期应纳所得税额			74 704.15
汇总纳税企业总分机构税款计算				
17	总机构	总机构本期分摊应补(退)所得税额(18＋19＋20)	0.00
18		其中：总机构分摊应补(退)所得税额(16×总机构分摊比例＿＿%)	0.00
19		财政集中分配应补(退)所得税额(16×财政集中分配比例＿＿%)	0.00
20		总机构具有主体生产经营职能的部门分摊所得税额(16×全部分支机构分摊比例＿＿%×总机构具有主体生产经营职能部门分摊比例＿＿%)	0.00

(续表)

		汇总纳税企业总分机构税款计算	
21	分支机构	分支机构本期分摊比例	
22		分支机构本期分摊应补(退)所得税额	
		实际缴纳企业所得税计算	
23	减:民族自治地区企业所得税地方分享部分:□免征 □减征:减征幅度____%		本年累计应减免金额[(12−13−15)×40%×减征幅度]
24	实际应补(退)所得税额		

知识链接

小型微利企业标准

小型微利企业是指从事国家非限制和禁止行业,且同时符合年度应纳税所得额不超过300万元、从业人数不超过300人、资产总额不超过5 000万元等三个条件的企业。

从业人数,包括与企业建立劳动关系的职工人数和企业接受的劳务派遣用工人数。所称从业人数和资产总额指标,应按企业全年的季度平均值确定。具体计算公式如下:

$$季度平均值=(季初值+季末值)\div 2$$
$$全年季度平均值=全年各季度平均值之和\div 4$$

1) A 类申报表的填写

根据北京宜红家具有限公司季度利润表"本年累计"数据的营业收入、营业成本、利润总额对应填写 A 类申报表中的第1栏营业收入、第2栏营业成本、第3栏利润总额项目。

第10栏实际利润额、第12栏应纳所得税额数据均是系统自动计算得出,分别为298 816.59元、74 704.15元。

根据 A 类申报表已填写信息,北京宜红家具有限公司非国家限制禁止行业,从业人数12人,资产总额1 836.5万元,应纳税所得额298 816.59元,符合成为小型微利企业的条件。

第16栏本期应纳所得税额:298 816.59×12.5%×20%=7 470.41(元)。

第13.1栏符合条件的小型微利企业减免企业所得税:74 704.15−7 470.41=67 233.74(元),第13栏减免所得税额系统自动计算。

2) 资产加速折旧、摊销(扣除)优惠明细表的填写

北京宜红家具有限公司没有享受资产加速折旧、摊销(扣除)优惠,所以不需要填写该附表,保存即可。

3) 纳税申报的操作

企业申报企业所得税通常使用的申报方式是网上申报。报税会计在填写完申报表后,就可以点击【申报】进行申报,申报后系统会提示是否进入缴纳,若进入缴纳,企业选择对应的缴纳方式,缴款成功后,就完成了企业所得税的申报及缴纳。

2) 核定征收

实务工作中,核定征收一般适用于无建账能力或是核算不健全的企业,税务机关采用核定征收的方式征收企业所得税。

采用核定征收方式的企业,应填写中华人民共和国企业所得税月(季)度预缴和年度纳税申报表(B类)(以下简称B类申报表),如表3-18所示。

表3-18 B100000 中华人民共和国企业所得税月(季)度预缴和年度纳税申报表

(B类,2018年版)

税款所属期间:2023-01-01 至 2023-03-31

纳税人识别号(统一社会信用代码):91310113655579808V

纳税人名称:上海盛合设计服务有限公司   金额单位:人民币元(列至角分)

核定征收方式	☑核定应税所得率(能核算收入总额的)		☐核定应税所得率(能核算成本费用总额的)		☐核定应纳所得税额					
按季度填报信息										
项目	一季度		二季度		三季度		四季度		季度平均值	
	季初	季末	季初	季末	季初	季末	季初	季末		
从业人数	10	10							10	
资产总额(万元)	300	350							325	
国家限制或禁止行业	☐是	☑否			小型微利企业				☑是 ☐否	
按年度填报信息										
从业人数(填写平均值)					资产总额(填写平均值,单位:万元)					
国家限制或禁止行业	☐是	☐否			小型微利企业				☐是 ☐否	

行次	项目	本年累计金额
1	收入总额	
2	减:不征税收入	
3	减:免税收入(4+5+10+11)	0.00
4	国债利息收入免征企业所得税	
5	符合条件的居民企业之间的股息、红利等权益性投资收益免征企业所得税(6+7.1+7.2+8+9)	0.00
6	其中:一般股息红利等权益性投资收益免征企业所得税	
7.1	通过沪港通投资且连续持有H股满12个月取得的股息红利所得免征企业所得税	
7.2	通过深港通投资且连续持有H股满12个月取得的股息红利所得免征企业所得税	
8	居民企业持有创新企业CDR取得的股息红利所得免征企业所得税	
9	符合条件的居民企业之间属于股息、红利性质的永续债利息收入免征企业所得税	
10	投资者从证券投资基金分配中取得的收入免征企业所得税	
11	取得的地方政府债券利息收入免征企业所得税	
12	应税收入额(1−2−3)\成本费用总额	0.00
13	税务机关核定的应税所得率(%)	%

(续表)

行次	项目	本年累计金额
14	应纳税所得额(第12×13行)\[第12行÷(1-第13行)×第13行]	0.00
15	税率(25%)	25%
16	应纳所得税额(14×15)	0.00
17	减：符合条件的小型微利企业减免企业所得税	
18	减：实际已缴纳所得税额	
L19	减：符合条件的小型微利企业延缓缴纳所得税额(是否延缓缴纳所得□是 □否)	
19	本期应补(退)所得税额(16-17-18-L19)\税务机关核定本期应纳税额	0.00
20	民族自治地方的自治机关对本民族自治地方的企业应缴纳的企业所得税中属于地方分享的部分减征或免征(□免征□减征：减征幅度____%)	
21	本期实际应补(退)所得税额	0.00

国家税务总局监制

核定征收方式又可进一步分为核定应税所得率和定额征收两种。核定应税所得率包含按成本费用核定应纳税所得额和按收入总额核定应纳税所得额两种方式。按成本费用核定应纳税所得额相对比较简单。此处我们仅以按收入总额核定应纳税所得额为例讲解B类申报表的填写方式，其他方式参照填写。

案例引入

2023年4月1日,上海盛合设计服务有限公司申报第一季度企业所得税,结合企业信息,以及季度利润表,如图3-69、表3-19所示,填写B类申报表。

企业信息

企业名称：上海盛合设计服务有限公司
行业分类：专业设计服务
行业明细代码：7492
企业类型：小型微利企业
企业注册登记类型：内资企业(有限责任公司)
税务机关核定的应税所得率：3.5%(按收入总额核定)
年应纳税所得额不超过100万元
从业人数：10人

相关信息

(1) 1~3月份销售2021年02月购入的车位,取得含税收入126 000元,不含税收入120 000元计入收入总额中计算企业所得税。

(2) 1~3月份销售2021年02月购入的小轿车,取得含税收入139 050元,不含税收入135 000元计入收入总额中计算企业所得税。

(3) 1~3月份的利息收入是360元,计入收入总额中计算企业所得税。

图 3-69 企业信息

表 3-19　利润表　　　　　　　　　　　　　　　　　　会小企 02 表

编制单位：上海盛合设计服务有限公司　　2023 年 1~3 月　　　　　　　　单位：元

项目	行次	本期合计	本年累计
一、营业收入	1	394 000.00	394 000.00
减：营业成本	2	78 800.00	78 800.00
税金及附加	3	2 229.40	2 229.40
其中：消费税	4		
城市维护建设税	5	1 089.90	1 089.90
资源税	6		
土地增值税	7		
城镇土地使用税、房产税、车船税、印花税	8	361.00	361.00
教育费附加、矿产资源补偿费、排污费	9	467.10	467.10
销售费用	10	46 165.30	46 165.30
其中：商品维修费	11		
广告费和业务宣传费	12		
管理费用	13	149 720.00	149 720.00
其中：开办费	14		
业务招待费	15	1 500.00	1 500.00
研究费用	16		
财务费用	17	1 576.00	1 576.00
其中：利息费用（收入以"－"号填列）	18	236.40	236.40
加：投资收益（损失以"－"号填列）	19		
二、营业利润（亏损以"－"号填列）	20	115 509.30	115 509.30
加：营业收入	21	165 000.00	165 000.00
其中：政府补助	22		
减：营业外支出	23		
其中：坏账损失	24		
无法收回的长期债券投资损失	25		
无法收回的长期股权投资损失	26		
自然灾害等不可抗力因素造成的损失	27		
税收滞纳金	28		
三、利润总额（亏损总额以"－"号填列）	29	280 509.30	280 509.30
减：所得税费用	30	568.19	568.19
四、净利润（净亏损以"－"号填列）	31	279 941.11	279 941.11

单位负责人：朱紫轩　　　　会计主管：毕婵瑾　　　　复核：毕婵瑾　　　　制表：何寒修

第 1 栏收入总额＝394 000.00＋120 000.00（销售车位的全额收入）＋135 000（销售小轿车的全额收入）＋360（利息收入）＝649 360.00（元），由此自动计算第 12 栏应税收入额 649 360.00 元。

第13栏税务机关核定的应税所得率填入3.5%。

第14栏应纳税所得额填入 649 360.00×3.5%＝22 727.60(元)，由此自动计算第16栏本期应纳所得税额为 22 727.60×25%＝5 681.90(元)。

根据企业所得税税收优惠,对小型微利企业年应纳税所得额不超过100万元的部分,减按12.5%计入应纳税所得额,按20%的税率征收企业所得税,本期实际应交所得税额为 22 727.60×12.5%×20%＝568.19(元),因此第17栏减：符合条件的小型微利企业减免企业所得税为 5 681.90－568.19＝5 113.71(元),第19栏、第21栏自动填入568.19元。

B类申报表的填写结果,如表3-20所示。

表 3-20　B100000 中华人民共和国企业所得税月(季)度预缴和年度纳税申报表
(B类,2018年版)

税款所属期间：2023-01-01 至 2023-03-31

纳税人识别号(统一社会信用代码)：91310113655579808V

纳税人名称：上海盛合设计服务有限公司　　　　　　　　　　金额单位：人民币元(列至角分)

核定征收方式	☑核定应税所得率(能核算收入总额的) □核定应税所得率(能核算成本费用总额的) □核定应纳所得税额								
按季度填报信息									
项目	一季度		二季度		三季度		四季度		季度平均值
	季初	季末	季初	季末	季初	季末	季初	季末	
从业人数	10	10							10
资产总额(万元)	300	350							325
国家限制或禁止行业	□是 ☑否				小型微利企业		☑是 □否		
按年度填报信息									
从业人数(填写平均值)					资产总额(填写平均值,单位：万元)				
国家限制或禁止行业	□是 □否				小型微利企业		□是 □否		

行次	项目	本年累计金额
1	收入总额	649 360.00
2	减：不征税收入	
3	减：免税收入(4+5+10+11)	0.00
4	国债利息收入免征企业所得税	
5	符合条件的居民企业之间的股息、红利等权益性投资收益免征企业所得税(6+7.1+7.2+8+9)	0.00
6	其中：一般股息红利等权益性投资收益免征企业所得税	
7.1	通过沪港通投资且连续持有H股满12个月取得的股息红利所得免征企业所得税	
7.2	通过深港通投资且连续持有H股满12个月取得的股息红利所得免征企业所得税	
8	居民企业持有创新企业CDR取得的股息红利所得免征企业所得税	

(续表)

行次	项目	本年累计金额
9	符合条件的居民企业之间属于股息、红利性质的永续债利息收入免征企业所得税	
10	投资者从证券投资基金分配中取得的收入免征企业所得税	
11	取得的地方政府债券利息收入免征企业所得税	
12	应税收入额(1－2－3)\成本费用总额	649 360.00
13	税务机关核定的应税所得率(%)	3.5%
14	应纳税所得额(第12×13行)\[第12行÷(1－第13行)×第13行]	22 727.60
15	税率(25%)	25%
16	应纳所得税额(14×15)	5 681.90
17	减：符合条件的小型微利企业减免企业所得税	5 113.71
18	减：实际已缴纳所得税额	
L19	减：符合条件的小型微利企业延缓缴纳所得税额(是否延缓缴纳所得□是　□否)	
19	本期应补(退)所得税额(16－17－18－L19)\税务机关核定本期应纳所得税额	568.19
20	民族自治地方的自治机关对本民族自治地方的企业应缴纳的企业所得税中属于地方分享的部分减征或免征(□免征□减征；减征幅度＿＿＿%)	
21	本期实际应补(退)所得税额	568.19

国家税务总局监制

(四) 印花税的计算与申报

印花税是对经济活动和经济交往中书立、领受具有法律效力的凭证的行为所征收的一种税。因采用在应税凭证上粘贴印花税票作为完税的标志而得名。

1. 印花税的计算

印花税是企业容易漏缴的税，若企业不及时缴纳，则存在税务风险。企业在缴纳印花税前，报税会计必须掌握税目税率、计税依据、印花税的计算。

1) 税目税率

2022年7月1日起我国正式施行《中华人民共和国印花税法》，印花税税目税率表，如表3-21所示。

表3-21　印花税税目税率表

税目		税率
合同(指书面合同)	借款合同	借款金额的万分之零点五
	融资租赁合同	租金的万分之零点五
	买卖合同	价款的万分之三
	承揽合同	报酬的万分之三
	建设工程合同	价款的万分之三
	运输合同	运输费用的万分之三
	技术合同	价款、报酬或者使用费的万分之三
	租赁合同	租金的千分之一
	保管合同	保管费的千分之一
	仓储合同	仓储费的千分之一
	财产保险合同	保险费的千分之一

(续表)

税目		税率
产权转移书据	土地使用权出让书据	价款的万分之五
	土地使用权、房屋等建筑物和构筑物所有权转让书据(不包括土地承包经营权和土地经营权转移)	价款的万分之五
	股权转让书据(不包括应缴纳证券交易印花税的)	价款的万分之五
	商标专用权、著作权、专利技术使用权转让书据	价款的万分之三
营业账簿		实收资本(股本)、资本公积合计金额的万分之二点五
证券交易		成交金额的千分之一

2) 计算印花税

印花税的计算,按应税凭证所载金额乘以固定比例的税率计算贴花,计算公式如下:

$$应纳印花税税额＝计税金额×比例税率$$

2. 印花税的申报

印花税的申报应在每月15日前进行。申报时,计算应纳印花税税额,登录税务局网站填写印花税申报表并申报。

1) 申报表的填写

自2021年6月1日起,纳税人申报缴纳城镇土地使用税、房产税、车船税、印花税、耕地占用税、资源税、土地增值税、契税、环境保护税、烟叶税中一个或多个税种时,需填报财产和行为税纳税申报表,如表3-22所示。纳税人新增税源或税源变化时,须先填报财产和行为税税源明细表。

表3-22 财产和行为税纳税申报表

纳税人识别号(统一社会信用代码):□□□□□□□□□□□□□□□□□□□
纳税人名称: 　　　　　　　　　　　　　　　金额单位:人民币元(列至角分)

序号	税种	税目	税款所属期起	税款所属期止	计税依据	税率	应纳税额	减免税额	已缴税额	应补(退)税额
1										
2										
3										
4										
5										
6										
7										
8										
9										
10										
11	合计									

声明:此表是根据国家税收法律法规及相关规定填写的,本人(单位)对填报内容(及附带资料)的真实性、可靠性、完整性负责。

　　　　　　　　　　　　　　　　　　　　　　　　　纳税人(签章): 　　年 月 日

经办人:	受理人:
经办人身份证号:	受理税务机关(章):
代理机构签章:	受理日期: 　年 月 日
代理机构统一社会信用代码:	

2) 纳税申报操作

企业申报印花税通常使用的申报方式是网上申报。报税会计在填写申报表后,点击【申报】进行申报,申报后,系统会提示是否进入缴纳,若进入缴纳,企业选择对应的缴纳方式,缴款成功后,就完成了印花税的申报及缴纳。

(五)个人所得税的计算与申报

个人所得税是国家对我国公民、居住在我国境内的个人所得和境外个人来源于我国的所得所征收的一种税。个人所得税的内容较多,这里主要以常见的工资、薪金进行介绍。实务中,工资、薪金所得的个人所得税,一般由公司代为缴纳。

1. 个人所得税的计算

个人所得税是对个人取得的各项应税所得征收的一种税,是和广大居民联系最为紧密的一种税。要缴纳个人所得税的所得,不是个人所有的收入,只限于按照税法规定的应税项目范围。现行个人所得税的应税所得共9项,具体如表3-23所示。

表3-23 个人所得税的征税项目

序列	征税项目		序列	征税项目
1	工资、薪金所得	序列1-4统称为综合所得	6	利息、股利、红利所得
2	劳务报酬所得		7	财产租赁所得
3	稿酬所得		8	财产转让所得
4	特许权使用费所得		9	偶然所得
5	经营所得			

居民个人取得的综合所得(前4项)按纳税年度合并计算个人所得税,有扣缴义务人的,由扣缴义务人按月或者按次预缴税款,需要办理汇算清缴的,应当在取得所得的次年3月1日至6月30日内办理汇算清缴;非居民个人取得综合所得按月或者按次分项计算个人所得税;对取得的除综合所得之外的其余五项所得分别适用不同的费用扣除标准、不同的税率和不同的计税方法。

实务工作中,最常见的是居民个人工资、薪金所得预扣预缴的核算。因此,下面重点介绍居民个人工资、薪金所得预扣预缴税款计算。

1)个人所得税税率

个人所得税税率是个人所得税税额与应纳税所得额之间的比例。居民个人工资、薪金所得预扣预缴的税率,如表3-24所示。

表3-24 个人所得税税率表
(居民个人工资、薪金所得预扣预缴适用)

级数	累计预扣预缴应纳税所得额	税率	速算扣除数(元)
1	不超过36 000元的	3%	0
2	超过36 000元至144 000元的部分	10%	2 520
3	超过144 000元至300 000元的部分	20%	16 920
4	超过300 000元至420 000元的部分	25%	31 920
5	超过420 000元至660 000元的部分	30%	52 920
6	超过660 000元至960 000元的部分	35%	85 920
7	超过960 000元的部分	45%	181 920

2) 计算个人所得税

当扣缴义务人向居民个人支付工资、薪金所得时,应按照累计预扣法计算预扣预缴税款,并按月办理全员扣缴申报。具体计算公式如下:

$$本期应预扣预缴税额 = (累计预扣预缴应纳税所得额 \times 预扣率 - 速算扣除数) - 累计减免税额 - 累计已预扣预缴税额$$

$$累计预扣预缴应纳税所得额 = 累计收入 - 累计免税收入 - 累计减除费用 - 累计专项扣除 - 累计专项附加扣除 - 累计依法确定的其他扣除$$

累计是指当年截至本月数据的合计。其中:

累计收入为纳税人当年截至本月工资表中个人应付工资的合计;

累计免税收入为当年截至本月不予征税的合计;

累计减除费用,按照5 000元/月乘以纳税人当年截至本月在本单位的任职受雇月份数计算;

累计专项扣除为累计的工资表中个人支付的社保、公积金之和;

累计专项附加扣除包括子女教育、继续教育、大病医疗、住房贷款利息或者住房租金、赡养老人等支出。

案例引入

2023年3月31日,上海盛合设计服务有限公司3月份员工工资薪金表,如表3-25所示,请对代扣代缴的个人所得税进行计算。

以员工"朱紫轩"为例,上海盛合设计服务有限公司在发放工资前,须代扣代缴"朱紫轩"的个人所得税。

表3-25 工资薪金表　　　　　　　　　　　　　　　　　　　　　单位:元

工号	姓名	*证照类型	*证照号码	*本期收入	本期免税收入	基本养老保险费	基本医疗保险费	失业保险费	住房公积金	子女教育支出	住房贷款利息支出	住房租金支出	赡养老人支出
SH-0001	朱紫轩	居民身份证	310105198407108365	12 000.00	0.00	843.04	210.76	21.08	500.00	1 000.00	1 000.00	0.00	1 000.00
SH-0002	李生恩	居民身份证	310112199009092021	9 100.00	0.00	843.04	210.76	21.08	500.00	0.00	0.00	0.00	1 000.00
SH-0003	毕婵瑾	居民身份证	310118198105233143	9 100.00	0.00	843.04	210.76	21.08	500.00	0.00	0.00	0.00	1 000.00
SH-0004	何寒修	居民身份证	310106198608153748	9 100.00	0.00	843.04	210.76	21.08	500.00	0.00	0.00	0.00	1 000.00
SH-0005	鲁畅鼎	居民身份证	310118198609224514	8 900.00	0.00	843.04	210.76	21.08	500.00	0.00	0.00	0.00	1 000.00
SH-0006	郑琰静	居民身份证	310118198209134387	8 900.00	0.00	843.04	210.76	21.08	500.00	0.00	0.00	0.00	1 000.00
SH-0007	昌鸿琦	居民身份证	310115198808039316	8 900.00	0.00	843.04	210.76	21.08	500.00	0.00	0.00	0.00	1 000.00
SH-0008	薛玮恩	居民身份证	310104198306114765	8 900.00	0.00	843.04	210.76	21.08	500.00	0.00	0.00	0.00	1 000.00
SH-0009	蒋健祺	居民身份证	310112198012062463	6 900.00	0.00	843.04	210.76	21.08	500.00	0.00	1 000.00	1 000.00	1 000.00
SH-00010	严婵芝	居民身份证	310117198910117815	6 900.00	0.00	843.04	210.76	21.08	500.00	1 000.00	0.00	1 000.00	1 000.00

2023年上海盛合设计服务有限公司员工朱紫轩每月应发工资为12 000元,每月减除费用5 000元,每月"三险一金"等专项扣除为1 574.88元,从1月起享受子女教育、住房贷款教育、赡养老人三项专项附加扣除共计3 000元,累计已预缴税额145.51元,没有减免收入及减免税额等情况,3月应预扣预缴朱紫轩个税税额计算如下：

累计预扣预缴应纳税额 = 12 000 × 3 − 5 000 × 3 − 1 574.88 × 3 − 3 000 × 3 = 7 275.36(元)
个人所得税 = 7 275.36 × 3% − 145.51 = 72.75(元)

同理可计算上海盛合设计服务有限公司其余员工的个人所得税税额,全部员工个人所得税税额的合计即为该公司3月份需预扣预缴的个人所得税税额。

2. 个人所得税申报

个人所得税申报的具体流程,如图3-70所示。

图3-70 个人所得税申报流程

1) 人员信息采集

人员信息采集是指企业对雇佣员工信息的采集,主要包括添加、导入、报送、获取反馈、导出、展开查询条件等操作。

企业在添加人员信息时,可以逐个添加,也可以下载模板批量添加再导入,主要的添加

图3-71 个人所得税APP

信息包括：基本信息、任职受雇信息、联系方式、投资信息等。当企业对员工信息添加完后,员工(自然人)可以通过手机个人所得税APP—【个人中心】—【任职受雇信息】查询自己目前所在企业的情况,如图3-71所示。

2) 专项附加扣除信息采集

个人所得税专项附加扣除,是指个人所得税法规定的子女教育、继续教育、大病医疗、住房贷款利息、住房租金和赡养老人等六项专项附加扣除。

企业员工(自然人)符合子女教育、继续教育、住房贷款利息或住房租赁、赡养老人专项附加扣除范围和条件的纳税人,自其符合条件开始,可以向取得工资、薪金所得的扣缴义务人提供上述专项附加扣除有关信息,由扣缴义务人在次月预扣预缴税款时办理扣除;也可以在次年3月1日至6月30日内,向税务机关办理汇算清缴申报时扣除。专项附加扣除信息采集界面,如图3-72所示。

实务中,企业员工(自然人)在填写专项附加扣除信息时通过手机个人所得税APP进行填写。选择扣除年度,根据自身的情况填写相应的专项附加扣除,如图3-73所示。

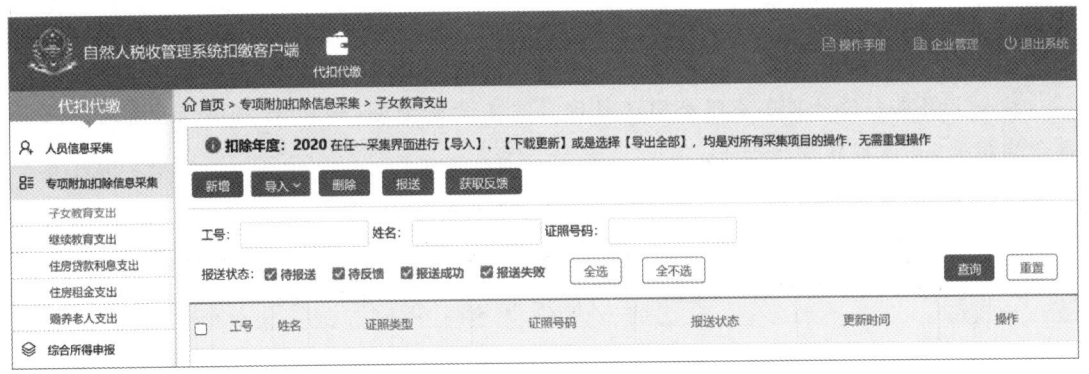

图 3-72 专项附加扣除信息采集界面

企业根据员工自身填写的专项附加扣除信息,可以通过自然人税收管理系统扣缴客户端的专项附加扣除信息采集,查看员工填写专项附加扣除的统计情况。

3) 综合所得预扣预缴申报

综合所得预扣预缴申报,是指扣缴义务人在向居民个人支付综合所得时,根据已采集的个人身份信息,结合当期收入、扣除等情况,在支付所得的月度终了之日起 15 日内,向主管税务机关报送综合所得预扣预缴报告表和主管税务机关要求报送的其他有关材料,进行综合所得预扣预缴申报。

申报填写的内容主要包括收入及减除填写、税款计算、附表填写、申报表报送,如图 3-74 所示。

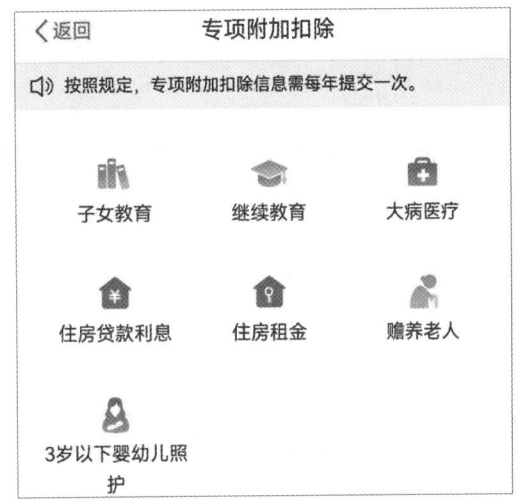

图 3-73 填报专项附加扣除信息

图 3-74 综合所得预扣预缴申报界面

案例引入

结合上海盛合设计服务有限公司3月份员工工资薪金表,如表3-26所示,填写个人所得税申报表,具体操作步骤如下。

表3-26 工资薪金表 单位:元

工号	姓名	*证照类型	*证照号码	*本期收入	本期免税收入	基本养老保险费	基本医疗保险费	失业保险费	住房公积金	子女教育支出	住房贷款利息支出	住房租金支出	赡养老人支出
SH-0001	朱紫轩	居民身份证	310105198407108365	12 000.00	0.00	843.04	210.76	21.08	500.00	1 000.00	1 000.00	0.00	1 000.00
SH-0002	李生恩	居民身份证	310112199009092021	9 100.00	0.00	843.04	210.76	21.08	500.00	1 000.00	1 000.00	0.00	1 000.00
SH-0003	毕婵瑾	居民身份证	310118198105233143	9 100.00	0.00	843.04	210.76	21.08	500.00	1 000.00	1 000.00	0.00	1 000.00
SH-0004	何寒修	居民身份证	310106198608153748	9 100.00	0.00	843.04	210.76	21.08	500.00	1 000.00	1 000.00	0.00	1 000.00
SH-0005	鲁畅鼎	居民身份证	310118198609224514	8 900.00	0.00	843.04	210.76	21.08	500.00	1 000.00	1 000.00	0.00	1 000.00
SH-0006	郑琰静	居民身份证	310118198209134387	8 900.00	0.00	843.04	210.76	21.08	500.00	1 000.00	1 000.00	0.00	1 000.00
SH-0007	昌鸿琦	居民身份证	310115198808039316	8 900.00	0.00	843.04	210.76	21.08	500.00	1 000.00	1 000.00	0.00	1 000.00
SH-0008	薛玮恩	居民身份证	310104198306114765	8 900.00	0.00	843.04	210.76	21.08	500.00	1 000.00	1 000.00	0.00	1 000.00
SH-0009	蒋健祺	居民身份证	310112198012062463	6 900.00	0.00	843.04	210.76	21.08	500.00	1 000.00	0.00	1000.00	1 000.00
SH-00010	严婵芝	居民身份证	310117198910117815	6 900.00	0.00	843.04	210.76	21.08	500.00	1 000.00	0.00	1 000.00	1 000.00

1) 收入及减除填写

收入及减除填写用于录入综合所得各项目的收入及减除项数据,上海盛合设计服务有限公司3月工资薪金属于的所得项目为"正常工资薪金所得"。单击界面下方【正常工资薪金所得】或其对应的【填写】进入表单,即可进行数据的录入,填写方式可选择使用单个添加或下载模板批量导入。

2) 税款计算

单击【税款计算】,系统自动对上海盛合设计服务有限公司在【收入及减除填写】模块中填写的数据进行计税,其中工资、薪金所得从自然人税收管理系统扣缴客户端下载往期计税数据并与当期申报数据合并累计计税。

3) 附表填写

在收入及减除中填写了减免税额、商业健康保险、税延养老保险的情况下,需要在相应附表里完善减免信息,上海盛合设计服务有限公司未出现上述情况,故无须填写。

4) 申报表报送

申报表填写、税款计算完后,单击【申报表报送】进入【报表申报】界面,单击【发送申报】,输入申报密码,即可完成上海盛合设计服务有限公司综合所得预扣预缴的正常申报,如图 3-75 所示。

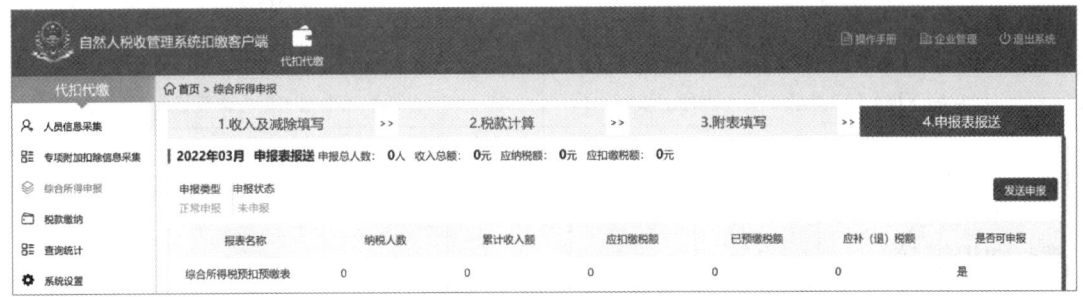

图 3-75　申报表报送

完成上海盛合设计服务有限公司综合所得预扣预缴的正常申报后,申报类型为【正常申报】,申报状态为【申报成功,未扣款】,需要进行税款的缴纳完成申报。

4）税款缴纳

根据《中华人民共和国个人所得税法》第十四条,扣缴义务人每月或者每次预扣、代扣的税款,应当在次月 15 日内缴入国库,并向税务机关报送扣缴个人所得税申报表。

系统默认提供三方协议缴款方式,三方协议缴款是指单位需要和税务机关、银行签订委托银行代缴税款协议书,才能使用三方协议缴纳方式。如已经签订,不需要重新签订。

选中需要缴纳的月份,单击【立即缴款】,待缴款结束后,就完成了个人所得税的税款缴纳。

（六）社保费的计算与申报

社保即社会保险,主要包括养老保险、医疗保险、失业保险、工伤保险和生育保险。2019 年 3 月 25 日,国务院办公厅发布《关于全面推进生育保险和职工基本医疗保险合并实施的意见》(国办发〔2019〕10 号),宣布把生育保险和医疗保险合并实施。

我国的社保分为城镇职工社保和城乡居民社保两种。城镇职工社保,主要针对固定工作的职工,由企业和员工共同缴纳;而城乡居民社保主要针对没有固定工作的群体,费用由个人承担,按年缴费,可享受补贴,可自愿参保,包含基本养老保险和基本医疗保险。

在实务中,企业为员工缴纳的社保属于城镇职工社保,针对城镇职工社保费用,需从两个方面进行掌握：社保费的计算和社保费的申报。

1. 社保费的计算

城镇职工社保费用,全国各地的缴费标准并不统一。关于社保费金额的计算,缴费基数与缴费比例是两个重要依据,具体计算公式为：

$$社保缴费金额 = 社保缴费基数 \times 社保缴费比例$$

1）社保缴费基数

理论上社保缴费基数等于参保人员工资总额,但由于各地都设定了缴费基数的上下限,所以要通过职工申报工资(即上年度 1 月至 12 月的平均工资)与各险种的缴费基数上下限对比确定各险种的实际计费基数。具体存在以下三种比较情况,如表 3-27 所示。

表 3-27 社保缴费基数比较表

情形	社保缴费基数
若职工申报工资≤险种下限	以险种下限确定缴费基数
若险种下限＜职工申报工资＜险种上限	以职工申报工资为缴费基数
若职工申报工资≥险种上限	以险种上限为缴费基数

知识链接

缴费基数上下限

缴费基数上限是指职工工资收入在上一年省、市在岗职工月平均工资算术平均数 300% 以上的部分不计入缴费基数。

缴费基数下限是指职工工资收入低于上一年省、市在岗职工月平均工资算术平均数 60% 的，以上一年省、市在岗职工月平均工资算术平均数的 60% 为缴费基数。

社保基数调整时间一般是一年一次，具体不同的地区调整月份会有不同，有的地区是每年 4 月调整，有的地区是每年 7 月调整，还有的地区不跨年度，每年 1 月调整，须以当地社保局的相关公告为准。社保基数一旦确定以后，一年内不再变动。

2）社保缴费比例

城镇职工社保缴费是由单位和个人共同完成的，一般由用人单位从职工工资中代扣。对于不同的参保者来说，单位和个人的缴费比例是不同的，而不同城市的经济水平不同，社保缴费比例也不一样。

2. 社保费的申报

企业申报社保费时，应选择在国家税务总局电子税务局平台进行申报。具体流程如图 3-76 所示。

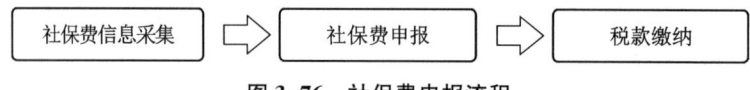

图 3-76 社保费申报流程

自 2019 年 1 月 1 日起，基本养老保险费、基本医疗保险费、失业保险费、工伤保险费、生育保险费等各项社保费交由税务部门统一征收。

1）社保费信息采集

在申报社保之前，若单位人员有增减变动，应进行社保费信息采集，须先办理增员、减员，再申报社保费。

案例引入

2022 年 4 月 1 日，深圳山水文华酒店有限公司新入职员工胡怜蕾，员工信息如图 3-77 所示。公司进行社保费信息采集，具体操作步骤如下：

员工入职信息

工号：SSWH-0011
姓名：胡怜蕾
证件类型：居民身份证
证件号码：440304198904250542
性别：女
出生年月：1989-04-25
国籍(地区)：中国
民族：汉
户口性质：城镇
家庭地址：深圳市南山区南油路121号
联系电话：13318508518
参保人员身份：本市职工
任职岗位：其他人员
任职职业：其他从业人员
入职时间：2022-04-01
上年月平均工资：8 348.00
当前年度月平均工资：8 890.00
工资：10 200.00
缴费对象：本参保单位

图 3-77　员工入职信息

（1）进入国家税务总局深圳市电子税务局平台，选择【税费申报】中的【其他申报】，进入社保费信息采集。

（2）单击【单位人员增员申报】—【社保增员申报】，查看网上社保增员申报协议，单击【同意】。

（3）填列单位新增工作人员姓名、身份证号，单击【新增】，进入单位人员新参保登记，填写缴费信息后，单击【保存】，再返回原界面，单击【提交】。

（4）单击【查询已提交数据】查询增员信息，单击【打印】，如图3-78所示，再单击【开始模拟文件盖章】，盖章成功，单击【确认】进入虚拟税务大厅进行处理。

图 3-78　单位新增社保已提交数据查询

（5）单击【外出办事】，如图3-79所示，业务选择【社保业务】，进入企业增减员处理，单击【模拟社保增员处理工作】,处理完成,进入社保费申报。

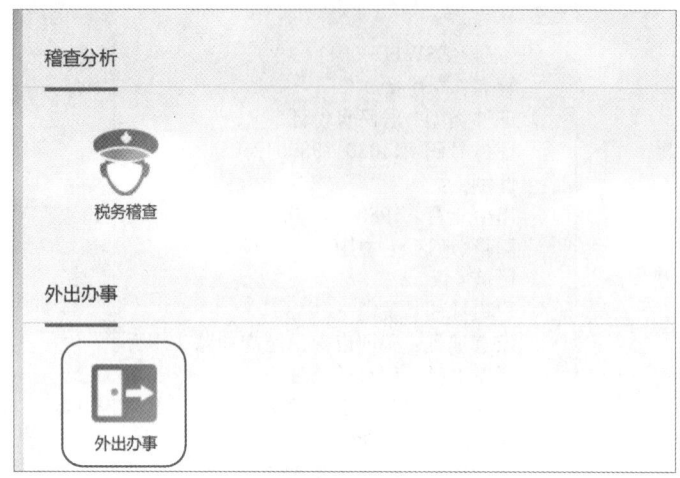

图3-79 虚拟税务大厅

2)社保费申报

当月的社保费通常是当月申报、当月缴纳。申报时间各地有差异,可登录电子税务平台查询各地具体申报时间。实务中,社保的申报数据是自动生成的,申报人员只需对需要的申报险种进行勾选,单击【申报】,即完成社保的申报。

3)税款缴纳

社保费申报完毕后,需进行税款缴纳。缴费单位未按规定缴纳和代扣代缴社保费的,由劳动保障行政部门或者税务机关责令限期缴纳;逾期仍不缴纳的,除补缴欠缴数额外,从欠缴之日起,按日加收0.2%的滞纳金。

税款缴纳系统默认提供三方协议缴款方式,因地区差异化,部分地区可能会有其他的缴款方式。

第四章 集团财务共享

集团财务共享
操作视频及
平台资料

学习目标及重难点

1. 学习目标

（1）理解并掌握各项业务流程的设计思路、表单间内在的逻辑关系、审批预算过程中的内部控制。

（2）能够独立梳理规划各种业务流程，并在实训系统和平台中实施。

（3）具备预算监控预警、流程审批权限、不相容岗位设置等内部风险控制意识和内控风险防范的基本设计思维。掌握采购与付款核算、销售与收款核算、费用报销、薪酬与社保核算、资金结算的操作流程。

2. 学习重点

（1）预算管理。

（2）采购与付款核算。

（3）销售与收款核算。

3. 学习难点

（1）费用报销。

（2）薪酬与社保核算。

第一节 财务共享服务中心认知

课程思政

财务共享服务中心高度集成了企业的业务管理系统、会计核算系统和资金管理系统，如图4-1所示。在记录业务信息的同时，自动生成财务信息，从而确保会计核算的规范性、准确性与及时性。

以产品销售业务为例，销售人员签订销售协议之后，将协议内容记录在业务管理系统中；根据销售协议，业务管理系统中记录仓库发货，即库存商品会减少；根据收款条约，业务管理系统中会产生一笔债权，即应收账款会相应增加。这样一笔销售业务产生的信息，可以由业务管理系统自动筛选出与财务相关的内容，进入到会计核算系统生成财务信息，从而保证会计信息的及时性。会计核算系统在记账完毕后，还能迅速生成科目余额以及相关报表，从而实现对企业资产、负债及利润等相关情况的分析。

财务共享服务中心的会计核算，实际上是业务端标准化流程记录和会计核算系统对会计信息分离、归集、汇总的过程，分为业务层、信息层和数据层，如图4-2所示。

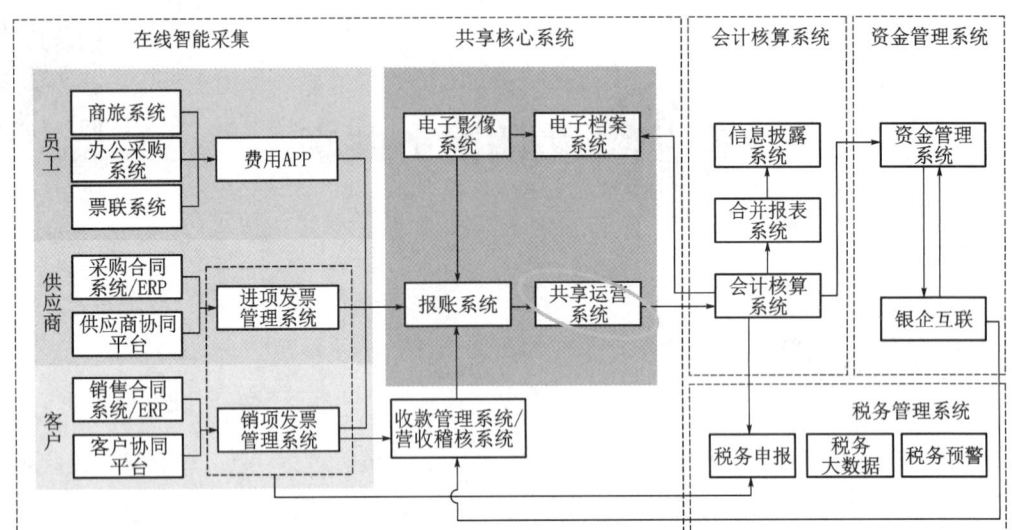

图 4-1 财务共享服务中心

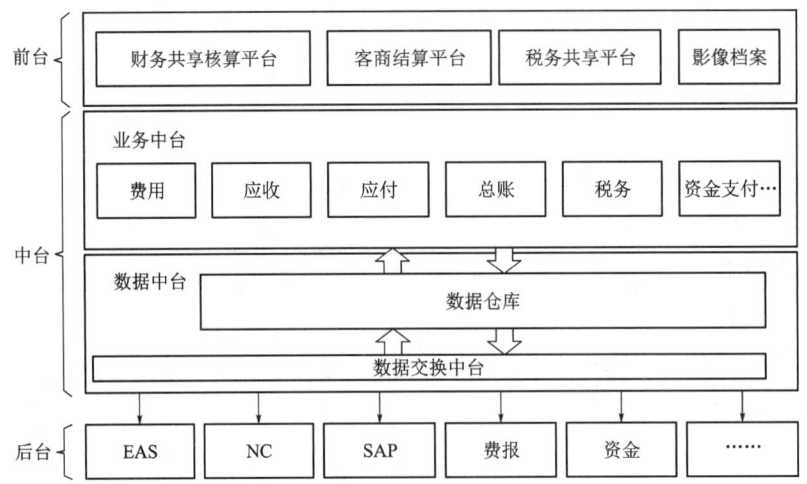

图 4-2 财务共享服务中业务记录与财务信息生成过程

(1) 业务层,记录合同签订、产品出库、发货和收款等业务的发生。
(2) 信息层,从发生的业务中提取对应的合同信息、库存信息以及各种财务信息。
(3) 数据层,将从信息层中提取的财务数据存储在相应的数据库中。

可见,记录业务信息是财务共享服务中心会计核算工作的起点,大部分财务共享服务中心的会计记录都可以由系统根据业务信息自动完成,因此,规范化的业务信息记录就显得非常重要。财务共享服务中心与业务平台的关系,如图 4-3 所示。

一、集团共享服务中心的概念

(一) 认识集团共享服务中心

1. 集团管控型财务共享的概念

对于大型集团企业来说,管控是首要目标。在企业内部,组织扁平化能够实现量化分权

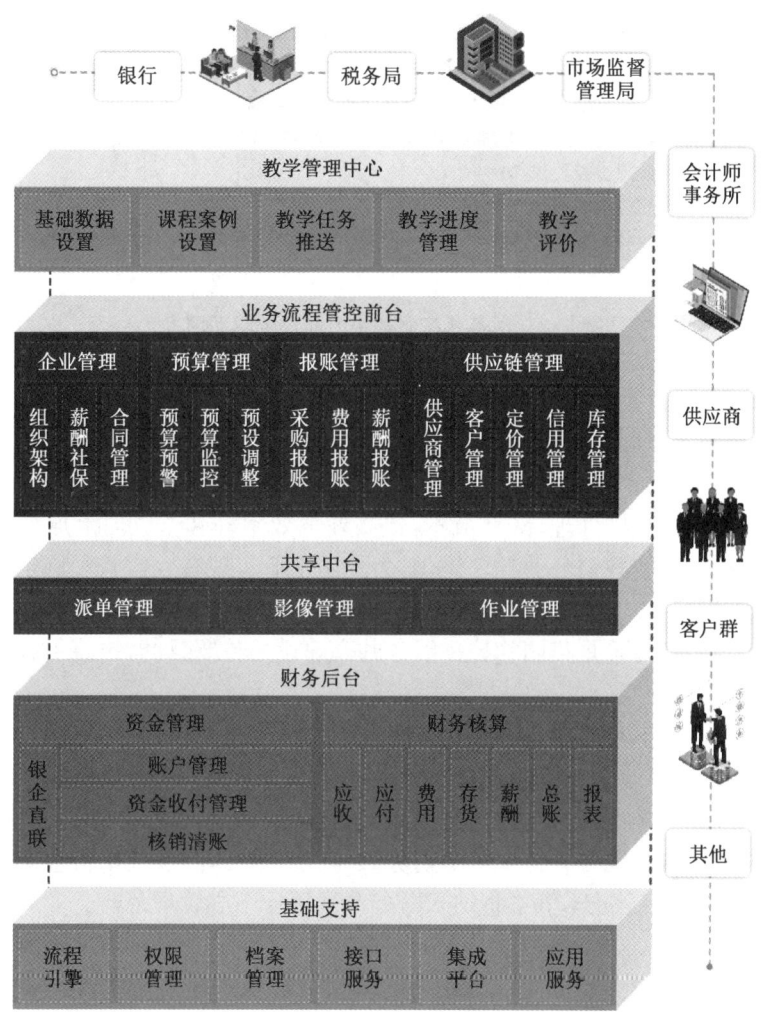

图 4-3　财务共享服务中心与业务平台的关系

管理,增强企业活力,优化资源配置,但容易造成失控,不利于管理和决策。为了取得集团管控与激发创新活力的平衡,集团管控型财务共享应运而生。

集团管控型财务共享的核心是在共享的基础上加强管控,即在原财务共享服务中心的基础上,将财务管理向前延伸,通过深度的业财一体化,将以"报账"为起点变为以"业务"为起点,管控前移,降低财务风险,支撑企业精细化管理及内控落地,帮助集团企业实现共享中心与财务管控之间的深度融合。

从图 4-4 中,我们可以看到加强集团管控是目前国内财务共享服务中心建设的首要驱动因素。同时,促进业务标准化、规范化,整合资源,加强战略支持和降低成本,提升效率也是企业建立财务共享服务中心的核心诉求。

2. 集团管控型财务共享的优势

财务管理主要包含财务数据采集与录入、交易处理、标准化报告,进而到绩效管理、决策。这一过程把会计交易处理和会计标准化报告等标准化、重复化以及事务化且工作量繁重的环节转移至财务共享服务中心,进而降低其在财务管理工作中的占比,达到提升绩效管

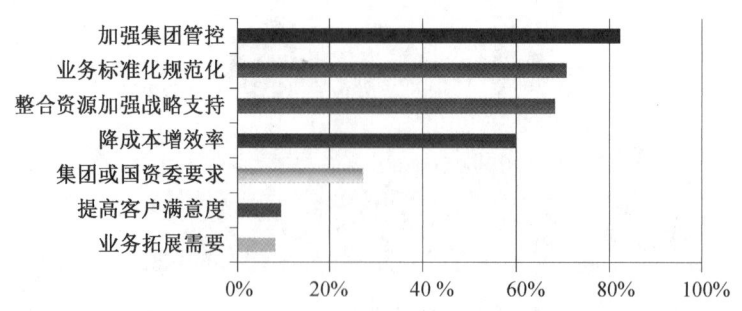

图 4-4 财务共享服务中心建设的驱动因素

理、决策管理的目的,这是传统的财务共享服务中心的概念。

与一般的财务共享服务中心相比,集团管控型财务共享除了强调服务,更强调管控的功能。集团管控型财务共享将企业分散在各个区域运营单元中易于标准化和规范化的财务业务进行流程再造,便于集中处理,降低成本,提高业务效率;同时,纵向上加强对下属运营单元的管控力度,横向上实现财务业务一体化,为集团企业实现有效监管和制定管理决策提供强有力的技术支撑。

因此,管控与服务并重是集团管控型财务共享建设的首要目的,也将引领未来大共享的发展。

3. 集团管控型财务共享服务的五个阶段

集团管控型财务共享服务的应用模式可划分为五个阶段,分别为核算共享、报账共享、标准财务共享、业财一体财务共享以及大共享,如图 4-5 所示。其中,大共享是财务共享服务中心的未来模式;业务财务一体化下的财务共享服务中心,除涵盖财务业务外,人力资源、集中采购、市场管理、信息技术等都将纳入财务共享服务中心管理范畴。

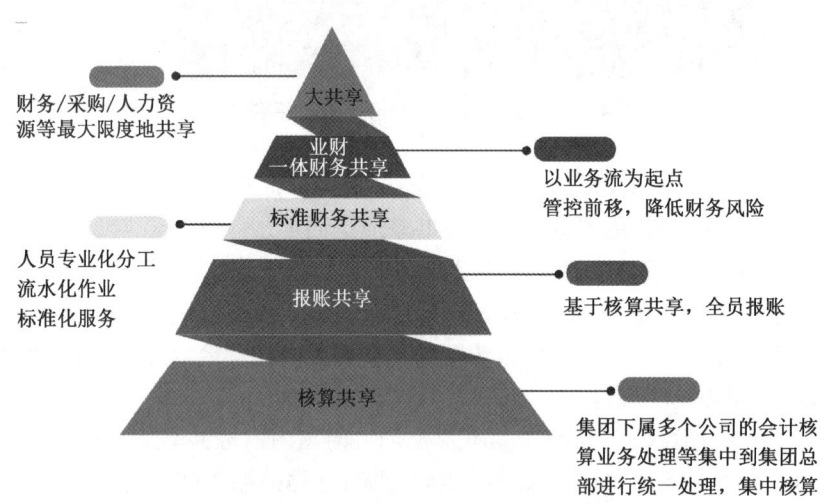

图 4-5 集团管控型财务共享服务的五个阶段

核算共享对企业信息化水平和管理成熟度要求较低,是应用最为广泛、最容易实现的一种模式。这种模式的本质是利用互联网技术将集团企业下属的公司进行集中和整合,将集团企业下属多个公司的会计核算、账务处理等会计基础工作集中到集团总部进行统一处理,提供标准化、流程化以及高效率的会计核算共享服务。

目前,财务共享服务中心的发展阶段,绝大多数仍然集中于与管理决策相关度较低、发生频繁且易标准化的核算共享阶段,涉及核算流程包括费用报销、采购到付款、订单到收款、成本核算、固定资产核算、总账到报表等。除了核算流程,财务共享服务中心还承担资金结算、发票管理、纳税申报等财务流程。财务共享服务中心正逐步从核算共享向资金共享、业财一体财务共享及大共享的方向发展。

(二)集团管控型财务共享服务中心的建设思路

集团管控型财务共享作为财务领域的重大变革是一次观念再造、流程再造、组织再造、人员再造、系统再造。企业集团结合自身的管理现状、业务需求,选择合适的模式,设计可选方案,评价风险与变革,并与高层管理层确认,明确集团管控型财务共享中心的建设思路,如图4-6所示。

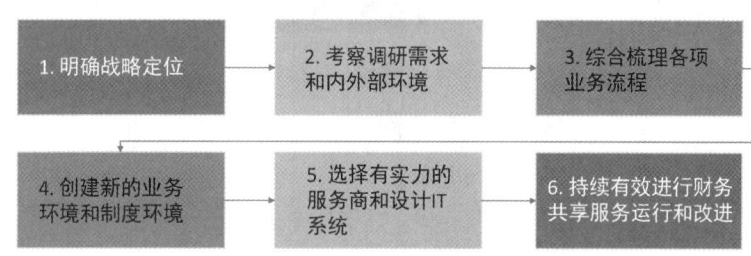

图4-6 集团管控型财务共享服务中心的建设思路

(三)集团管控型财务共享服务中心的组织与流程

集团管控型财务共享服务中心建设的开始阶段,需要开展的工作很多,为确保组织构架的科学性和流程的最优化,首先需要对企业财务职能进行梳理,并将所涉及的环节纳入共享服务中心实施过程中,通过不断分析、鉴别、改进、优化现有业务流程,形成严谨、统一、精简的标准化流程,从而确保未来财务共享服务中心的高效能运行。

1. 企业财务职能梳理和规划

建设集团管控型财务共享服务中心要做好整个财务组织的职能规划。企业财务按照不同维度有不同分类方式,各种分类方法各有侧重,也可以交叉分类。一般来说,企业更倾向于将高价值内容保留在原有的财务业务体系中。企业财务职能梳理,如图4-7所示。

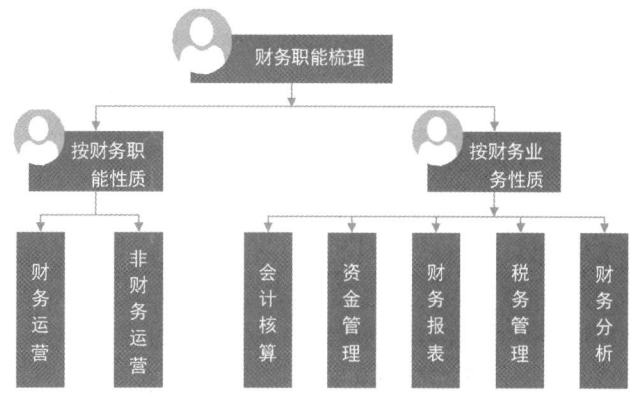

图4-7 企业财务职能梳理

在集团管控型财务共享服务中心模式下对集团内部的财务体系进行规划,集团财务部门、财务共享服务中心和下属公司财务部门在未来具体工作的职能范围的偏重都不一样。集团财务部门主要制定集团层面的整体政策,指导监督所属单位财务制度的建立和执行;财务共享服务中心负责报账业务的稽核、结算和核算,记账,出具财务报表,进行存档管理,提供完整准确的会计信息;下属公司财务部门负责组织本单位的财务工作,并接受上级单位的监督和指导,审核本地经济业务,输入业务信息和财务信息,提供与决策相关的数据支撑。在职能体系规划方面,调查显示超过60%的财务共享服务中心属于公司总部财务部门下属组织单位,如图4-8所示,这样有利于财务政策的执行,也有利于财务部门总体的管理和协调。

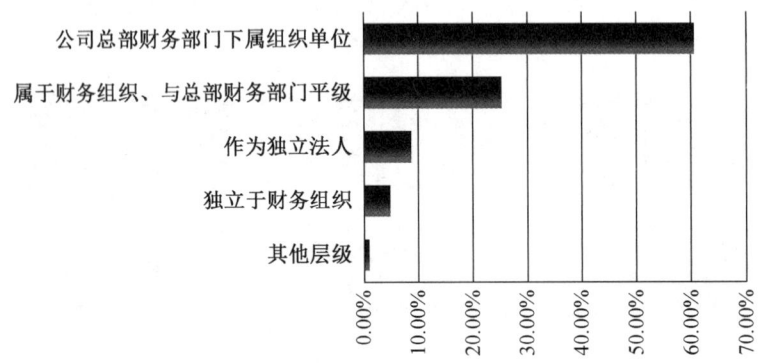

图 4-8　财务共享服务中心职能体系规划

数据来源:2018年中国共享服务领域调研报告,ACCA、中兴新云、上海财经大学联合调研。

2. 财务共享服务中心流程梳理

流程是企业高效运营的基础,数据流、实物流、资金流的顺畅流转,保证了企业服务的顺畅进行。共享服务的核心也是流程的共享。集团管控型财务共享服务中心的所有业务都需要流程来驱动、组织,流程标准化程度越高,财务共享的优势越明显。

流程梳理的主要依据是集团内控制度和相关管理制度,同时考虑业务端到财务端的全业务流程,并重点关注业务与财务衔接的责任分工问题。集团通常的做法是先将易于标准化和规范化、能较快取得收益的低风险业务纳入管控型财务共享服务中心。一般来说,纳入管控型财务共享服务中心的主要业务流程包括应收账款管理、总账管理、资金管理、固定资产管理、应付账款管理、员工薪酬管理和费用报销七大财务共享服务项目,如图4-9所示。

图 4-9　七大业务流程

3. 业务流程设计、优化和再造

集团管控型财务共享服务中心的流程设计,剔除各项核算业务中的财务要求对业务的影响之后,其基本处理流程是类似的,即通常由经办人发起流程,经相关领导审批,同时由票据员扫描影像,审批流与实物流匹配后转入财务共享服务中心,经财务共享服务中心人员处理完毕后流转至资金会计处进行相关资金的收付及账务处理,最后实物票据流转至档案管理员处进行档案归集。

在具体的流程设计与实施工作中,要不断地对流程进行更新和优化,这关系到企业的竞争战略优势,也是集团管控型财务共享服务中心的主要优化方向,如图 4-10 所示。

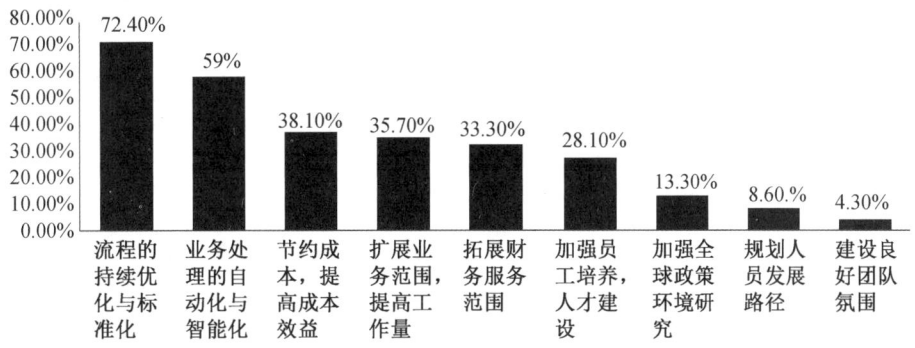

图 4-10　集团管控型财务共享服务中心的主要优化方向

数据来源：2018 年中国共享服务领域调研报告,ACCA、中兴新云、上海财经大学联合调研。

业务流程优化主要包括以下三个方面：①企业集团应从宏观环境入手,通过充分调研,找出跨部门流程的有效衔接问题,及与中心不相适应的特殊流程问题；②从微观方面梳理新的业务范围,进行内部控制及控制风险分析,找出流程关键点；③后期流程的检查和控制问题,保证业务流程的执行力。

从图 4-11 中我们可以看到,某集团公司的费用报销流程包括报账、财务审核、财务核算和财务结算四个环节。在实施财务共享服务之前,各地市单位、省级单位和集团在费用报销上相互独立；实施财务共享服务之后,将财务审核、财务核算、财务结算三个环节统一交由集团处理,下级单位只需通过扫描完成报账和最后单据归档管理的工作即可。扫描影像,不但能保证信息实物一致,而且传递方便,提高了费用报销的速度。另外,集团公司可以根据自身情况考虑是否将档案管理也纳入集中管理。

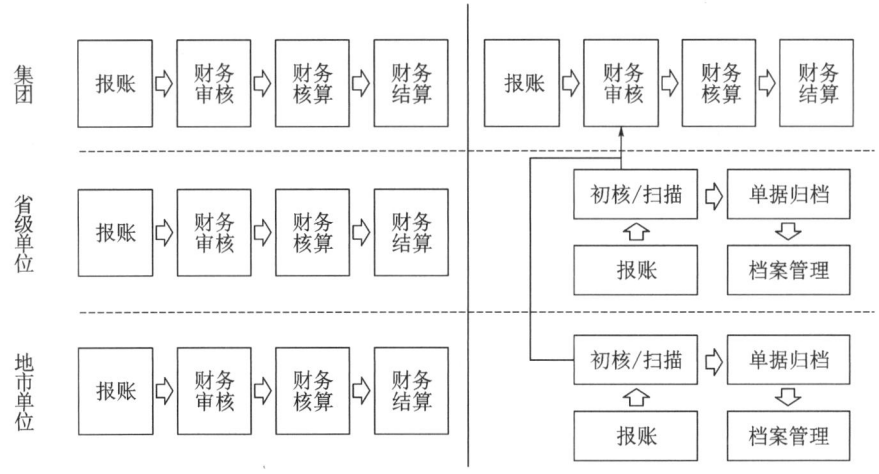

图 4-11　某集团公司实施财务共享服务前后费用报销流程对比

业务流程再造是对企业财务流程进行根本性再思考和彻底性再设计的一个过程。其优点是打破了传统思维对企业发展的阻挠，避免了传统业务流程给企业带来的弊端，最终改善企业在成本、质量、服务和速度等方面的绩效，更好地服务客户，提高核心竞争力。对财务共享服务中心而言，无论是业务变化、问题导向、绩效要求，还是系统优化，都不可避免地带来流程再造的需求。

财务共享服务中心实施前后有关流程问题的主要思路是不断分析、鉴别、改进、优化现有业务流程或者进行流程再造，使之融入财务共享服务的业务，在减少重复工作、严谨规范、快速执行的标准化运作。

4. 业务流程的标准化和自动化

标准化和自动化是流程质量的保障。标准化就是要统一业务处理的标准，比如，统一会计核算方法、统一会计科目核算口径、统一财务报表口径，数据标准化、操作规范标准化、岗位职能标准化等。集团通过标准化可降低差错和人为调账的风险，为财务决策提供更为准确、可靠的依据。

自动化的前提是标准化。财务共享服务中心的业务处理除了高度标准化之外，还具有业务量大、重复性高的特征，结合前端的数据采集，加上对业务规则进行充分的梳理与分解，借助信息技术就能够充分实现财务作业的自动化。"2019年影响中国会计从业人员的十大信息技术"评选结果显示，"机器人流程自动化"排名第四，如图4-12所示。

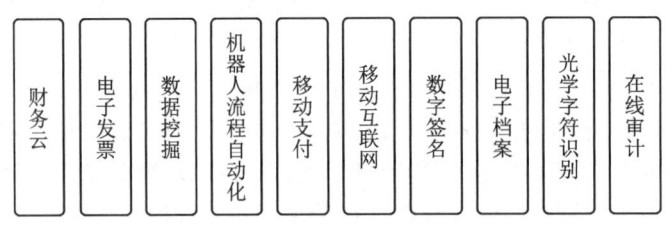

图4-12　2019年影响中国会计从业人员的十大信息技术

财务机器人是机器人流程自动化在财务领域的具体应用。财务机器人能够全天候不间断地完成大量耗时业务流程的管理及执行。不仅实现了流程自动化，也越来越能够满足客户的个性需求，在财务共享服务中心的建设和实施中扮演越来越重要的角色。

早在2016年3月，德勤会计师事务所就将人工智能引入会计、税务、审计等工作当中，打开了一个全新的时代。2017年5月，德勤会计师事务所研发的"小勤人"财务机器人能够代替财务流程中的手工操作，录入信息，合并数据并汇总统计，根据既定的业务逻辑进行判断，完成专票管理、纳税申报、往来结转和盘点开票等。在这之后，普华永道、安永、毕马威等会计师事务所也相继推出了机器人流程自动化解决方案。以普华永道的资金管理机器人为例，资金管理为日常性和重复性高的工作，在使用了资金管理机器人之后大量减少了人工劳动量，提高了对账准确性、规范性和及时性，如图4-13所示。

目前，企业中常用的财务机器人有十几种，如余额查询机器人、付款机器人、入账机器人、对账机器人等，并且在不断创新和升级。机器人在财务领域的常见应用，如图4-14所示。

财务共享服务是财务的工业化革命，是将财务基础业务不断专业化、标准化、流程化和

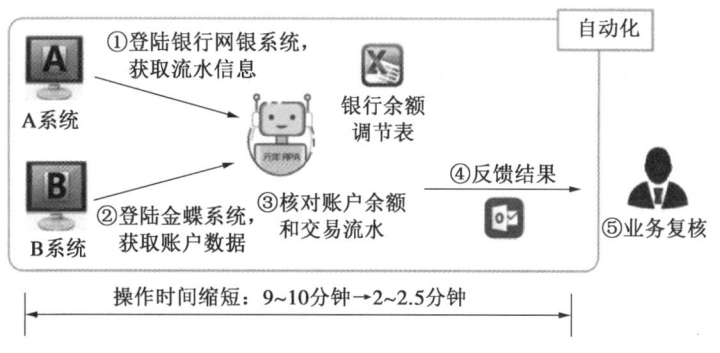

图 4-13　普华永道的资金管理机器人

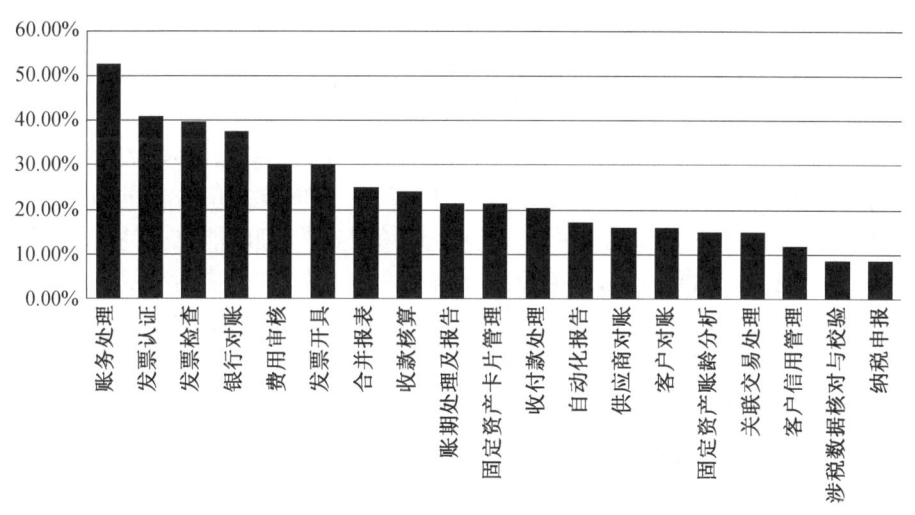

图 4-14　机器人在财务领域的常见应用

数据来源：2018 年中国共享服务领域调研报告，ACCA、中兴新云、上海财经大学联合调研。

自动化的过程。财务机器人、财务共享服务和财务转型是"点——线——面"的关系：财务转型是"面"，是财务整体的转型再造；财务共享服务是"线"，是财务流程的重构与优化；财务机器人是"点"，是财务流程节点上的自动化应用。企业财务部门需要在共享服务的支持下，完成财务数字化和智能化转型。

第二节　集团共享企业创立

课程思政

一、企业集团财务共享平台介绍

企业集团财务共享平台采取业财融合的模式，将管控前移至业务源头，从业务的发起开始采集、审核数据，通过规范的业务流程使数据自动流转到财务共享中心，在共享中心进行审核、核算等数据处理，完成业务管控、数据采集、核查共享等一系列的自动化、标准化、流程化的操作,最终形成业财一体的数据汇集,大大节约了各个核算单位的财务资源,充分利用共享中心系统功能,进行财务的统一核算、统计、分析、决策。

平台分为企业管理系统、供应链管理系统、预算管理系统、报账系统、财务共享中心、集团管理后台等六大系统模块内容。

1. 企业管理系统

组织架构管理,支持对企业的部门、员工等组织架构进行新建和维护,构建企业完整的组织架构体系。

薪酬社保管理,支持企业的薪酬计提、发放,社保的缴交等流程进行仿真实践操作,并在流程过程中进行预算预警和人员增减变动预警。

合同管理,支持企业的各种合同的管理,采购合同、销售合同、其他付款合同、其他收款合同;支持框架协议、具体到不同形式的合同;支持根据采购合同制定付款计划;支持合同的状态管理,合同中全面支持多单位的应用;支持组织、物料的多版本应用;支持与协同产品的合同集成应用;提供合同的全面跟踪,以及汇总查询等。

2. 供应链管理系统

基础数据管理,支持供应商、客户、原材料、BOM表等基础数据的录入、新增等。

应收管理,支持处理企业所有债权业务及相关管理工作;支持应收单的新增、维护;支持按账龄分析法等计提坏账;支持账龄分析、信用分析等客户管理功能;支持应收款手动核销。

应付管理,支持处理企业所有债务业务及相关管理工作;支持应付单的新增、维护;支持应付款手动核销;支持采购付款结算、应付冲应收、预付冲预收、付款冲收款。

采购流程,支持从物料申请、采购合同、采购订单、采购入库等采购流程的全流程管控,并结合采购预算进行采购全流程的成本、资金监控,从业务源头把控企业成本和资金。

供应商管理,支持供应商基础信息汇总、维护、供应商信用值管理、供应商违约管理等。

采购价格管理,支持对每笔订单进行价格监控并将实际价格和计划价格进行比对,为采购决策提供数据支持。

采购执行情况管理,针对采购订单实现单单实时监控,订单执行情况信息进行抓取汇总。

销售流程,支持从销售合同、销售订单、销售发货、销售结算等销售流程的全流程管控。

销售管理,支持销售订单管理、销售定价管理等;支持多种定价方式的选择,采取合理的定价方法为企业制定销售价格的合理区间。

客户信用管理,根据客户违约等具体的销售业务,每月进行客户信用额度和信用期限的维护,实时对客户进行信用管理和监控。

库存管理,企业采购、生产、设备运维等日常计划和控制的基础,支持通过对仓库、货位及出入库业务的管理来及时反映各种物料的仓储和流向情况,为企业其他的日常业务活动和财务核算提供依据,并通过必要的库存分析,为企业管理人员提供各类统计分析信息。

3. 预算管理系统

预算管理系统主要处理企业费用报销预算、采购预算、薪酬预算、实时监控、预算分析等相关工作。该系统支持自行编制预算表,将预算表传送至报账系统中进行实时监控预算的执行,同时在过程中进行预算预警、预算调整,并通过刚性控制或柔性控制,进行预算流程审批;最后进行预算与实际执行的分析,分析实际执行的费用控制问题,保障公司成本费用的降低。

4. 报账系统

报账系统主要处理企业日常费用、薪酬支付、采购费用等相关管理工作。具体包括支持费用报销单据的创建、审批、核定金额、付款、生成凭证、单据查询等;支持在 Web 或客户端创建费用报销单据,Web 多级审批、核定金额;支付与出纳集成,并通过银企互联,实现借款类单据、报销类单据的网上支付功能;支持与预算系统集成,预算系统数据和报账系统互通,在报账过程中全面监控预算执行情况并进行预算预警,实现刚性或柔性控制费用报销金额;支持与总账集成,支持费用报销单据在各单据序时簿关联生成凭证,以及从账簿穿透查询凭证,再穿透查询费用报销单据,实现财务业务一体化。

5. 财务共享中心

财务共享中心通过派单员及时处理各个子公司的采购、销售、薪酬、费用等核算业务,自动生成记账凭证,同时在银企互联系统中进行集中支付,然后通过共享中心经理进行财务审批、资金审批、凭证审核并形成最终的财务报表。

6. 集团管理后台

集团管理后台是对所有预算表单编制审核和预算调整的审核,并集中处理集团财务的决策管理工作。

企业集团财务共享平台操作总示意图,如图 4-15 所示。

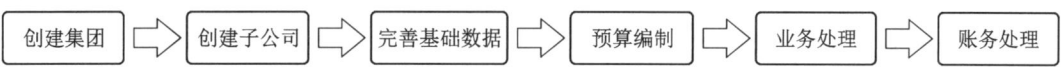

图 4-15　企业集团财务共享平台操作总示意图

二、企业基础信息、制度设置

以雷神科技集团有限公司(以下简称雷神科技)为例进行系统平台的学习。

(一)企业基础信息

1. 集团背景

2015 年 5 月 1 日,雷神科技在北京成立。雷神科技是一家专注国内青少年群体,致力于打造自主运动品牌的民营企业。目前,雷神科技旗下设有羚羊运动科技有限公司(注册资本800 万人民币)和旗鱼运动科技有限公司(注册资本 550 万人民币)两家全资子公司。从成立之初,雷神科技就秉承着"运动时尚"的理念,通过多年的不断研发与深耕,公司产品逐步在运动类产品的细分市场中建立起自己的年轻客户群体和品牌效应,特别是羚羊系列滑板车,以其美观、时尚和高性价比等特点,深受青少年的喜爱。

随着产品系列的不断增加、业务规模的不断扩大和信息技术的不断发展,为适环境变化和企业发展需要,2020 年年底,雷神科技管理层决定引入集团财务共享系统,2021 年 2 月,系统正式投入使用。

2. 集团战略

雷神科技经过 6 年的深耕细作,在"让每一个青少年拥抱时尚运动"的使命驱使下,企业产品在国内青少年运动产品领域取得了长足进步。2021 年初,经雷神科技管理层充分调研、研讨，根据公司发展历程和当期综合状况，特制定集团发展战略，具体包括以下三个方面。

1）产品战略

坚持创新，坚持差异化策略，坚持时尚前沿，以开发中高端运动产品为主要发展方向。加大新产品研发力度，每年研发投入不少于营业收入的15%，老产品定期退出市场，以保证公司活力，打造"运动时尚"的企业形象。

2）市场战略

紧跟国家政策，按照"十四五"规划提出的"两横三纵"城镇化战略格局，重点挖掘和抢占京津冀、长三角、珠三角、成渝、长江中游等城市群市场。

3）人才战略

牢固树立"以人为本"的理念，树立人才是公司发展的唯一战略资源的理念，努力创造尊重人才、爱惜人才的文化氛围。实施公司"百人人才工程"，未来三年内大力引进专门人才，特别是观念超前、视野开阔、思想开放的管理人才。

(二) 企业制度

财务制度，从资金管理、应收款项管理、存货管理、长期投资、固定资产管理、费用管理六个方面进行了规范。

企业制度，从人事管理制度、员工离职及解聘管理制度、行政事务管理制度、考勤管理制度、档案管理制度、合同审定管理制度、销售管理制度、采购管理制度八个方面进行了规范。

三、企业岗位层级设置

1. 集团组织架构设置

雷神科技集团有限公司的组织架构，如图4-16所示。

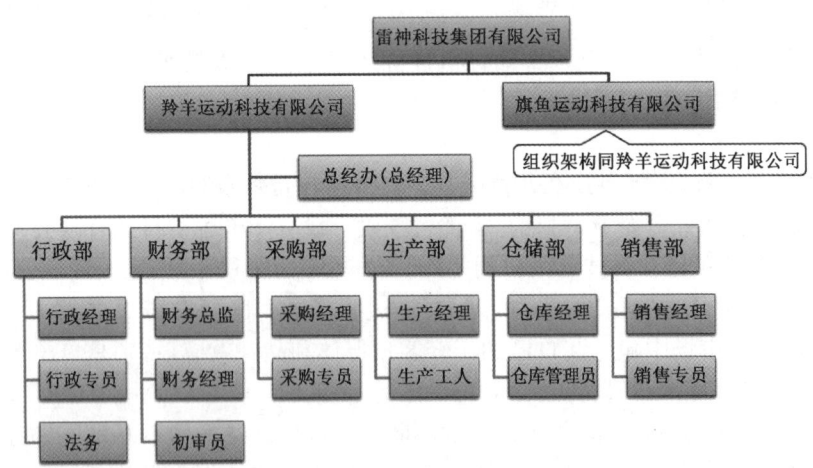

图4-16 雷神科技集团有限公司组织架构

2. 财务共享中心岗位设置

财务共享中心的岗位设置，如图4-17所示。

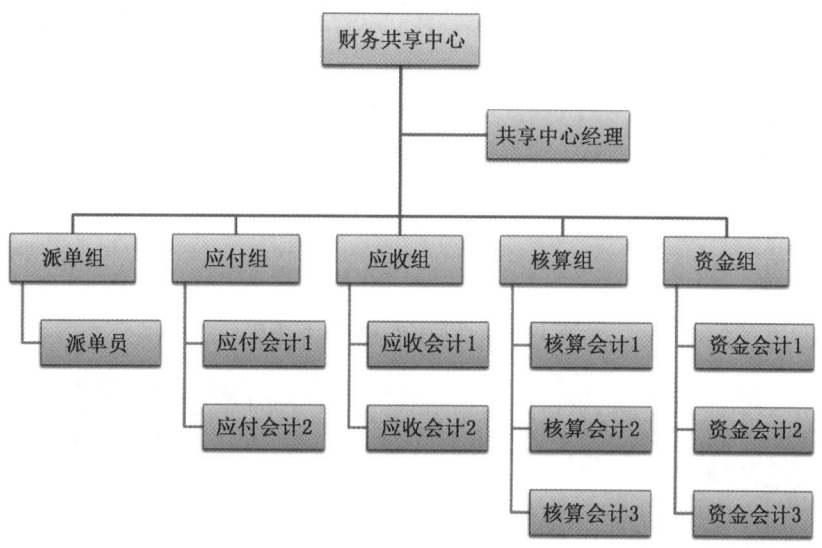

图 4-17 财务共享中心岗位设置

四、企业部门、员工设置

(一)新增部门及员工

1. 选择岗位

进入【集团财务共享服务中心】界面,选择【业务角色】和【行政专员】,如图 4-18 所示。

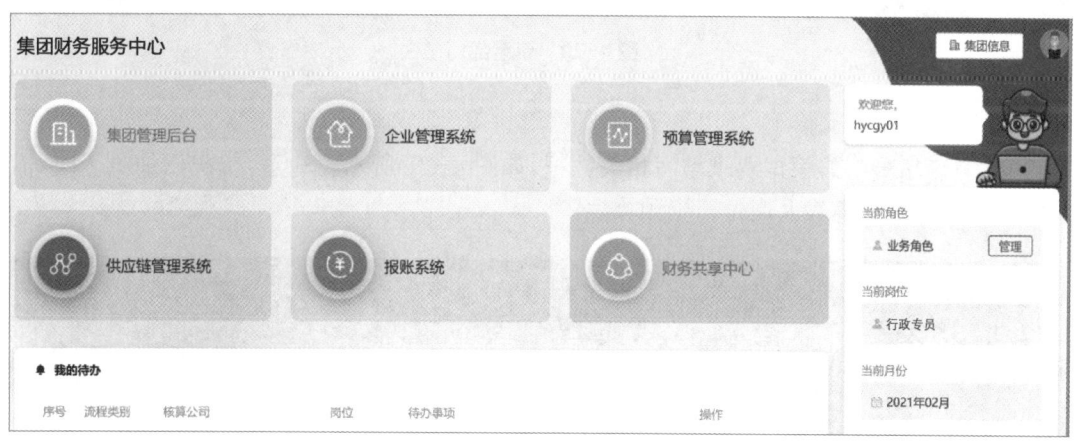

图 4-18 集团财务共享服务中心界面

2. 选择公司及模块

进入【企业管理系统】,单击左侧的【组织管理】,右上角选择要增加组织及人员的公司,如图 4-19 所示。

3. 新增部门

单击【新增部门】,根据集团架构(集团信息中查找)填写相关数据,如图 4-20 所示。

图 4-19　企业管理系统组织管理

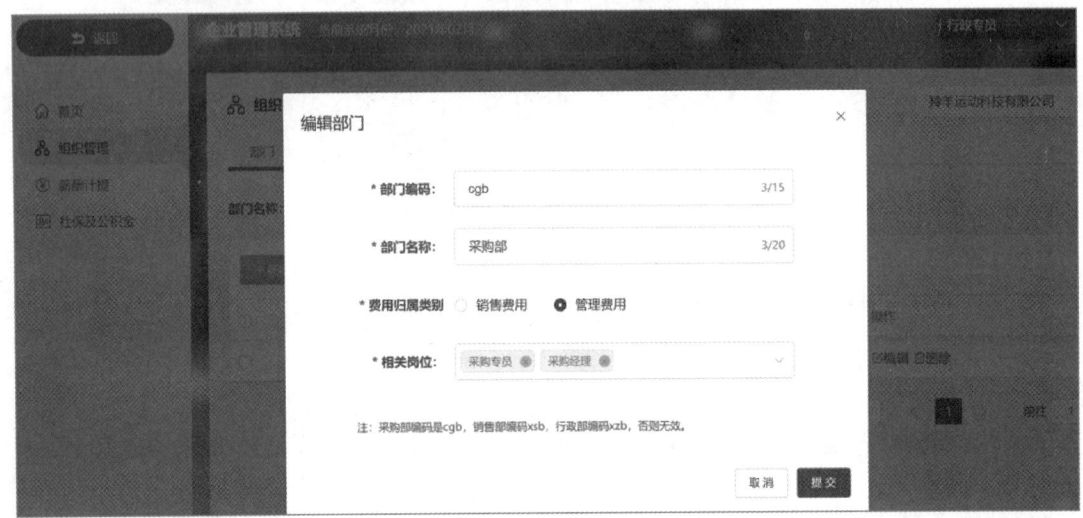

图 4-20　新增部门

4. 首次新增员工

单击【新增员工】,根据要求填写相关数据,如图 4-21 所示。注意,首次添加员工时,需先填写在职人员预算表及岗位工资预算表。

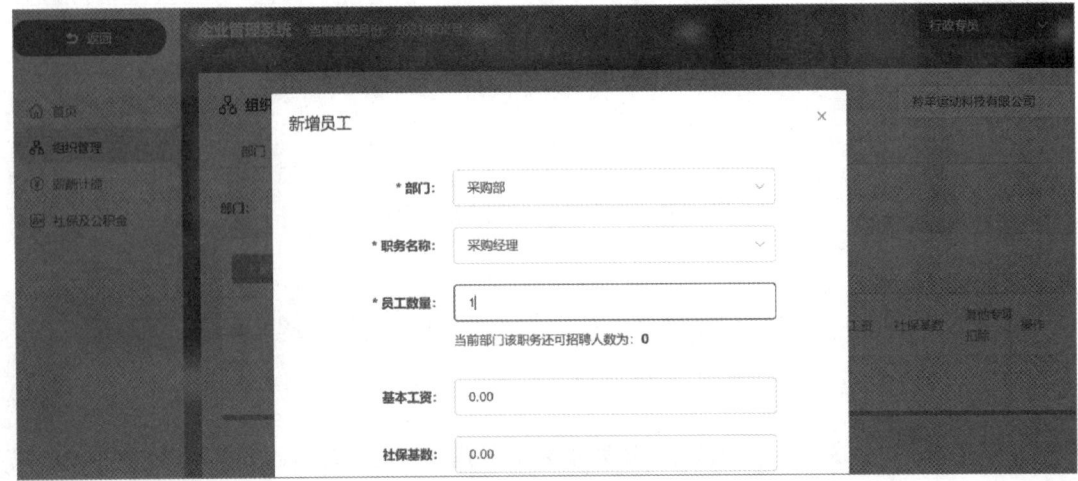

图 4-21　新增员工

5. 进入薪酬预算模块

返回至【集团财务共享服务中心】界面,以【行政专员】的岗位进入【预算管理系统】,选择【薪酬预算】,如图 4-22 所示。

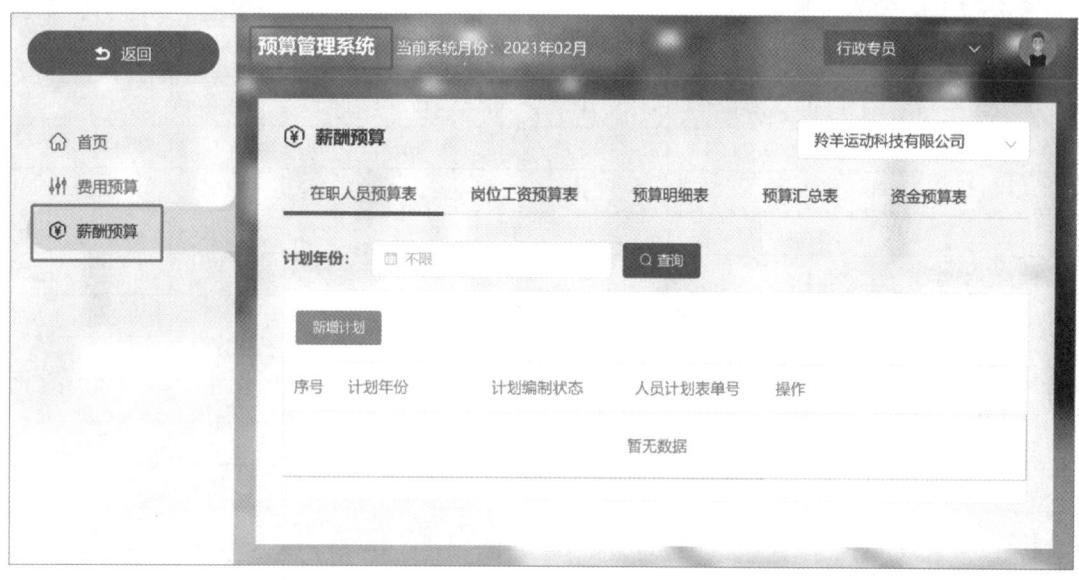

图 4-22 预算管理系统薪酬预算

6. 编制在职人员预算表

单击【在职人员预算表】下的【新增计划】,在弹出的对话框中,选择与业务数据相符的年份,如图 4-23 所示。员工数量根据业务资料填写,一般等于还可招聘人数,即人员预算数减去实际已增加的人。

图 4-23 新增计划

单击【编制】，根据运营数据中相应公司的薪酬预算数据，如表 4-1 所示，在【在职人员预算表】中，填入各岗位计划人数，如图 4-24 所示。

表 4-1　薪酬预算数据

岗位	基本工资（元）	2021 年 1～4 月在职人员计划			
		1月	2月	3月	4月
总经理	10 000.00	1	1	1	1
行政经理	9 000.00	1	1	1	1
行政专员	5 000.00	1	1	1	1
法务	6 000.00	1	1	1	1
财务总监	10 000.00	1	1	1	1
财务经理	9 000.00	1	1	1	1
初审员	5 000.00	2	2	2	2
采购经理	8 000.00	1	1	1	1
采购专员	6 000.00	2	2	2	2
生产经理	9 000.00	1	1	1	1
生产工人	4 500.00	30	30	30	30
仓库经理	8 000.00	1	1	1	1
仓库管理员	5 000.00	2	2	2	2
销售经理	9 000.00	1	1	1	1
销售专员	5 000.00	3	3	3	3

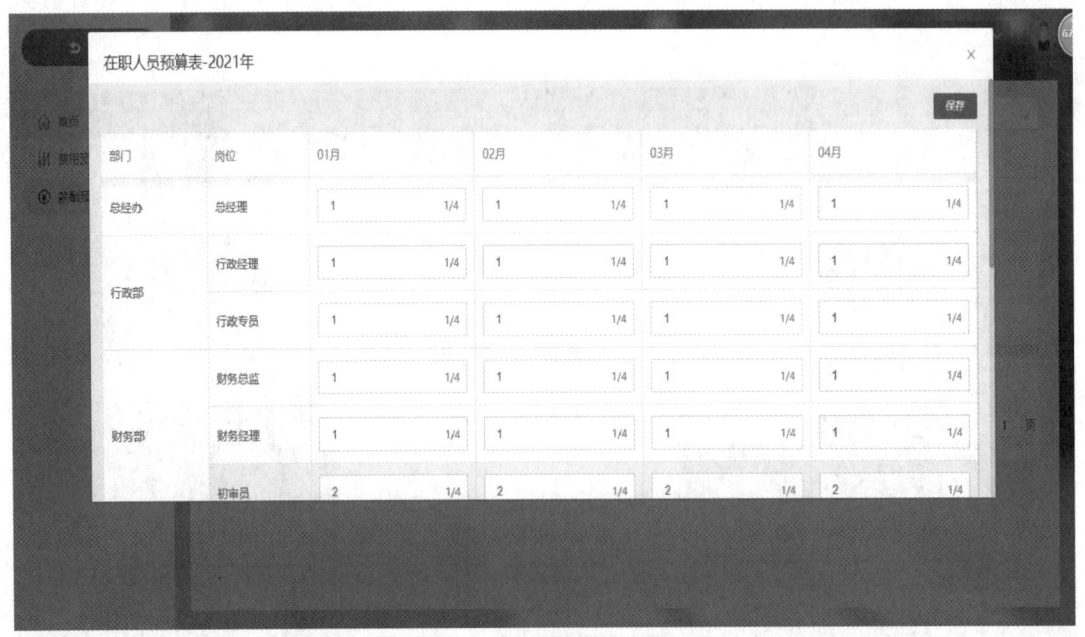

图 4-24　在职人员预算表

7. 编制岗位工资预算表

同样的方法,编制岗位工资预算表相关数据。

8. 新增员工

进入【企业管理系统】,依次单击【组织管理】—【员工】—【新增员工】,如图4-25所示。

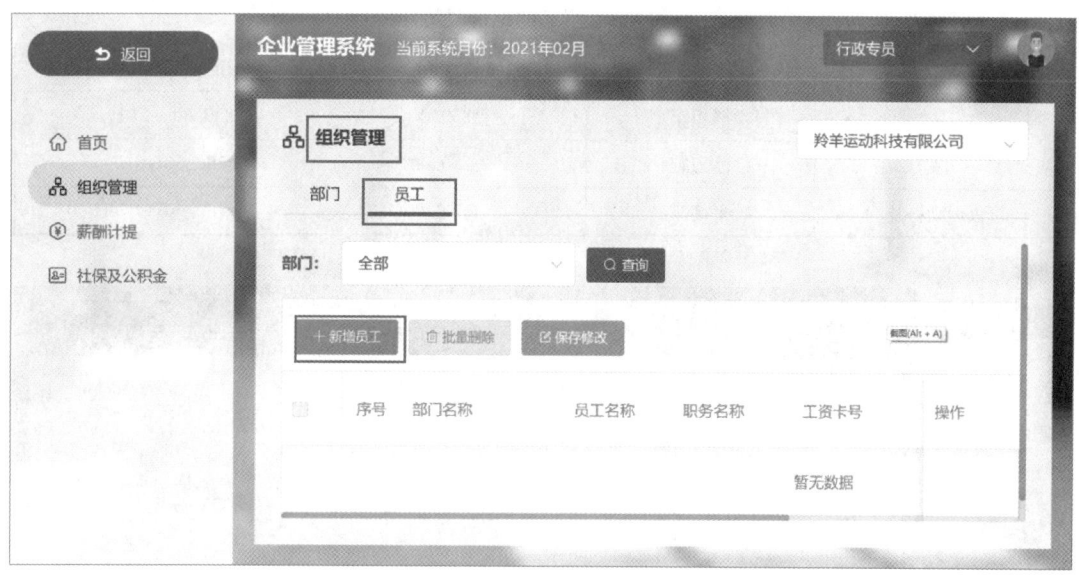

图4-25 企业管理系统增加员工

在【新增员工】界面,依次设置【部门】【职务名称】【员工数量】,如图4-26所示。如果员工数量大于还可招聘人数,则需要进行预算调整流程(此操作不建议在2月进行)。

图4-26 新增员工

(二)基础设置

1. 定价管理

销售专员进入【供应链管理系统】,依次单击【销售管理】—【定价管理】,录入相关产品的定价政策,单击【保存】,如表4-2、图4-27所示。

表4-2 产品的定价政策　　　　　　　　　　　　　　单位:元

产品	产品	月平均售价(含税)	定价范围(含税)
羚羊运动科技	滑板车	860.00	850.00～1 010.00
	冰刀鞋	790.00	790.00～990.00
旗鱼运动科技	平衡车	1 500.00	1 450.00～1 700.00

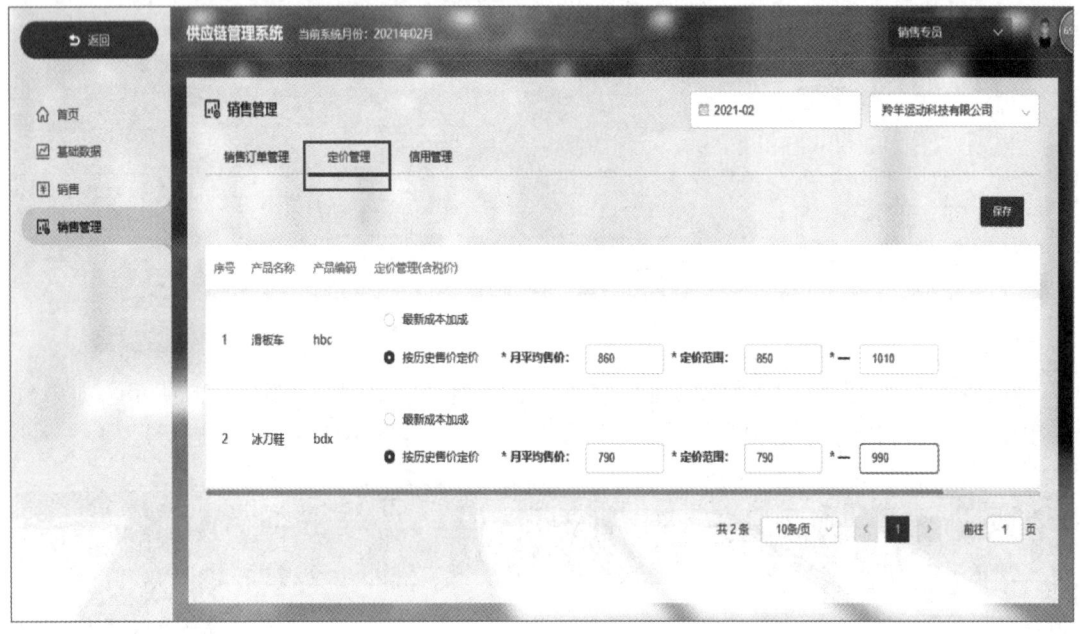

图4-27 定价管理

2. 信用管理

销售专员进入【供应链管理系统】,依次单击【销售管理】—【信用管理】,录入相关客户的信用管理资料,单击【保存】,如表4-3、图4-28所示。

表4-3 客户的信用管理资料

核算公司	客户名称	信用期限(天)	信用额度(元)	信用值
羚羊运动科技	中国北斗贸易有限公司	30	1 200 000.00	100
	中国天罡体育有限公司	30	1 000 000.00	100
旗鱼运动科技	北京朱雀商贸有限公司	60	3 000 000.00	100
	上海青龙贸易有限公司	30	2 500 000.00	90

图 4-28　信用管理

第三节　预算编制

课程思政

预算编制的流程,如图 4-29 所示。

一、采购预算编制

(一)采购预算

采购预算是指采购部门在一定计划期间(年度、季度或月度)编制的材料采购的用款计划。在政府采购中,采购预算是指政府部门批复的采购部门编制的采购项目的用款计划。当出现投标人的报价均超过了采购预算时,则该次采购将作废标处理。

(二)采购预算操作步骤

1. 选择岗位

进入【集团财务共享服务中心】界面,选择【业务角色】和【采购专员】。

2. 选择公司及模块

进入【预算管理系统】,单击左侧的【采购预算】。

3. 新增采购预算

(1)采购专员依次单击【新增预算】,选择相应的年份后,单击【确定】,如图 4-30 所示。

(2)单击【编制】,进入【采购预算表】编制界面,如图 4-31 所示。按照采购预算的相关数据,如表 4-4、表 4-5 所示,完成采购预算表不同产品"产量预算"和"采购价格预算"的编制。

```
┌─────────────────────┐      ┌─────────────────────┐      ┌─────────────────────┐
│    编制薪酬预算      │      │    编制费用预算      │      │    编制采购预算      │
└─────────────────────┘      └─────────────────────┘      └─────────────────────┘
□ 系统：预算管理系统          □ 系统：预算管理系统          □ 系统：预算管理系统
□ 岗位：行政专员              □ 岗位：部门专员              □ 岗位：采购专员
□ 表单：预算明细表            □ 表单：费用预算表            □ 表单：采购预算表
       预算汇总表
       资金预算表
         ↓                             ↓                             ↓
┌─────────────────────┐      ┌─────────────────────┐      ┌─────────────────────┐
│    审批薪酬预算      │      │    审批费用预算      │      │    审批采购预算      │
└─────────────────────┘      └─────────────────────┘      └─────────────────────┘
□ 系统：预算管理系统          □ 系统：预算管理系统          □ 系统：预算管理系统
□ 岗位：行政经理              □ 岗位：部门经理              □ 岗位：采购经理
□ 表单：预算明细表            □ 表单：费用预算表            □ 表单：采购预算表
       预算汇总表
       资金预算表

┌─────────────────────┐  →   ┌─────────────────────┐  →   ┌─────────────────────┐
│    编制资金计划      │      │    审批资金计划      │      │    审批资金计划      │
└─────────────────────┘      └─────────────────────┘      └─────────────────────┘
□ 系统：预算管理系统          □ 系统：预算管理系统          □ 系统：预算管理系统
□ 岗位：财务经理              □ 岗位：财务总监              □ 岗位：总经理
□ 表单：资金计划表            □ 表单：资金计划表            □ 表单：资金计划表
                                                                    ↓
                                                          ┌─────────────────────┐
                                                          │    审批资金计划      │
                                                          └─────────────────────┘
                                                          □ 系统：集团管理后台
                                                          □ 岗位：集团财务
                                                          □ 表单：资金计划表
```

图 4-29　预算流程图

图 4-30　采购新增预算

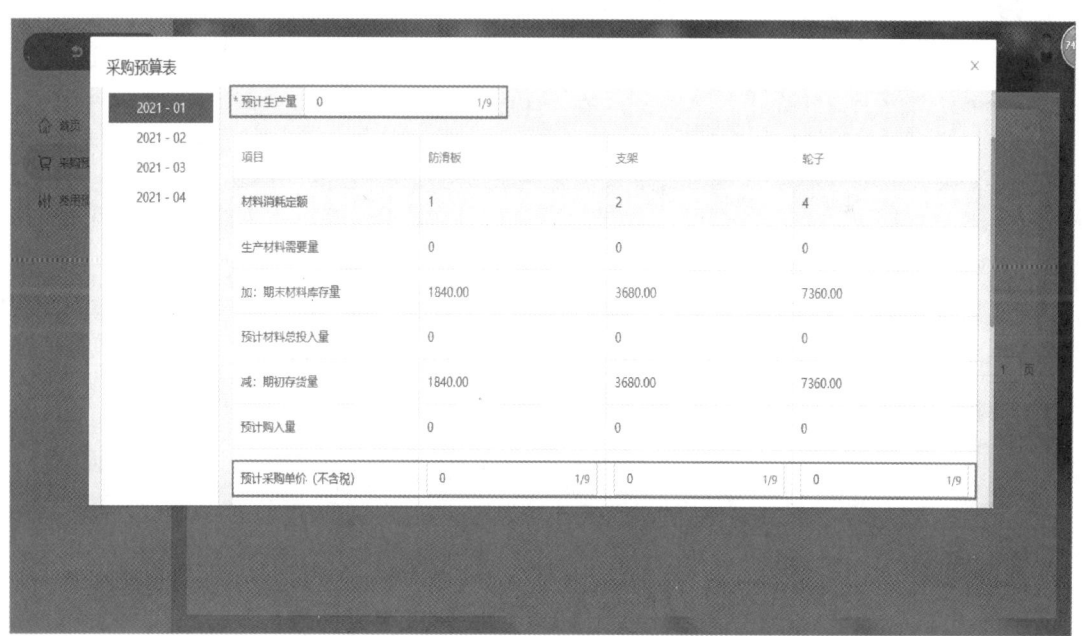

图 4-31　采购预算表编制界面

表 4-4　2021 年 1～4 月份产量预算　　　　　　　　　　　　　　　单位：个、双

产品	1月	2月	3月	4月	合计
滑板车	3 000	3 200	3 000	3 500	12 700
冰刀鞋	2 500	2 600	2 600	3 000	10 700

表 4-5 2021 年 1～4 月份采购价格预算(不含税)　　　　　　　　　　单位：元

材料	1月 采购单价	2月 采购单价	3月 采购单价	4月 采购单价
防滑板	120.00	120.00	115.00	115.00
支架	50.00	50.00	50.00	50.00
轮子	80.00	80.00	75.00	75.00
鞋	300.00	300.00	300.00	300.00
冰刀	100.00	100.00	100.00	100.00

4. 审批采购预算

返回至【集团财务共享服务中心】界面，切换【审批角色】和【采购经理】，在【我的待办】栏中，依次单击【审批】—【通过】，完成【采购预算表】的审批，如图 4-32、图 4-33 所示。

图 4-32 审批采购预算表(1)

图 4-33 审批采购预算表(2)

二、费用预算编制

(一)费用预算

费用预算是指企业为费用支出成本所做的预算。一般严格按预算执行,如果有超出,则需要特别的流程进行审批。事后企业应对预算和执行情况进行对比研究分析,为下期预算提供科学依据。

(二)费用预算操作步骤

1. 选择岗位

进入【集团财务共享服务中心】界面,选择【业务角色】和【销售专员】。

2. 选择公司及模块

进入【预算管理系统】,单击左侧的【费用预算】。

3. 新增费用预算

(1)销售专员单击【新增预算】,选择对应的年份后,单击【确定】,如图 4-34 所示。

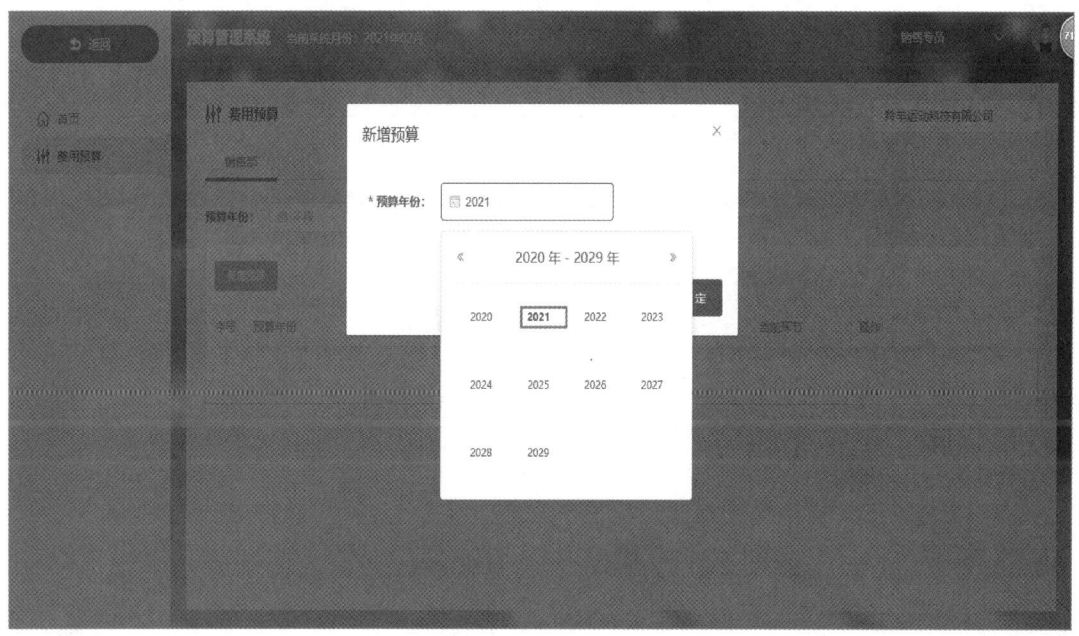

图 4-34 新增费用预算

(2)单击【编制】,根据各部门费用预算信息,如表 4-6 所示,填入销售部 1~4 月份的费用预算表,如图 4-35 所示。

表 4-6　2021 年 1~4 月份各部门费用预算　　　　　　　　　　　　单位:元

部门	费用类别	1月	2月	3月	4月	合计
行政部	差旅费	900.00	1 000.00	900.00	900.00	3 700.00
	办公费	400.00	600.00	500.00	700.00	2 200.00

(续表)

部门	费用类别	1月	2月	3月	4月	合计
行政部	招待	4 300.00	5 100.00	3 400.00	3 800.00	16 600.00
	小计	5 600.00	6 700.00	4 800.00	5 400.00	22 500.00
采购部	差旅费	1 700.00	2 000.00	2 100.00	2 600.00	8 400.00
	办公费	300.00	400.00	500.00	400.00	1 600.00
	招待	1 700.00	2 600.00	2 100.00	2 600.00	9 000.00
	小计	3 700.00	5 000.00	4 700.00	5 600.00	19 000.00
销售部	差旅费	3 400.00	3 800.00	3 400.00	3 900.00	14 500.00
	办公费	300.00	200.00	300.00	300.00	1 100.00
	招待	6 800.00	8 500.00	6 800.00	7 700.00	29 800.00
	小计	10 500.00	12 500.00	10 500.00	11 900.00	45 400.00
合计		19 800.00	24 200.00	20 000.00	22 900.00	86 900.00

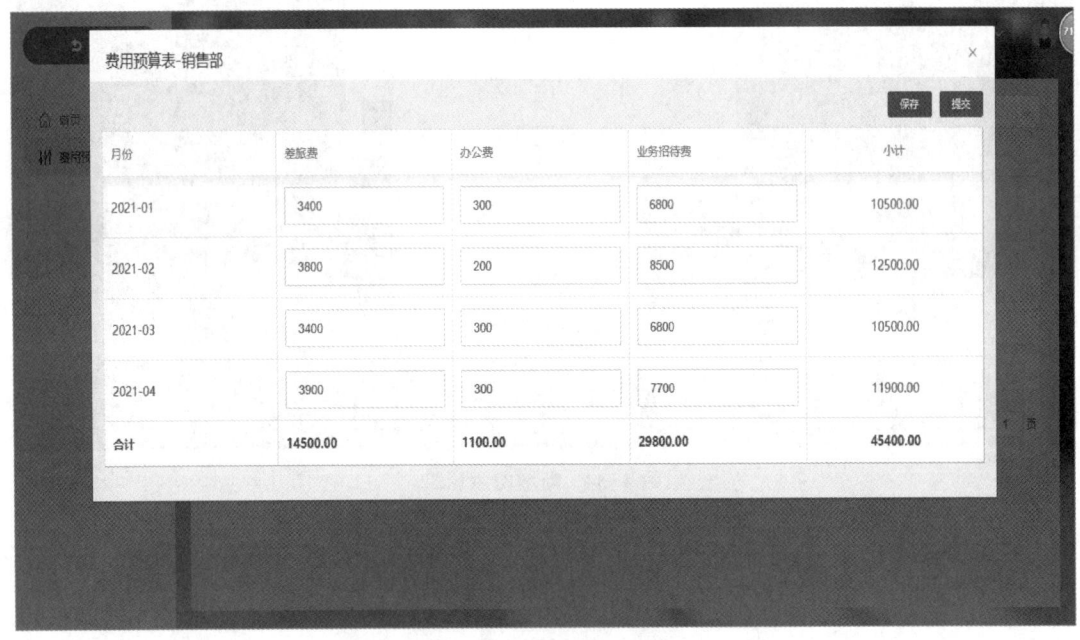

图 4-35　销售部费用预算

4. 审批费用预算

返回至【集团财务共享服务中心】界面,切换【审批角色】和【销售经理】,在【我的待办】栏中,依次单击【审批】—【通过】,完成费用预算表的审批,如图 4-36、图 4-37 所示。

图 4-36 审批费用预算表(1)

图 4-37 审批费用预算表(2)

提示

同样的方法,分别以【行政专员】【采购专员】的身份进入【预算管理系统】,单击【费用预算】,编制对应部门费用预算表。再切换【行政经理】和【采购经理】,在【我的待办】栏中,依次单击【审批】—【通过】,完成部门费用预算表的审批。

三、薪酬预算编制

（一）薪酬预算

薪酬预算,是指企业管理者在薪酬管理过程中进行的一系列成本开支方面的权衡和取舍。薪酬预算是薪酬控制的重要环节,准确的预算可以保证企业在未来一段时间内的薪酬支付受到一定程度的协调和控制。薪酬预算要求管理者在进行薪酬决策时,综合考虑企业的财务状况、薪酬结构及企业所处的市场环境因素的影响,确保企业的薪酬成本不超出企业的承受能力。

（二）薪酬预算操作步骤

1. 选择岗位

进入【集团财务共享服务中心】界面,选择【业务角色】和【行政专员】。

2. 选择公司及模块

进入【预算管理系统】,单击左侧的【薪酬预算】。

3. 新增薪酬预算

（1）行政专员依次单击【预算明细表】—【新增预算】,如图4-38所示。

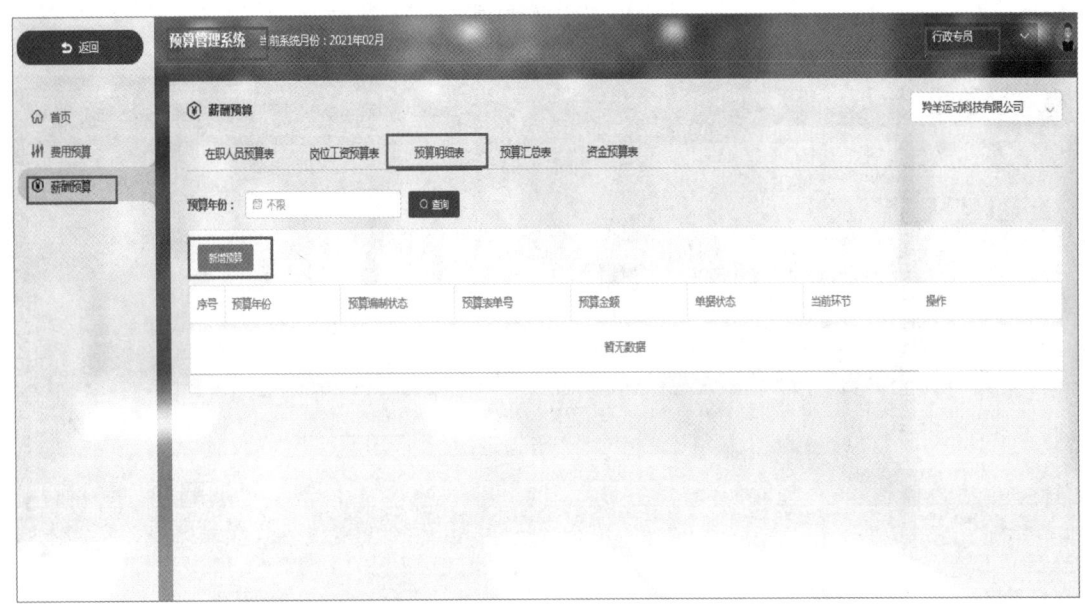

图4-38 新增预算

（2）在【新增预算】界面,选择预算年份后,单击【确定】,如图4-39所示。

（3）单击【编制】,进入界面后,再单击【提交】,如图4-40所示。

（4）同样的方法,依次编制预算汇总表、资金预算表,如图4-41所示。

4. 审批薪酬预算

返回至【集团财务共享服务中的】界面,切换【审批角色】和【行政经理】,在【我的待办】栏中,依次单击【审批】—【通过】,完成【预算明细表】【预算汇总表】【资金预算表】的审批,如图4-42、图4-43所示。

图 4-39 选择预算年度

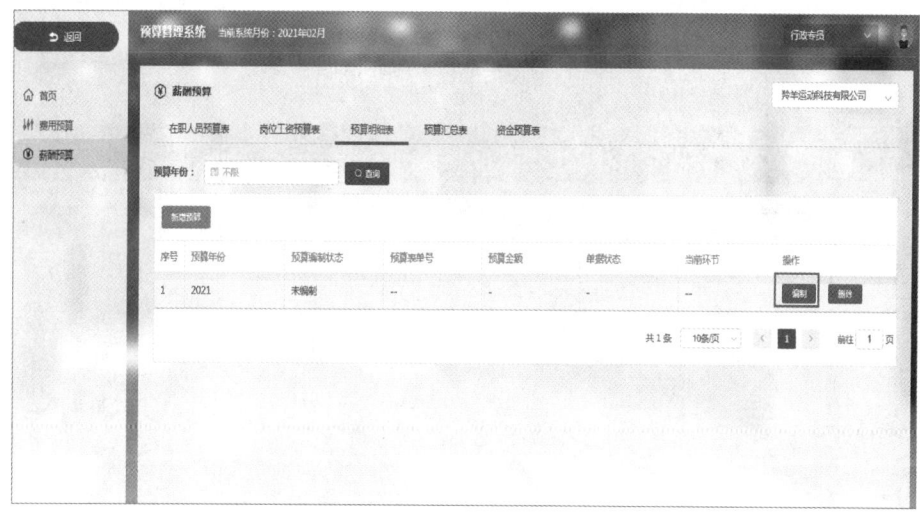

图 4-40 编制薪酬新增预算

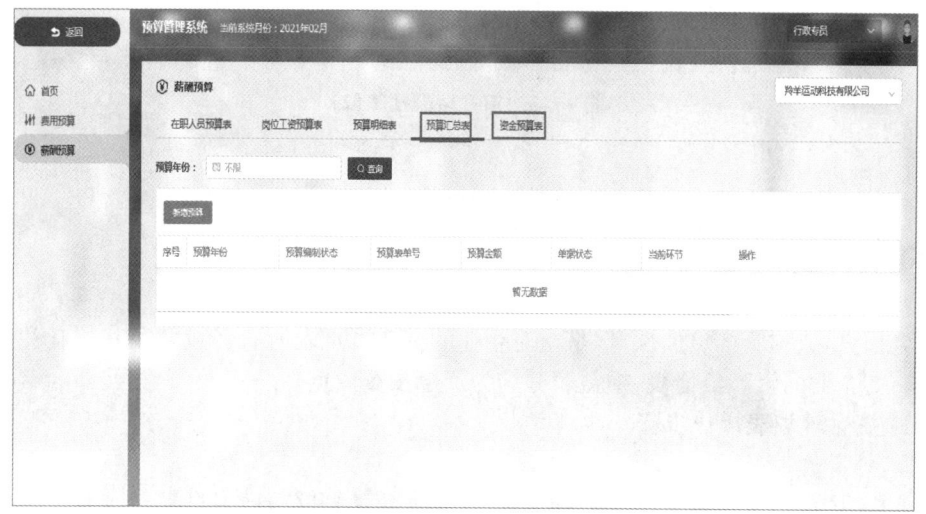

图 4-41 编制预算汇总表/资金预算表

图 4-42　审批薪酬预算(1)

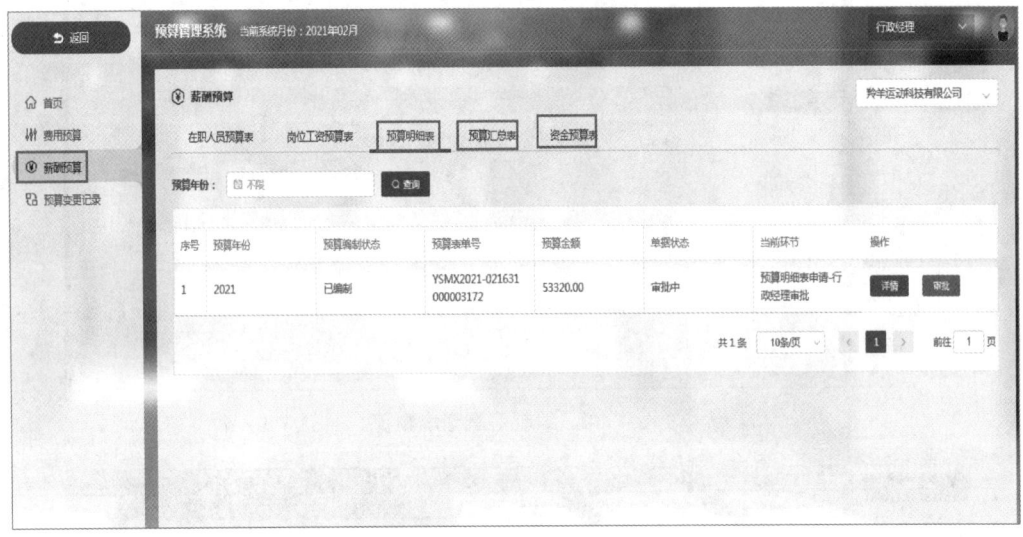

图 4-43　审批薪酬预算(2)

四、资金计划表编制

(一) 资金预算

资金预算，或称资产负债预算，是指对企业的资产、负债、所有者权益及其相互关系进行的预算。如企业的资产负债表、损益表等均为资金预算依据。

(二) 资金计划表操作步骤

1. 选择岗位

进入【集团财务共享服务中心】界面，选择【业务角色】和【行政专员】。

2. 选择公司及模块

进入【预算管理系统】,单击左侧的【薪酬预算】。

3. 新增资金计划表

(1)返回【集团财务共享服务中心】界面,切换【审批角色】和【财务经理】的岗位,在【我的待办】栏中,直接单击【新增】,如图4-44所示。

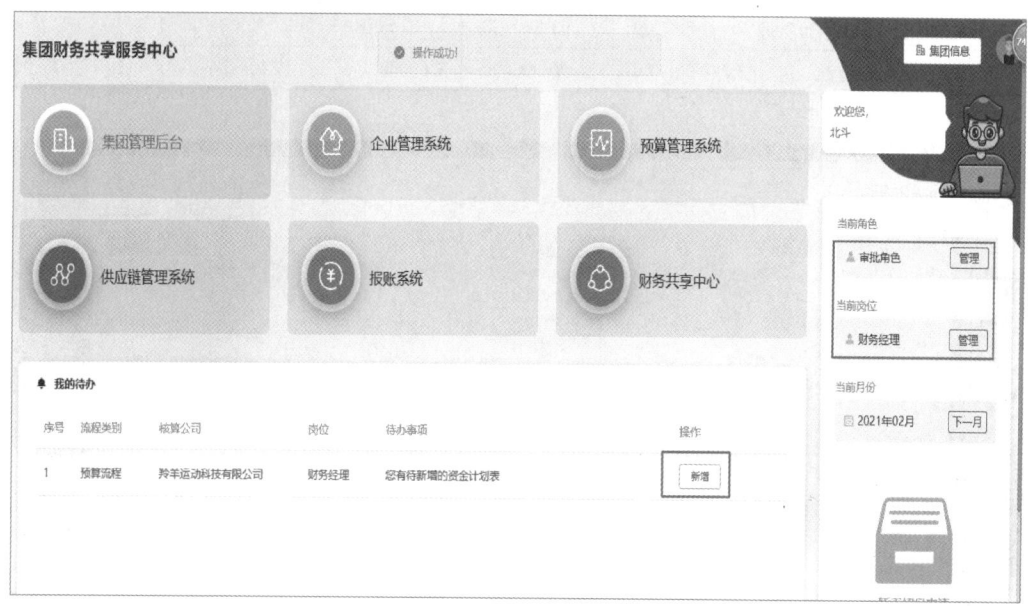

图4-44 我的待办

(2)依次单击左侧的【资金计划】—【新增计划】,选择相应的计划年份,单击【确定】,如图4-45所示。

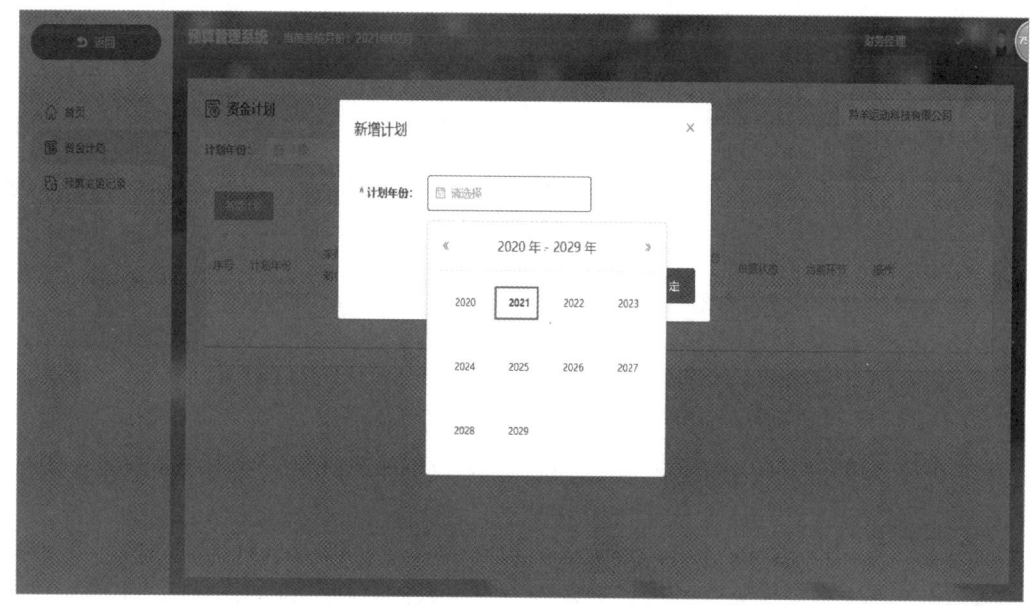

图4-45 新增资金计划表

(3) 单击【编制】，进入【资金计划表】的编制。根据相关的销售预算数据，如表 4-7 所示，填入资金计划表中，如图 4-46 所示。

表 4-7　2021 年 1～4 月份销售预算　　　　　　　　　　　单位：元

产品		1月	2月	3月	4月	合计
平衡车	销量(个)	2 250	1 100	1 100	3 200	—
	含税单价	1 500.00	1 500.00	1 500.00	1 450.00	—
	金额	3 375 000.00	1 650 000.00	1 650 000.00	4 640 000.00	11 315 000.00

图 4-46　填制资金计划表

(4) 返回【集团财务共享服务中心】界面，在【我的待办】栏中，切换【财务总监】【总经理】【集团财务】的身份依次审批。

课程思政

第四节　采购与付款核算

采购与付款业务流程，如图 4-47 所示。
采购与付款业务涉及的岗位、流程节点和应用表单如下：
(1) 涉及的岗位：采购专员、采购经理、仓库管理员、仓库经理、财务经理、法务、财务共享中心应付会计、财务共享中心资金会计、财务共享中心经理。
(2) 应用表单：物料申请单、采购申请单、采购合同、采购订单、入库单、费用申请单。

一、采购合同审核

采购合同是企业与供应商经过双方谈判协商一致同意而签订的供需关系的法律性文

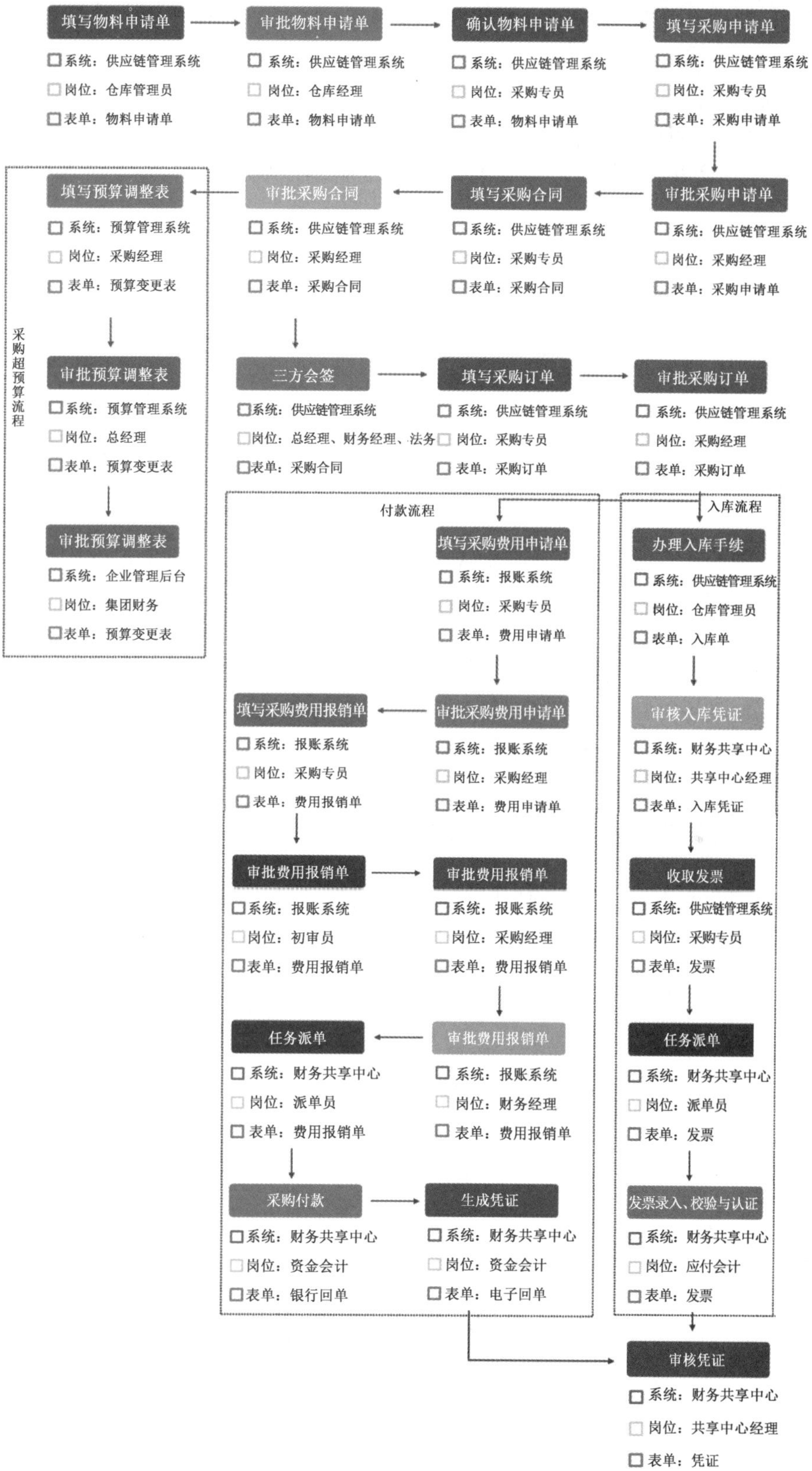

图 4-47 采购与付款业务流程

件,合同双方都应遵守和履行,是双方联系的共同语言基础。合同内容条款一般应包括:当事人信息;标的、数量、质量;价款和报酬;履行期限、地点和方式;违约责任,解决争议的方法;付款方式;发票开具等条款。

为了防范风险,采购合同在签订前会经过采购经理、法务、财务等多个部门岗位的审核。对于金额较大的合同,还需要按照企业的内部控制制度规定,经过适当的授权审批才能签订。

(一) 采购合同审核要点

财务经理对采购合同进行审核,审核时需要关注以下四个方面。

1. 供应商信息

集团企业中,应配备专人将供应商信息维护到财务共享中心平台,以方便管理。对供应商信息的审查,主要有以下三点。

1) 纳税资质审查

纳税资质审查可以通过查看系统中的供应商信息及合同文本。主要审查供应商资质(一般纳税人、小规模纳税人)是否符合公司要求。例如,有的公司要求只跟一般纳税人有业务往来,一般纳税人身份可以从发票条款中得到验证;有的公司不要求供应商必须是一般纳税人,只选择报价最低的供应商。

2) 涉税资信情况审查

涉税资信情况审查可以会同采购部门人员一起进行。主要审查供应商是否欠税、是否受过税务处罚、纳税等级等。例如,有的省份规定:在对于供应商欠税情况下开具的增值税专用发票,购买方不得抵扣进项税,这会给购买方企业造成损失。

3) 履约能力审查

履约能力审查,可以会同采购部门人员一起进行。主要审查供应商有无保质、保量、及时提供货源的能力,防止货源供应中断给企业造成损失。可以通过某些上市公司信息披露网站,搜索获取供应商财务报表,对其报表进行分析;通过供应商公司网站,对其合作单位、招投标公告等信息进行分析。

2. 合同价款

审核合同价款时,需要关注以下两个方面:

(1) 合同定价条款是否超出预算控制范围,是否满足企业对成本策略的要求。

(2) 合同条款中,商品的金额和税额是否分开列示。

> **提示**
>
> 税法规定:在购销合同中,合同不含税金额是印花税计税基数,如果不含税金额和税额没有分开列示的,则按含税金额计税。

3. 付款方式

对于采购合同付款方式的审核,需要关注以下两个方面:

(1) 供应商的付款条件是否符合公司的要求。例如,强势的供应商会要求先款后货,要根据企业自身的情况判断是否接受;供应商提供现金折扣条件的,可以根据企业的资金状况进行判断。

(2) 判断供应商提供的结算方式是否存在风险。例如,银行支付方式越来越智能化,网银支付方式越来越被企业所接受;商业票据虽然有融资功能但也存在一定的风险,应根据企业自身状况判断是否接受。

4．发票条款

对于发票条款的审核,需要关注以下三个方面。

1）发票种类、时间、内容

合同中是否明确发票的类型、具体的开票时间、发票的内容等,且以上条款是否符合企业利益。

2）避免虚开

合同中是否列明当开票方所开具的发票不规范、不合法或涉嫌虚开时,开票方应当承担赔偿责任的条款,并且合同中是否明确不能免除开票方开具合法发票的义务。

3）红字发票

在审核合同中是否约定发生退货或销售折让时,对方需要开具红字专用发票的相关条款。审核合同中约定的质保金条款,如发生扣留质保金的情况,供应商应当配合开具红字发票。

（二）采购业务流程

【任务要求】 2021年2月1日,采购专员根据采购计划,申请采购防滑板3 220件(生产备用),相关人员于当天完成物料申请和采购申请的发起、审批与确认(生产材料的采购,其预算承担部门均为生产部;预算归属期为2021年2月1日)。本次采购的计划到货日期为2021年2月3日,计划不含税单价为125元/件。具体操作步骤如下:

1．填写物料申请单

实务工作中,每个部门有物料需求都可以在预算范围内提出物料申请。

（1）本任务由仓库管理员填写物料申请单,进入【集团财务共享服务中心】界面,选择【业务角色】和【仓库管理员】,进入【供应链管理系统】,如图4-48所示。

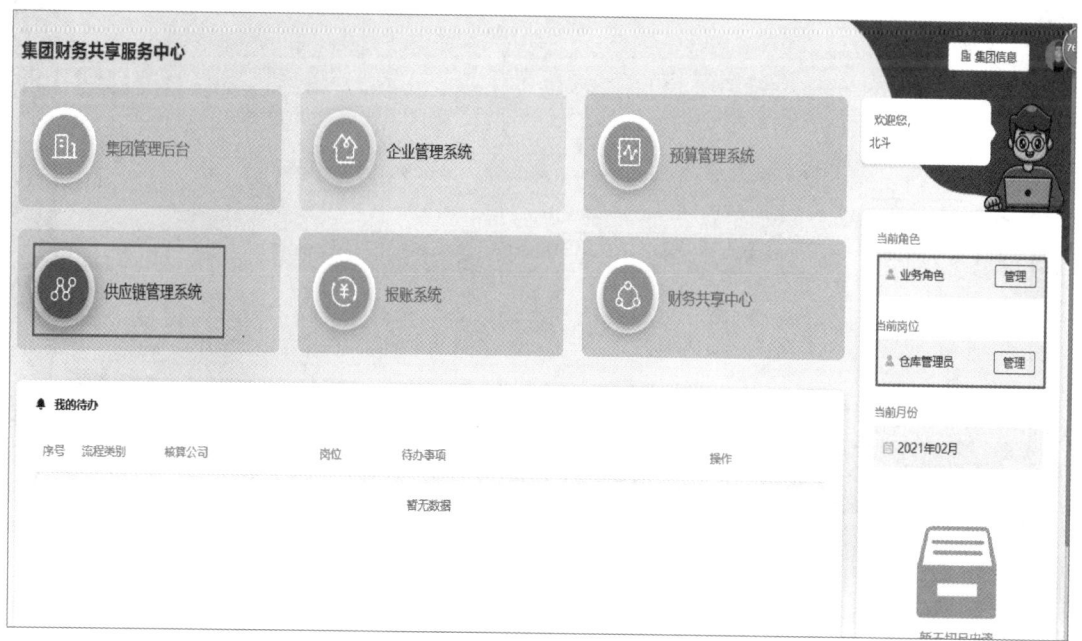

图 4-48　供应链管理系统

(2)依次单击左侧【采购】—【物料申请】—【新增物料申请】,如图4-49所示。

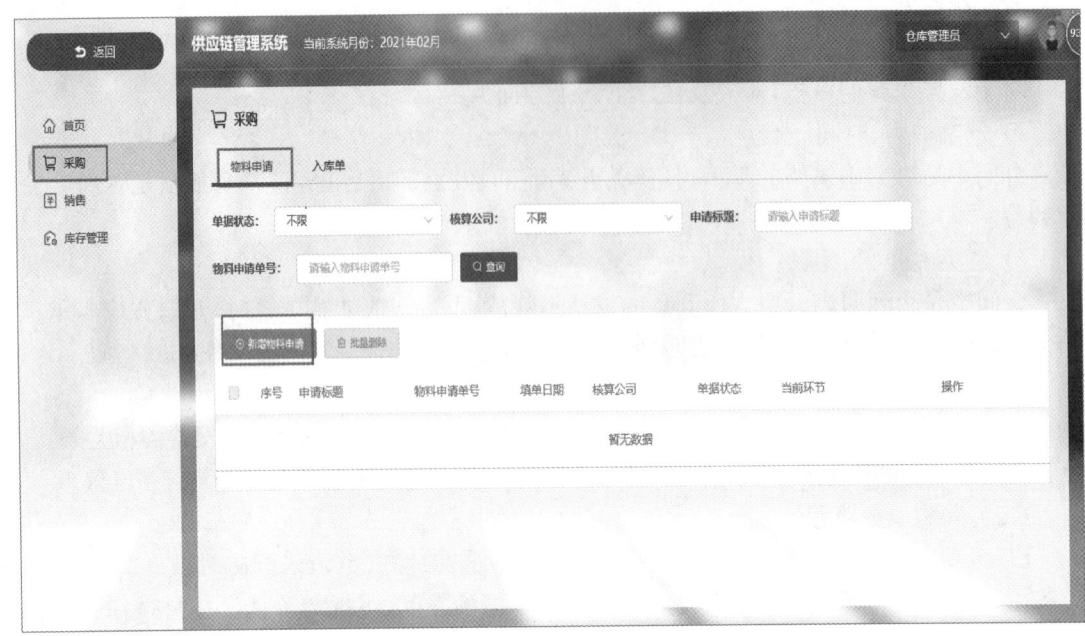

图4-49 新增物料申请

(3)根据任务资料填写物料申请单后,单击【提交】,如图4-50所示。

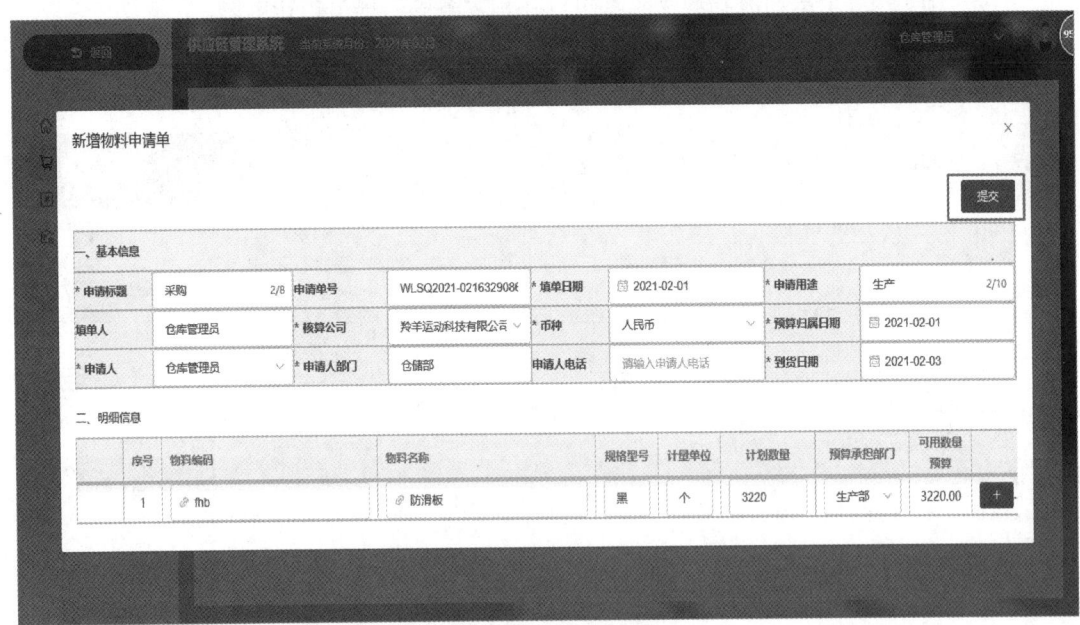

图4-50 提交物料申请单

2.审批物料申请单

返回至【集团财务共享服务中心】界面,选择【审批角色】和【仓库经理】,在【我的待办】栏中,依次单击【审批】—【通过】,完成【物料申请单】审批,如图4-51、图4-52所示。

图 4-51　审批物料申请单(1)

图 4-52　审批物料申请单(2)

3. 确认物料申请单

返回至【集团财务共享服务中心】界面,选择【业务角色】和【采购专员】,在【我的待办】栏中,依次单击【确认】,完成【物料申请单】的确认,如图4-53、图4-54所示。

图 4-53　确认物料申请单(1)

图 4-54　确认物料申请单(2)

4. 填写采购申请单

采购专员根据物料申请单,在系统中填写采购申请单,提交给采购经理审批。如果是超预算或大额超预算的,还需要提交给财务总监、总经理审批。逐级审批通过后,采购专员开始寻找货源,邀约供应商报价,选择合适的供应商。

(1)返回至【集团财务共享服务中心】界面,选择【业务角色】和【采购专员】,在【我的待办】栏中,依次单击【新增】—【新增采购申请】,如图 4-55、图 4-56 所示。

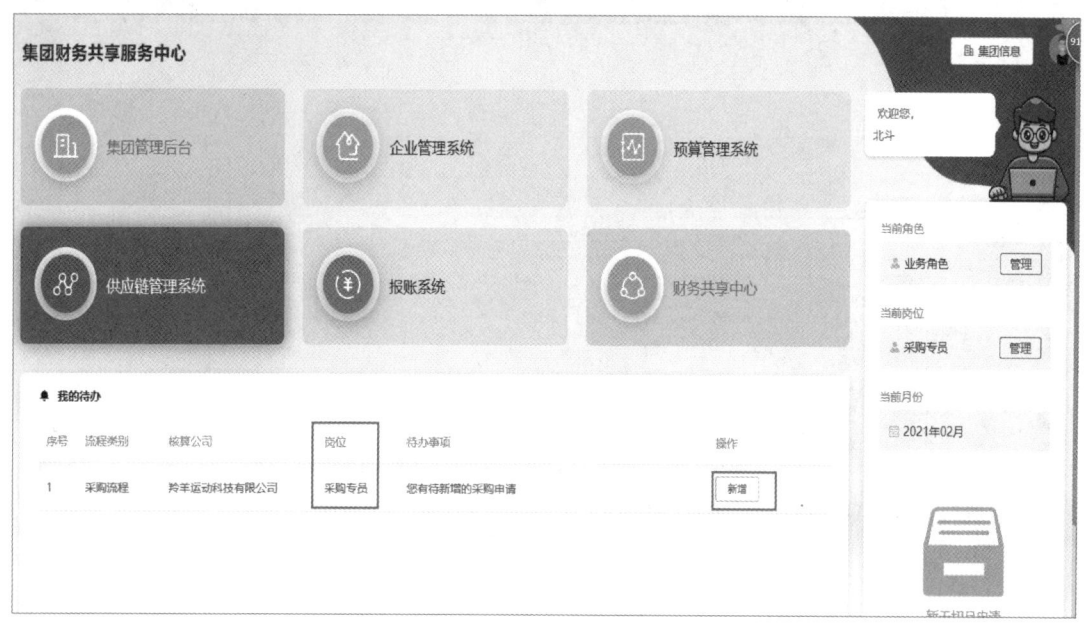

图 4-55　新增采购申请(1)

图 4-56　新增采购申请(2)

(2)选择相应的物料申请单,单击【确定】,填写【计划不含税价】为"125",单击右上角的【提交】,如图 4-57 所示。

(3)弹出"防滑板已经超预算"的提示,单击【确定】,如图 4-58 所示。

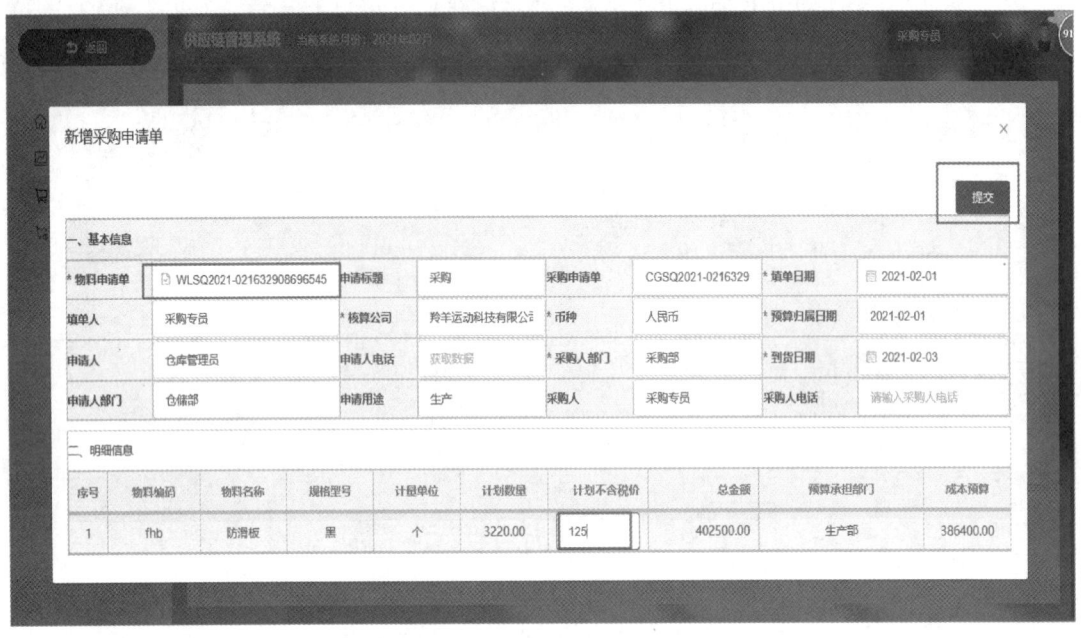

图 4-57　采购申请单提交

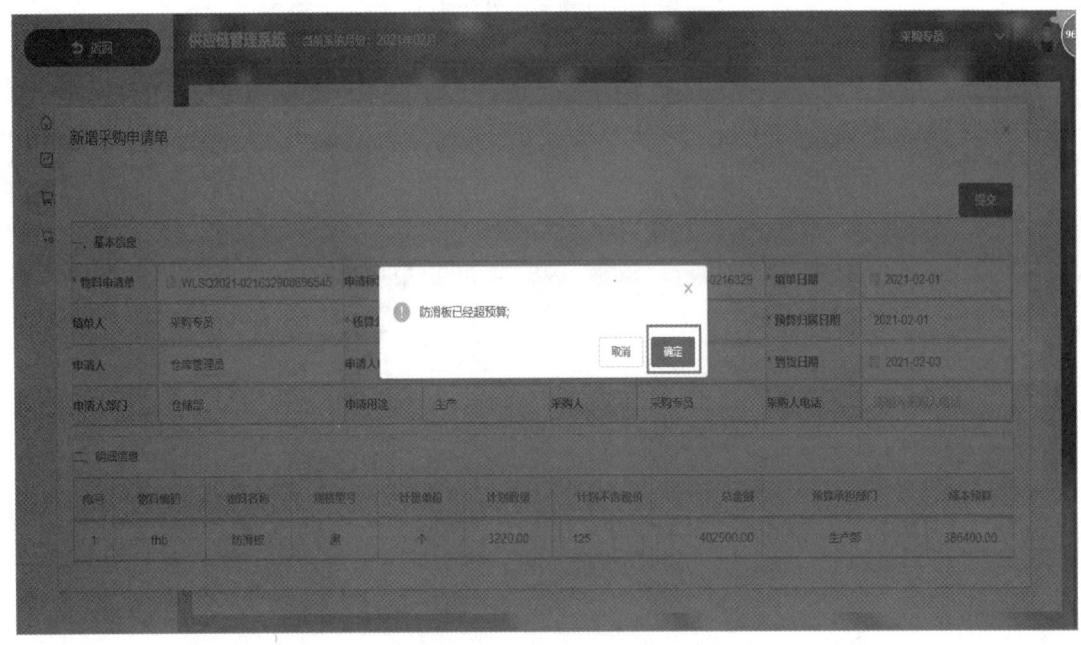

图 4-58　采购申请超预算

5. 审批采购申请单

返回至【集团财务共享服务中心】界面,选择【审批角色】和【采购经理】,在【我的待办】栏中,依次单击【审批】—【通过】按钮,完成【采购申请单】的审批,如图 4-59、图 4-60 所示。

图 4-59　审批采购申请单(1)

图 4-60　审批采购申请单(2)

6. 填写采购合同

【任务要求】　2021年2月2日,采购专员与供应商签订闭口采购合同,合同有效期为 2021年2月2日至2021年2月28日。

采购专员根据审批后的采购申请单在系统中创建采购合同单,草拟合同内容,提交给采

购经理、财务经理和法务,并分别从不同的角度进行审批,确保合同签订经过合理的授权审批。具体操作步骤如下:

(1) 返回至【集团财务共享服务中心】界面,选择【业务角色】和【采购专员】,在【我的待办】栏中,依次单击【新增】—【新增采购合同】,如图 4-61、图 4-62 所示。

图 4-61　新增采购合同(1)

图 4-62　新增采购合同(2)

(2)选择相应的采购申请单,系统会把采购申请单的信息,自动填入采购合同的基本信息,如图 4-63、图 4-64 所示。

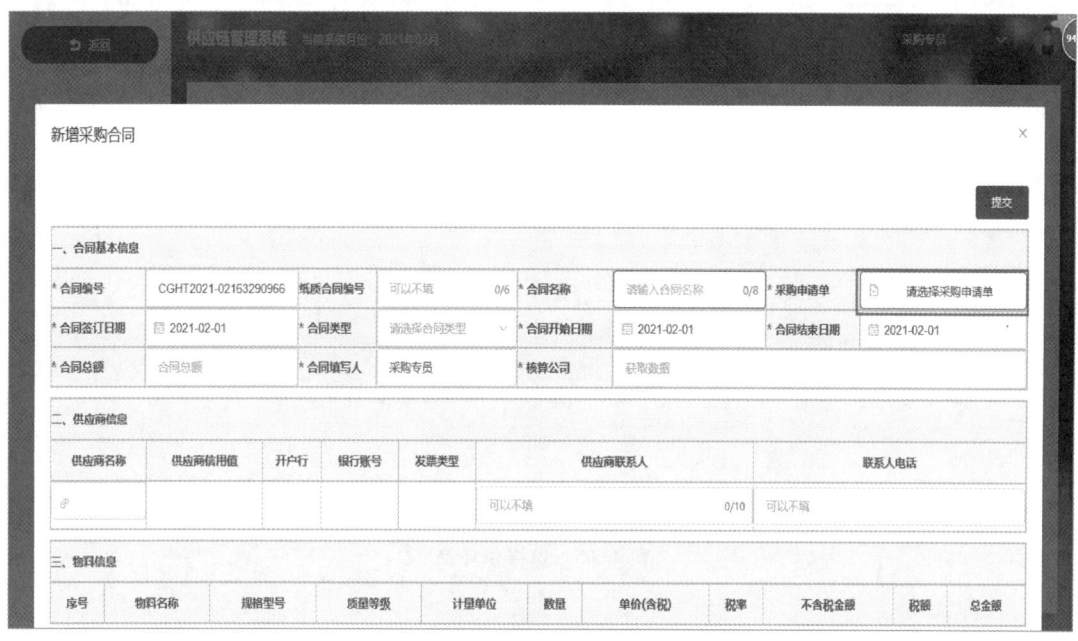

图 4-63　选择采购申请单(1)

图 4-64　选择采购申请单(2)

(3)单击【供应商名称】下的小图标,如图 4-65 所示,根据表 4-8 录入供应商信息。

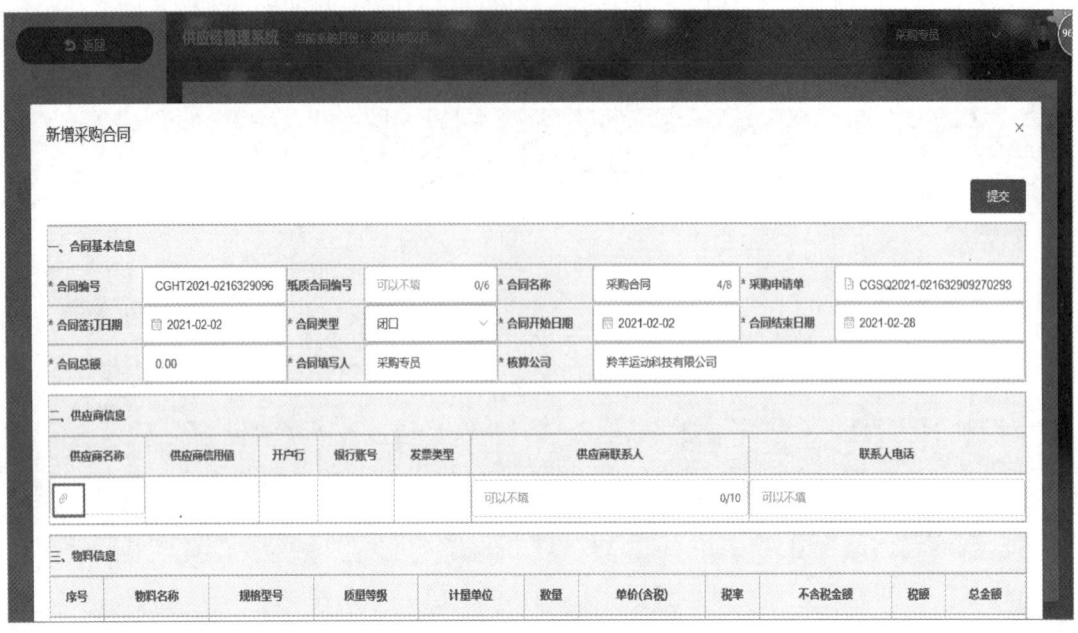

表 4-65　选择供应商

表 4-8　供应商信息

供应商	天枢木业有限公司	玉衡木业有限公司	开阳木业有限公司
纳税人认定情况	一般纳税人	一般纳税人	小规模纳税人
发票类型	增值税专用发票	增值税专用发票	增值税普通发票
税率	13%	13%	3%
供应商报价(含税)(元)	141.25	135.60	141.25
供货量(个)	3 220	3 220	3 220
到货日期	2021年2月3日	2021年2月3日	2021年2月3日
付款方式	货到付款(一次性付款)	货到付款(一次性付款)	款到发货
付款时间	2021年2月13日	2021年2月13日	2021年2月3日
质量等级	90	70	90

(4) 根据公司对供应商的要求,如表 4-9 所示,勾选合作的供应商,单击【确定】,如图 4-66 所示。

表 4-9　公司对供应商的要求

要求	(1) 供应商质量等级必须在80(含)以上
	(2) 供应商应为一般纳税人
	(3) 付款方式为货到付款
	(4) 同等条件下,选择价格最低的供应商
	(5) 同等条件下,选择付款时间最长的供应商

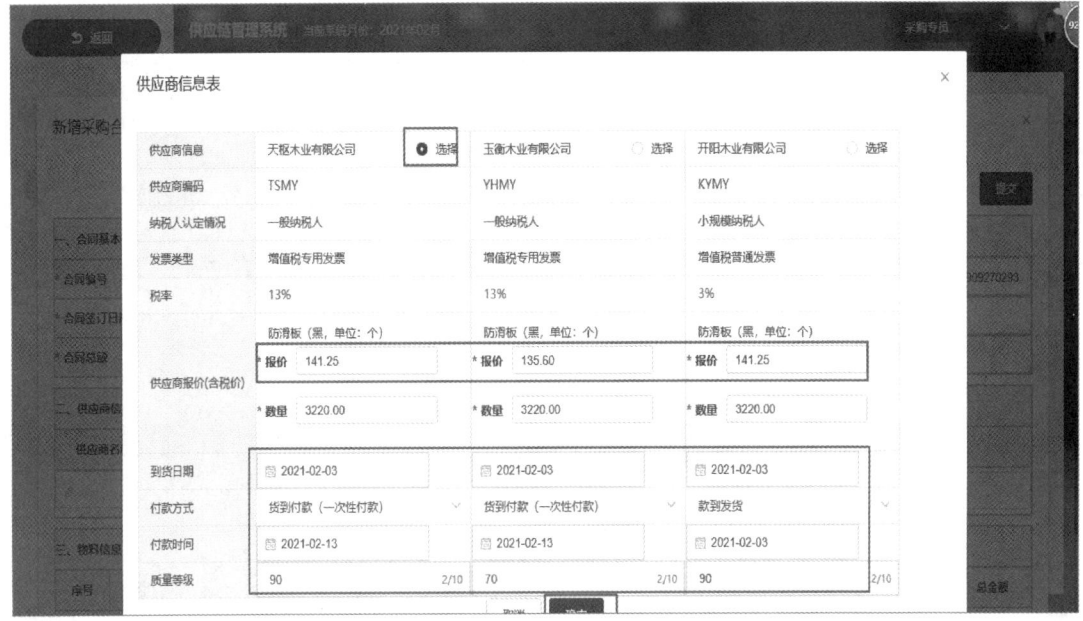

图 4-66 供应商信息表

(5) 填写完成采购合同后,单击右上角的【提交】,如图 4-67 所示。

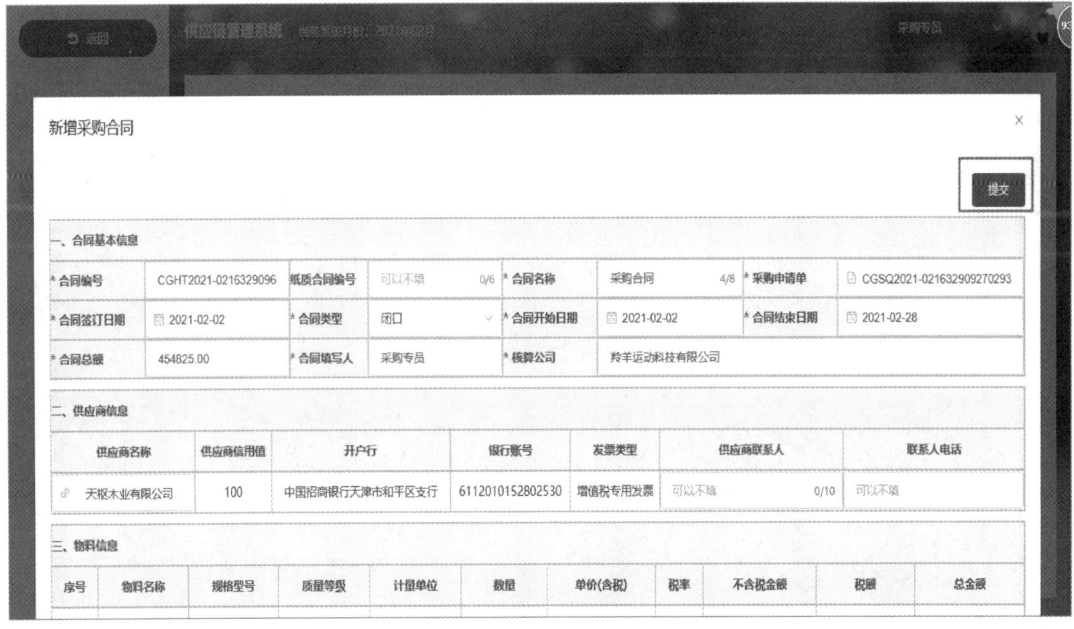

图 4-67 提交采购合同

7. 审批采购合同

返回至【集团财务共享服务中心】界面,选择【审批角色】和【采购经理】,在【我的待办】栏中,单击【审批】,系统提示"采购出现超预算!如需要继续采购请先变更预算"。

8. 填写预算调整表

（1）无法直接单击审批【通过】，系统提示需要进行预算调整，如图 4-68 所示。

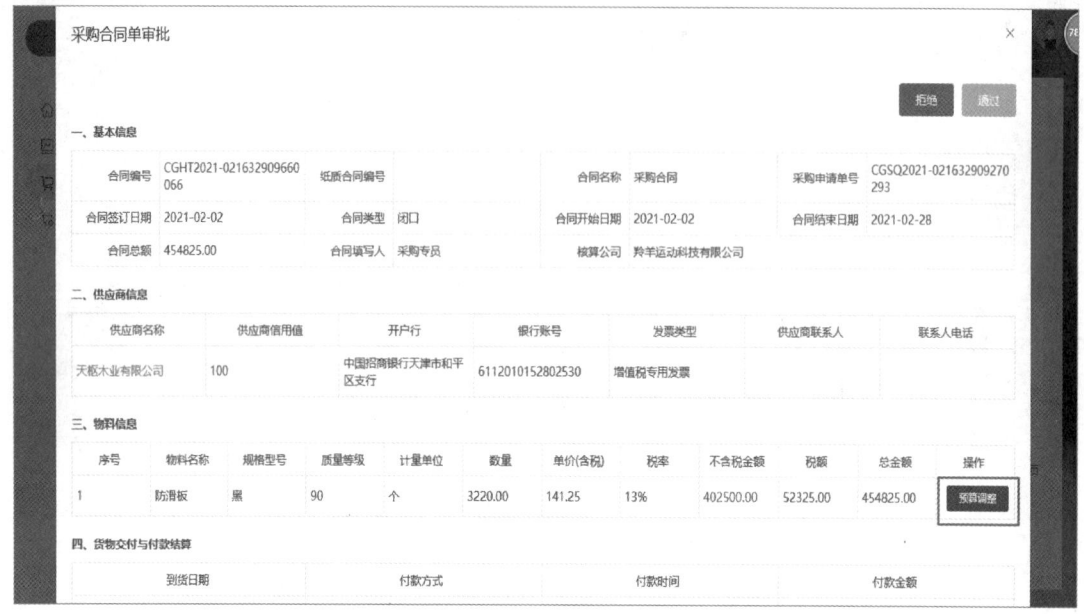

图 4-68　预算调整

（2）单击【预算调整】，填写相应调整内容，填写完成后单击【提交】，如图 4-69、图 4-70 所示。

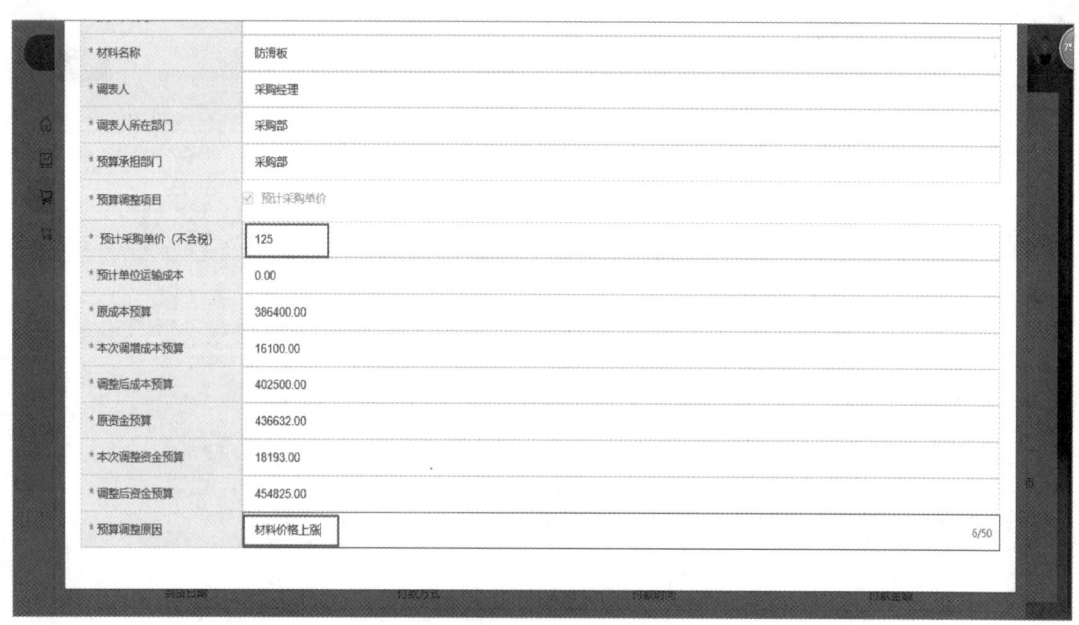

图 4-69　填写预算调整

图 4-70 提交预算调整

9. 审批预算调整表

返回【采购合同单审批】界面,系统提示"采购出现超预算！如需要继续采购请先变更预算",如图 4-71 所示。这时需要对填写好的预算调整,进行审批,具体操作步骤如下:

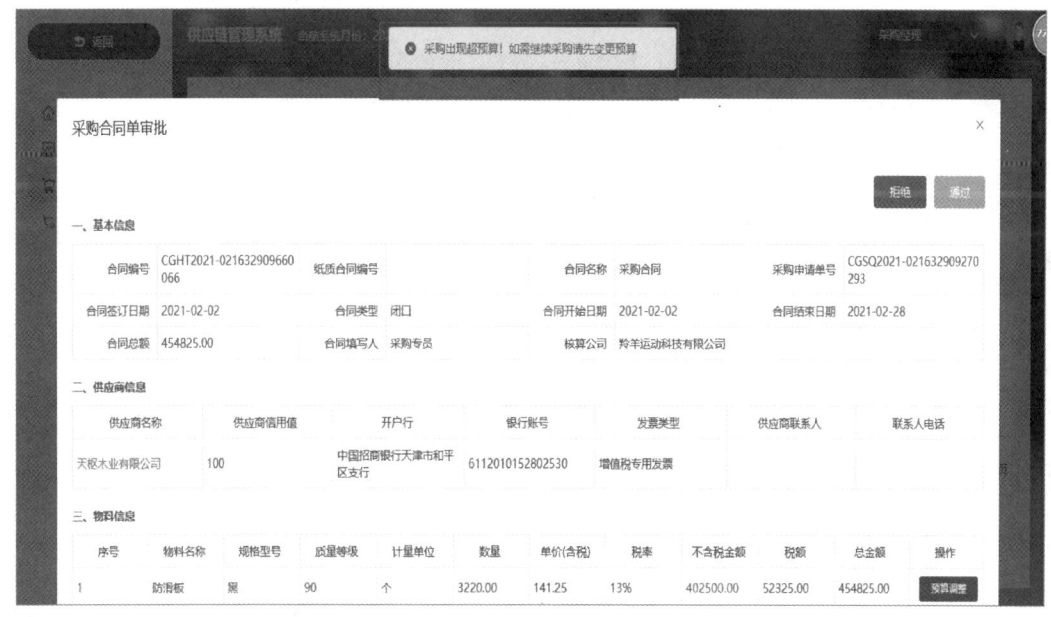

图 4-71 超预算提示

(1) 返回至【集团财务共享服务中心】界面,选择【审批角色】和【总经理】,在【我的待办】栏中,找到审批预算调整表单的事项,依次单击【审批】,完成对【预算变更表】的审批,如图 4-72 所示。

图 4-72　预算变更表审批

（2）返回至【集团财务共享服务中心】界面，选择【集团管理员】和【集团财务】，在【我的待办】栏中，单击【审批】，完成对【预算变更表】的审批。

10．审批采购合同（预算调整后）

返回至【集团财务共享服务中心】界面，选择【审批角色】和【采购经理】，在【我的待办】栏中，依次单击【审批】—【通过】，完成【采购合同单审批】，如图 4-73 所示。

图 4-73　采购合同单审批

11. 三方会签

返回至【集团财务共享服务中心】界面,选择【审批角色】,依次切换【法务】【财务经理】【总经理】岗位,分别在【我的待办】栏中进行采购合同审批流程,如图 4-74 所示。

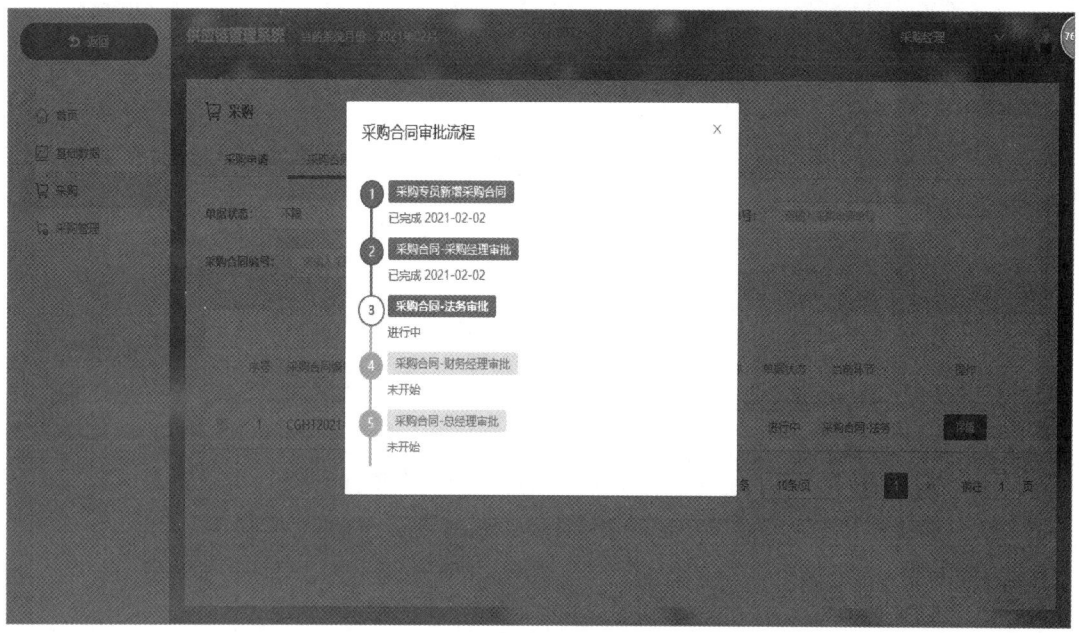

图 4-74　采购合同审批流程

> **提示**
>
> 财务经理是深入业务一线的财务岗位,从财务风险把控的角度对采购专员发起的新增合同单进行审核,具体包括以下三个方面:
>
> (1) 审核供应商是否在企业的供应商库中。查询系统中的供应商信息表,可以看到北京丰和制冷设备有限公司已经被维护进供应商库。
>
> (2) 审核供应商是否为一般纳税人,是否符合公司的采购成本优先原则。通过对比五家供应商发现,天枢木业有限公司虽然在价格上不是最低,但是不需要支付运输成本,在采购量不是特别大的情况下,由供应商提供运输服务,最为经济,且到货后次日付款,是付款条件中最好的供应商,满足公司要求。
>
> (3) 审核发票类型,其中三家供应商都是一般纳税人,能够提供增值税专用发票满足要求。

二、采购发票校验

采购发票校验是指收到采购发票后的验真、勾选认证和入账。在收到供应商的发票后,采购专员将发票扫描至财务共享中心平台,对发票信息进行检查,结合系统内的采购入库记录、采购订单等信息进行综合校验,确保发票信息无误后财务共享中心自动进行相关的账务处理,并产生对供应商的应付款。

发票校验是采购流程中的重要环节,采购人员在收到供应商发票后,需要对发票进行初检,原则上一单货物对应一份发票,或一个订单对应多张发票,系统中不允许出现一份发票对应多个订单的情况。在系统中匹配入库记录,并核对数量和金额是否正确,如有差异需要进一步确认原因,必要时将发票退回给供应商。只有校验无误的发票才能入账。

(一) 发票校验要点

财务共享中心应付会计进行发票校验时,需要关注以下三个方面。

1. 发票审核

发票审核时,需要注意以下四个方面:

(1) 采购发票上的数量、单价、供货日期、供货数量、总金额等条款是否与财务共享中心平台电子单据一致。

(2) 发票抬头、公司名称以及发票要素填写是否齐全。

(3) 发票的开具与经济业务内容是否相符。

(4) 发票有无涂改,是否有国家税务总局统一监制章,是否加盖单位发票专用章。

> **提示**
> 如果审核中发现问题,应退回采购部核对发票信息,如确有错误,则退回供应商重开。如发现订单上的单价金额与发票金额存在较大差额,确认是订单错误,从财务共享中心平台将该笔订单退回采购专员,待其修改后重新匹配。

2. 发票输入

财务共享中心应付会计在系统中输入发票时,需要对以下情况进行审核,要求保持一致方能完成发票录入。

(1) 纸质发票金额与发票输入界面的金额、材料入库单中的金额以及采购入库凭证中的金额应相等。

(2) 纸质发票中的税额与发票输入界面勾选【计算税额】后系统自动给出的税额应保持一致,如有差额,差额不应大于 0.03,否则需要手动修改。

3. 发票认证

财务共享中心应付会计完成发票输入后,应当进行发票认证。实务中,可以在企业的电子税务局中批量勾选需要认证的发票,本平台中可以直接单击发票认证完成此项任务。

(二) 采购、入库及发票校验流程

【任务要求】 根据合同约定,采购专员于 2021 年 2 月 2 日填写采购订单,采购防滑板 3 220 件。

1. 填写、审批采购订单

采购合同签订后,采购专员根据合同条款在系统中创建采购订单,并提交给采购经理审批,确保订单创建经过合理授权。具体操作步骤如下:

> **提示**
> 根据不同的付款方式可选择不同的流程模式:
> (1) 选择"货到付款"方式的,在完成采购订单后,应当选择仓库管理员进行质检入库,按照采购阶段流程进行操作。本任务要求以"货到付款"方式进行操作。
> (2) 选择"款到发货"方式的,在完成采购订单后,应当选择采购专员进行付款申请,按照付款阶段流程进行操作。

(1)返回至【集团财务共享服务中心】界面,选择【业务角色】和【采购专员】,在【我的待办】栏中,单击【新增】。

(2)选择相应的采购合同,把相关数据关联到采购订单上,如图 4-75 所示。

图 4-75　选择合同

(3)单击右上角的【提交】,如图 4-76 所示。

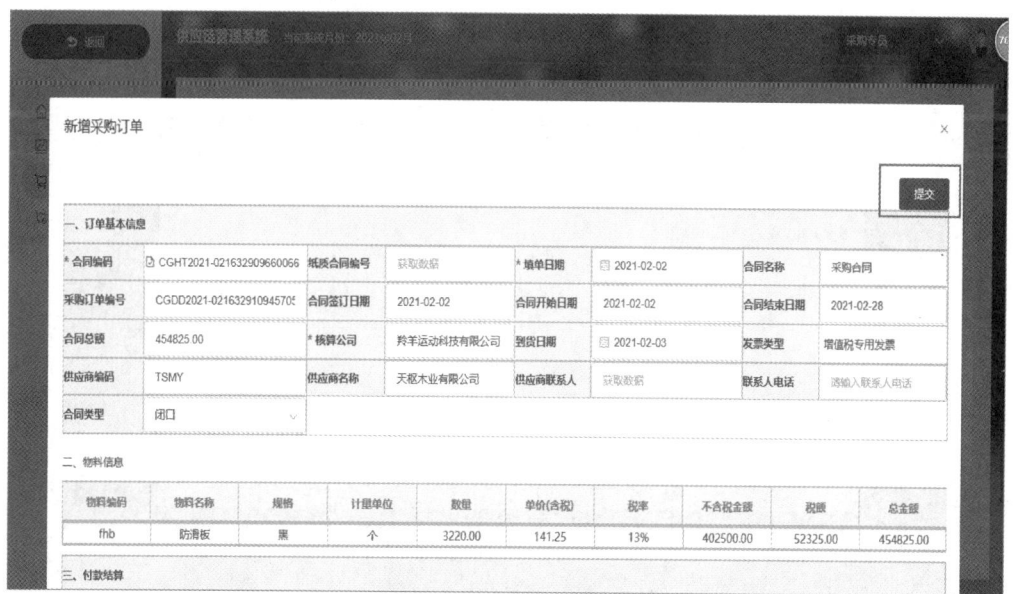

图 4-76　采购订单提交

(4)返回至【集团财务共享服务中心】界面,选择【审批角色】和【采购经理】,在【我的待办】栏中,依次单击【审批】—【通过】,完成采购订单的审批,如图 4-77 所示。

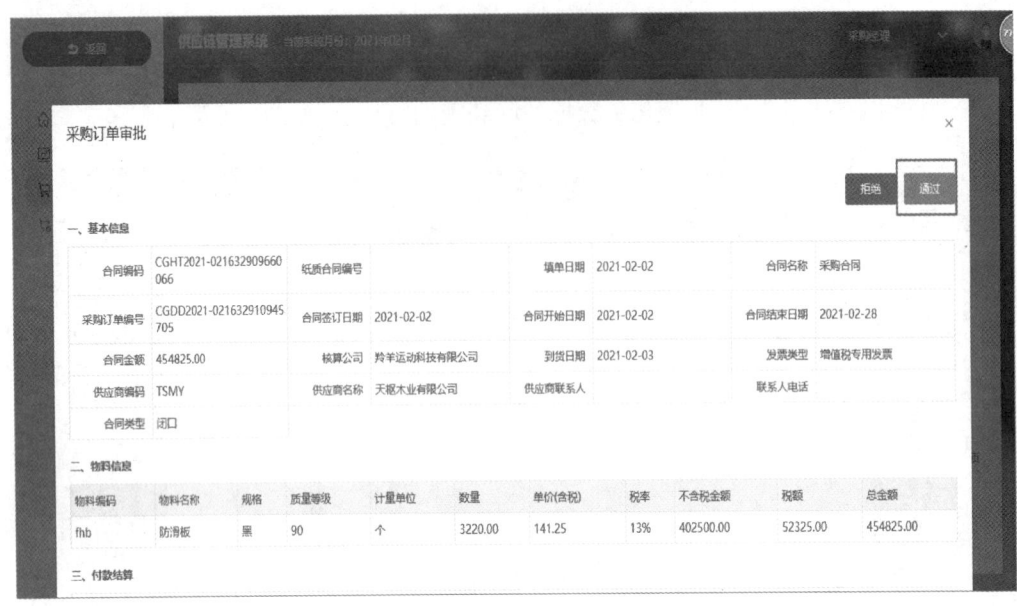

图 4-77 采购订单审批

2. 办理入库手续

供应商送货到公司仓库，仓库管理员进行质检入库，在系统中填写采购入库单，选择核算公司，完成材料入库。具体操作步骤如下：

(1) 返回至【集团财务共享服务中心】界面，按照选择的供应商不同的付款方式决定先进行付款还是先验收入库。本业务是"货到付款"方式，所以先由仓库管理员单击【质检并入库】。

(2) 单击进入【新增入库单】，选择关联相关的采购订单信息，如图 4-78 所示，数据关联后，单击右上角的【提交】，如图 4-79 所示。

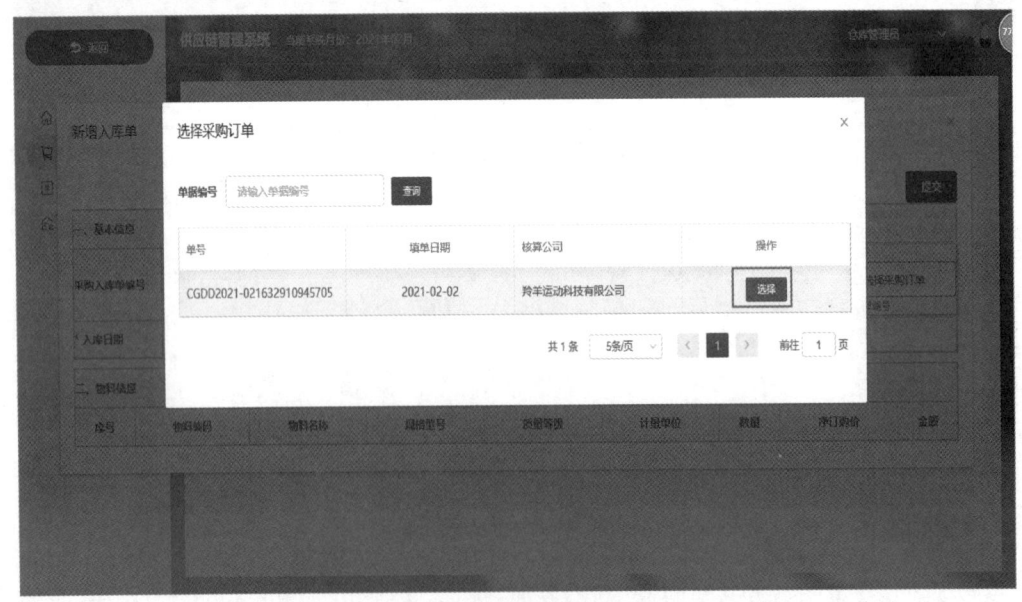

图 4-78 选择采购订单

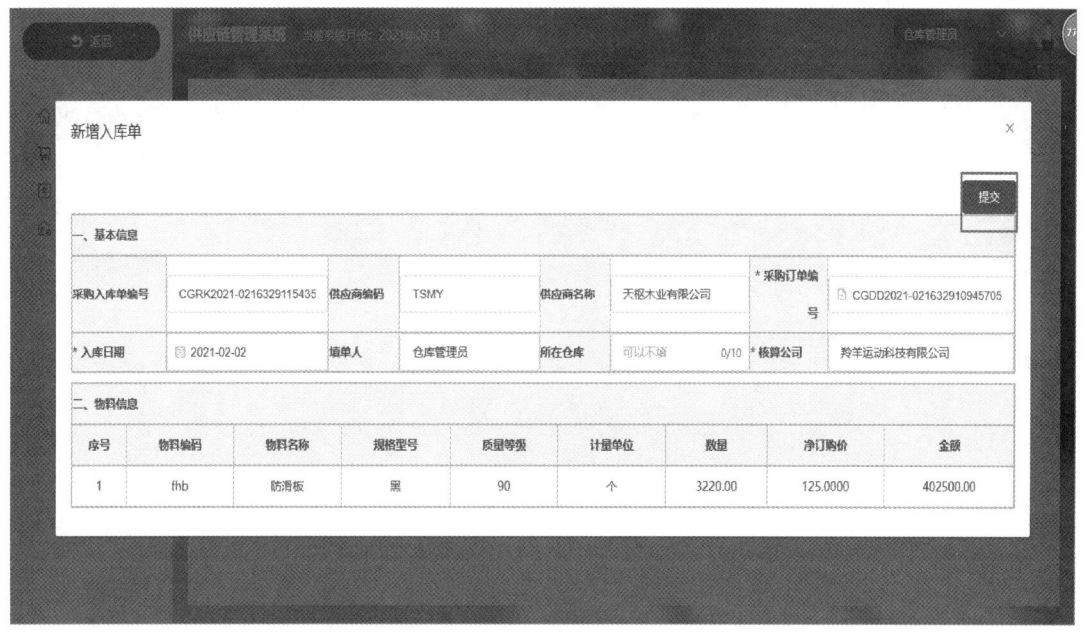

图 4-79 入库单提交

(3) 单击【生成凭证】,系统自动生成采购入库凭证,如图 4-80 所示。

图 4-80 生成凭证

3. 审核入库凭证

财务共享中心经理在系统中审核采购入库单和采购入库的记账凭证,审核无误后,推送给采购部的采购专员。具体操作步骤如下:

（1）返回至【集团财务共享服务中心】界面，选择【共享中心审批】和【共享中心经理】，在【我的待办】栏中单击【审批】，如图 4-81 所示。

图 4-81　审核入库凭证(1)

（2）找到相应的凭证，单击【审核】，如图 4-82 所示。

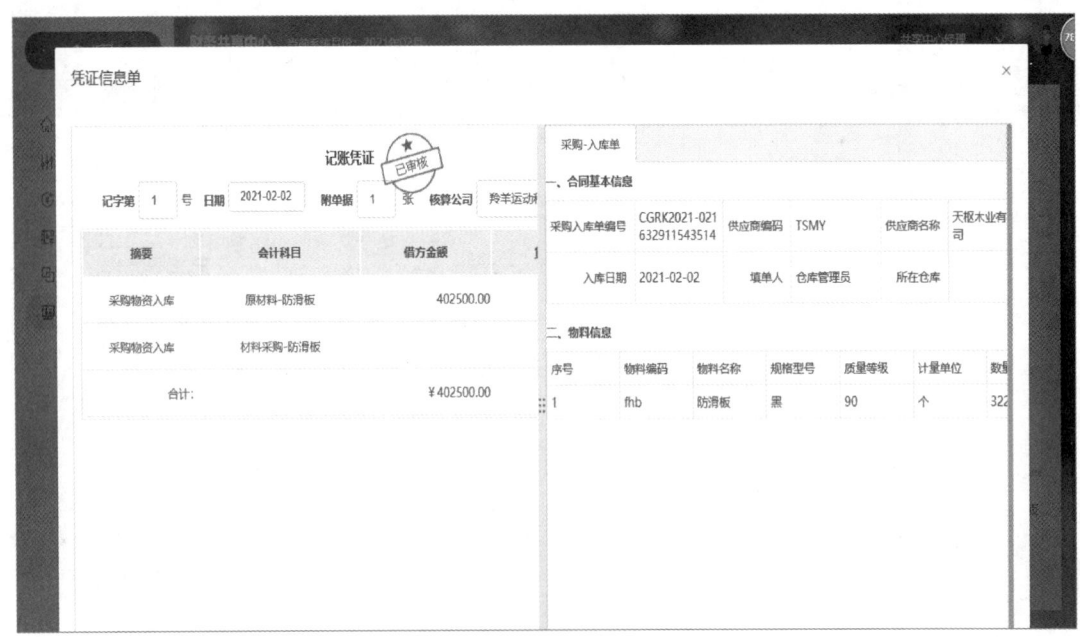

图 4-82　审核入库凭证(2)

4. 收取发票

【任务要求】 收货当日,采购专员收到了供应商发来的电子专用发票,采购专员于当日确认发票,并推送财务共享中心进行相关的账务处理。

采购专员在系统中收取发票,并将发票推送给财务共享中心派单员。具体操作如下:

返回至【集团财务共享服务中心】界面,选择【业务角色】和【采购专员】,在【我的待办】栏中,找到采购专员收取发票,依次单击【收取】—【确定】,如图4-83、图4-84所示。

图4-83 收取发票(1)

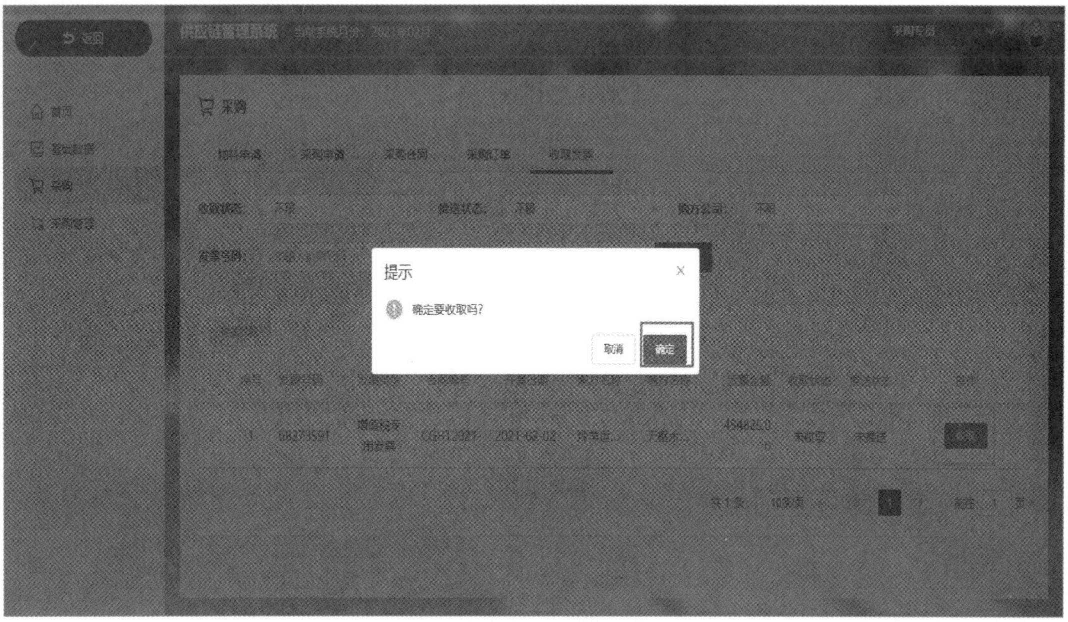

图4-84 收取发票(2)

5. 任务派单

财务共享中心派单员在系统中将采购发票的任务派送给财务共享中心应付会计。具体操作步骤如下：

（1）返回至【集团财务共享服务中心】界面，选择【共享中心操作】和【共享中心派单员】，在【我的待办】栏中，单击【派单】，如图 4-85 所示。

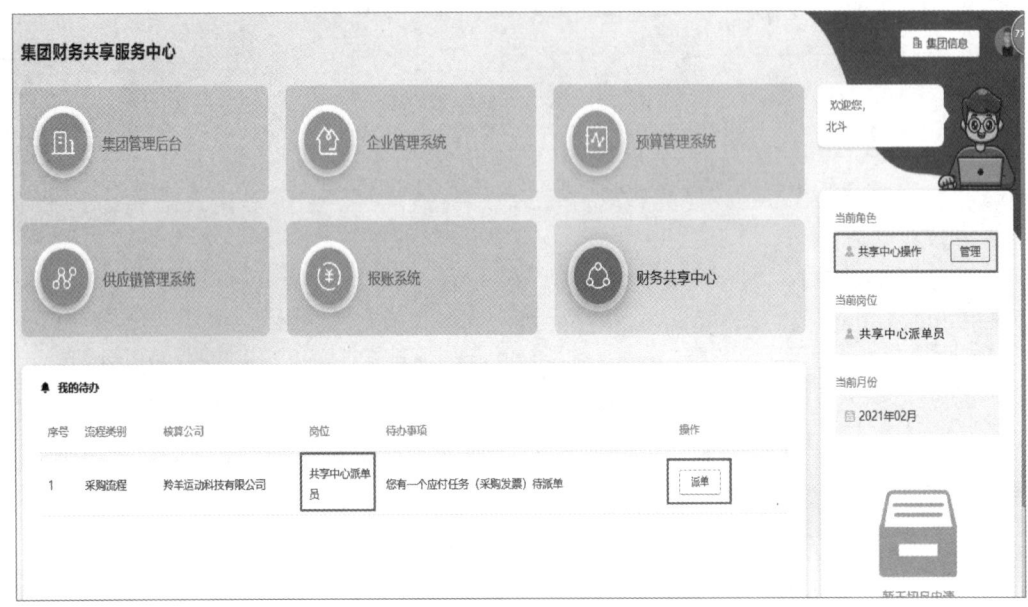

图 4-85　任务派单(1)

（2）单击【派单】，任意选择其中一位应付会计，单击【确定】，如图 4-86 所示。

图 4-86　任务派单(2)

6. 发票录入

财务共享中心应付会计取得发票后,在系统中进行发票信息录入。具体操作步骤如下:

(1) 返回【集团财务共享服务中心】界面,选择【共享中心操作】和【共享中心应付会计1】,在【我的待办】栏中,依次单击【录入】,如图4-87、图4-88所示。

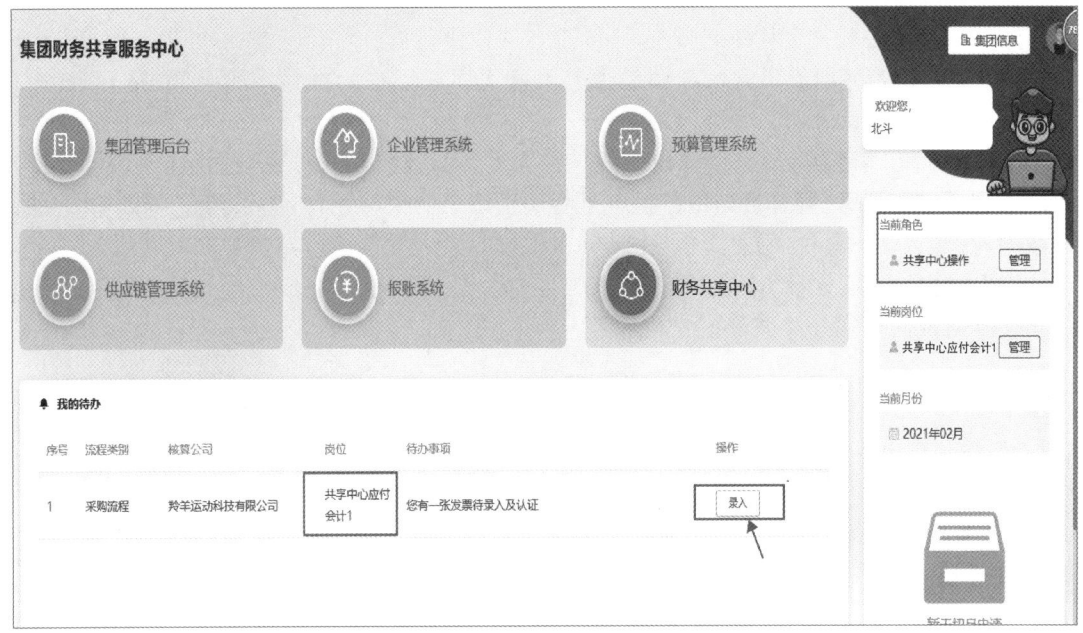

图4-87 发票录入(1)

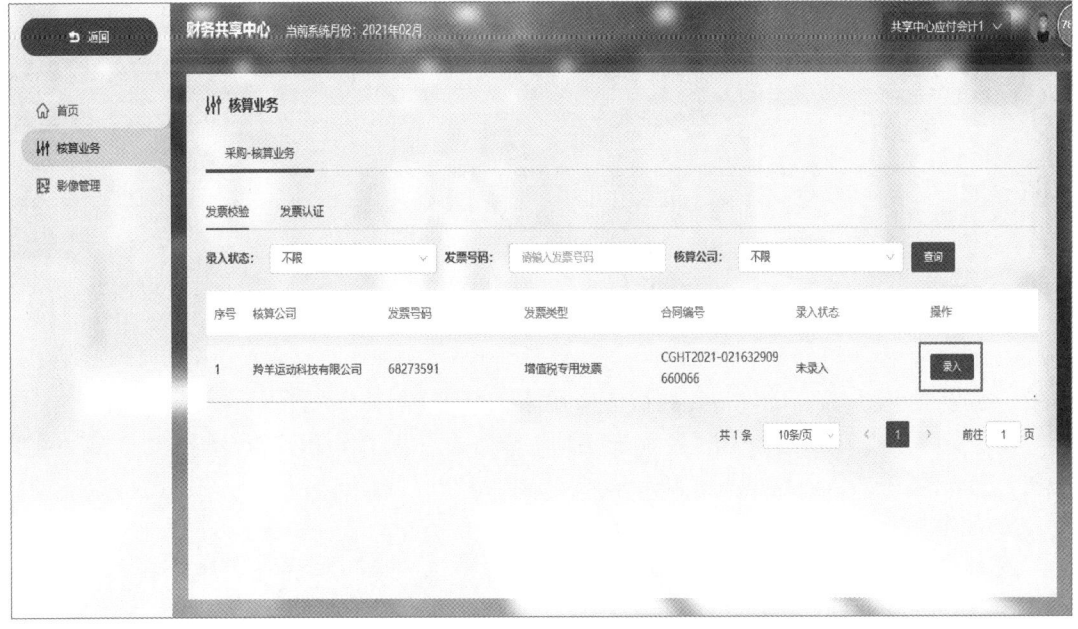

图4-88 发票录入(2)

（2）在系统中选择采购专员提供的采购订单编号，系统将自动调取金额数据，选择发票上的开票日期为发票日期，选择当前日期为过账日期，选择发票上的税率，系统自动计算税额，并在【摘要】处输入凭证摘要。

（3）进入发票影像，填写税率和摘要，单击右上角的【保存】。

7. 发票校验

财务共享中心应付会计录入发票后，需要核对以下内容：

（1）发票录入界面的不含税金额是否与采购入库凭证中的材料入库金额、结算金额及采购入库单中的金额相符。

（2）选择【税率】为"13%（增值税一般纳税人）"，勾选【自动计算税额】复选框，系统将自动生成税额，核对该税额是否与增值税电子专用发票上的税额相符，如果相差0.03以上的，则取消勾选【自动计算税额】复选框，手动输入税额。录入发票信息如图4-89所示。

以上信息核对无误后，单击【保存】，系统自动生成记账凭证，完成发票校验，并将记账凭证提交给财务共享中心经理审核。

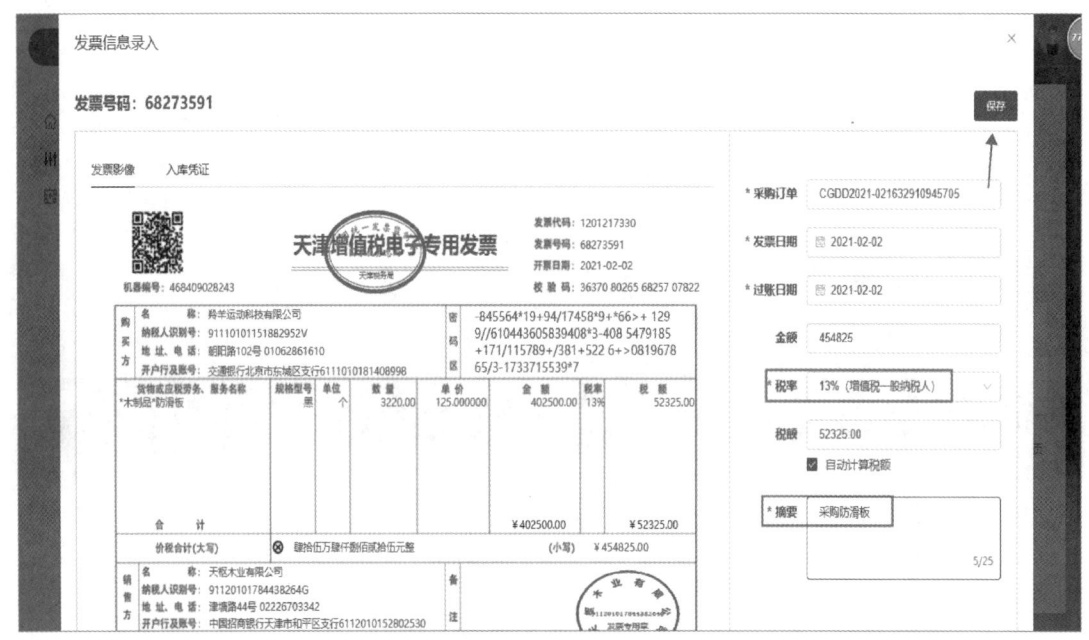

图4-89 录入发票信息

8. 发票认证

完成发票校验后，需要进行发票认证。具体操作如下：

财务共享中心应付会计单击【发票认证】，勾选相关信息，填写【有效税额】为"52 325.00"，单击右上角的【发票认证】，如图4-100所示。

9. 审核凭证

财务共享中心经理需要对记账凭证（应付）进行审核，完成记账凭证的审核任务，采购流程结束。具体操作如下：

返回至【集团财务共享服务中心】界面，选择【共享中心审批】和【共享中心经理】，在【我的待办】栏中，单击【审核】，找到需要审核的凭证，再单击【审核】，如图4-91所示。

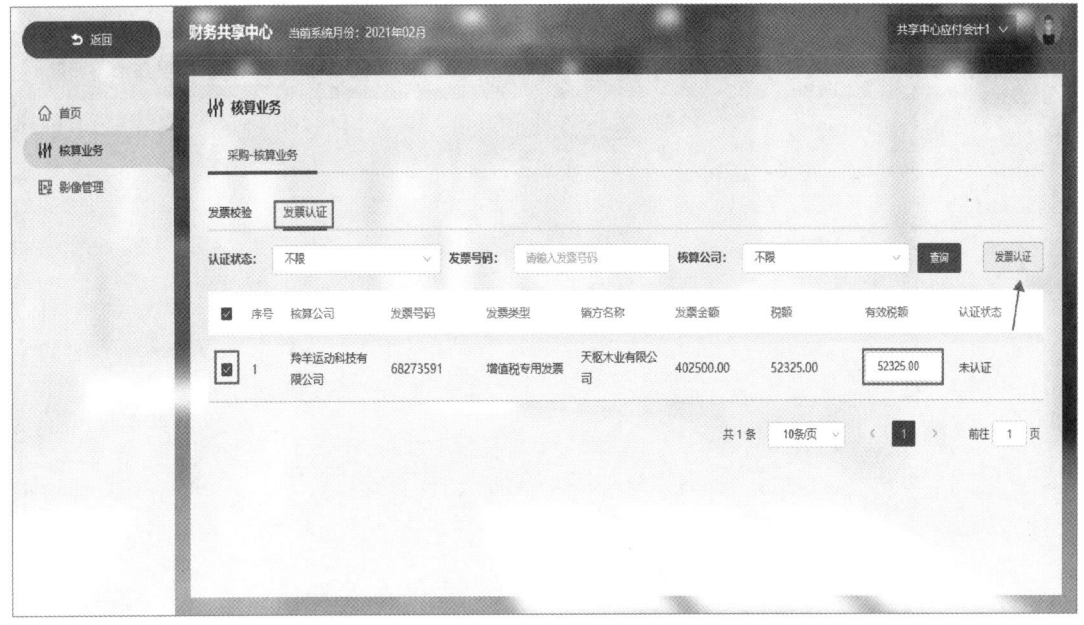

图 4-90 发票认证

图 4-91 审核凭证

三、采购费用申请

1. 填写采购费用申请单

（1）返回至【集团财务共享服务中心】界面，选择【业务角色】和【采购专员】，在【我的待办】栏中，依次单击【新增】—【申请】，如图 4-92 所示。

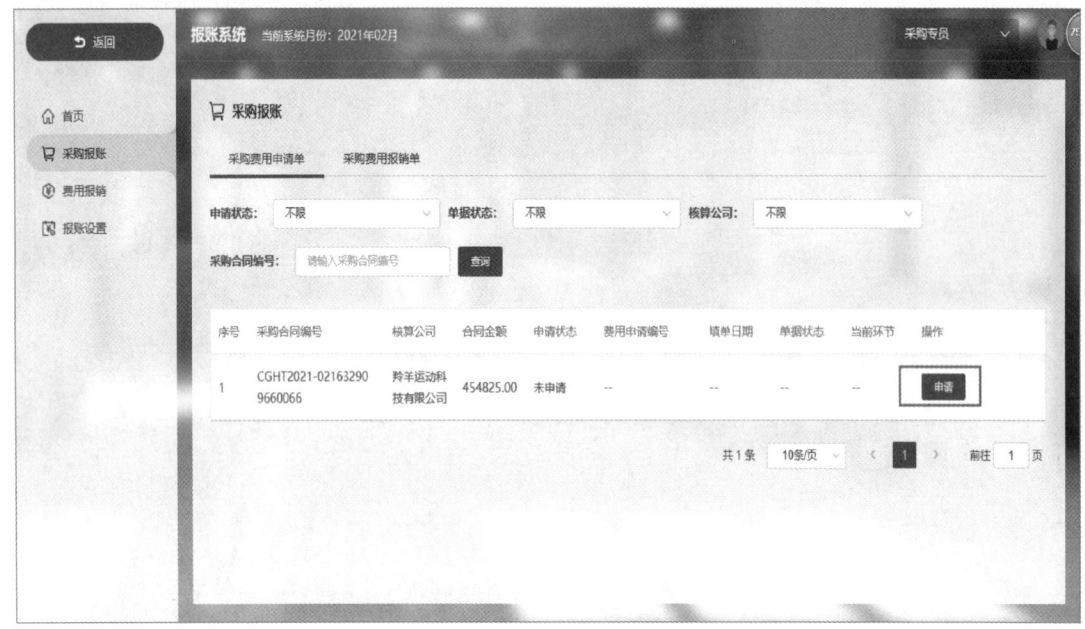

图 4-92　新增采购费用申请

（2）填写费用申请单相关信息后，单击右上角的【提交申请】，如图 4-93 所示。

图 4-93　提交采购费用申请

2. 审批采购费用申请单

返回至【集团财务共享服务中心】界面，选择【审批角色】和【采购经理】，在【我的待办】栏中，依次单击【审批】—【通过】，如图 4-94 所示。

图 4-94 审批采购费用申请

3. 填写采购费用报销单

(1) 返回至【集团财务共享服务中心】界面,选择【业务角色】和【采购专员】,在【我的待办】栏中,依次单击【新增】—【报销】,如图 4-95 所示。

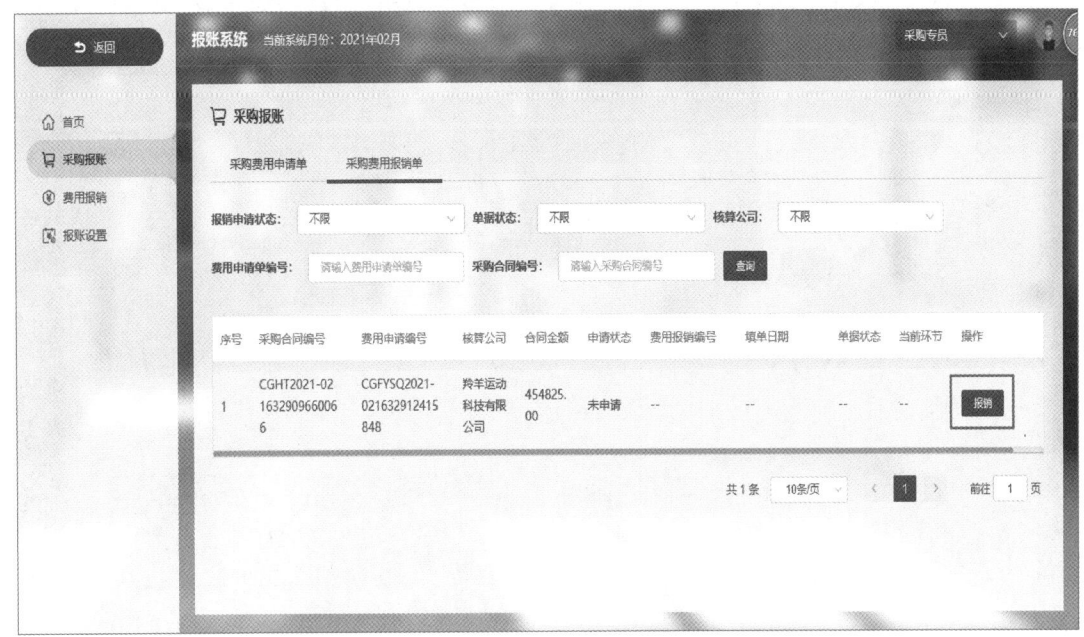

图 4-95 新增采购费用报销

(2) 录入相关费用报销单的信息后,单击右上角的【提交申请】,如图 4-96 所示。

图 4-96　提交采购费用报销申请

4. 审批采购费用报销单

（1）返回至【集团财务共享服务中心】界面，选择【审批角色】和【初审员】，在【我的待办】栏中，依次单击【审批】—【通过】，如图 4-97 所示。

图 4-97　审批采购费用报销

（2）依次切换【采购经理】和【财务经理】的岗位角色，进行费用报销单审批，如图 4-98 所示。

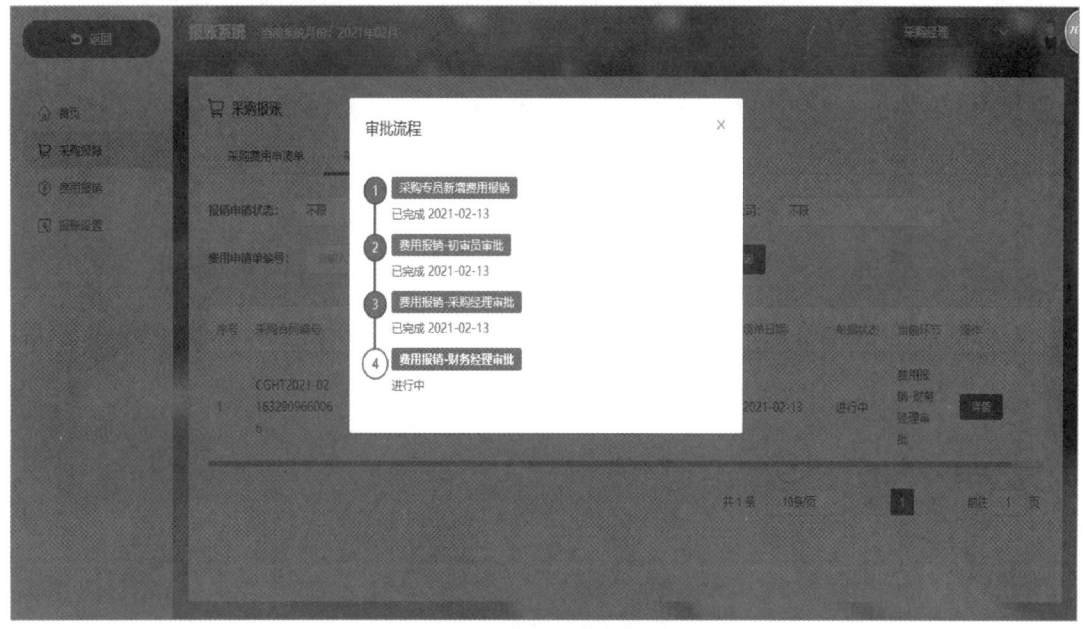

图 4-98　费用报销单审批流程

5. 任务派单

返回至【集团财务共享服务中心】界面，选择【共享中心操作】和【共享中心派单员】，在【我的待办】栏中，单击【派单】，选择任意一位资金会计，单击【确定】，如图 4-99、图 4-100 所示。

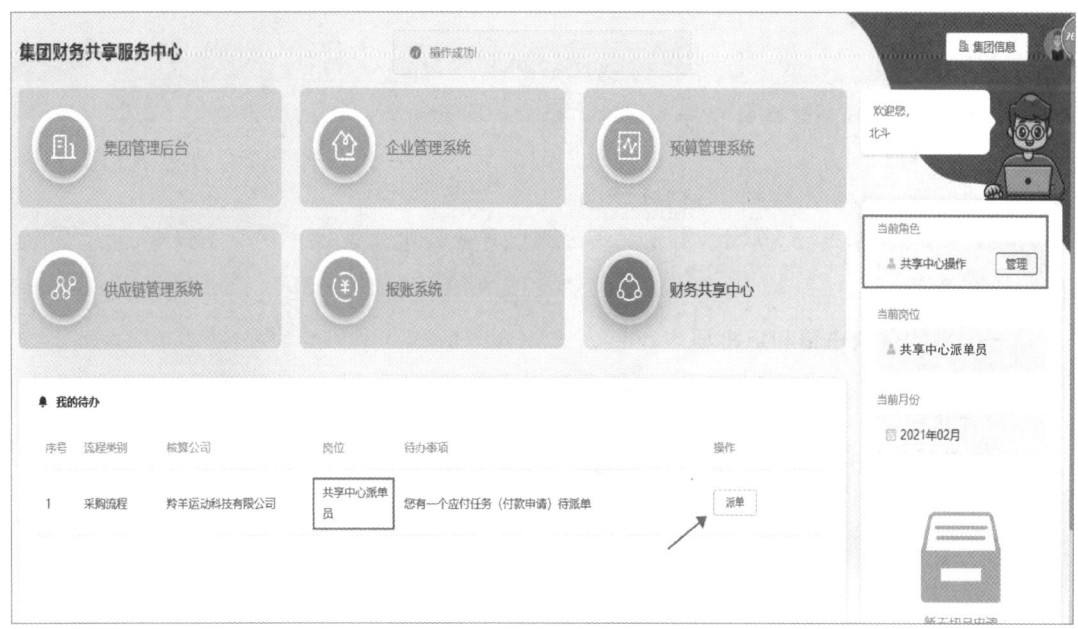

图 4-99　任务派单(1)

图 4-100　任务派单(2)

四、采购付款审核

在物资验收入库后,采购款项需按采购合同规定或采购订单所约定的时间,由采购部向财务部申请付款,统一支付。付款方式不恰当、执行有偏差,可能导致企业资金损失或信用受损,而付款申请单据不充分、不完整,相关审批权限模糊,可能导致企业资产损失、资源浪费或发生舞弊行为。

> **提示**
>
> 一般来讲,采购款项的结算方式根据合同签订的不同有以下两种方式:
>
> (1) 货到付款,是指先收货,后付款的方式,一般分为一次性付款和分期付款。正常情况下大部分的结算方式都采用货到付款。
>
> (2) 款到发货,是指先收款,后发货的方式。货源紧张或是供应商处于强势的情况下,采用这种方式。

(一) 采购付款申请和审批要点

在采购付款申请和审批过程中,需要注意以下三个方面。

1. 付款申请

采购专员应根据采购合同的付款约定,收集采购订单、材料入库单等相关单据及记录,核对合同的执行情况,汇总应付货款款项。

采购专员须及时填写付款申请单,并自行审核,确保数字准确无误。

2. 付款审批

在付款审批流程中,需要对付款申请进行逐级审批,审批要点主要有以下三个方面。

1) 采购部经理审批

审批目的:对采购付款业务的真实性、对方供应商名称、金额的准确性进行把关。

第四章 集团财务共享

审批要点：
(1) 审批付款申请单上的供应商名称、合同编号是否与对应的合同一致。
(2) 审批付款申请单上的付款金额、付款时间、付款频率是否与对应的合同一致。
2) 财务共享中心应付会计审批
审批目的：付款金额及供应商名称的再次确认。
审批要点：
(1) 查看付款申请单审批手续是否齐全。
(2) 审核付款申请单上的合同编号、供应商名称、付款金额与合同是否核对一致，防止重复、多付。
(3) 审核付款时间与合同规定是否一致，防止提前付款。
3) 财务共享中心经理审批
审批目的：从资金、时间的角度把关付款的时间和金额。
审批要点：
(1) 审批该资金申请是否在资金预算之内。
(2) 审批付款时间和金额是否与合同规定一致。
3. 支付货款
企业的资金未经适当审批或超越授权审批，可能会因重大差错、舞弊、欺诈行为而导致损失，因此，财务共享中心资金会计应当对采购业务的各种原始凭证进行审核，具体审核采购的各种单据和凭证是否齐备，内容是否真实，手续是否齐全，计算是否正确。审核无误后，进行款项支付。

(二) 采购付款操作步骤
【任务要求】 2021 年 2 月 13 日，采购专员针对本次采购发起了付款流程，付款金额为本次采购的应付款金额，建议付款日期为 2021 年 2 月 13 日。付款申请于当日通过审批，同时共享中心也完成了付款及账务处理相关工作，具体操作步骤如下。

1. 新增付款申请单
采购专员按照采购合同规定或采购订单所约定的时间，向财务部提出付款申请，新增付款申请单，并提交给采购经理审批后，推送给财务共享中心派单员。

2. 采购付款
(1) 返回至【集团财务共享服务中心】界面，选择【共享中心操作】和【共享中心资金会计1】，在【我的待办】栏中，单击【付款】，如图 4-101 所示。
(2) 对采购合同单和付款申请单进行审核，审核无误，在系统中单击【支付核销】进行款项支付，并单击查看银行电子回单，付款流程结束，如图 4-102、图 4-103 所示。

3. 生成凭证
财务共享中心应付会计在收到付款申请单后，需要对付款申请单进行审核，审核无误后，在平台中生成付款凭证，并提交给财务共享中心经理审核。具体操作步骤如下：
(1) 返回至【集团财务共享服务中心】界面，选择【共享中心操作】和【共享中心资金会计】，在【我的待办】栏中，单击【生成】。
(2) 在【银企互联】模块中，找到相对应的信息，单击【生成凭证】，如图 4-104 所示。

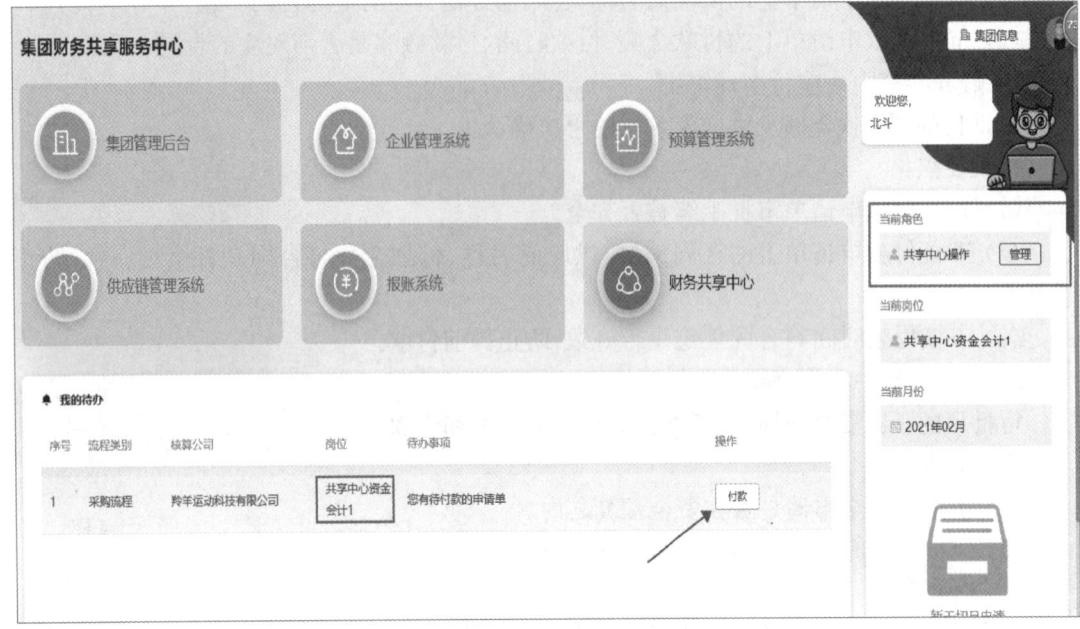

图 4-101 采购付款

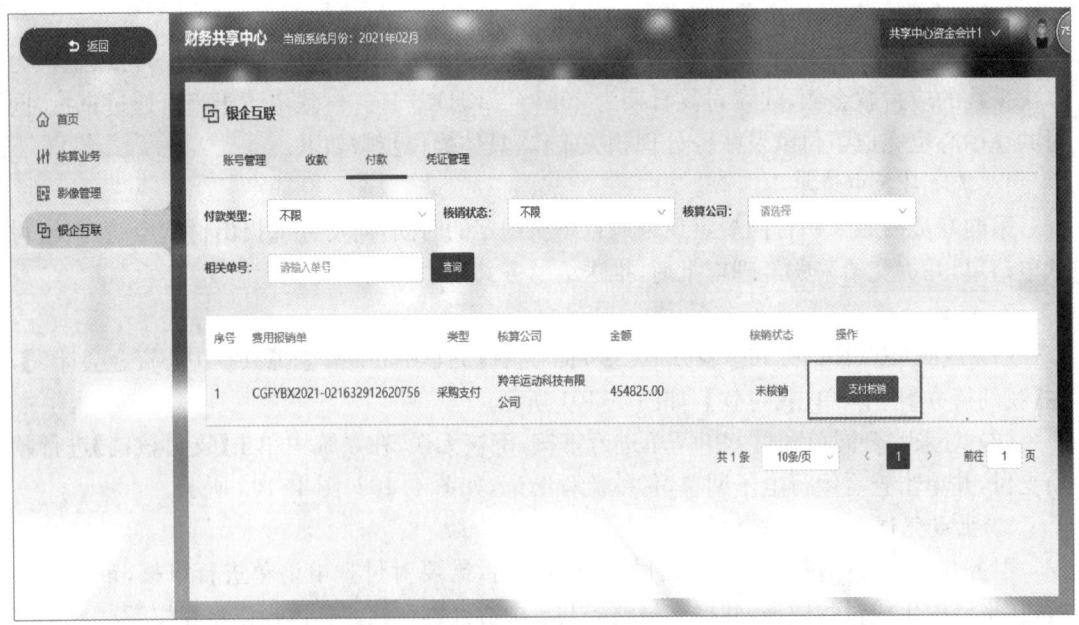

图 4-102 支付核销

图 4-103 支付成功

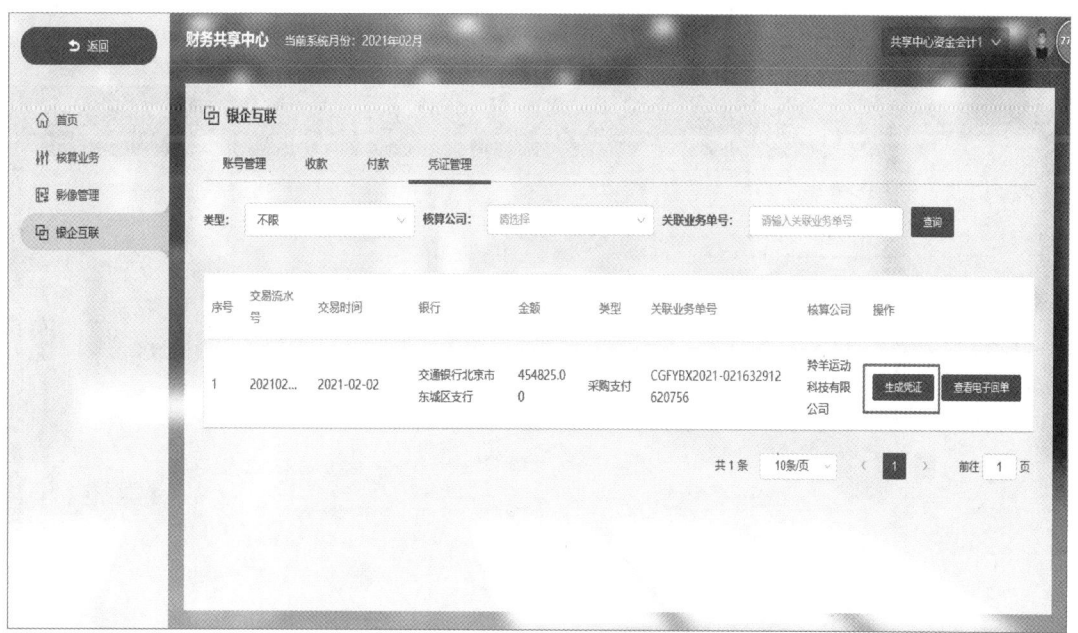

图 4-104 生成凭证

4. 审核凭证

（1）返回至【集团财务共享服务中心】界面，选择【共享中心审批】和【共享中心经理】，在【我的待办】栏中，单击【审核】，如图 4-105 所示。

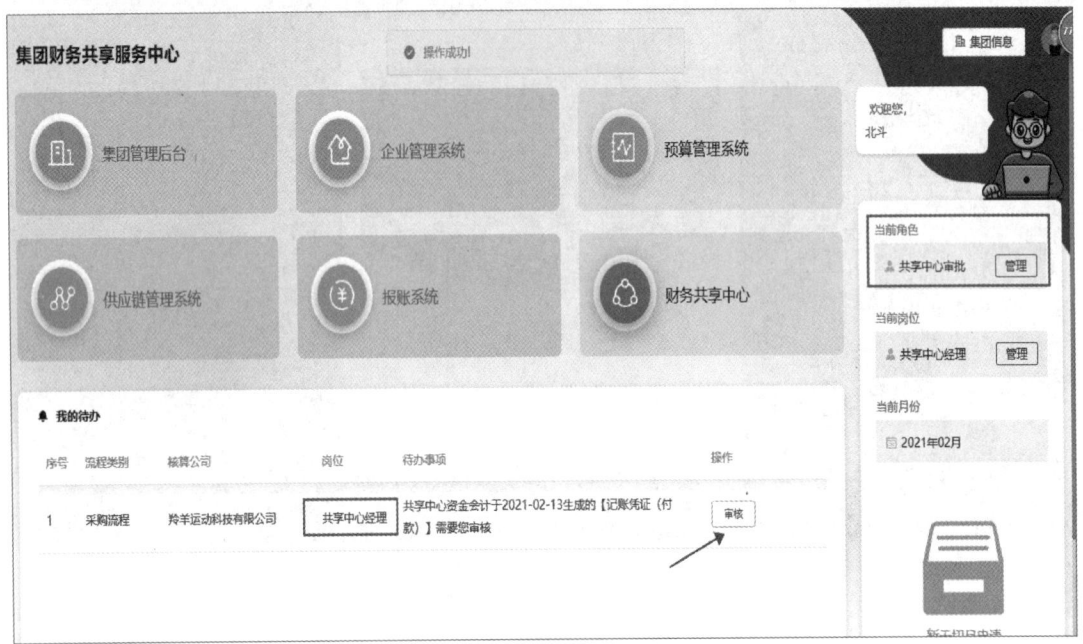

图 4-105　审核凭证(1)

（2）找到相应的凭证，单击【审核】，如图 4-106 所示。

图 4-106　审核凭证(2)

五、供应商对账

供应商对账,是指对供应商往来账款的核对,主要是应付账款的核对。通过向供应商询证某一时点应收账款的余额来进行,若出现差异,需找出差异原因,编制调节表,以保证账实相符。

(一) 对账前的准备工作

1. 对账工作涉及的岗位

对账工作可能涉及采购专员、财务共享中心应付会计、仓储管理员、总经理等岗位。

(1) 采购专员:负责在对账前将供应商的全部业务资料进行整理,并与公司财务部内部进行对账。

(2) 财务共享中心应付会计:负责从系统中导出供应商的往来账目,制作对账单,并与供应商财务人员进行核对。

(3) 仓储管理员:负责入库单、退货单、质检单、生产领用单的数据汇总与上报。

(4) 总经理:决定是否给供应商提供加盖公司印鉴的对账单。

2. 对账所需的资料

账簿、合同、发票、清单、资金往来凭证、出(入)库单,其他需要核对的资料。

(二) 对账程序

1. 编制对账单

财务共享中心应付会计,从系统中下载供应商信息并核对,核对无误后,编制往来对账单,同时递交给采购专员进行核对。

2. 采购专员核对账目

采购专员将自己整理的账目与财务共享中心应付会计的账目进行核对,核对无误后传递给供应商财务部核对。

3. 供应商应收会计审核对账单

供应商应收会计收到往来对账单后,应及时核对账目,核对无误后在对账单上签章确认,并将签章确认的对账单回传给采购专员;若核对有误应写明原因,再回传给采购专员。

4. 采购专员确认核对信息

采购专员收到供应商应收会计已签章确认的对账单后,应及时核对信息,核对无误后在对账单上签字确认并递交给财务共享中心应付会计;若核对有误,应找出原因,并递交给财务共享中心应付会计编制调节表。

(三) 对账注意事项

1. 对账资料除余额外还应当附上明细资料,否则不予对账

(1) 供应商应提供最后一次对账以来的账目资料。

(2) 若以前从未进行过对账的,必须提供自双方开始业务往来以后的所有账目资料。

(3) 对于对方因财务决算审计发函要求核对账面余额的,同样应按照上述原则办理。

2. 对账资料非财务部门出具的,不予对账

供应商销售部门账目可能与其财务部门账目不符,对账基数存在问题,会给以后的双方清算带麻烦。因此,双方核对的账目应以财务账目为准。

3. 多年无业务往来的供应商,对账时必须格外注意,确认供应商的身份

对于多年无业务往来的供应商,不太了解其近年来的情况,可能原有企业已解体、改制,

现在对账以及未来催款都可能是个人行为,并不代表原企业,可能对账人并不具有索偿权利。

第五节 销售与收款核算

课程思政

销售与收款业务流程,如图 4-107 所示。

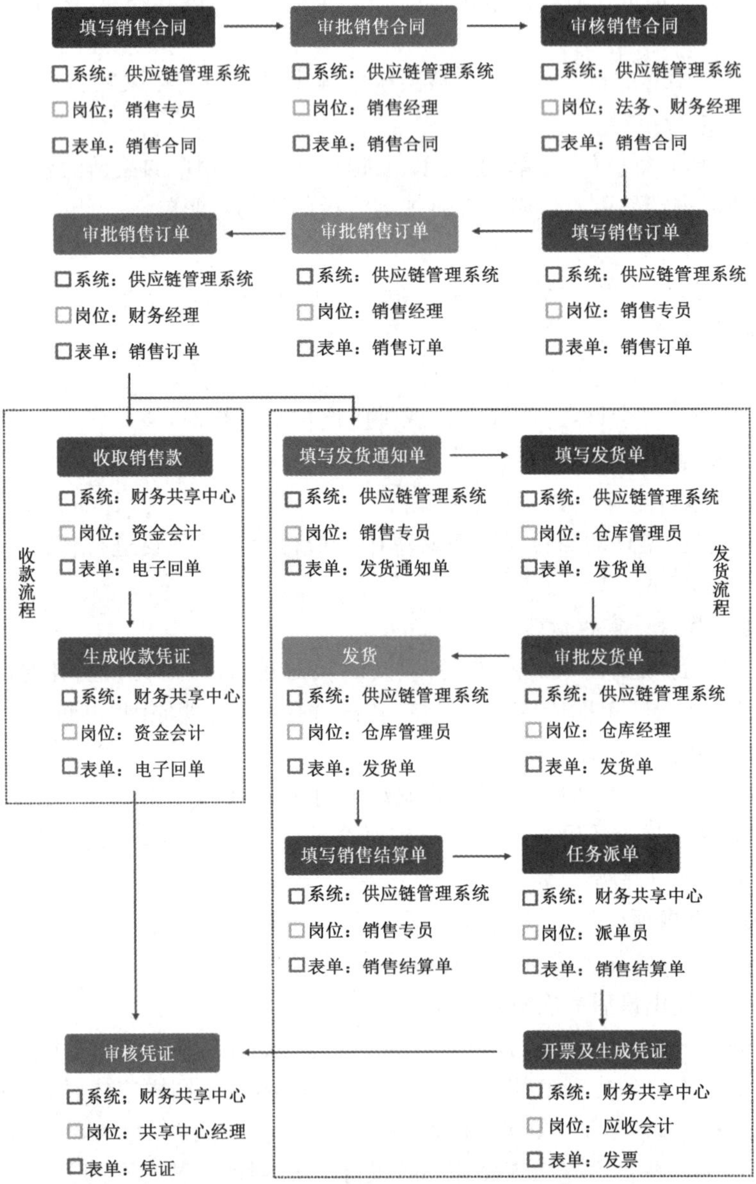

图 4-107 销售与收款业务流程

销售与收款业务涉及的岗位、流程节点和表单如下:

(1) 涉及岗位：销售专员、销售经理、仓库管理员、仓库经理、财务经理、法务、财务共享中心应收会计、财务共享中心资金会计、财务共享中心经理。

(2) 流程节点：客户谈判、草拟销售合同、合同审批、创建销售订单、创建发货单、发货出库、创建销售结算单、开具发票、收款对账。

(3) 应用表单：销售合同、销售订单、发货通知单、发货单、销售结算单、电子回单。

一、销售合同审核

销售合同，是企业在销售商品或者提供劳务时与客户签订的，用来约束双方当事人权利与义务的商务性的契约文件。合同内容一般包括客户信息、标的、数量、质量、合同价款、履约期限、地点和方式、违约责任、解决争议的方法、付款方式、发票开具。

企业想要在市场上立足，需要依靠法律手段来保护自己的合法权益，而依法签订的合同是受法律保护的，一旦出现纠纷，合同就是最直接、最有效的证据。因此，对合同进行有效的审核，是防范企业合同风险的要点。

（一）销售合同审核要点

财务经理对销售合同进行审核，审核时需要关注以下五个方面。

1. 客户信息

在签订销售合同前，要认真审查客户是否合格，综合对客户进行评审，确定客户信用等级，并将客户信息由专人维护到财务共享中心平台，以方便管理。对客户信息的审查，主要有以下三个方面。

1）主体资格审查

合同主体资格，是合同生效的首要条件。主体资格就是合同当事人要具有相应的民事行为能力和民事权利能力。主体资格的审查主要是营业执照和客户信息。

（1）营业执照的审查主要包括查验客户的营业执照，判断营业执照是否伪造，是否由工商行政管理部门核发，是否被吊销，是否具备签订合同必备的主体资格。

（2）客户信息的审查主要包括查看销售专员是否将客户主体资格资料维护到财务共享中心平台并进行详细记录；有效期内的营业执照副本复印件是否已经归档。

2）客户信誉审查以及信用政策选择

客户具备了签订合同的主体资格并不代表其一定能完全按照合同约定履行义务。为了减少不必要的损失，在签订销售合同之前，必须调查客户的商业信誉，即审查客户信用报告和过往业务记录。

（1）审查客户信用报告。由客户提供企业信用报告或者经过客户授权查询其信用报告，审查信用报告中是否有违约还款等违约情况，或违约次数占其交易次数、违约金额占其交易金额的比例，根据本公司客户信用政策给出客户信誉值。

（2）审查客户的过往业务记录。主要审查该客户近三年在本公司的发货、回款情况，以及是否有不良信用记录，根据公司信用政策给出客户信誉值。

> **提示**
>
> 根据客户信用报告和过往业务记录确定客户信誉值，同时测算出客户在本公司的最终信誉值，并将"企业信用报告"上传至财务共享中心平台，维护到"客户信息表"中。综合客户信息，给出客户信用等级评价，最终确定其赊账政策及信用期。

3）客户还款能力审查

市场瞬息万变，即使具备主体资格，具有良好的信誉也不一定具有按期还款的能力。因此，还需要审查客户按期还款的能力防止到期收不回货款而给公司造成损失，即主要审查客户近三年的财务报表，并进行测算，分析出客户的短期偿债能力和持续盈利。

2. 合同价款

企业会在不同的时期、不同的产品系列，针对不同的客户、不同的购买量制定不同的售价策略，因此对合同价款的审查，应包括以下三个方面：

（1）在签订销售合同时，要注意产品价格是否经过合理的授权审批。

（2）审核合同产品价格是否超出产品定价控制区间。若超出，是否有相应的审批手续，测算合同利润，并给上级领导提出签订建议。

（3）审核合同条款中商品的金额和税额是否分开列示。

> 提示
>
> 根据税法规定，对于赊购合同来说，如果价税分离，则印花税以不含税合同金额作为计税基础；反之，则以价税合计数作为计税基础。

3. 结算方式

对于销售合同结算方式的审查，主要包括以下两个方面。

1）客户的结算条款是否符合公司的信用管理规定

客户的预付款项、付款进度等是否与客户的信用政策相匹配。例如，信用等级为 A 的客户，付款进度相对宽松，允许赊销；信用等级为 C、D 的客户则不允许赊销。

2）合同结算方式是否符合公司的相关规定

公司明确规定采用银行转账等电子结算方式的，不得在合同中规定其他结算方式。

4. 代垫运费

实务中，对代垫运费条款描述不同，其增值税缴税金额会有很大差别，因此对于代垫运费主要审查以下两个方面：

（1）承运部门开具的运费发票抬头是否是购货方。

（2）发票的传递方式是否符合税法规定的免除方式。

> 提示
>
> 根据《中华人民共和国增值税暂行条例实施细则》第十二条规定，同时符合以下条件的代垫运费不包括在价外费用中，不并入销售额征收增值税：
>
> （1）承运部门的运费发票开具给购买方的。
>
> （2）纳税人将该项发票转交给购买方的。

5. 发票条款

在销售合同中，对于发票条款的审查主要有以下两个方面。

1）红字发票

审核合同中是否约定发生退货或销售折让时，客户需要配合开具红字专用发票的相关条款。

2) 避免虚开

合同条款中约定的发票抬头是否与客户信息一致，货物名称或服务名称、规格是否与本合同的标的一致，以防止被动虚开发票给公司造成损失。

(二) 合同签订及审核流程

【任务要求】 2021年2月2日，羚羊运动科技有限公司与中国北斗贸易有限公司签订闭口销售合同，合同有效期为2021年2月2日至2021年2月28日，其他相关条款如下：

(1) 合同标的：滑板车。
(2) 标的价格（含税）：960.5元/个。
(3) 增值税税率：13%。
(4) 销售数量：1 000个。
(5) 交货日期：2021年2月5日。
(6) 付款方式：货到付款（一次性付款）。
(7) 收款时间：2021年2月8日。

销售专员根据客户需求量，创建销售合同单，草拟合同内容，并提交给销售经理审批后，提交给财务经理会同法务进行审批。经过合理授权审批后的合同，降低了合同风险，可避免不必要的损失。具体操作步骤如下：

1. 填写销售合同

(1) 进入【集团财务共享服务中心】界面，选择【业务角色】和【销售专员】，进入【供应链管理系统】，依次单击【销售】—【新增销售合同】，如图4-108所示。

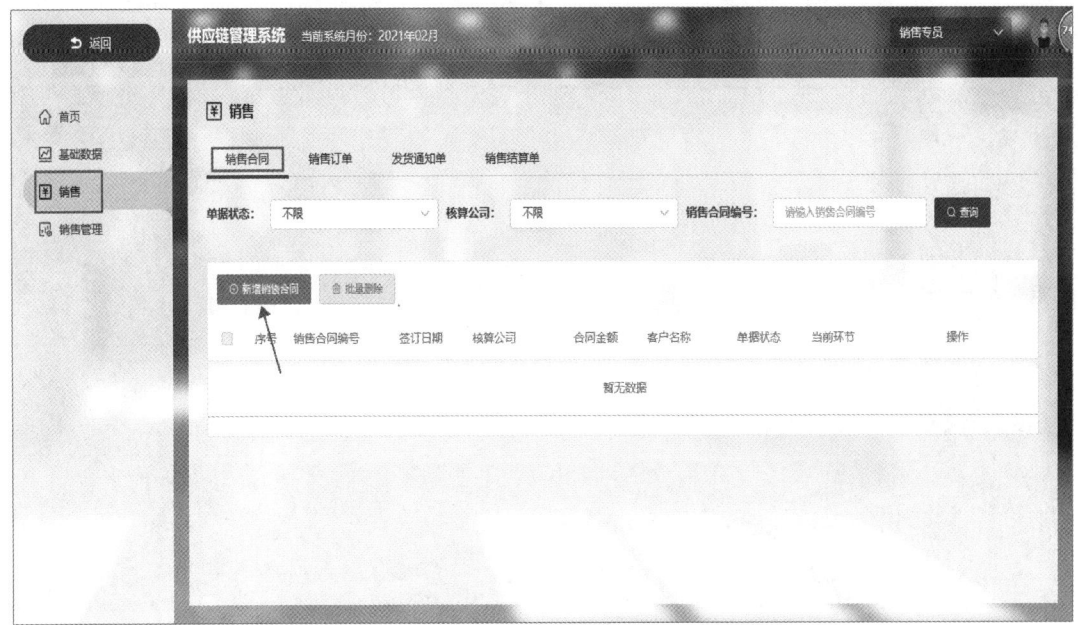

图4-108　新增销售合同

(2)单击【选择】,选择客户为【中国北斗贸易有限公司】,如图 4-109 所示。

图 4-109 选择客户

(3)单击【选择商品】,勾选销售的商品【滑板车】,单击右上角【确定】,如图 4-110 所示。

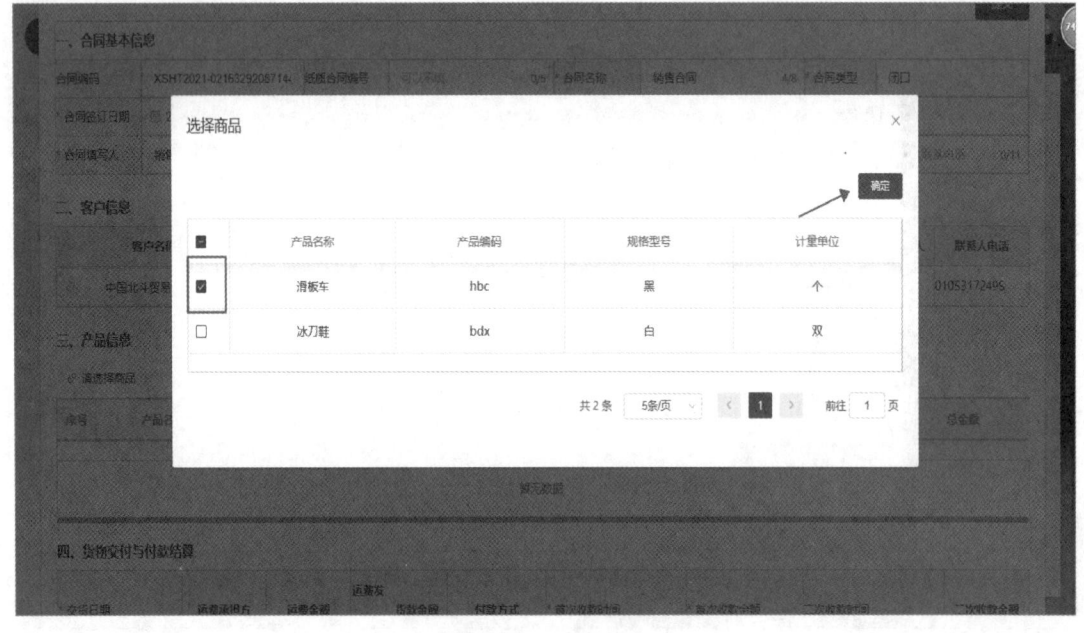

图 4-110 选择商品

(4) 根据任务资料，将销售合同全部填写完成后，单击右上角【提交】，如图 4-111 所示。

图 4-111　提交销售合同

2. 审批销售合同

返回至【集团财务共享服务中心】界面，选择【审批角色】和【销售经理】，在【我的待办】栏中，依次单击【审批】—【通过】，完成销售合同的审批，如图 4-112 所示。

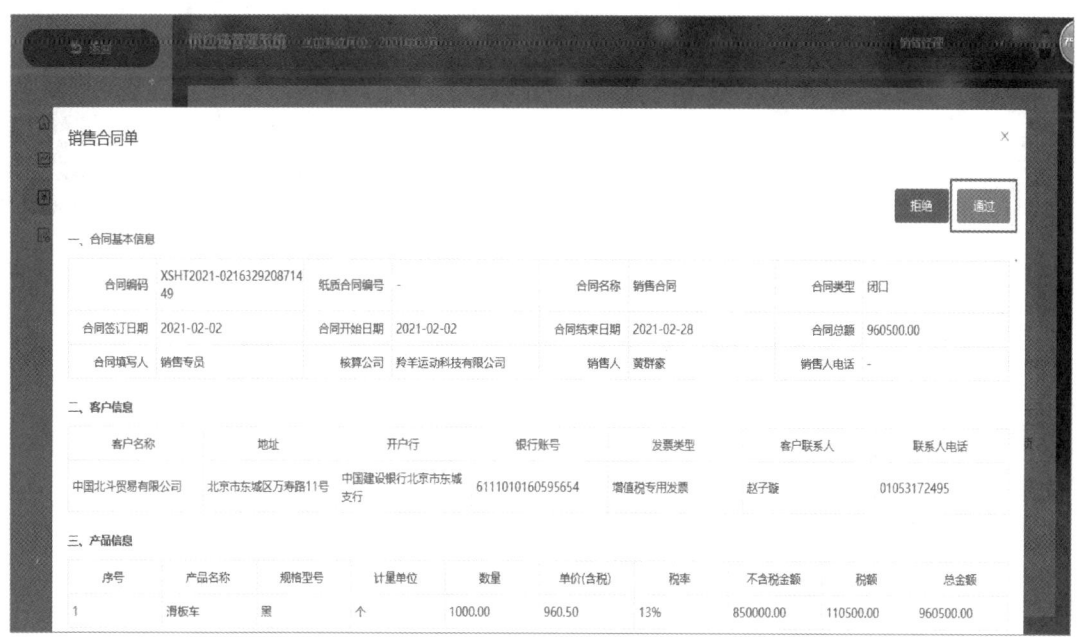

图 4-112　销售合同审批

3. 审核销售合同

返回至【集团财务共享服务中心】界面，选择【审批角色】，切换【财务经理】【法务】，在【我的待办】栏中，单击【审批】，完成销售合同的审批。

财务经理对销售专员发起的销售合同进行审核时，应注意以下几个方面：

（1）审核客户是否在企业的客户库中。通过查询系统中的客户信息表，可以看到浙江昌和有限责任公司已在客户库中。

（2）协同销售人员获取中国北斗贸易有限公司近三年的业务记录、审核回款情况、信用等级以及该公司有无不良信用记录等信息。根据该公司的信用报告，给予分期付款的赊销政策。

（3）产品销售单价是否符合公司的定价策略；商品的金额和税额是否已分开列示，不存在多缴税的风险。

（4）代垫运费由客户承担，承运部门的运费发票开具给客户，发票的传递方式是否符合税法规定的免除方式。

二、销售流程

【任务要求】 2021年2月5日，根据销售合同，销售专员填写销售订单。具体操作步骤如下：

1. 填写销售订单

（1）合同审批完成后，返回至【集团财务共享服务中心】界面，选择【业务角色】和【我的待办】，在【我的待办】栏中，依次单击【新增】—【新增销售订单】，如图4-113、图4-114所示。

图4-113 新增销售订单(1)

图 4-114　新增销售订单(2)

(2)选择相应的销售合同,单击【选择】,把相关的销售合同信息关联到销售订单中后,单击右上角【提交】,如图 4-115 至图 4-117 所示。

图 4-115　选择销售合同(1)

图 4-116 选择销售合同(2)

图 4-117 提交销售订单

2. 审批销售订单

(1)返回至【集团财务共享服务中心】界面,选择【审批角色】和【销售经理】,在【我的待办】栏中,依次单击【审批】—【通过】,完成对销售订单的审批,如图 4-118、图 4-119 所示。

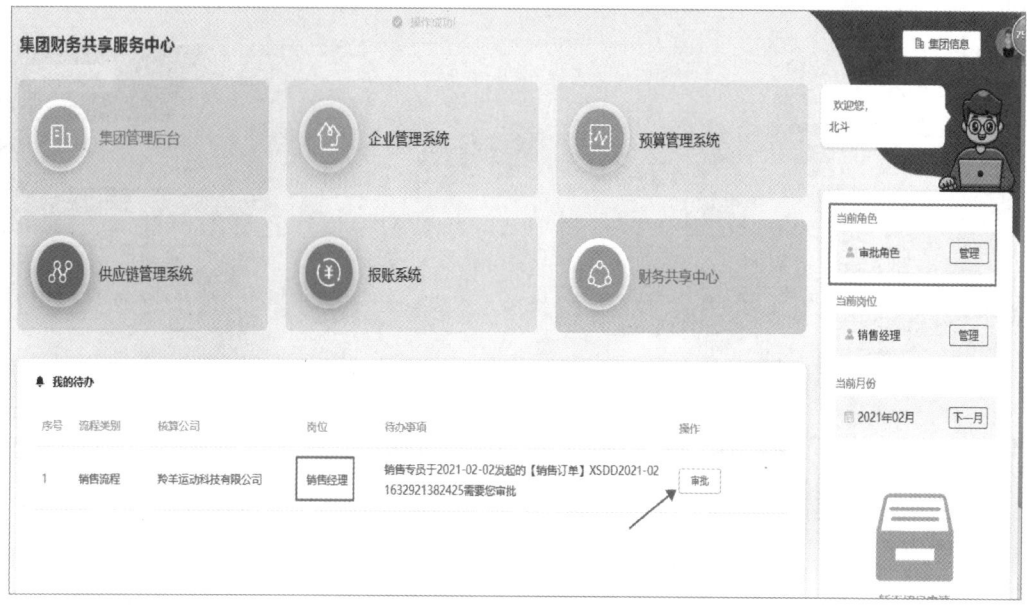

图 4-118　审批销售订单—销售经理(1)

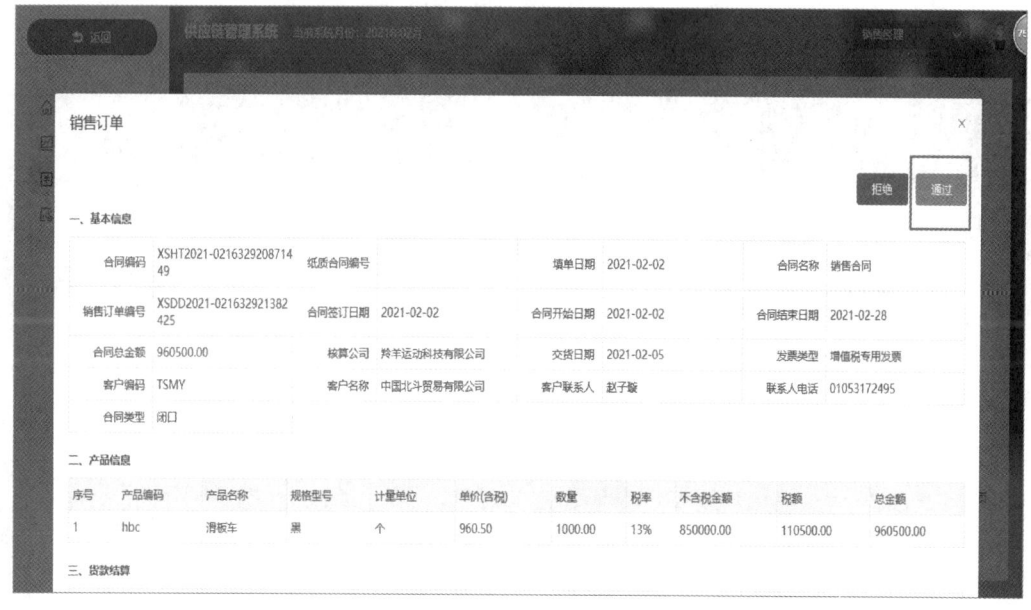

图 4-119　审批销售订单—销售经理(2)

（2）返回至【集团财务共享服务中心】界面，选择【审批角色】和【财务经理】，在【我的待办】栏中，依次单击【审批】—【通过】，如图 4-120、图 4-121 所示。

三、发货流程

1. 填写发货通知单

【任务要求】　2021 年 2 月 5 日，销售专员根据审批通过的销售订单填写发货通知，并发

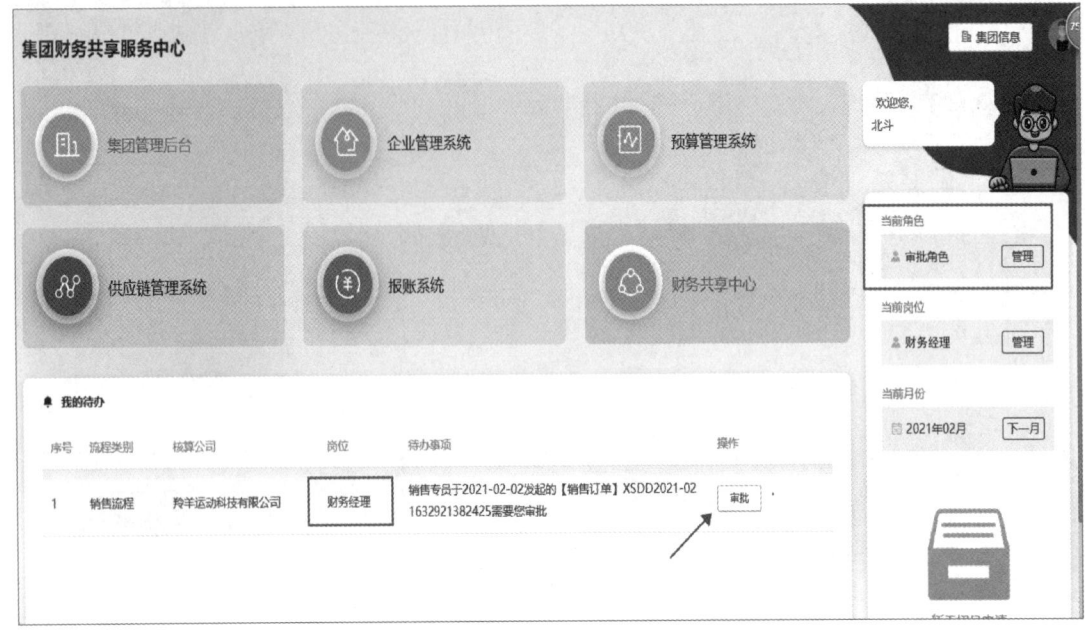

图 4-120 审批销售订单—财务经理(1)

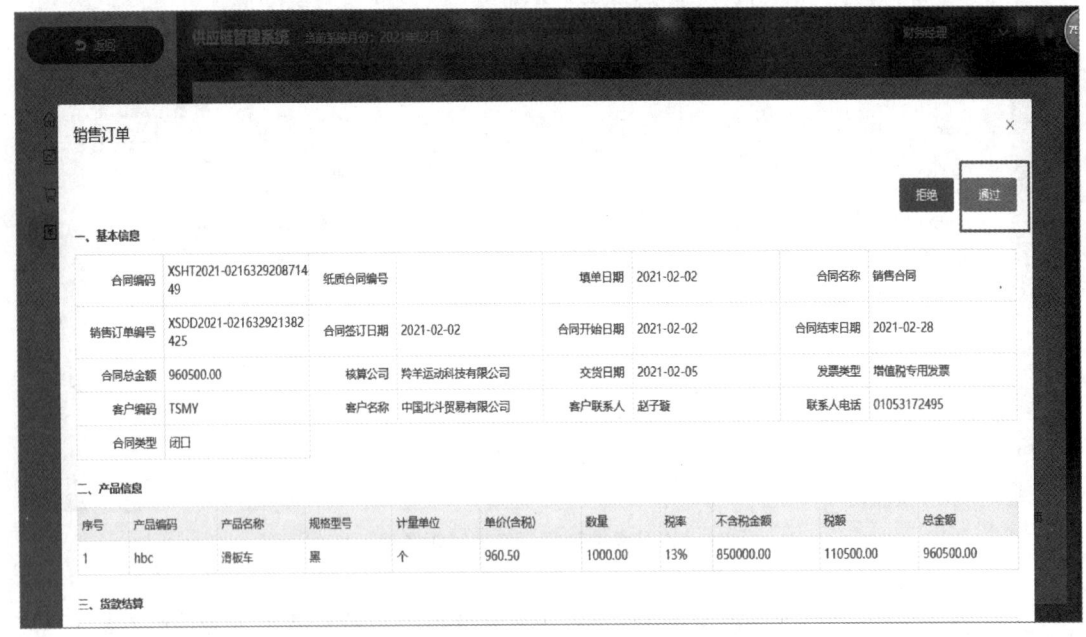

图 4-121 审批销售订单—财务经理(2)

给仓库管理员进行发货。具体操作步骤如下:

(1) 在【集团财务共享服务中心】界面,选择【业务角色】和【销售专员】,在【我的待办】栏中,单击【新增】,如图 4-122 所示。

第四章 集团财务共享

> **提示**
> 如果选择"货到付款"方式,则先进行发货流程;如果选择"款到发货"方式,则先进行收款流程。本任务中是"货到付款"方式,所以先进行发货流程。

图 4-122 新增发货通知单(1)

(2) 单击【新增通知单】,如图 4-123 所示。

图 4-123 新增发货通知单(2)

(3) 选择相应的销售订单，单击【选择】，如图 4-124 所示。

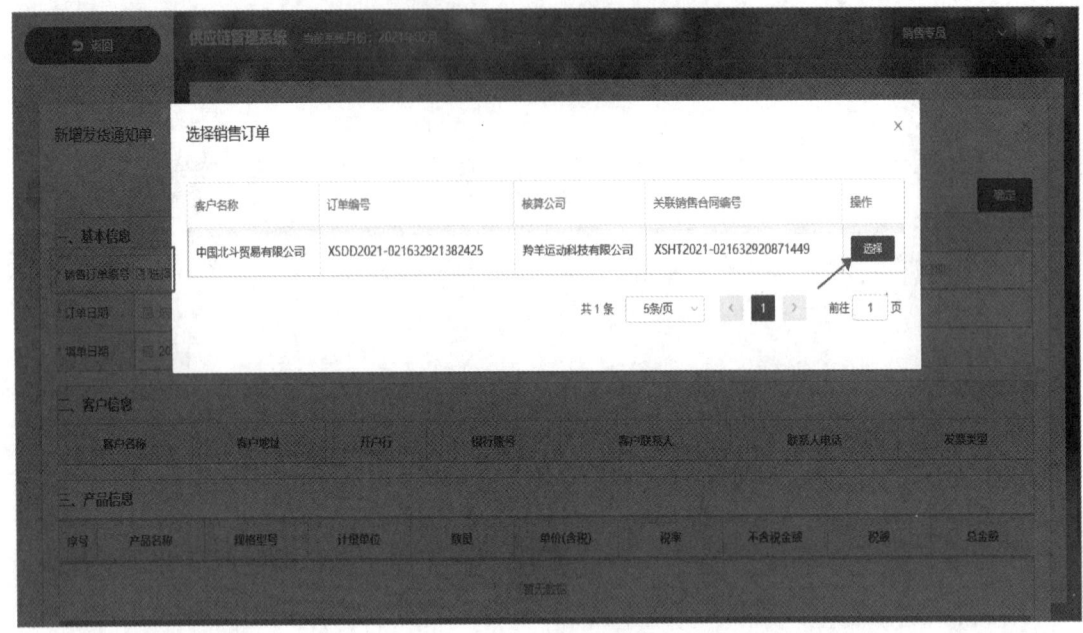

图 4-124 选择销售合同

(4) 把相关销售合同的信息关联过来后，单击右上角的【确定】，如图 4-125 所示。

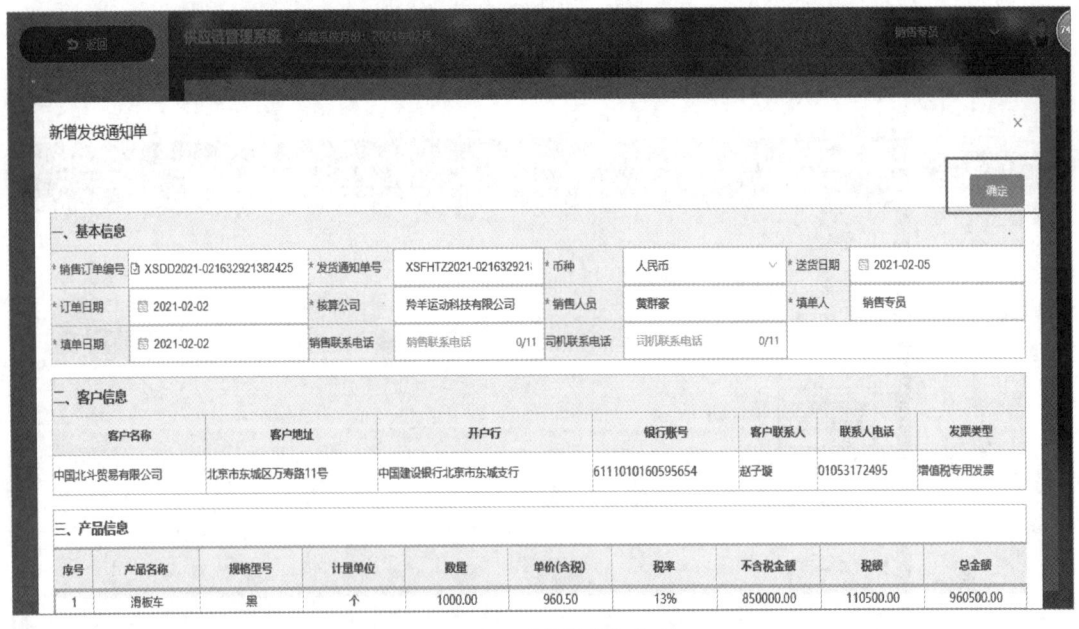

图 4-125 确认发货通知单

2. 填写发货单

【任务要求】 2021 年 2 月 5 日，仓库管理员根据接收到的发货通知单填写发货单，当天货物送达客户指定地点。具体操作步骤如下：

（1）返回至【集团财务共享服务中心】界面，选择【业务角色】和【仓库管理员】，在【我的待办】栏中，单击【新增】，如图4-126所示。

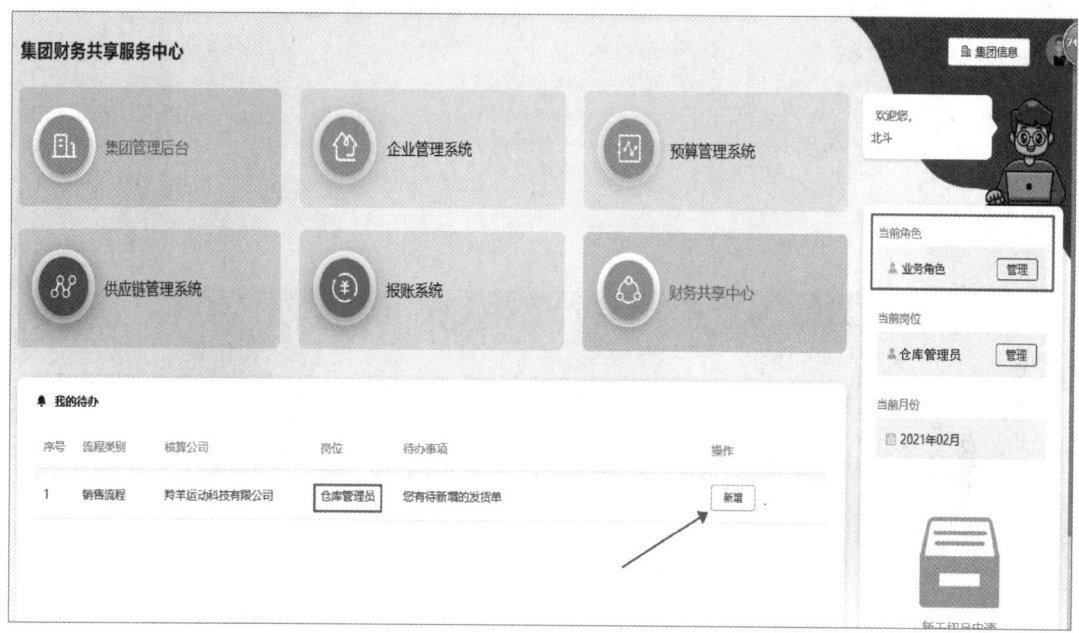

图4-126 新增发货单(1)

（2）单击【新增发货单】，如图4-127所示。

图4-127 新增发货单(2)

(3) 选择相应的发货通知单，单击【选择】，如图4-128所示。

图4-128 选择发货通知单

(4) 相关发货通知单的数据被关联到发货单后，单击右上角的【提交】，如图4-129所示。

图4-129 提交发货单

3. 审批发货单

返回至【集团财务共享服务中心】界面，选择【审批角色】和【仓库经理】，在【我的待办】栏中，依次单击【审批】—【通过】，如图4-130、图4-131所示。

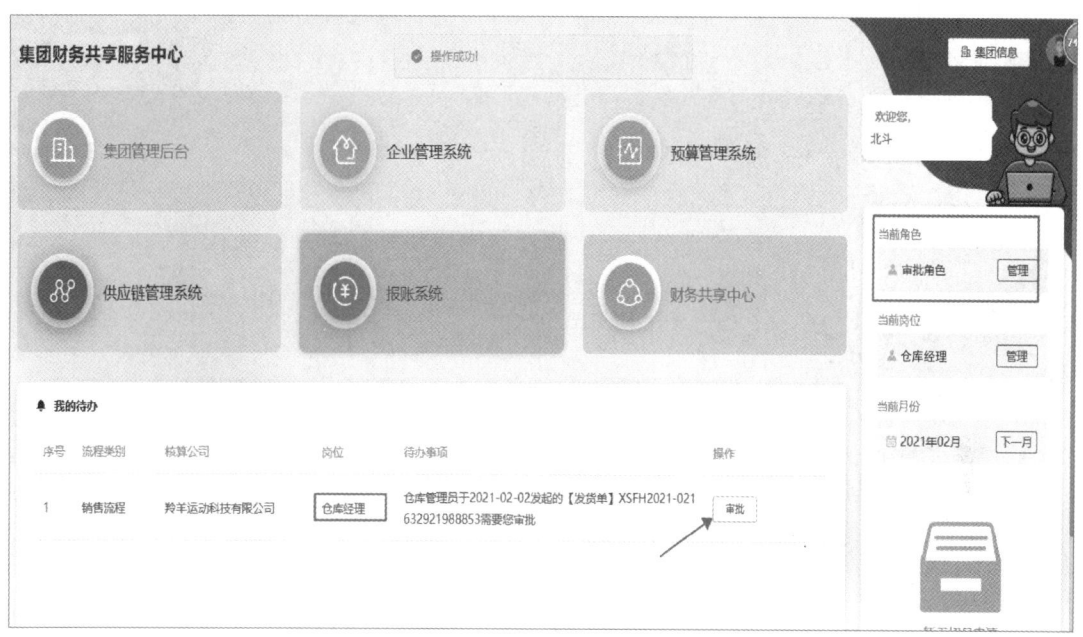

图4-130　审批发货单(1)

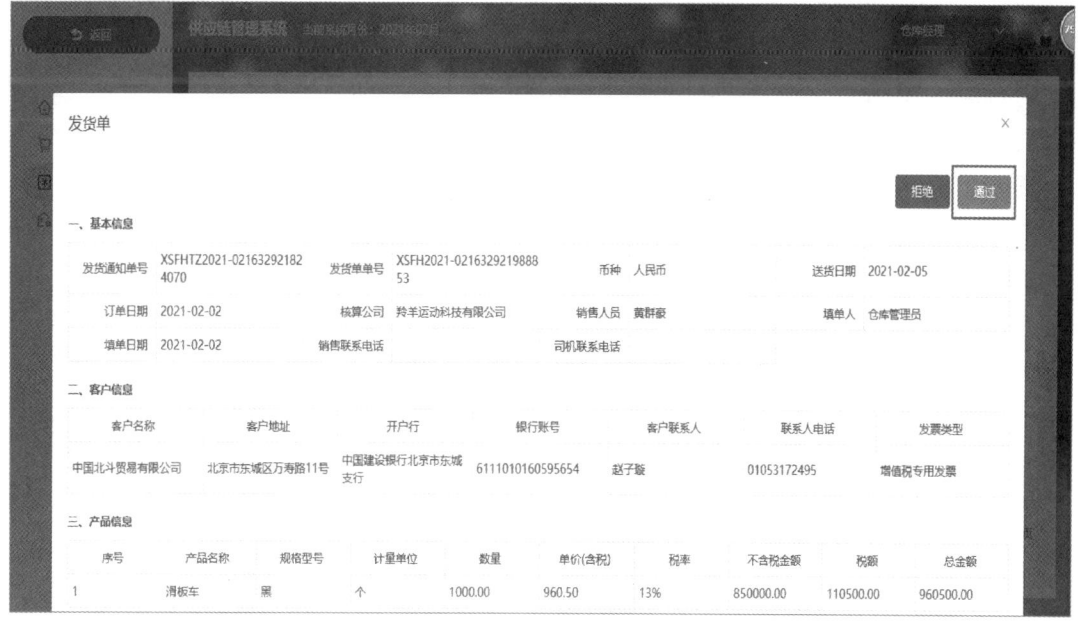

图4-131　审批发货单(2)

4. 发货

返回至【集团财务共享服务中心】界面,选择【业务角色】和【仓库管理员】,在【我的待办】栏中,依次单击【发货】—【确认发货】,如图 4-132、图 4-133 所示。

图 4-132　确认发货(1)

图 4-133　确认发货(2)

5. 填写销售结算单

【任务要求】 2021年2月5日,销售专员根据销售发货单填写销售结算单并推送至共享中心。具体操作步骤如下：

(1) 在【集团财务共享服务中心】界面,选择【业务角色】和【销售专员】,在【我的待办】栏中,单击【新增】,如图4-134所示。

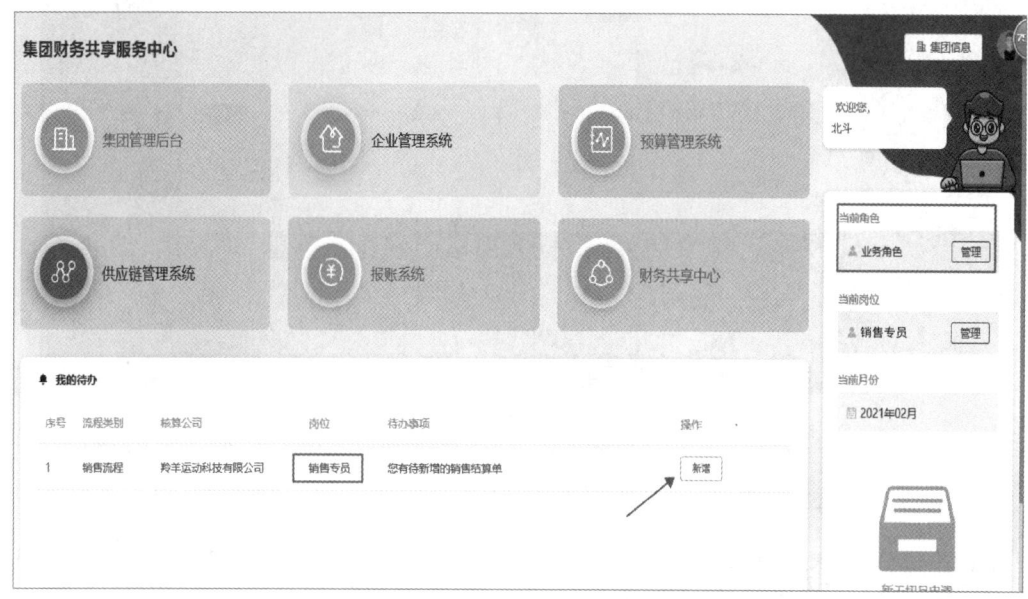

图4-134 新增结算单(1)

(2) 单击【新增结算单】,如图4-135所示。

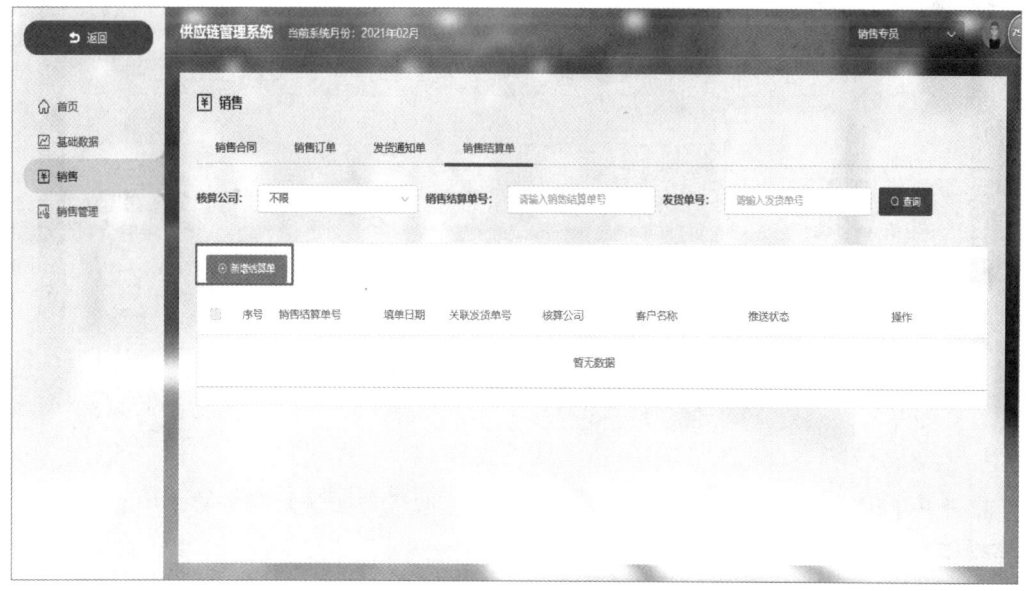

图4-135 新增结算单(2)

(3)选择相应的发货单,单击【选择】,如图4-136所示。

图4-136 选择发货单

(4)将数据关联到结算单后,单击右上角的【新增】,如图4-137所示。

图4-137 新增结算单

6. 任务派单

财务共享中心派单员在系统中,将销售结算的应收任务派送给财务共享中心应收会计。具体操作步骤如下:

在【集团财务共享服务中心】界面,选择【共享中心操作】和【共享中心派单员】,在【我的待办】栏中,单击【派单】,任意选择一个应收会计,单击【确定】,如图4-138所示。

图 4-138 任务派单

7. 开具发票及生成凭证

销售发票是一种用来证明已销售商品的规格、数量、价格、销售金额、运费和保险费、开票日期等内容的凭证。它是会计核算的原始凭证,也是税务稽查的重要依据。

目前,国家对发票特别是增值税专用发票的管理越来越严,但由于增值税专用发票的需求量以及可观的利益,导致有些个人利用公司开票环节的内控漏洞,为别人虚开增值税专用发票来牟取私利。

> **提示**
>
> 国家税务总局公告 2014 年第 39 号《国家税务总局关于纳税人对外开具增值税专用发票有关问题的公告》规定,对外开具增值税专用发票同时符合以下情形的,不属于对外虚开增值税专用发票:
>
> (1) 纳税人向受票方纳税人销售了货物,或者提供了增值税应税劳务、应税服务(物流、合同流)。
>
> (2) 纳税人向受票方纳税人收取了所销售货物、所提供应税劳务或者应税服务的款项,或者取得了索取销售款项的凭据(资金流、合同流)。
>
> (3) 纳税人按规定向受票方纳税人开具的增值税专用发票相关内容,与所销售货物、所提供应税劳务或者应税服务相符,且该增值税专用发票是纳税人合法取得、并以自己名义开具的(票流、合同流)。
>
> 总之,开具发票必须有真实的业务,或者说,满足"合同流、物流、资金流、票流"等"四流一致"的购销行为不属于对外虚开增值税专用发票。

设计合理的开票流程可以减少风险的发生,企业在日常管理中应当注意把控开票风险。财务共享中心应收会计开具发票时,需要关注以下三个方面。

1) 开票信息维护

企业应定期对客户的开票信息进行更新,确保开票信息无误,并将其维护至财务共享中心平台,以防止发票开错造成发票作废、重开等情形的发生。客户的开票信息包括公司全称、纳税人识别号、发票类型、开户银行名称、开户银行账号、公司注册地址等。

2) 发票审批

为规避发票风险,财务共享中心经理需要对开具的发票进行审批,以防止错开、虚开的情况发生。主要审批内容包括:

(1) 发票上的客户信息是否与客户开票信息采集表的信息一致。

(2) 发票的开具是否具有真实的经济业务实质。例如,发票上的信息与销售结算单的信息是否一致;销售结算单、发货单与合同是否一致。

(3) 发票上的货物名称、规格、数量、金额等与销售结算单、合同是否一致。

以上三条核对无误的情况下,财务共享中心经理应当审批通过,若有一条不符,应将发票退回财务共享中心应收会计重新开具或者不开。

3) 开具发票注意事项

(1) 发票上购销双方的名称为全称,写简称的发票是无效发票。

(2) 发票上购销双方的纳税人识别号与公司的"社会信用代码"一致,不一致的发票是无效发票。

(3) 销售货物较多时,可以随发票一起开具销售货物清单或者提供应税劳务清单,并加盖财务专用章或者发票专用章。

(4) 发票上必须加盖发票专用章,加盖财务专用章的发票是无效发票。

(5) 注意特殊行业备注栏的填写。

【任务要求】 2021年2月5日,共享中心相关人员根据销售结算单开具电子发票,并进行账务处理。具体操作步骤如下:

(1) 在【集团财务共享服务中心】界面,选择【共享中心操作】和【共享中心应收会计】,在【我的待办】栏中,单击【开票】,如图4-139所示。

图4-139 开票(1)

(2) 单击【开票】,如图 4-140 所示。

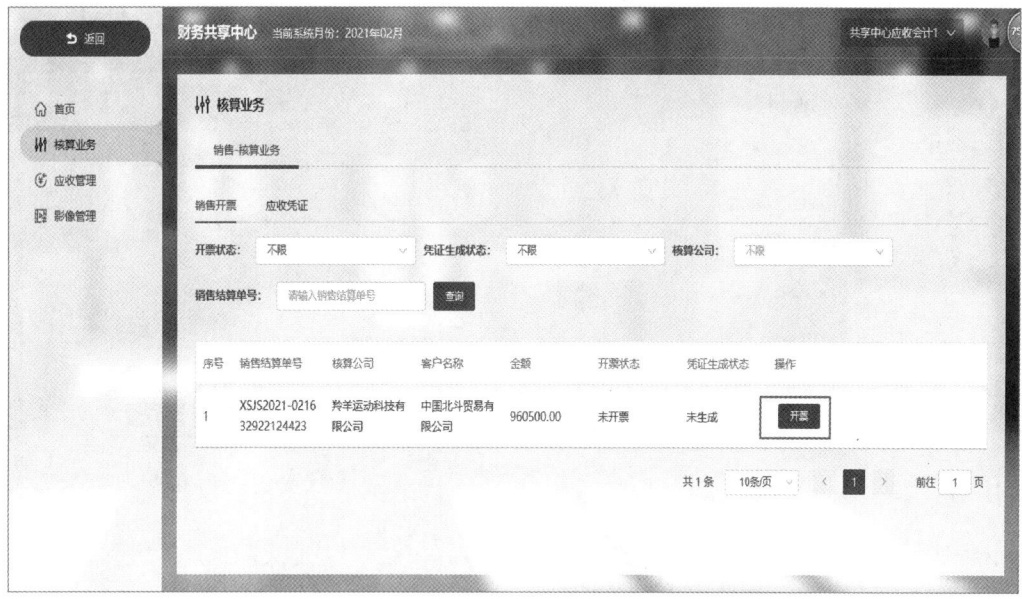

图 4-140　开票(2)

(3) 开具的发票信息,如图 4-141 所示。

图 4-141　发票信息

（4）单击【生成凭证】，如图 4-142 所示。

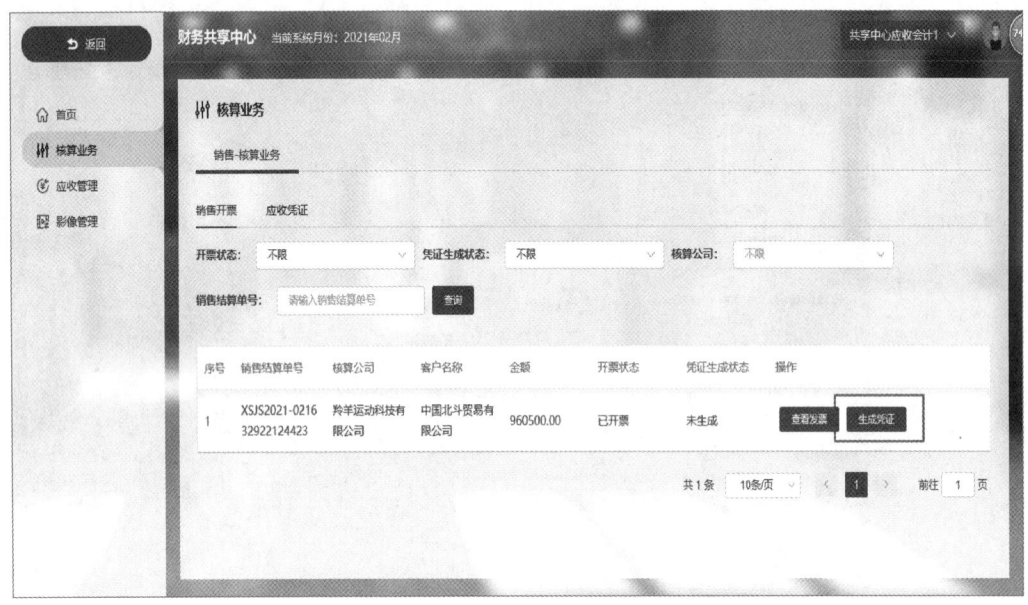

图 4-142　生成凭证

8. 审核凭证

财务共享中心经理需要对"记账凭证（应收）"进行审核，在系统中单击【查看凭证】，并审核凭证，完成记账凭证的审核工作后，具体操作步骤如下：

（1）在【集团财务共享服务中心】界面，选择【共享中心审批】和【共享中心经理】，在【我的待办】栏中，单击【审核】，如图 4-143 所示。

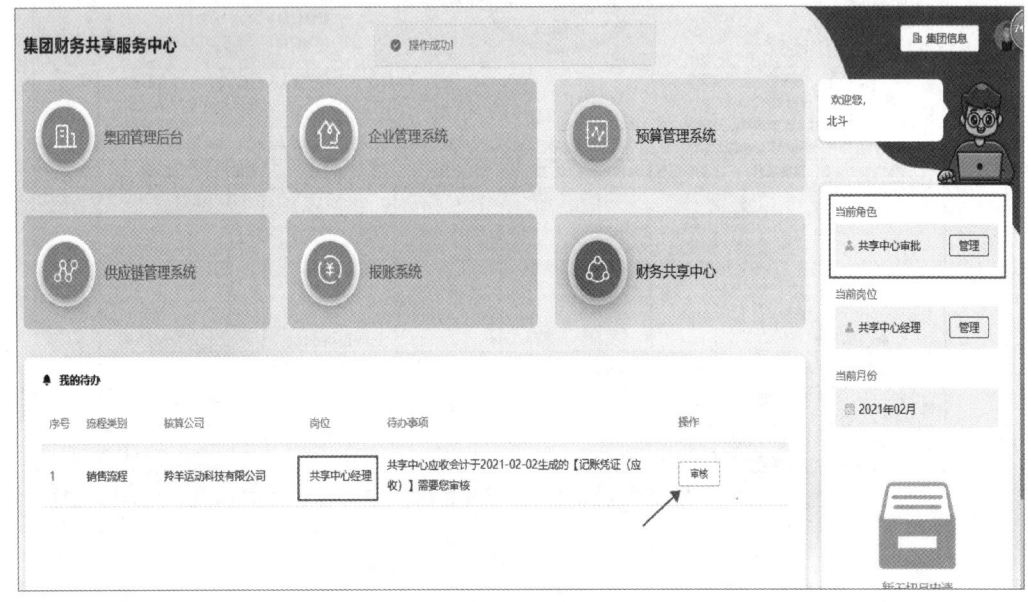

图 4-143　审核凭证(1)

(2) 勾选相应的凭证,单击【审核】,如图4-144所示。

图4-144　审核凭证(2)

四、应收账款管理

应收账款,是指企业在正常经营过程中因销售商品、产品、提供劳务等业务,向购买单位收取的款项,包括应由购买单位或接受劳务单位负担的税费、代购买方垫付的包装费、各种运杂费等。

应收账款一方面会使销售额大幅度提高,营业利润增加;另一方面,由此产生的应收账款中的呆账、坏账增多,如果长期得不到改善,会使企业资金流逐渐枯竭,最终因财务困难而陷入困境,严重影响企业的偿债能力。

(一) 应收账款管理要点

为了规避应收账款风险,企业要做好以下三个方面的管理工作。

1. 定期与客户对账

定期与客户对账,是防范应收账款风险的重要手段,也是确认双方债权债务关系、防范舞弊、及时发现差错、厘清债权债务金额、加强应收账款管理的重要工作。

财务共享中心应收会计与客户对账时,需要注意以下两点。

1) 对账前准备工作

(1) 建立对账制度,分工明确、责任到人。

① 财务共享中心应收会计是对账工作第一责任人,主要负责对账前应收账款自查,编制对账单,查明对账差异原因以及与销售专员的沟通等。

② 财务共享中心经理负责对账单的确认审批,以确保对账单上的应收账款金额、客户

信息准确无误。

③ 销售专员负责把对账单寄给客户,以及与客户的沟通工作。

(2)确定对账方式。随着科技的发展,人们沟通的方式不仅限于快递和电话,很多企业为了提高工作效率,纷纷采用微信、邮箱、钉钉等方式进行对账,要和客户提前沟通、确认对账方式。

(3)确定对账时间。由于不同客户的结账时间和工作时间不同,导致每个客户的对账时间和对账节奏都不一样,因此要和客户确定一个固定的对账时间,尤其对于通过微信、邮箱、电话对账的客户。

2)对账技巧

(1)应收账款自查。在与客户核对余额之前,应将全部经济业务入账并结出余额,然后进行往来账自查:审查往来账余额的大小及方向是否出现异常情况,若出现异常,应重点审查相应的明细账;审查明细账时,应注意该账户借贷方有无不正常的发生额,有无异常摘要,若发现异常,应查明相应的记账凭证和原始凭证;审查记账凭证和原始凭证,导出凭证明细,并记录发票编号等,以备与客户对账时使用。

(2)余额核对。在应收账款自查无误的基础上,与客户进行余额核对:双方余额核对一致,表明双方的业务记录无误;双方余额核对不一致时,则要计算两者差额,并对差额的方向和大小进行分析,判断是否需要编制余额调节表进行调节,如果通过分析差额,无法确定双方余额不一致的原因,则需进行发生额核对。

2. 定期做应收账款账龄分析

应收账款账龄分析法,是指根据应收账款的时间长短来估计坏账损失的一种方法。应收账款逾期时间越长,发生坏账的可能性就越大。应收账款账龄分析法是企业计提坏账准备的依据,也是企业增强内部管理,防范应收账款坏账风险的重要手段。

3. 到期及时收款

现金是企业的血液,体现了企业的活力,贯穿于企业经营活动的各个方面。收款,就是收到客户给予的现金货款代表了一笔销售业务的完结。

(二)收款流程

【任务要求】 2021年2月8日,收到客户货款。具体操作步骤如下:

1. 收取销售款

(1)在【集团财务共享服务中心】界面,选择【共享中心操作】和【共享中心资金会计】,在【我的待办】栏中,单击【收款】,如图4-145所示。

(2)在【银企互联】的【收款】栏下,单击【核销】,如图4-146所示。

(3)生成电子回单信息,如图4-147所示。

2. 生成收款凭证

电子回单生成后,在系统中生成记账凭证,并将生成的凭证提交给财务共享中心经理审核。具体操作如下:

在【集团财务共享服务中心】界面,选择【共享中心操作】和【共享中心资金会计】,在【我的待办】栏中,依次单击【生成】—【生成凭证】,生成收款凭证信息,如图4-148所示。

第四章 集团财务共享

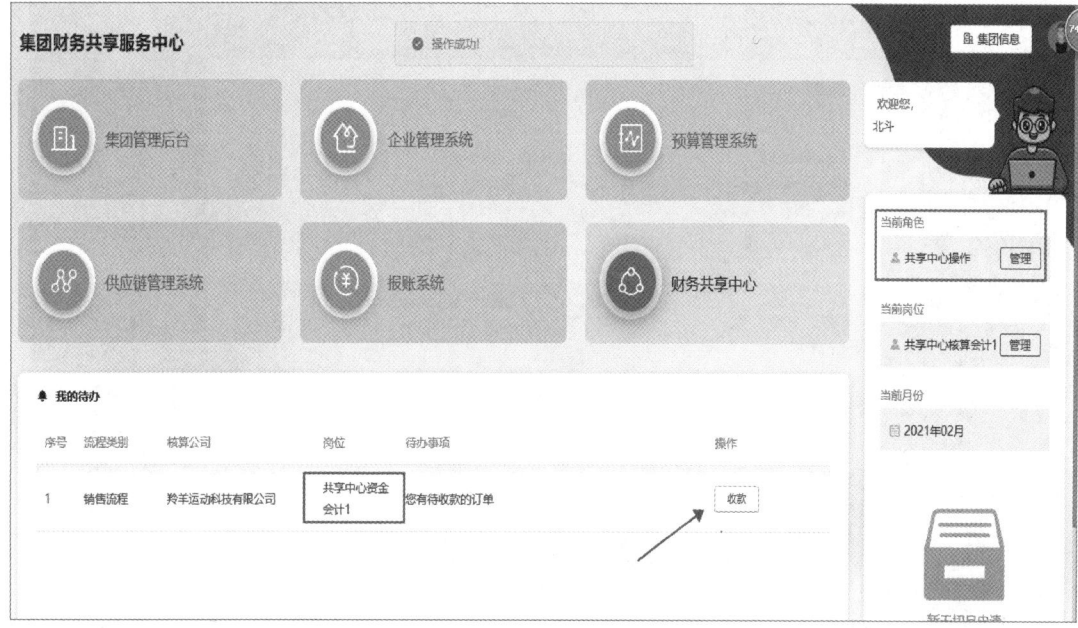

图 4-145　收取销售款(1)

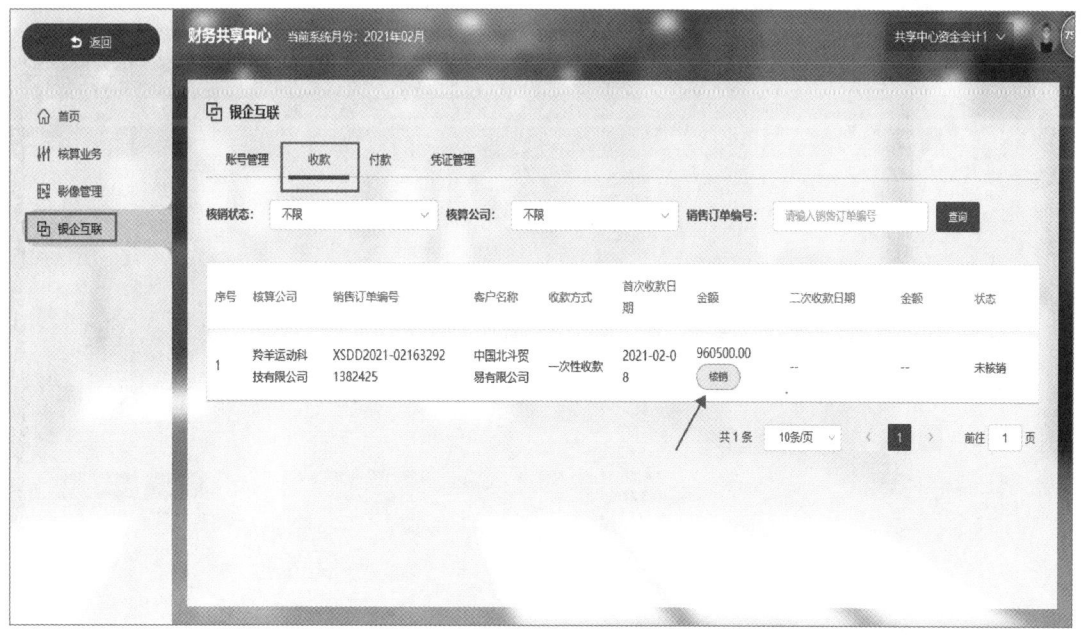

图 4-146　收取销售款(2)

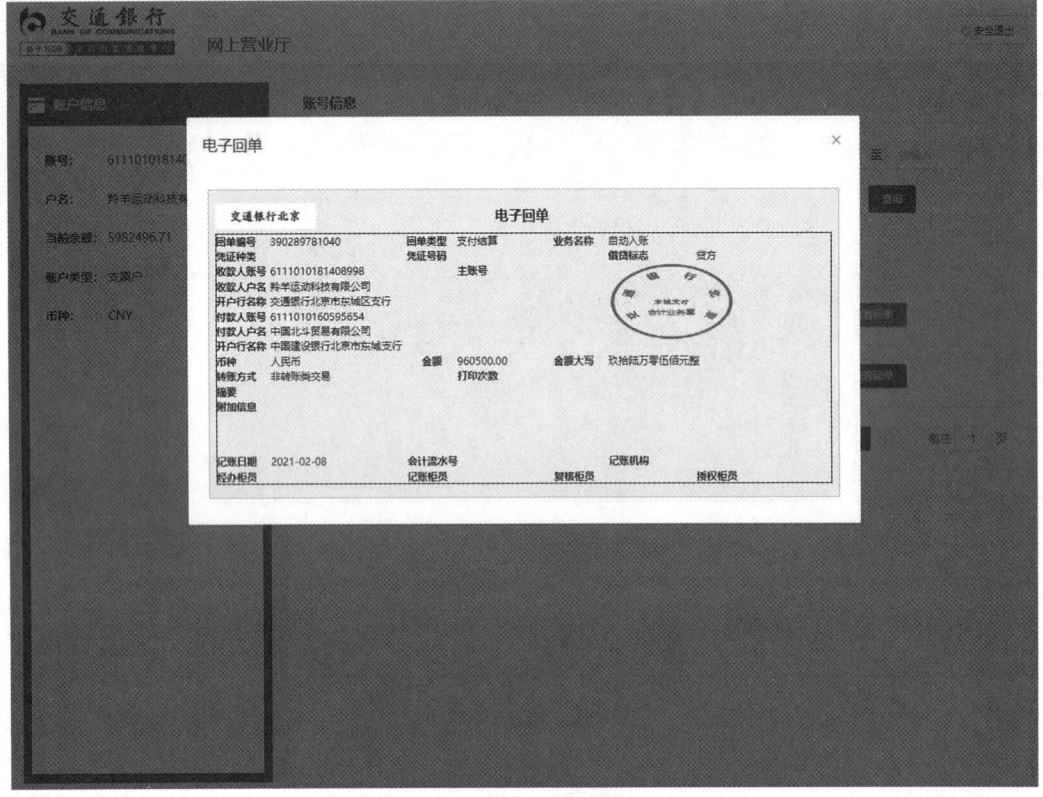

图 4-147 电子回单

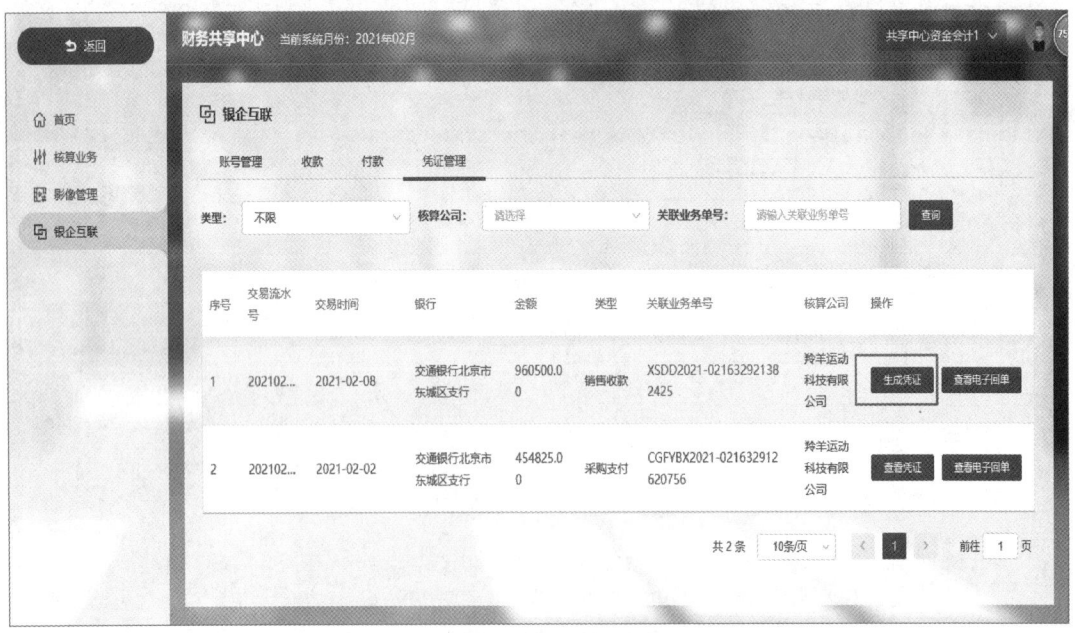

图 4-148 凭证信息单

3. 审核凭证

（1）在【集团财务共享服务中心】界面，选择【共享中心审批】和【共享中心经理】，在【我的待办】栏中，单击【审核】，如图4-149所示。

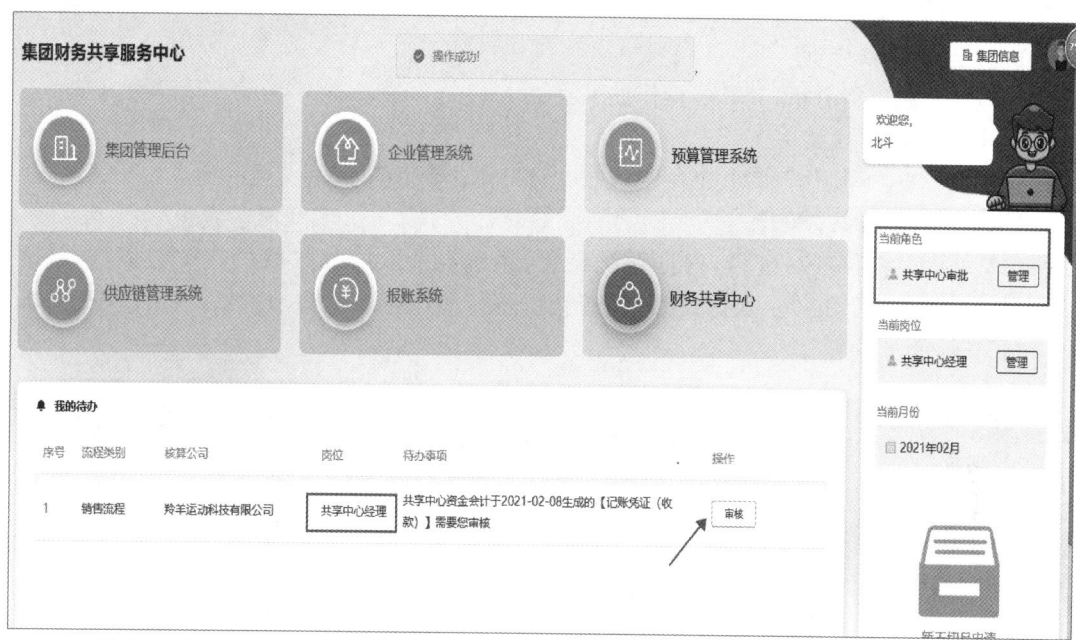

图4-149　审核凭证(1)

（2）找到对应要审核的收款凭证，单击【审核】，如图4-150所示。

图4-150　审核凭证(2)

提示

在销售业务中,由于销售合同约定的付款方式的不同,流程有所不同。如果是款到发货,在审批完销售订单后,先进行应收账款管理中的收款流程,再进行发货流程。

(三) 应收账款分析

对应收账款进行分析,其具体操作如下:

1. 进入应收管理模块

选择"共享中心操作"和"共享中心应收会计",单击【财务共享中心】系统。

2. 编制应收账款分析表

(1) 单击左侧【应收管理】,根据系统设置,系统会读取应收账款的相关数据,包括客户名称、应收金额及账龄。根据集团财务制度,填写预计坏账比例,无误后单击【保存】,如图 4-151 所示。

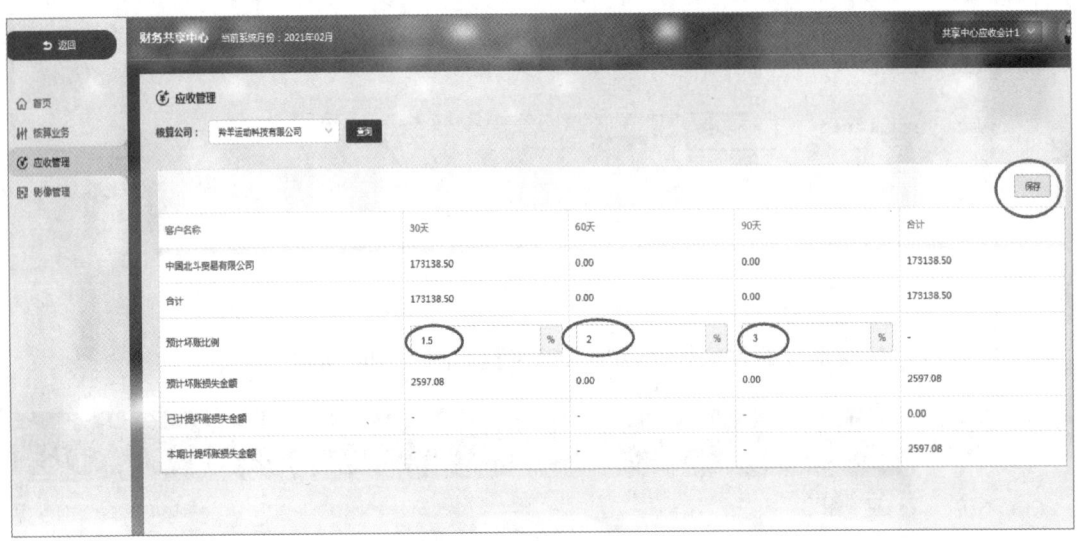

图 4-151　保存坏账计提比例

(2) 单击左侧【核算业务】,单击【销售核算业务】下的【应收凭证】,界面出现在【应收管理】中保存的应收账款分析表,单击【生成凭证】,生成凭证。

3. 审核

切换至【共享中心审批】角色,并进入【财务共享中心】系统,对刚才生成的凭证进行审批。

第六节　费用报销

课程思政

费用报销业务流程,如图 4-152 所示。

费用报销业务流程是由集团下属各个核算公司的业务部门、财务部门和集团所属财务共享中心三个部门相互协作、相互牵制,分别从费用真实性、费用标准合规性、费用支出管控

第四章 集团财务共享

填写费用申请单
- 系统：报账系统
- 岗位：部门专员
- 表单：费用申请单

审批费用申请单
- 系统：报账系统
- 岗位：部门经理
- 表单：费用申请单

根据审批权限出现相应审批环节

审批费用申请单
- 系统：报账系统
- 岗位：财务总监
- 表单：费用申请单

审批费用申请单
- 系统：报账系统
- 岗位：总经理
- 表单：费用申请单

填写费用报账单
- 系统：报账系统
- 岗位：部门专员
- 表单：费用报销单

审批费用报销单
- 系统：报账系统
- 岗位：初审员
- 表单：费用报销单

审批费用报销单
- 系统：报账系统
- 岗位：部门经理
- 表单：费用报销单

审核凭证
- 系统：财务共享中心
- 岗位：共享中心经理
- 表单：报账凭证

生成报销凭证
- 系统：财务共享中心
- 岗位：核算会计
- 表单：费用报销单

任务派单
- 系统：财务共享中心
- 岗位：派单员
- 表单：费用报销单

支付报销款
- 系统：财务共享中心
- 岗位：资金会计
- 表单：费用报销单

生成付款凭证
- 系统：财务共享中心
- 岗位：资金会计
- 表单：电子回单

审核凭证
- 系统：财务共享中心
- 岗位：共享中心经理
- 表单：付款凭证

图 4-152 费用报销业务流程

等方面给予费用报销的专业审核建议,从而有效管控费用风险,控费增效。

费用报销业务涉及的岗位、流程节点和应用表单如下:

(1)涉及岗位:部门专员、部门经理、财务经理、财务总监、初审员、财务共享中心派单员、财务共享中心核算会计、财务共享中心资金会计、财务共享中心经理。

(2)流程节点:费用申请、费用申请审批、费用报销、费用报销审批、资金审批、凭证审核、付款结算。

(3)应用表单:费用申请单、费用报销单。

一、费用报销审核

费用是企业生产经营过程中发生的各项耗费,包括成本费用和期间费用。费用报销审核,是指报销过程中采取的控制措施。企业一般通过费用报销制度以及流程来规避费用风险。

(一)费用报销审核的要点

财务共享中心核算会计对费用报销进行审核时,主要有以下八个要点,如图4-153所示。

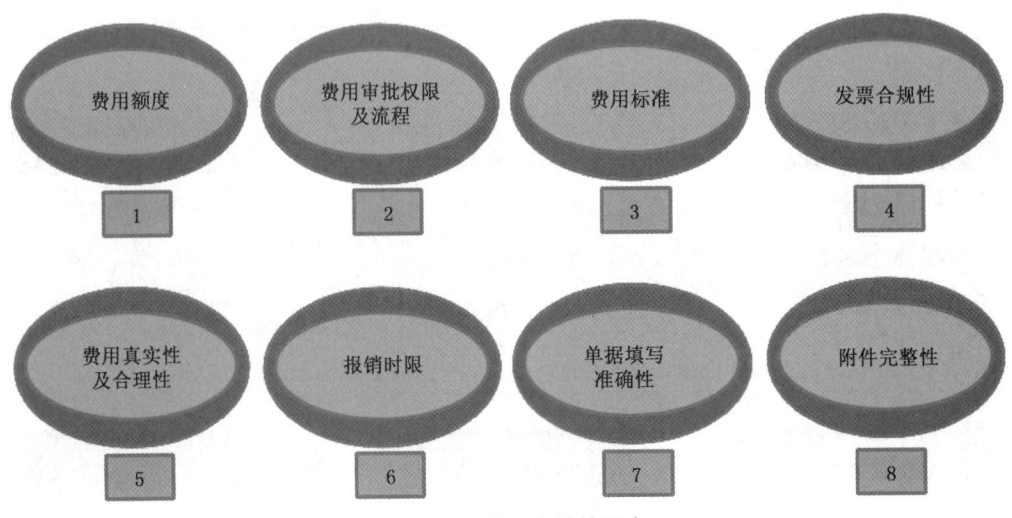

图4-153 费用审核的要点

1. 费用额度

费用额度的审核主要有以下两点:

(1)费用额度是否超预算,预算范围之内的费用可合理安排列支。

(2)超出预算范围的费用,是否经过适当审批或授权。

2. 费用审批权限及流程

费用审批要遵照公司制度履行审批手续,应关注以下四点:

(1)费用发起部门是否为该费用归口管理部门。比如,人力成本的列支,应由人力资源部发起办理审批。

(2)费用审批人是否有审批权限。

(3)费用审批人是否在权限范围内(审批事项和费用金额)进行审批。

(4)审批程序和审批时间是否符合公司制度的规定。

3. 费用标准

审核费用标准是否符合公司制度的规定。例如,有的企业规定部门经理出差住宿费不得超过每晚 300 元,审核时,对于部门经理住宿费超出每晚 300 元的部分就不予报销。

4. 发票合规性

对于发票的合规性,主要审核以下四点:

(1) 单位名称应为公司全称,不得使用简称。

(2) 发票所开具货物或者劳务名称应与销售单位的经营范围一致,且货物或者劳务名称一般应为具体商品名称或者劳务,不能开具概括性的商品或者劳务名称,若具体的商品或劳务比较多,可以概括开具,但应附明细清单,详细罗列具体的商品名称、数量、单价、金额,并加盖发票专用章。

(3) 发票金额大小写必须一致,数量、单位、单价必须匹配。

(4) 所取得的发票上的印章应为发票专用章,发票开具方、收款方、供应商三者应保持一致,并与相关附件的单位名称相符。盖章位置准确,不要覆盖到票面开票金额等信息(增值税专用发票认证时无法识别金额),不要在同一位置重复盖章。

5. 费用真实性及合理性

(1) 费用真实性,主要审核费用是否为真实发生的业务支出,是否存在虚构业务开票列支费用的情况。

(2) 费用合理性,主要审核费用发生是否与对应的经济业务和公司营运相匹配。比如,报销差旅费,提供的却是采购办公用品的发票,与业务实质不符。

6. 报销时限

对于报销时限,主要审核以下两点:

(1) 费用申请与费用报销的时间间隔是否超过公司规定。例如,有些公司规定时间间隔不得超过 6 个月,而有些公司规定费用申请不得跨年等。

(2) 发票的开具时间与费用的报销时间不得超出公司制度规定。

7. 单据填写准确性

对于单据填写准确性,主要审核以下两点:

(1) 报销单上各明细费用项目的名称是否与附件上内容相符。比如,交通费对应的附件应该是火车票、飞机票等。报销单上的金额是否与对应附件金额合计数一致。比如,差旅费报销明细又分为交通费、住宿费、餐费,并且要与其后附的发票金额一致。

(2) 报销部门、报销日期、事由、附件张数准确无误。

8. 附件完整性

附件完整性,主要审核附件与费用实质是否具有较强的逻辑性和关联性。例如,会议费,要审核会议通知、会议材料以及会议召开酒店开具的发票等。

(二) 费用报销业务流程

1. 招待费报销

【任务要求】 2021 年 2 月 7 日,销售专员报销 2 月份发生的业务招待费共计 8 000 元,建议费用支付日期为 2021 年 2 月 8 日,流程当天审批通过。2021 年 2 月 8 日,共享中心支付相关费用并进行账务处理。具体操作步骤如下:

1) 填写费用申请单

销售专员在系统中发起费用报销申请,填写费用申请单,提交给销售经理审批。由于金额未超过公司预算,不需要总经理审批。经过直属领导审批的费用,证明了费用发生的真实性,从源头上控制了费用风险。

(1) 进入【集团财务共享服务中心】界面,选择【业务角色】和【销售专员】,进入【报账系统】,依次单击【费用报销】—【新增费用申请】,如图 4-154 所示。

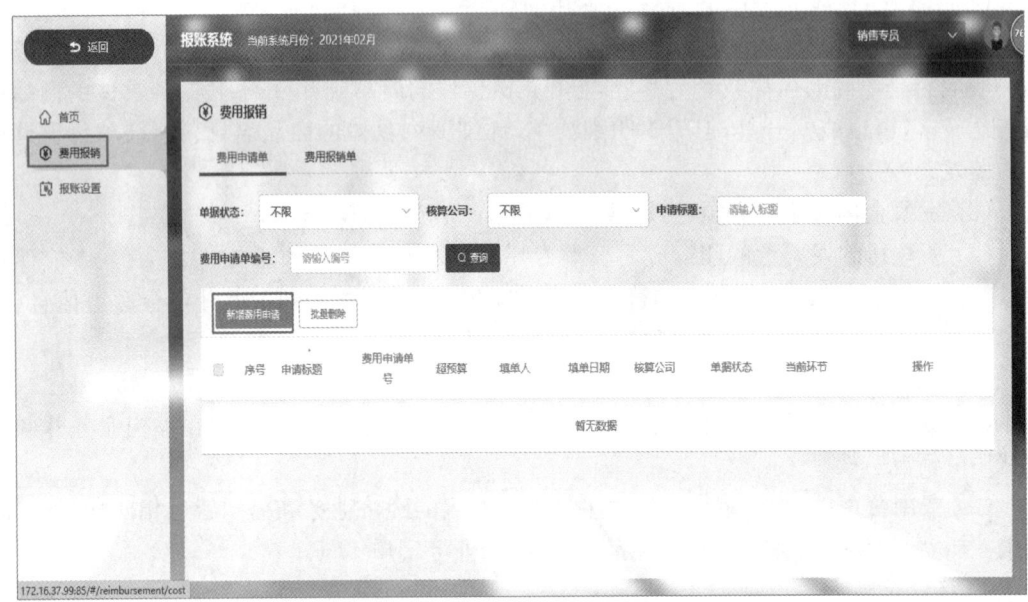

图 4-154　新增费用申请

(2) 按照任务资料填写申请信息后,单击【提交】,如图 4-155 所示。

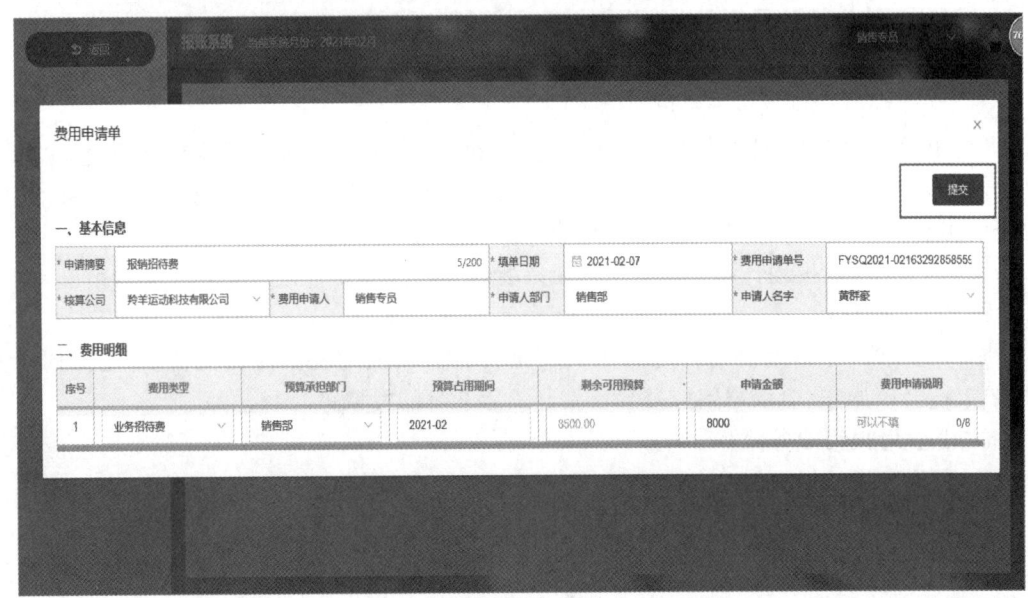

图 4-155　费用申请单

2) 审批费用申请单

(1) 返回至【集团财务共享服务中心】界面,选择【审批角色】的【销售经理】,在【我的待办】栏中,依次单击【审批】—【通过】,如图4-156、图4-157所示。

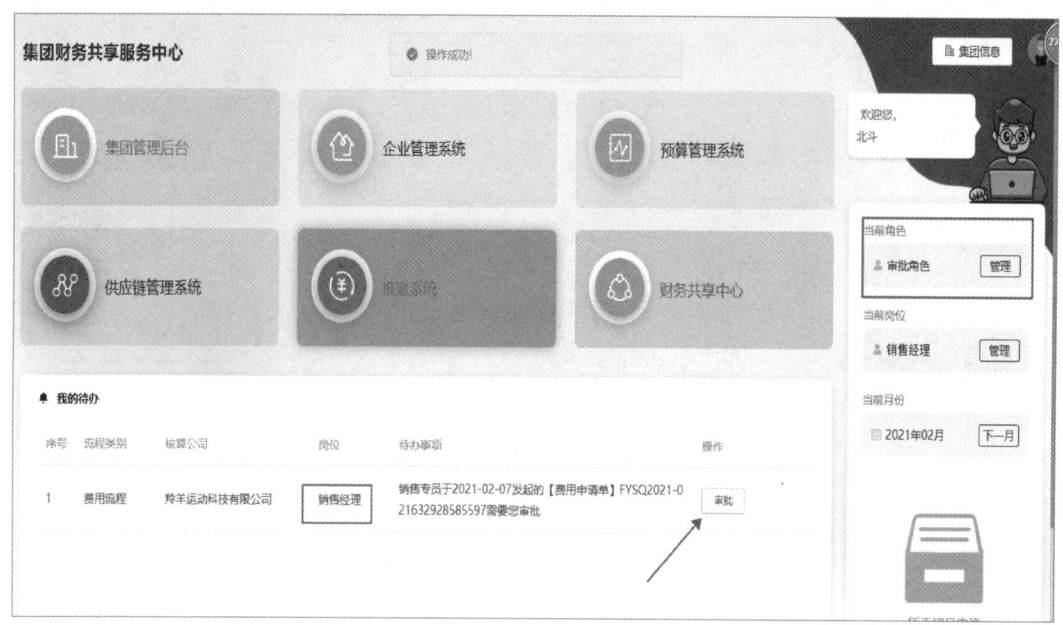

图 4-156　审批费用申请单(1)

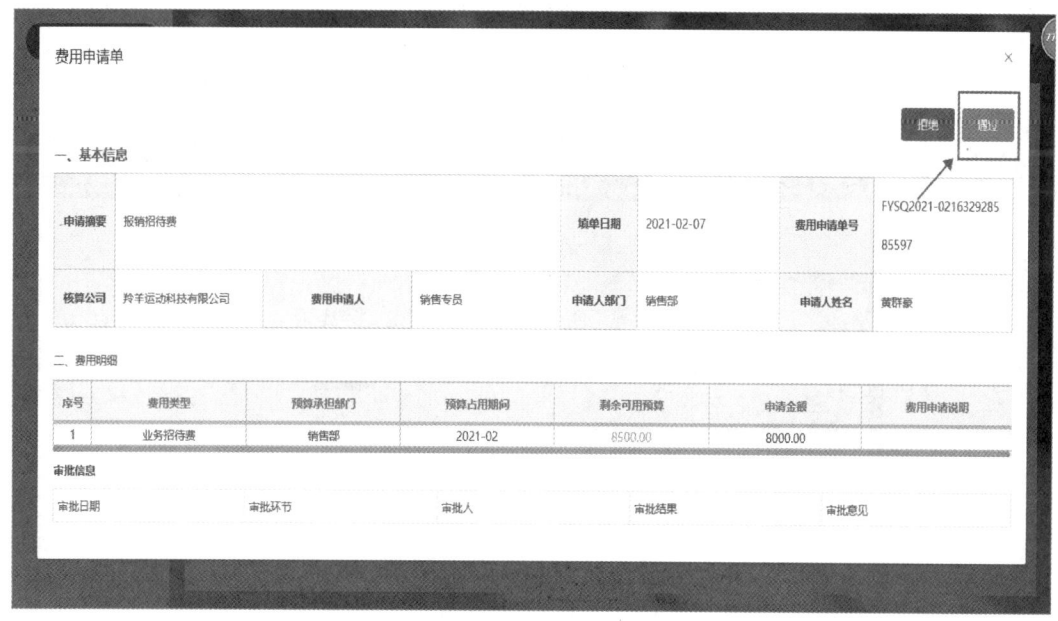

图 4-157　审批费用申请单(2)

(2) 返回至【集团财务共享服务中心】界面,选择【审批角色】和【财务总监】,在【我的待办】栏中,依次单击【审批】—【通过】,完成费用申请单的审批。

3）填写费用报销单

销售专员根据审批后的费用申请单填写费用报销单,并在系统中录入发票信息、将招待客户收取的发票通过上传影像功能上传到财务共享中心平台。具体操作步骤如下：

（1）在【集团财务共享服务中心】界面,选择【业务角色】和【销售专员】,在【我的待办】栏中,单击【新增】,如图4-158所示。

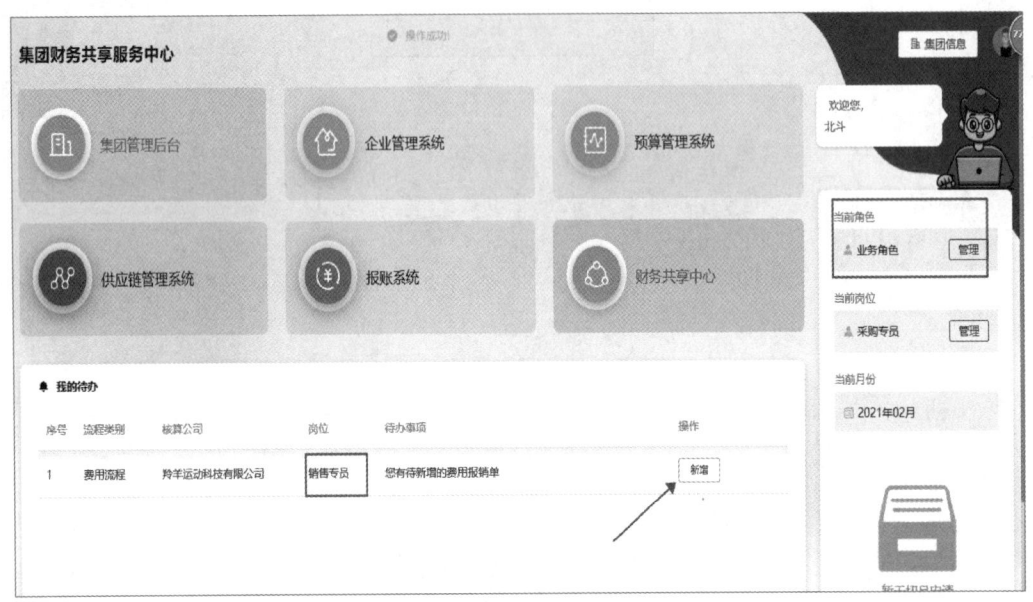

图4-158　新增费用报销单(1)

（2）单击左侧【费用报销】,在打开的界面中单击【新增费用报销】,如图4-159所示。

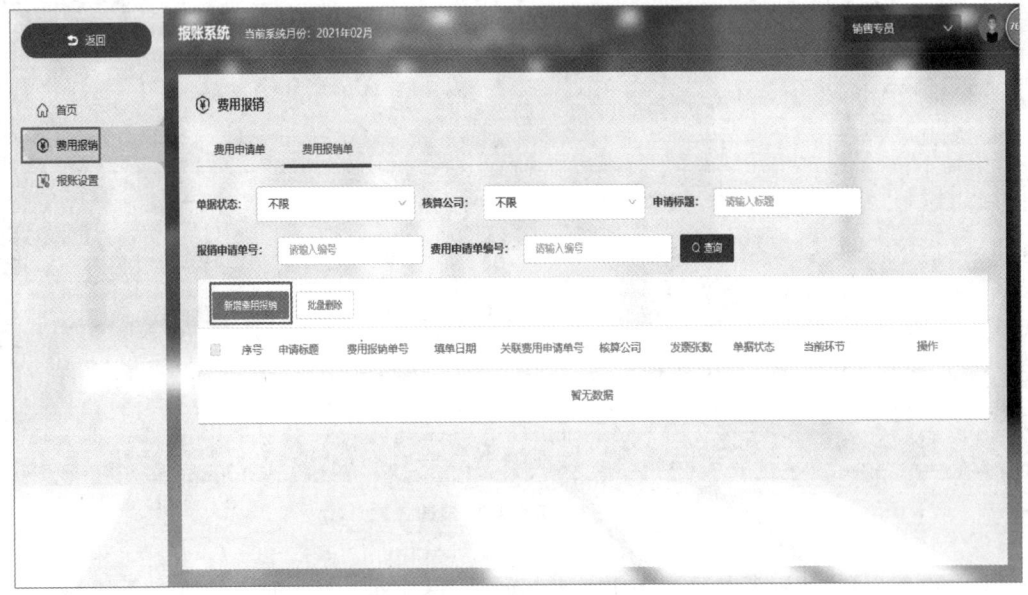

图4-159　新增费用报销(2)

(3) 选择相应的费用申请单,单击【选择】,如图 4-160 所示。

图 4-160　选择费用申请单

(4) 关联费用申请单相关信息后,单击【添加费用明细】,如图 4-161 所示。

图 4-161　添加费用明细

(5) 填入相关费用明细后,依次单击【导入】—【确定】,如图 4-162 所示。

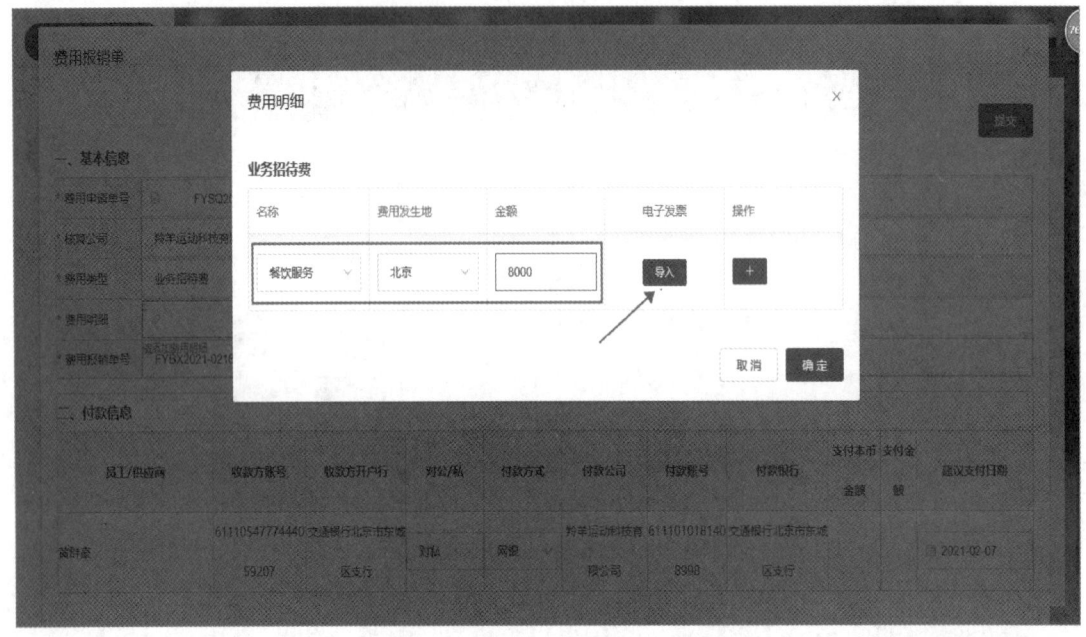

图 4-162　导入费用明细信息

(6) 导入电子发票,如图 4-163 所示。

图 4-163　发票信息

(7) 费用报销单填写完成后,单击右上角的【提交】,如图 4-164 所示。

图 4-164 提交费用报销单

4）审批费用报销单

费用报销单填写完成后，需要提交给销售经理、财务总监审批，审批通过后，推送给财务共享中心派单员。具体操作步骤如下：

（1）在【集团财务共享服务中心】界面，选择【审批角色】和【初审员】，在【我的待办】栏中，依次单击【审批】—【通过】，如图 4-165、图 4-166 所示。

图 4-165 审批费用报销单(1)

图 4-166　审批费用报销单(2)

(2)返回至【集团财务共享服务中心】界面,选择【审批角色】,依次切换【销售经理】【财务总监】岗位角色,在【我的待办】栏中,单击【审批】—【通过】,完成费用报销单的审批。

> **提示**
>
> 费用报销单的审批人,取决于【集团财务共享服务中心】【报账系统】中,日常费用报销审批的设置。根据每个部门,对应不同报销金额需要审批的人员。从图4-167中,我们可以看到,本任务中的业务招待费为8 000元,需要部门经理和财务总监进行审批;如果大于15 000元则需要再经过总经理的审批。

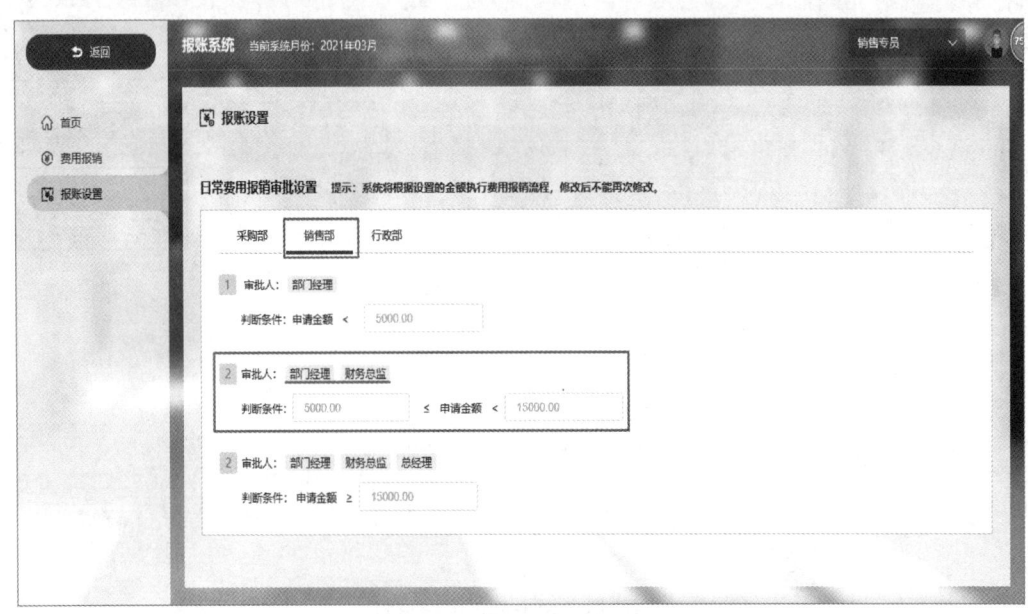

图 4-167　日常费用报销审批设置

5) 任务派单

财务共享中心派单员在系统中,将费用报销的任务派送给财务共享中心核算会计。具体操作如下:

在【集团财务共享服务中心】界面,选择【共享中心操作】和【共享中心派单员】,在【我的待办】栏中,依次单击【派单】—【派单】,任意选择一位核算会计,单击【确定】,如图4-168所示。

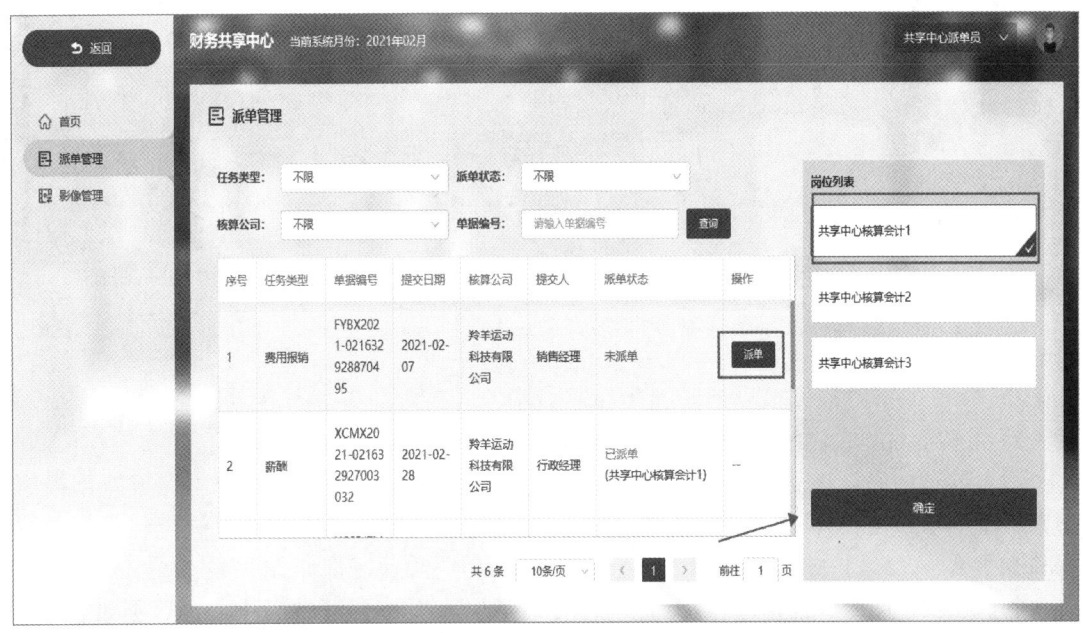

图4-168　任务派单

6) 生成报销凭证

财务共享中心核算会计收到费用报销单和增值税电子普通发票后,应当对费用报销单和发票进行审核。审核无误后,在系统中单击生成记账凭证,并将生成的记账凭证提交给财务共享中心经理审核。具体操作如下:

返回至【集团财务共享服务中心】界面,选择【共享中心操作】和【共享中心核算会计】,在【我的待办】栏中,依次单击【生成】—【生成凭证】,如图4-169所示。

> **提示**
>
> 财务共享中心核算会计进行费用报销单等相关电子单据的审核时,具体审核内容如下:
>
> (1) 发票形式审核。如发票抬头为本公司全称,纳税人识别号为本公司的"统一社会信用代码"、发票日期在费用申请日期之后且合规、发票金额与费用报销单上的金额一致。
>
> (2) 发票实质内容审查。如发票内容为"餐饮费",符合"业务招待费"核算的内容;发票开具单位为"茶飘香酒店有限公司",具有经营餐饮资质且发票上"发票专用章"的公司名称与发票开具单位一致。

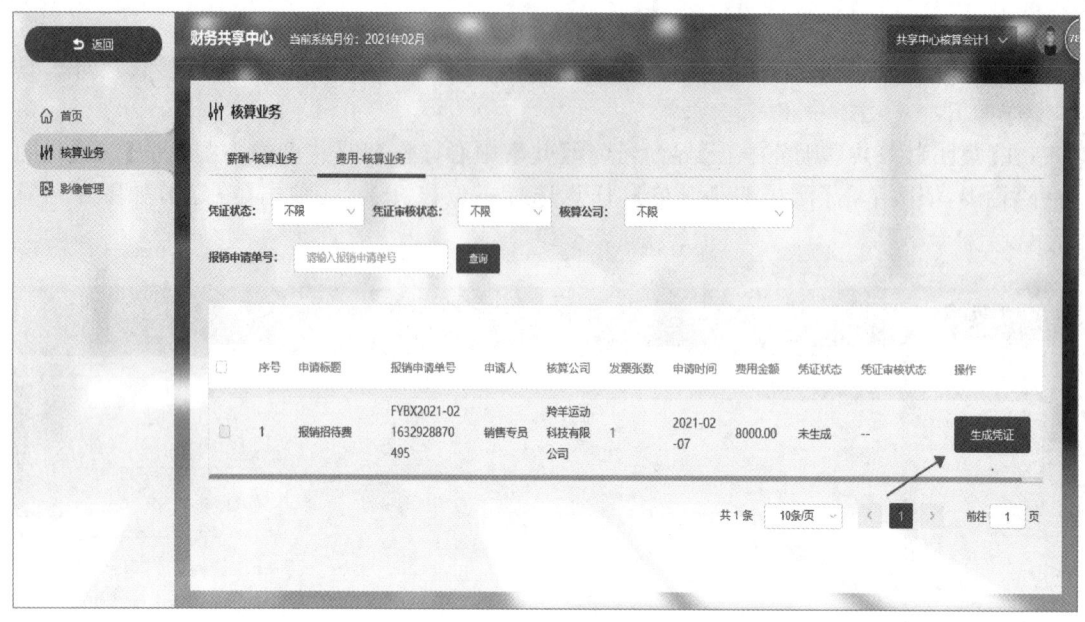

图 4-169　生成凭证

7）审核凭证

财务共享中心经理需要对"费用报销——记账凭证"进行审核，在系统中完成费用报销记账凭证的审核工作，同时将费用报销业务推送给财务共享中心资金会计进行付款。具体操作如下：

在【集团财务共享服务中心】界面，选择【共享中心操作】和【共享中心经理】，在【我的待办】栏中，单击【审核】，找到对应需要审核的凭证，单击【审核】，完成记账凭证的审核，如图 4-170 所示。

图 4-170　审核凭证

8)支付报销款

财务共享中心资金会计在平台中对费用报销单进行审核,审核无误后,进行资金支付,并查看电子回单,同时进行报销清账。具体操作步骤如下:

(1)返回至【集团财务共享服务中心】界面,选择】共享中心操作】和【共享中心资金会计】,在【我的待办】栏中,单击【付款】。

(2)在【银企互联】界面中,单击【支付核销】,如图4-171所示。

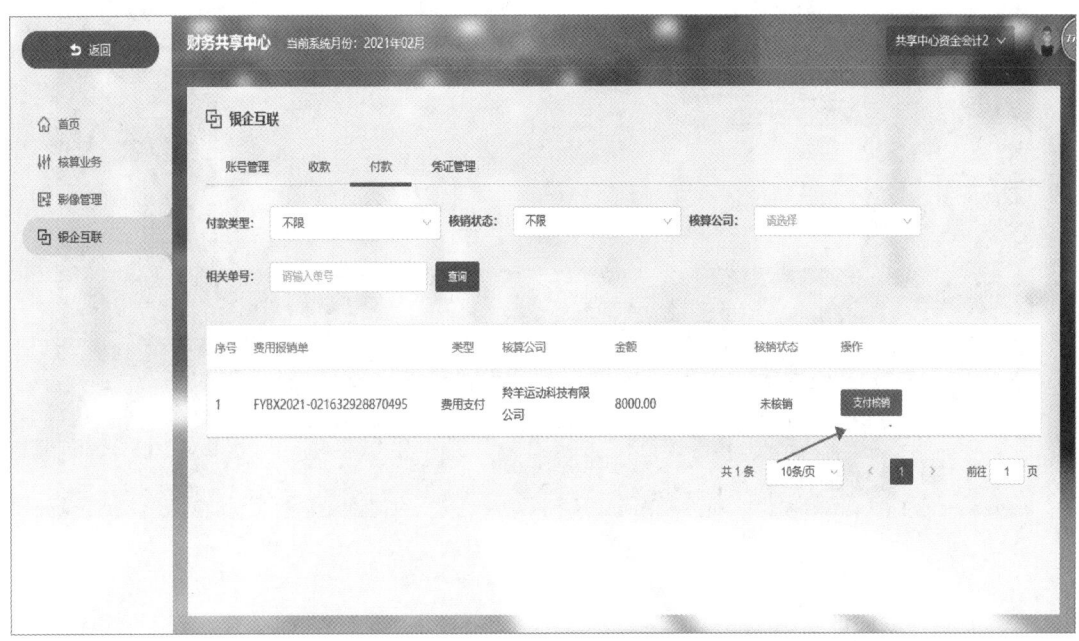

图4-171 支付核销

(3)系统显示支付成功,查看电子回单,如图4-172、图4-173所示。

图4-172 支付成功

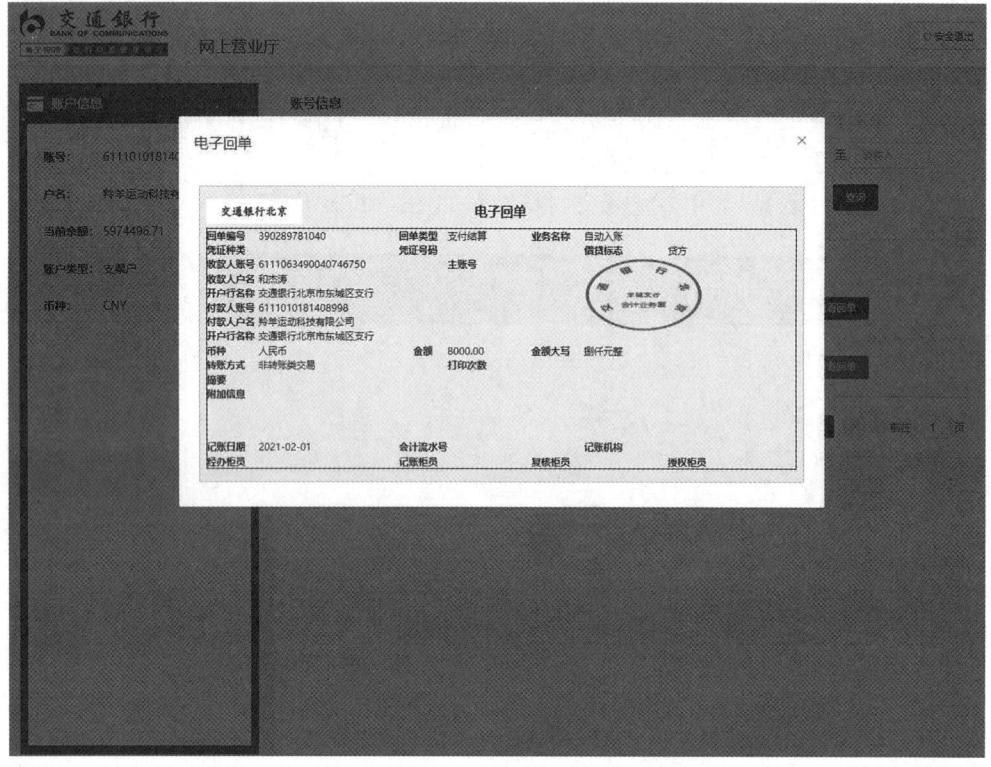

图 4-173 电子回单

9) 生成付款凭证

返回至【集团财务共享服务中心】界面,选择【共享中心操作】和【共享中心资金会计】,在【我的待办】栏中,依次单击【生成】—【生成凭证】,如图 4-174 所示。

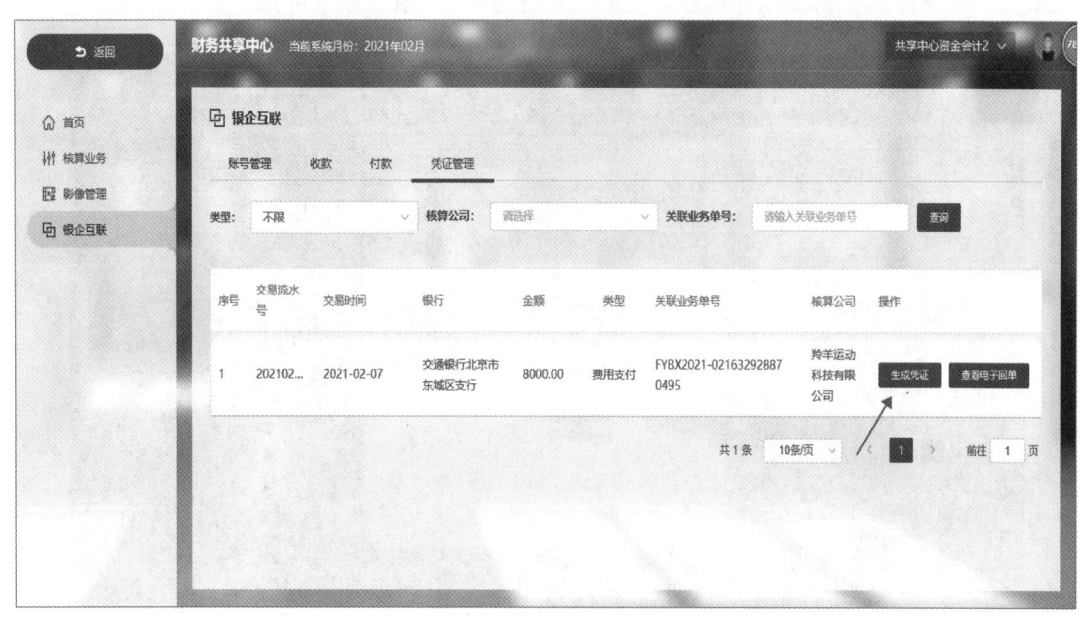

图 4-174 生成凭证

10) 审核凭证

返回至【集团财务共享服务中心】界面,选择【共享中心审批】和【共享中心经理】,在【我的待办】栏中,单击【审核】,找到相应的凭证,单击【审核】,完成费用报销,如图 4-175 所示。

图 4-175　审核凭证

2. 办公费报销

办公费报销和招待费报销的流程是一致的,只是发起人部门、费用归属和费用类型有所区别,其他内容参考招待费报销。

3. 差旅费报销

办公费报销和招待费报销的流程是一致的,只是发起人部门、费用归属和费用类型有所区别,其他内容参考招待费报销。

二、费用报销涉税风险防范

费用报销是财务人员日常处理最多的业务,但看似简单的费用报销往往隐藏着诸多陷阱,稍不留神,可能会面临税务风险。

费用报销税务风险防范要点有以下三个方面,如图 4-176 所示。

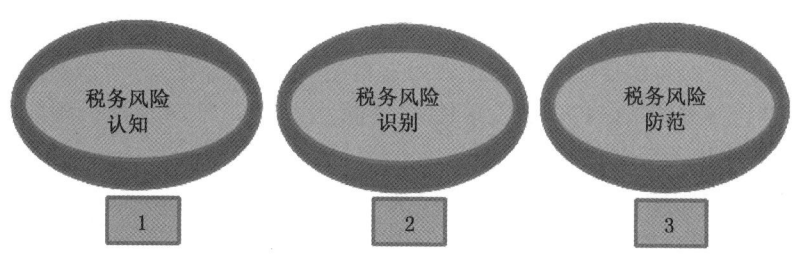

图 4-176　费用报销税务风险防范要点

(一) 税务风险认知

费用报销中存在的税务风险主要有：

(1) 发票审核不严，存在假票、废票入账的现象，使得企业少交企业所得税。

(2) 把薪酬类支出当作费用（如出差补贴）处理，使得企业少交个人所得税。

(3) 将不能全额在税前扣除的费用计入其他费用，如将个人旅游费计入差旅费，使得企业少交企业所得税。

(4) 将赠送行为产生的支出当作费用报销，如购买礼品用于客户维护，使得企业少交增值税、附加税、个人所得税以及企业所得税。

(二) 税务风险识别

企业可能存在税务风险的费用报销，具体到各费用项目主要有办公费、业务招待费、差旅费、会议费、培训费、水电费等。具体说明如下。

1. 办公费

办公费，是指企业购置纸笔文具等发生的费用。在很多企业中，办公用品发票成了企业费用的"垃圾箱"。主要体现在：

(1) 企业通过办公用品发票变相发放薪酬福利。

(2) 企业通过办公用品发票套现给客户提成。

(3) 礼品、服装、烟酒茶等不好入账的支出作成办公用品发票。

> **提示**
>
> 实务中，税务机关在征管时有如下规定：
>
> (1) 要求一定金额以上的办公用品报销必须提供使用或领用清单，仅凭发票不能列支。
>
> (2) 认实质不认形式，税务机关会按人头计算办公费。

2. 业务招待费

业务招待费，是企业为业务经营的合理需要而支付的招待费用。业务招待费往往金额不菲、容易滋生腐败，企业特别要注意税法的规定以及征管规定。

(1) 税法规定业务招待费每年所得税前只能扣除发生额的 60%，但最高不得超过当年销售收入的 5‰。

(2) 餐费不一定都是业务招待费。例如：①出差时，餐费可计入差旅费；②组织会议时，餐费可计入会议费；③内部员工聚餐时，餐费可计入职工福利费。

3. 差旅费

差旅费，是指出差期间因办理公务而产生的交通费、住宿费和餐费等各项费用。

(1) 实际工作中，很多企业是这样做的：①把出差送礼的费用、招待客户的餐费都作为差旅费进行报销；②取得的住宿费增值税专用发票超出公司规定住宿费标准的，仍然全额抵扣进项税，或者直接按照增值税普通发票处理，不抵扣进项税额，从而给公司造成损失；③员工随便找发票报销出差补贴。

(2) 税法规定：①赠送客户礼品、招待吃饭之类的属于业务招待性质，应纳入业务招待费计算税前扣除限额。②取得的住宿费增值税专用发票金额超出公司规定报销标准的，按照公司规定的标准按比例计算可以抵扣的进项税额，不得全额抵扣。如公司规定的报销住宿费标准是500元/天,超过部分自己承担。员工出差开来一张700元住宿费增值税专用发票,增值税税额为39.62元,则企业可以抵扣的进项税额为28.30元(500÷1.06×6%)。③出差补贴不超过公司及当地规定标准的,可以计入差旅费,不需要发票也可以在企业所得税前全额扣除,超出部分需要缴纳个人所得税。如某地税务局规定,公司员工出差补贴80元/天之内的部分可以计入差旅费,全额扣除,超出部分补缴个人所得税,某公司规定的员工出差补贴是每天100元,则超过的20元(100-80)要补缴个人所得税。

以上情况,如果企业不按照税法规定处理,一旦被税务机关稽查到或者预警发现,不仅需要补税,还将面临处罚。

4. 会议费

会议费,是企业因业务的需要召开会议所发生的费用,包括场地租金、会议用餐费、住宿费、交通费、资料印刷费等。

关于会议费报销,如果记账凭证后仅附张酒店的发票,其金额列入会议费进行报销,这种方式是不符合税法规定的,存在诸多税务风险。

> **提示**
>
> 税法中关于会议费报销的认定:
> (1) 会议费报销必须提供证明会议真实召开的有力证明材料,证明材料应包括会议时间、地点、出席人员、内容、目的、费用标准、支付凭证等。
> (2) 不能提供以上资料的会议费,不得在企业所得税前扣除。

5. 培训费

培训费,是指企业限培训直接发生的各项费用支出,包括师资费、住宿费、伙食费、培训场地费、培训资料费、交通费以及其他费用。

如果培训费报销在实际审查中由于资料的不充分被税务局查出,会导致该费用不得在企业所得税前扣除。

> **提示**
>
> 税务局规定的培训费后附的资料有:
> (1) 组织开展培训的审批文件。
> (2) 培训通知。
> (3) 实际参训人员签到表。
> (4) 费用明细。
> (5) 外聘老师讲课费签收单及服务合同,须代扣代缴个人所得税。
> (6) 员工个人报销培训费,应提供培训机构出具的收款收据和发票。

6. 水电费

水电费是家庭或组织单位因用水、用电所支付的费用。实务中,企业应根据自身情况来设置科目,如有的企业使用中央空调,则冷气费、暖气费也在水电费中核算。如果水费、电费发生的金额比较大,也可以分开设置单独的科目进行核算。

实务操作过程中,大致分为以下三种情形:

(1) 水电费户名为承租方(水电费户名指的是开立水费、电费账户所用的户名)。

承租方：按规定去水厂、电厂等取得增值税发票作为税前扣除凭证,如属于一般纳税人,取得增值税专用发票可以按规定抵扣进项税额。

出租方：水、电等费用不得计入成本费用。

(2) 水电费包含在租金中。

承租方：取得房屋租赁发票(税率为9%,征收率为3%),作为税前扣除凭证,如属于一般纳税人,取得增值税专用发票可以按规定抵扣进项税额。

出租方：水、电等费用属于成本,其缴纳水、电费用等应取得增值税发票作为税前扣除凭证。

(3) 水电费需要单独支付,且出租方采取销售方式处理的情形。

承租方：水、电等费用取得出租方开具或代开的增值税发票,作为税前扣除凭证,如属于一般纳税人,取得增值税专用发票可以按规定抵扣进项税额。

出租方：采取销售方式处理,按适应税率或征收率规定开具增值税专用发票。

(三) 税务风险防范

实务中,费用报销的税务风险防范主要从以下三方面入手：

(1) 定期评估费用报销审批制度和流程设置是科学严谨,有无费用报销舞弊现象的发生,这体现了公司内控水平的高低。

(2) 每次税务审批结束后,注意税务机关出具的税审报告中提到的费用报销中不规范之处,杜绝下次类似的事情发生。

(3) 定期进行费用分析,掌握费用动向。

三、费用分析

这里所说的费用,指的是期间费用,即销售费用、管理费用和财务费用,它是影响企业利润的重要因素。

销售费用,指企业在销售商品和材料、提供劳务的过程中发生的各种费用。同行业的公司销售费用可能差异很大,通过销售费用分析可以看出公司的经营策略、市场推广策略以及财务的健康程度。

管理费用,指企业行政管理部门为组织和管理生产经营活动而发生的各种费用。通过管理费用分析能够知道管理费用中哪些是生产经营必需的,哪些是通过管理的规范能够避免的,体现了公司管理水平的高低。

财务费用,指企业为筹集生产经营所需要资金等而发生的筹资费用。通过财务费用分析可以看出公司的筹资能力,以及公司目前的资金水平。

实际工作中,费用分析主要做好以下三方面工作,如图4-177所示。

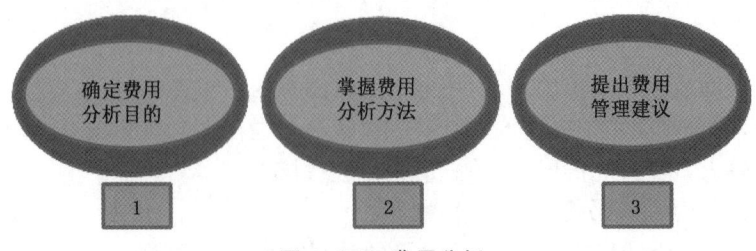

图4-177 费用分析

(一)确定费用分析目的

费用分析的目的主要包括:

(1) 寻找费用发生的规律。

(2) 确定费用产生的影响。

(3) 寻找节约空间。

(4) 提出管理建议。

(二)掌握费用分析方法

费用分析的方法主要有对比分析法、结构分析法和因素分析法,如图 4-178 所示。通过各费用分析方法,可以具体分析出费用的变动额、变动率以及结构。

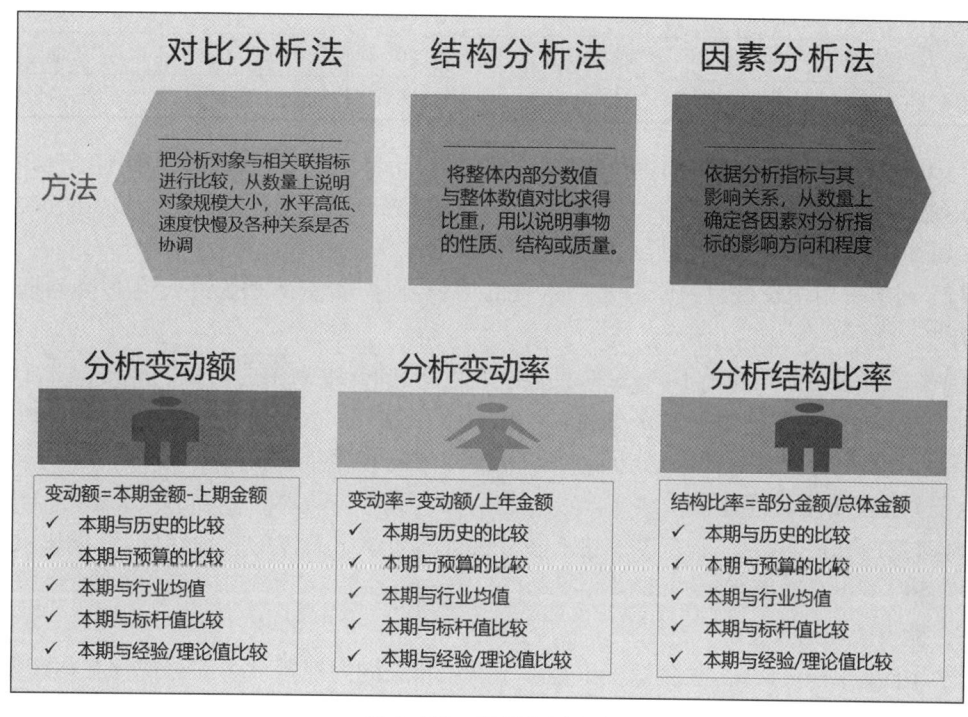

图 4-178 费用分析方法

1. 分析费用变动额

通过对比分析,计算费用变动额。这种方法主要用于本期与历史以及本期与预算的比较。计算公式如下:

$$变动额 = 本期金额 - 上期金额$$

2. 分析变动率

费用变动率的分析主要用于同行业、历史和预算比较。计算公式如下:

$$变动率 = 变动额 \div 上年金额$$

3. 分析费用结构

费用结构的分析主要是指个体占总体的比率。通过费用结构的分析,可以知道各费用项目占收入的比率,各明细费用项目占费用大类的比率,从而与同行业、历史以及预算进行

比较。计算公式如下:

$$结构比率=部分费用金额\div 总体费用金额$$

通过分析费用的变动额、变动率以及各费用的结构,并与同行业、历史、预算进行比较,发现差异,找出异常项目,进行后续重点追查,如某公司的费用结构分析如表4-10所示。

表4-10 某公司的费用结构分析　　　　　　　　　　　金额单位:万元

项目	2018年	2019年	变动额	变动率
销售费用	21 176.34	29 080.65	7 904.31	37.33%
营业收入	37 281.27	43 908.68	6 627.41	17.78%
销售费用占营业收入比例	56.80%	66.23%	9.43%	16.60%
广告费	9 529.35	17 726.20	8 196.85	18.35%
广告费占销售费用比例	45.00%	60.96%	15.96%	35.47%

与历史数据比较,通过对销售费用、销售费用明细项目——广告费用的变动额、变动率、销售费用结构分析发现:

(1) 2019年销售费用的增长率超过营业收入增长率。

(2) 销售费用增长过快的原因是广告费的增长,而广告费的增长并没有带来预期的收入的增长。

销售费用的这种差异是不利差异,直接减少当期利润、影响企业的盈利能力。为了进一步查找差异原因,需要获取资料来分析,如分析广告给产品带来的投入产出比例、分析不同生命周期产品广告带来的效果、分析同一产品不同的广告媒介效益的差异。

(三) 提出费用管理建议

针对费用分析的结果,财务共享中心核算会计需要给出具体的管理建议,管理建议的提出主要从以下三个方面入手。

1. 费用管理制度

费用中出现一些问题,很多情况下是由于费用相关的内控制度不完善或存在内控漏洞,这种情况下,应建议公司完善并健全费用管理制度,引导费用开支方向,规范费用开支范围,限定费用标准,这是企业降本增效、稳定增长、促进发展的保证。

2. 预算执行情况

与预算进行对比分析,是费用分析的重要环节。费用预算是企业进行费用控制的有力手段,然而,事实上很多企业费用控制失效的一个很重要的原因是费用预算不符合实际情况,形同虚设。因此从费用预算入手,针对费用预算编制、执行情况等进行总体的评价总结,并为管理决策提供准确翔实的预算执行报告。

3. 提出费用控制或费用投放的方向

通过对具体费用项目分析可以得出以下结论:

(1) 哪些费用是生产经营必须花费的。

(2) 哪些费用是投入产出比较低、不适合再投入的。

(3) 哪些费用能够增加投入产出比,可以增加资金投放的。

如广告费中有很多广告渠道,不同的广告渠道投入产出比有很大的差别,通过费用分析，对于投入产出比较大的渠道，后续需要增加资金投放；对于投入产出比较小的渠道，减少资金投放或不投放等，从而给出费用控制或费用投放的建议。

第七节 薪酬与社保

课程思政

薪酬与社保业务的流程，如图4-179所示。

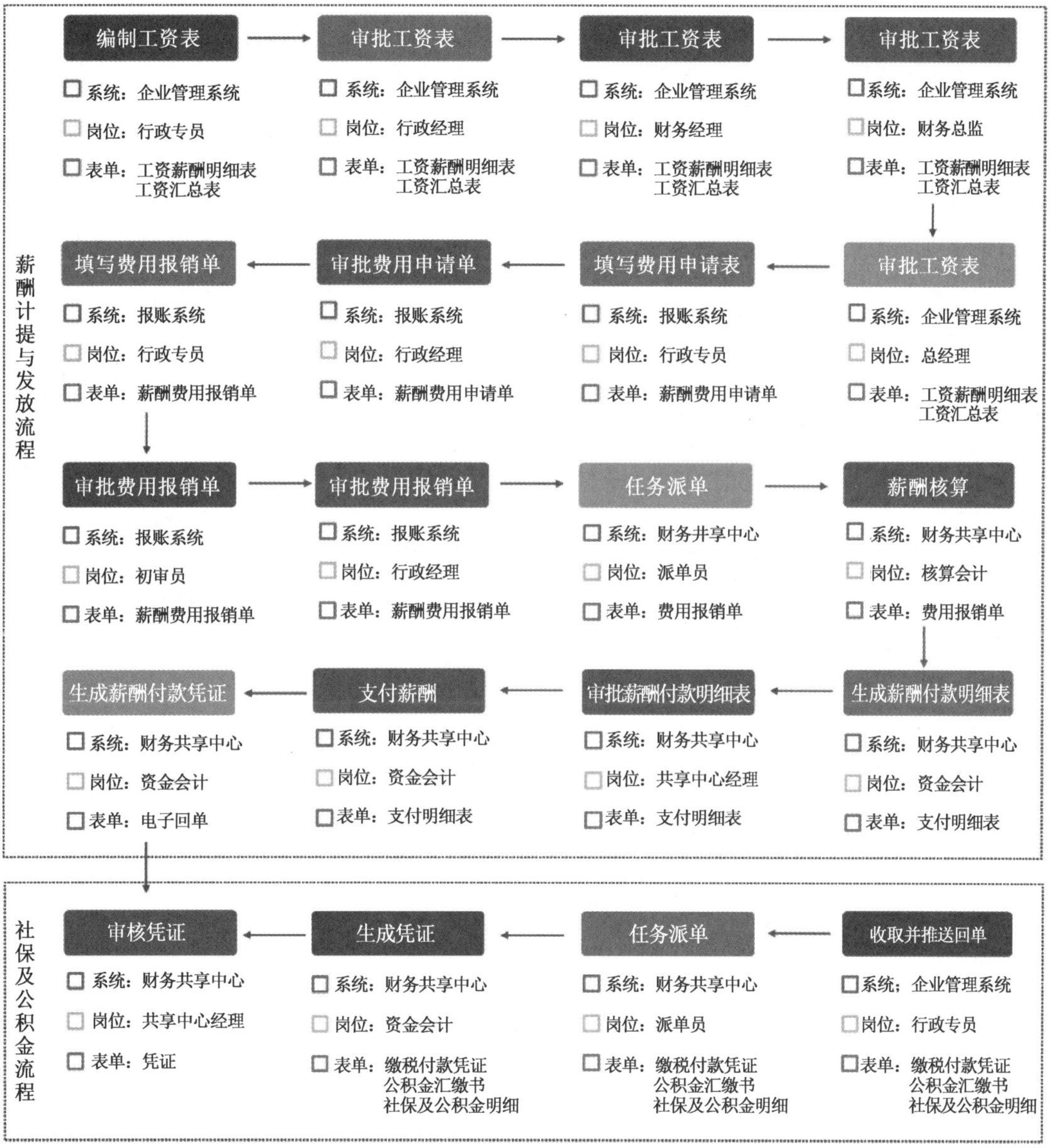

图4-179 薪酬与社保业务流程图

薪酬与社保业务涉及的岗位、流程节点和应用表单，具体如下：

（1）涉及岗位：行政专员、行政经理、财务经理、总经理、财务共享中心核算会计、财务共享中心资金会计、财务共享中心经理。

（2）流程节点：编制/审核薪酬计划、编制/审核工资薪酬明细、审核工资薪酬汇总、审核薪酬核算凭证、审核薪酬付款明细、支付薪酬、收取社保缴纳回单、审核清账。

（3）应用表单：薪酬计划表、工资薪酬明细表、工资薪酬汇总表、工资薪酬付款明细表、社保缴款凭证、电子缴款单、社保缴费明细表。

一、社保

社保的核算与审核工作，是财务共享中心资金会计在核算公司行政专员进行社保申报过后，对所申报的社保金额进行审核、核算及账务处理工作。

（一）社保核算审核的要点

社保的核算与审核工作需要注意以下两个方面。

1. 社保核算方法

社保即社会保险，是指一种为丧失劳动能力、暂时失去劳动岗位或因健康原因造成损失的人口提供收入或补偿的一种社会和经济制度。社会保险的主要项目包括：养老保险、医疗保险、失业保险、工伤保险、生育保险。

社保的缴费基数，是指企业或者职工个人用于计算缴纳社会保险费的工资基数，用此基数乘以规定的征缴费率，就是企业或者个人应该缴纳的社会保险费的金额。在我国，社保的缴费基数由社会保险经办机构根据用人单位的申报，依法对其进行核定。

> **提示**
>
> 各地的社保缴费基数与当地的平均工资数据相挂钩。它是按照职工上一年度1月至12月的所有工资性收入所得的月平均额来确定的。每年确定一次，且确定以后，一年内不再变动，社保基数申报和调整的时间，一般是在7月。

缴费比例，即社会保险费的征缴费率。我国《中华人民共和国社会保险法》对社会保险的征缴费率并未作出具体明确的规定。按照我国现行的社会保险相关政策的规定，对不同的社会保险险种，实行不同的征缴比例。

2. 社保审核注意事项

1）审核社保缴费基数

对本月变更、新增的缴费基数需要重点审核。

2）审核个人、公司缴费比例

关注社保新政策，对政府新出台的社保缴费比例的政策变更予以高度重视，及时更新本公司缴费比例，避免造成社保缴费金额的损失。

3）审核社保每月新增、辞退员工明细

每月根据公司新增、辞退员工明细，审核社保明细表的人员名单。

（二）社保缴纳流程

【任务要求】 2021年2月15日，羚羊运动科技有限公司缴纳2月份社保。

1. 收取并推送社保回单

行政专员在系统中，收取社保电子缴款单和社保缴费明细表。具体操作步骤如下：

(1) 进入【集团财务共享服务中心】界面,选择【业务角色】和【行政专员】,进入【企业管理系统】,如图 4-180 所示。

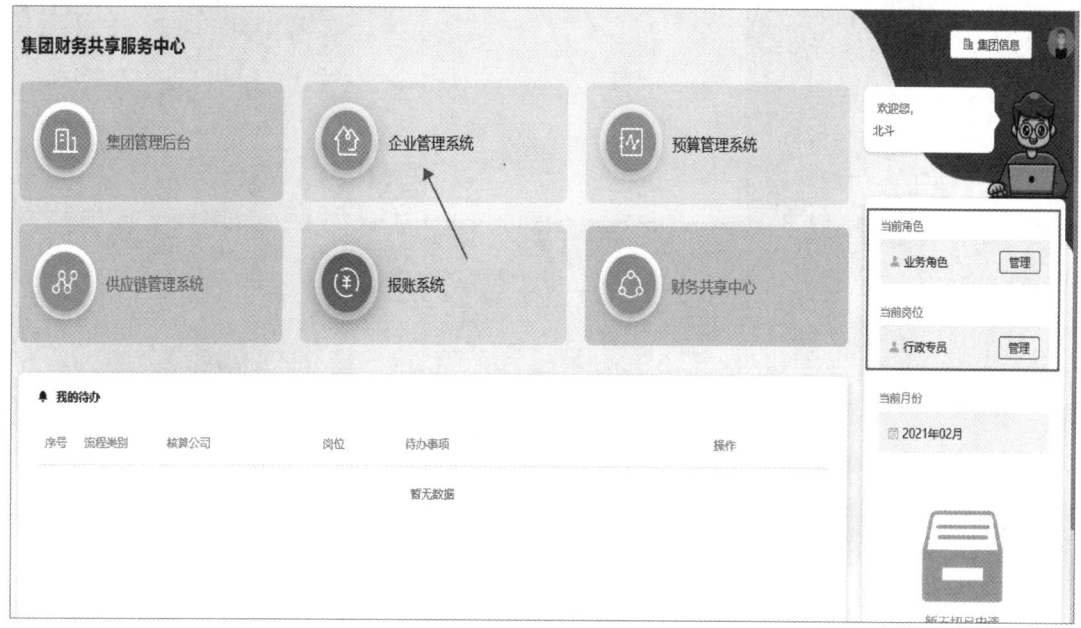

图 4-180　企业管理系统

(2) 单击左侧的【社保及公积金】,单击【收取回单】,如图 4-181 所示。

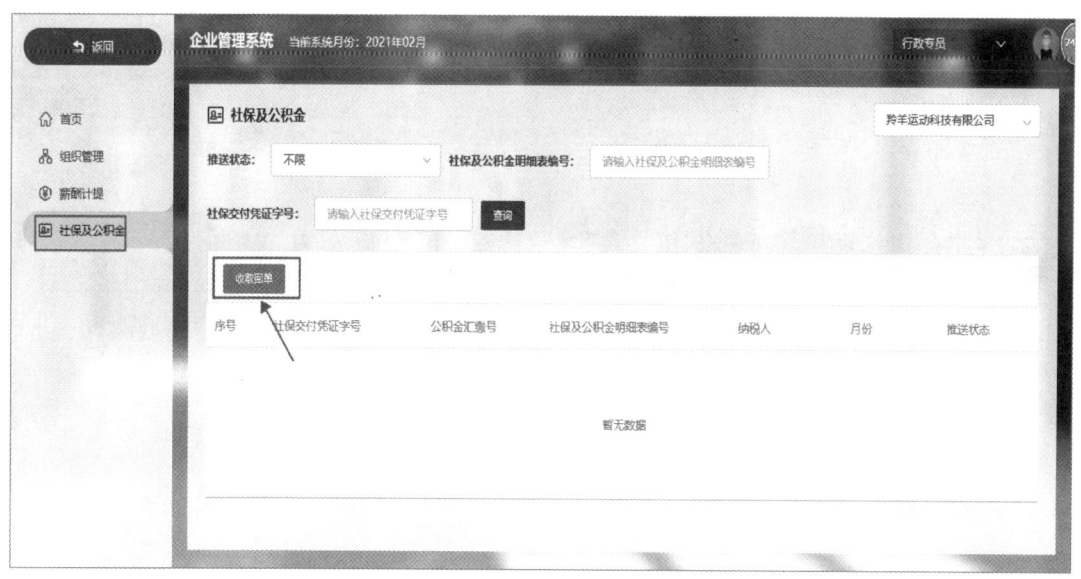

图 4-181　收取回单

(3)【选择回单月份】为"2021-02",单击【确定】,如图 4-182 所示。

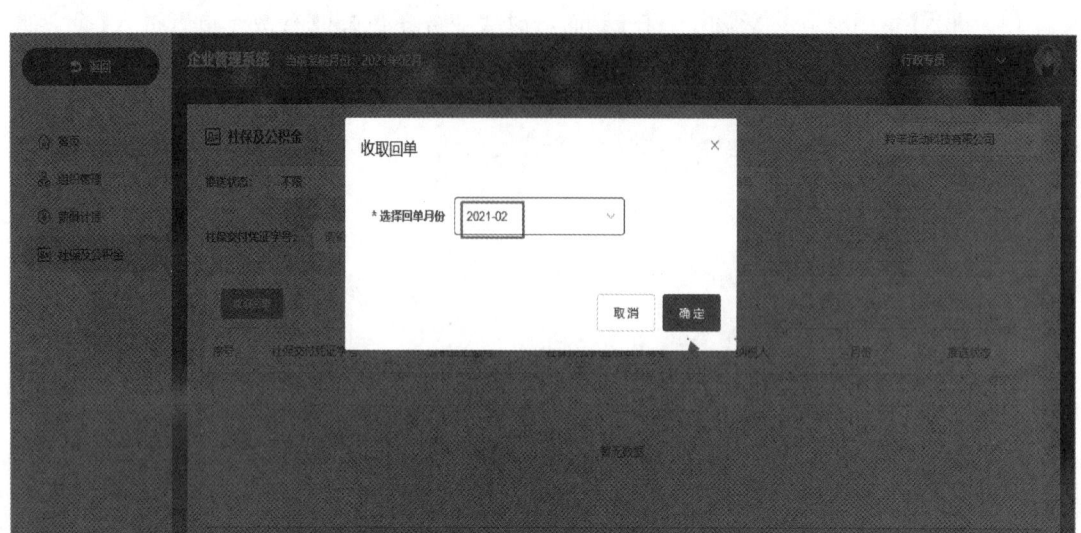

图 4-182 收取回单

2. 任务派单

财务共享中心派单员在平台中,将社保缴费明细的任务派送给财务共享中心资金会计。具体操作步骤如下:

(1)返回至【集团财务共享服务中心】界面,选择【共享中心操作】和【共享中心派单员】,在【我的待办】栏中,单击【派单】,如图 4-183 所示。

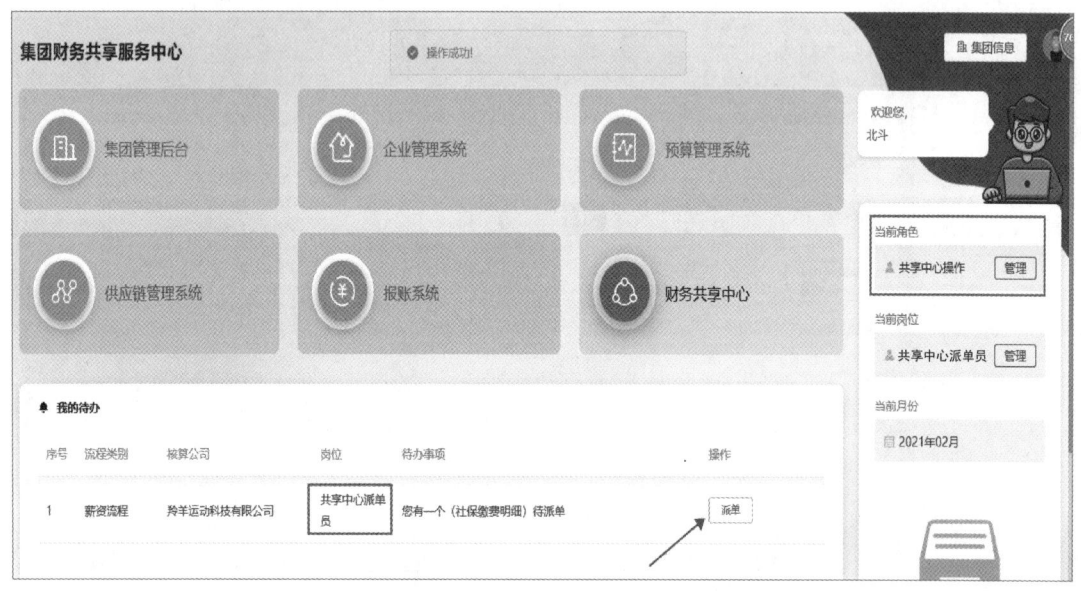

图 4-183 任务派单(1)

(2)单击【派单】,任意选择一位资金会计,单击【确定】,如图 4-184 所示。

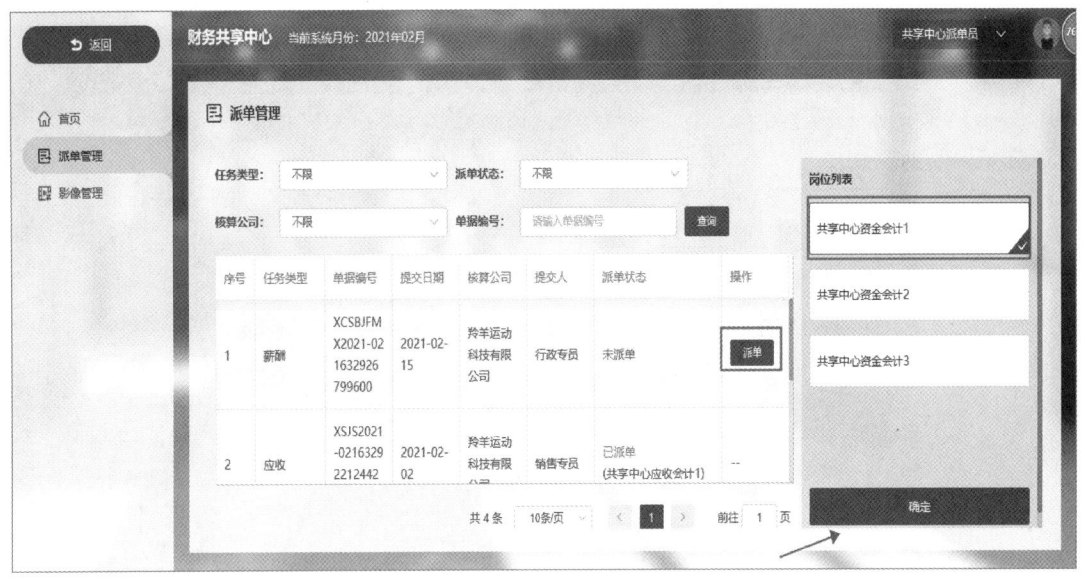

图 4-184　任务派单(2)

3. 生成凭证

财务共享中心资金会计对社保电子缴款单和社保缴费明细表进行审核,审核无误后,生成记账凭证,并提交给财务共享中心经理审核。具体操作步骤如下:

(1)返回至【集团财务共享服务中心】界面,选择【共享中心操作】和【共享中心资金会计】,在【我的待办】栏中,单击【审核】,如图 4-185 所示。

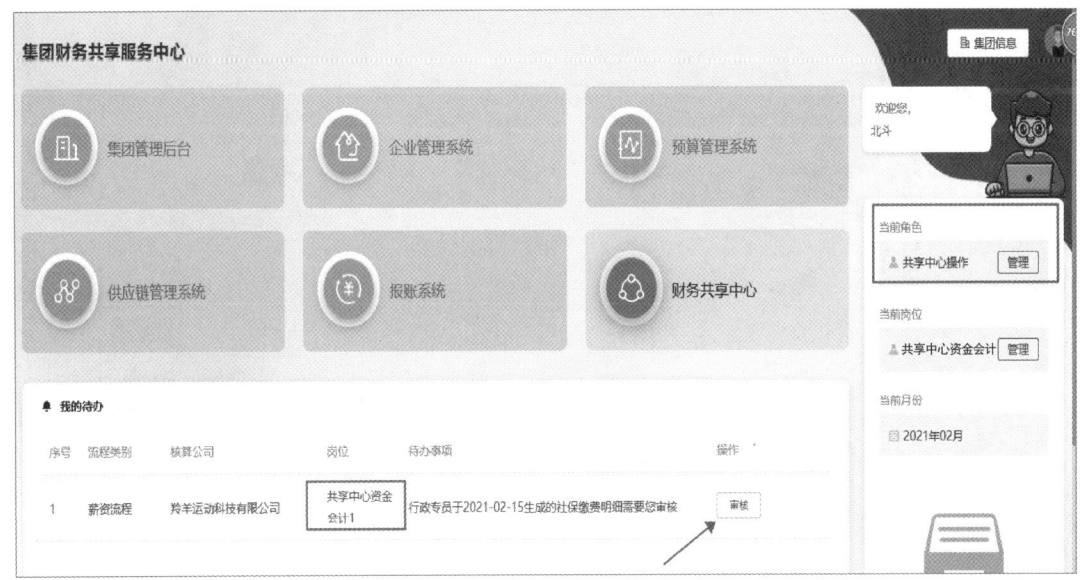

图 4-185　审核社保(1)

(2)单击【审核】,如图 4-186 所示。

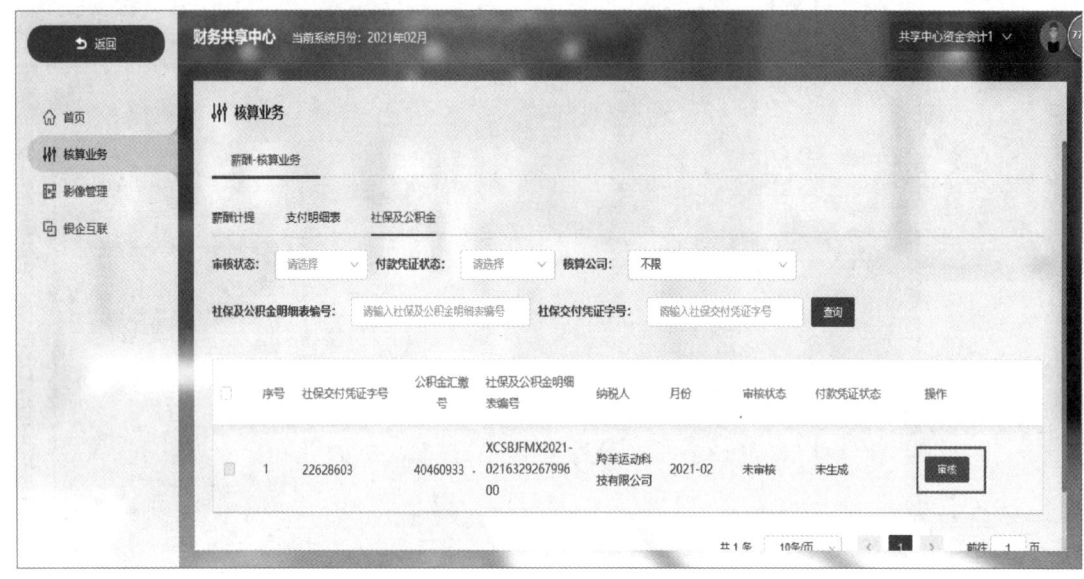

图 4-186 审核社保(2)

(3) 单击【生成凭证】,如图 4-187 所示。

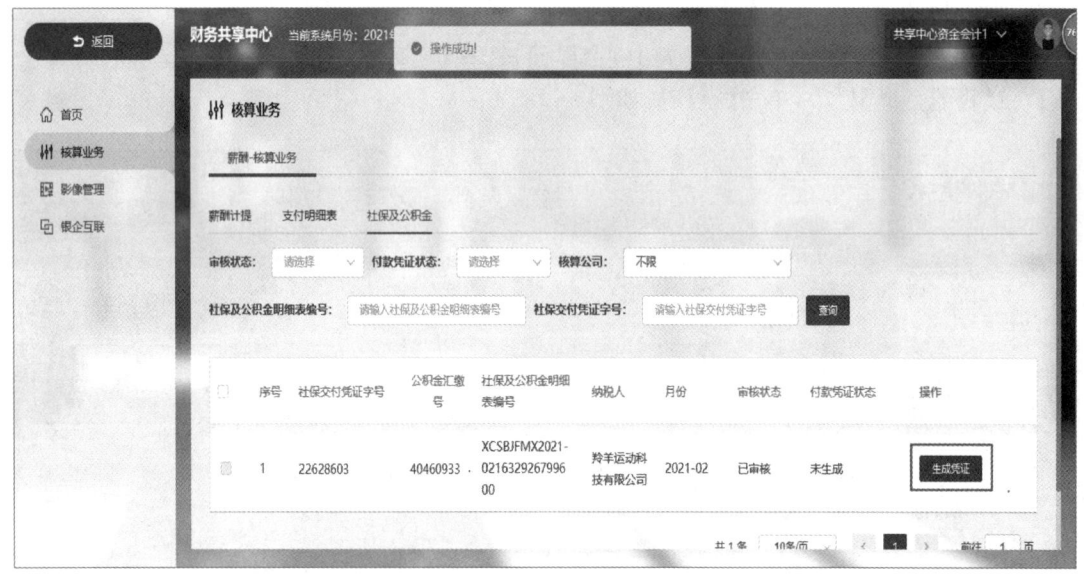

图 4-187 生成凭证

4. 审核凭证

财务共享中心经理在系统中审核凭证,流程结束。具体操作如下:

返回至【集团财务共享服务中心】界面,选择【共享中心审批】和【共享中心经理】,在【我的待办】栏中,单击【审核】,找到对应需要审核的记账凭证,单击【审核】,如图 4-188 所示。

图 4-188 审核凭证

二、工资薪酬

财务共享中心应按照公司薪酬管理制度规定,根据人力资源部门提供的工资、考勤等相关薪资信息,复核工资、社保、公积金及个人所得税计算的正确性,保障工资薪酬的按时准确发放。

(一) 工资薪酬明细的审核要点

工资薪酬明细的审核要点,主要包括以下三点,如图 4-189 所示。

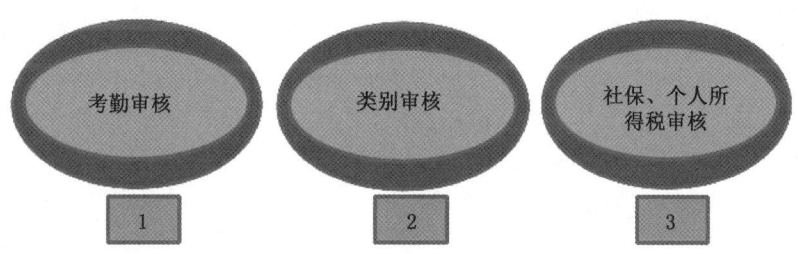

图 4-189 工资薪酬明细的审核要点

1. 考勤审核

考勤审核,是针对公司考勤签到、人员变动、计薪天数等作相应的审核。

1) 核对在岗人数

重点关注人员异动情况、核对期初和期末人员变动情况,未加入薪酬计划方案的人员必须注明,以确定当期计薪人员。

2) 核对考勤

核对员工出勤签到情况,考勤天数与计薪天数是否一致。重点核对人员缺勤情况,新人入职、员工离职、请假都会产生缺勤记录,重点核对以上人员的出勤天数。

2. 类别审核

公司会把员工的薪酬按类别列示，比如，基本工资、工龄工资、绩效工资、业绩提成等。一些扣款情况也会分类列明，比如社保扣款、缺勤扣款、其他扣款等。

类别审核，是审核对应的薪酬项目等是否相符。比如，"普通员工绩效奖金"对应工资项目"绩效工资"；"销售人员提成工资"，对应工资项目"业绩提成"；"补发员工以前月的工资"对应工资项目"其他调整"；"员工请假扣款"对应工资项目"缺勤扣款"；"员工过失扣款"对应工资项目"其他扣款"等，以此类推。

3. 社保、个人所得税审核

社保、公积金、个人所得税计算，必须按照最新标准执行，并且计算无误。

（二）工资薪酬计提流程

1. 编制工资表

（1）在【集团财务共享服务中心】界面，选择【业务角色】和【行政专员】，进入【企业管理系统】。

（2）单击左侧的【薪酬计提】，单击【新增月份】，【选择薪酬月份】为"2021-02"，单击【确定】，如图 4-190 所示。

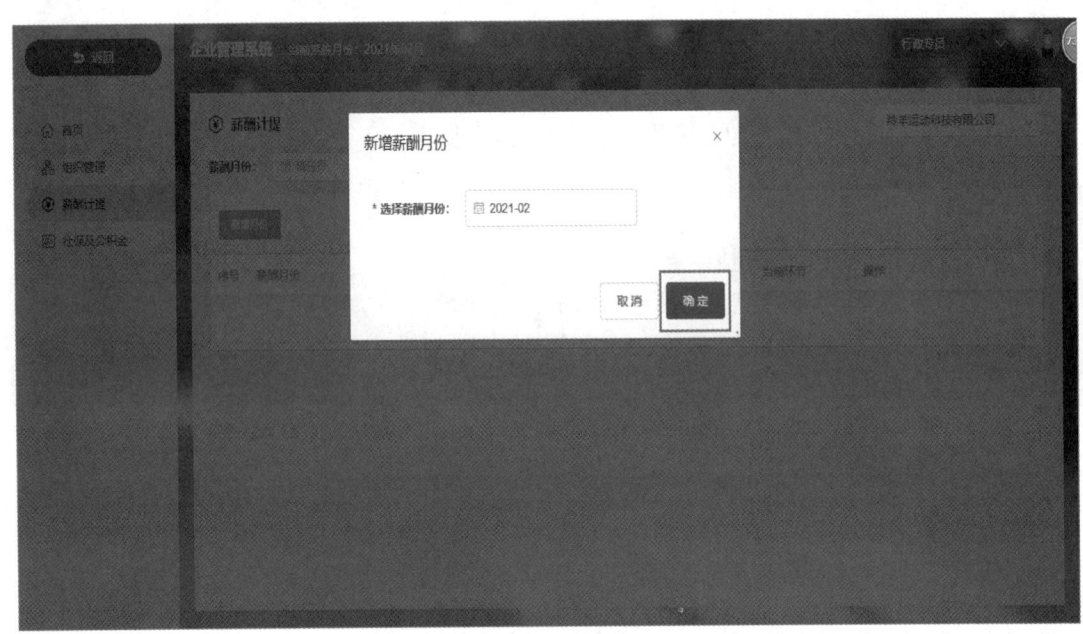

图 4-190　新增薪酬月份

（3）单击【编制】，进入【编制薪酬明细表】界面，可以查看薪酬计划表以及资金计划表，如图 4-191、图 4-192 所示。

（4）单击【下载薪酬明细表】，表格会出现在屏幕的左下角，如图 4-193 所示。

（5）打开下载的薪资明细表，如图 4-194 所示。

> **提示**
> 下载的薪酬明细表可以另存为到指定的文件夹或桌面，方便后续操作。

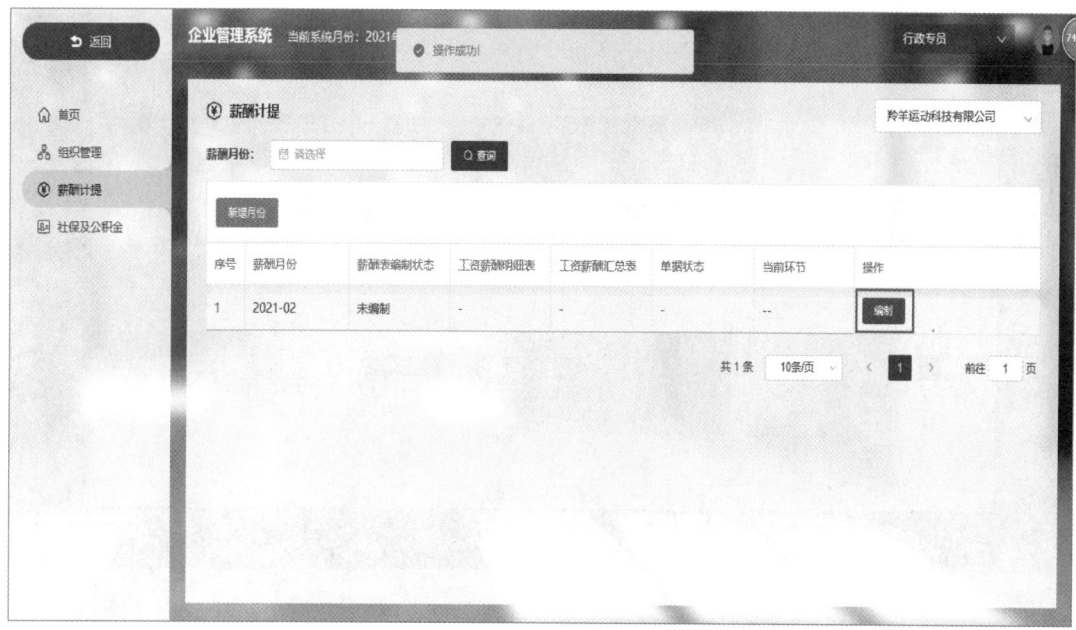

图 4-191　编制薪酬明细表

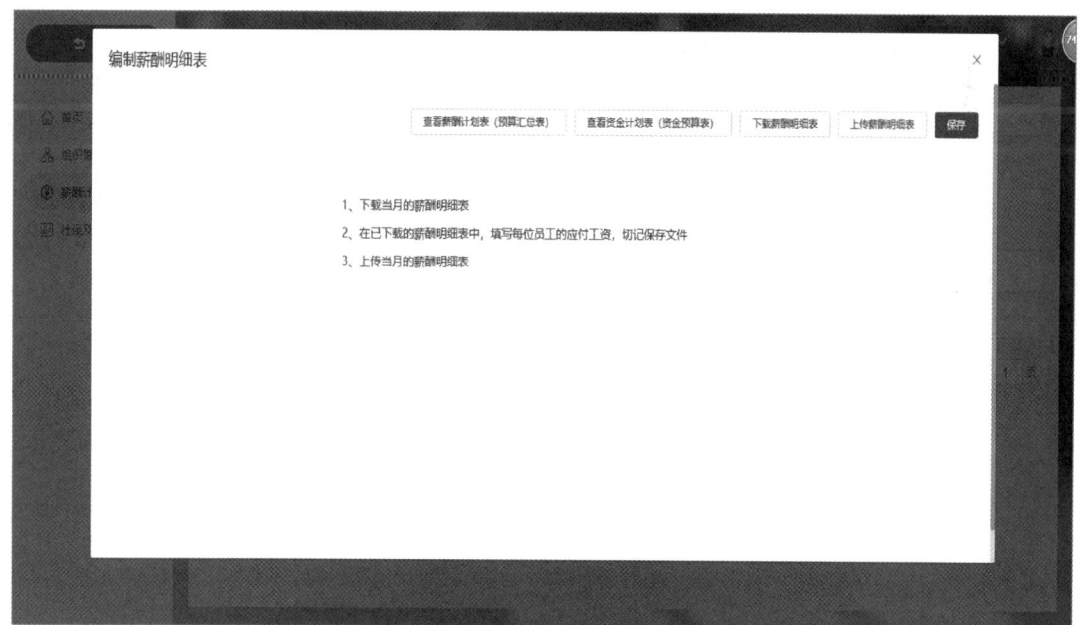

图 4-192　查看薪酬计划表和资金计划表

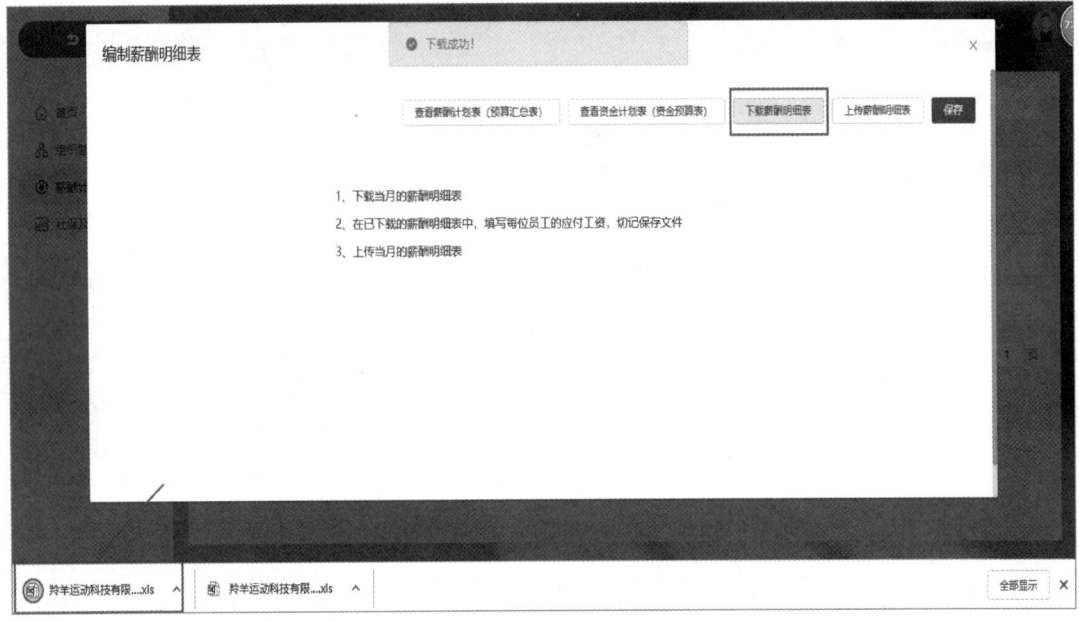

图 4-193　下载薪酬明细表

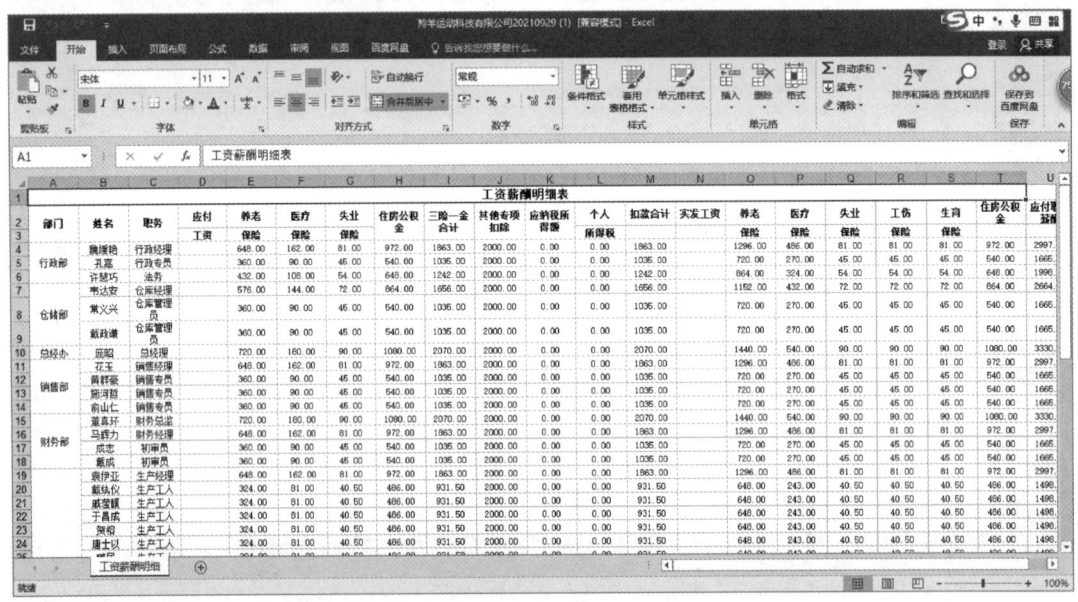

图 4-194　工资薪酬明细表模板

(6) 填写薪资明细表，把应发工资数额按任务资料进行填写，填写完后单击【保存】，如表 4-11、图 4-195 所示。

表 4-11 基本工资明细表

岗位	部门	基本工资(元)	岗位	部门	基本工资(元)
总经理	总经办	10 000.00	采购专员	采购部	6 000.00
行政经理	行政部	9 000.00	生产经理	生产部	9 000.00
行政专员	行政部	5 000.00	生产工人	生产部	4 500.00
法务	行政部	6 000.00	仓库经理	仓储部	8 000.00
财务总监	财务部	10 000.00	仓库管理员	仓储部	5 000.00
财务经理	财务部	9 000.00	销售经理	销售部	9 000.00
初审员	财务部	5 000.00	销售专员	销售部	5 000.00
采购经理	采购部	8 000.00			

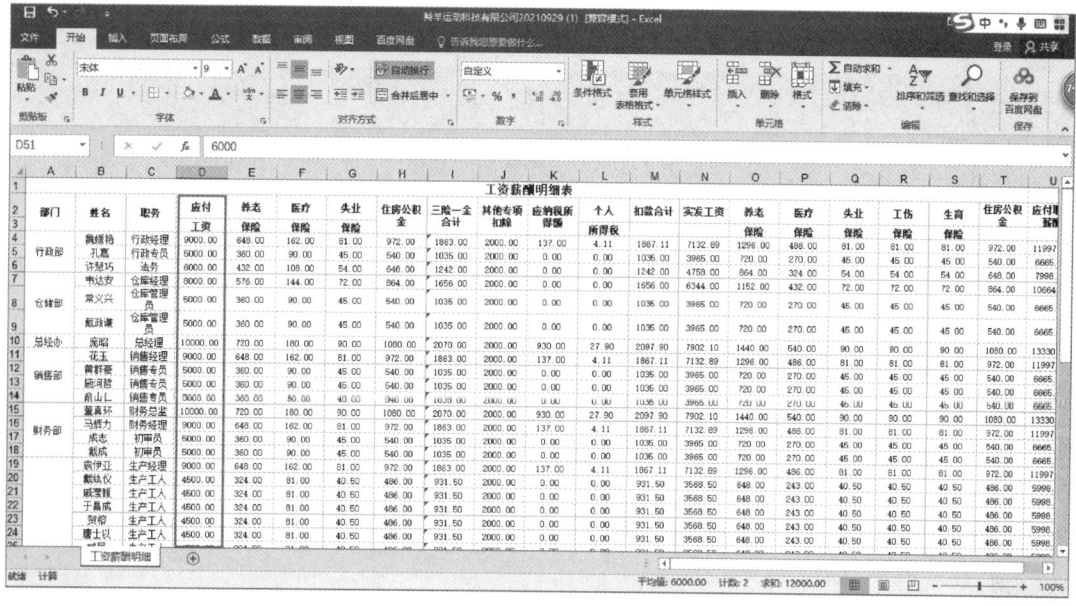

图 4-195 薪资明细表填写

(7) 单击【上传薪酬明细表】，找到对应存放表格的位置进行上传，导入成功后，单击【保存】，如图 4-196、图 4-197 所示。

(8) 单击【生成汇总表】，如图 4-198 所示。

2. 审批工资表

审批工资表时，注意以下两点：

(1) 工资薪酬明细表和工资汇总表的应付工资合计数，不能超过薪酬计划表的本月工资计划合计数。如果超计划，需要经过行政经理、财务经理和总经理审批。

(2) 重点审核应发工资金额、社保金额、公积金、个人所得税扣除金额、个人所得税专项扣除、实发工资等。

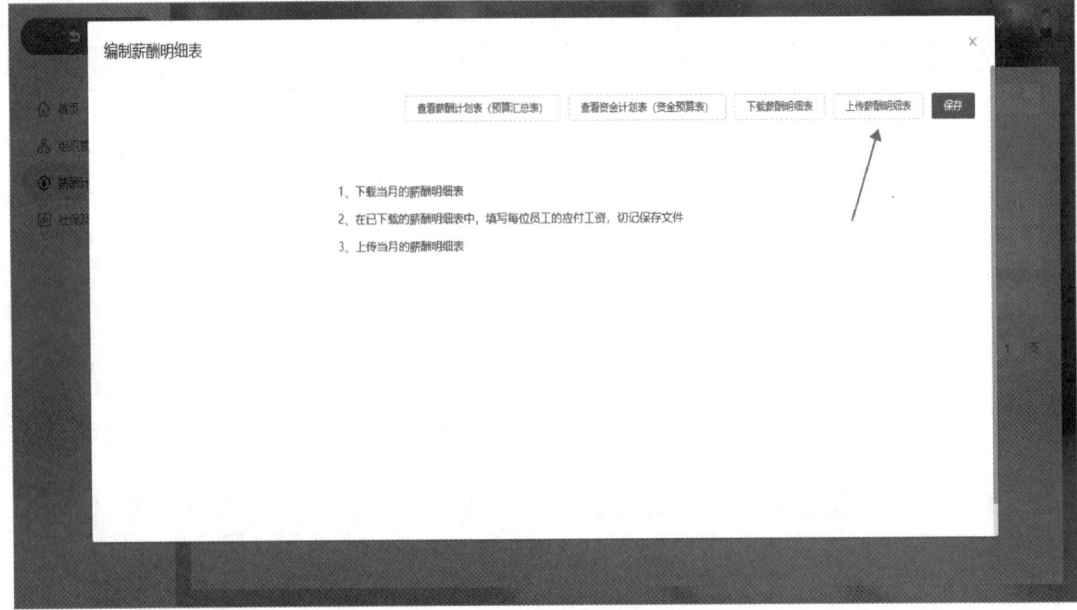

图 4-196　上传薪酬明细表

图 4-197　导入保存

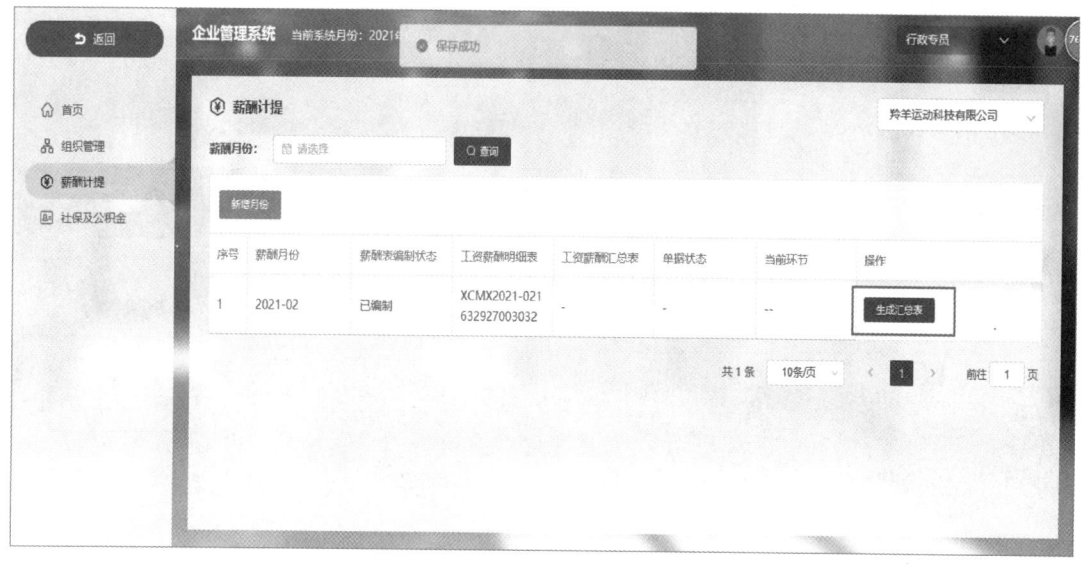

图 4-198　生成汇总表

> **提示**
>
> 在填制工资薪酬明细表过程中,需要注意所填栏次的数据完整性与准确性,并与任务资料核对。

审批工资表的具体操作如下:

返回至【集团财务共享服务中心】界面,选择【审批角色】,依次切换【行政经理】【财务经理】【财务总监】岗位角色,在【我的待办】栏中,依次单击【审批】—【审批】—【通过】,完成对工资表的审批,如图 4-199 至图 4-202 所示。

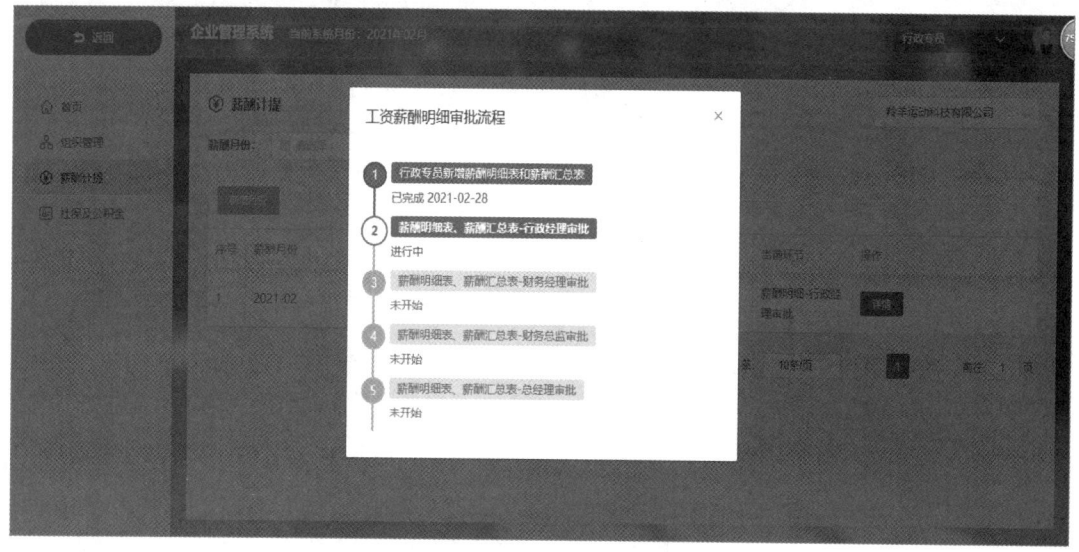

图 4-199　工资薪酬明细审批流程

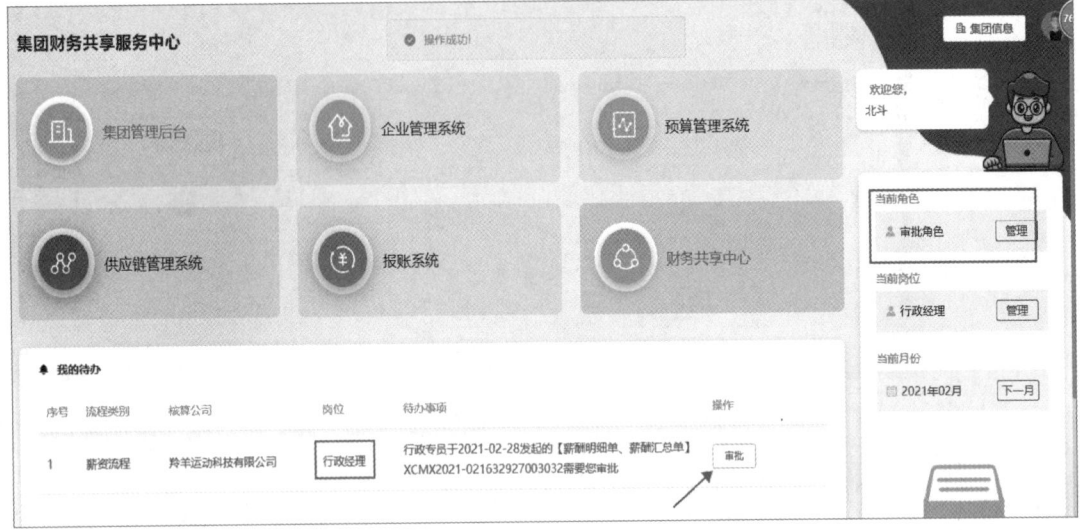

图 4-200　审批工资表(1)

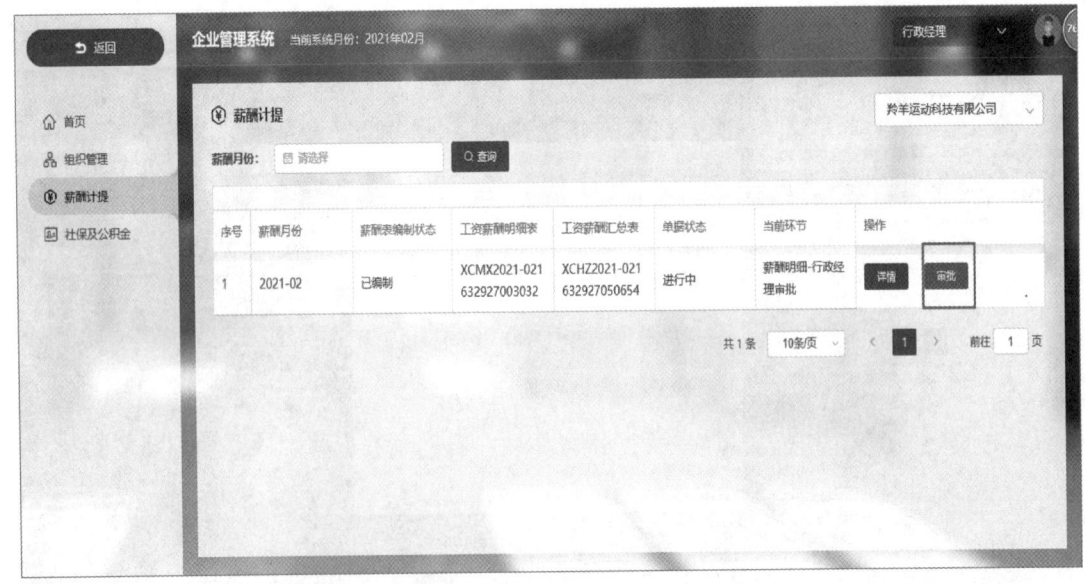

图 4-201　审批工资表(2)

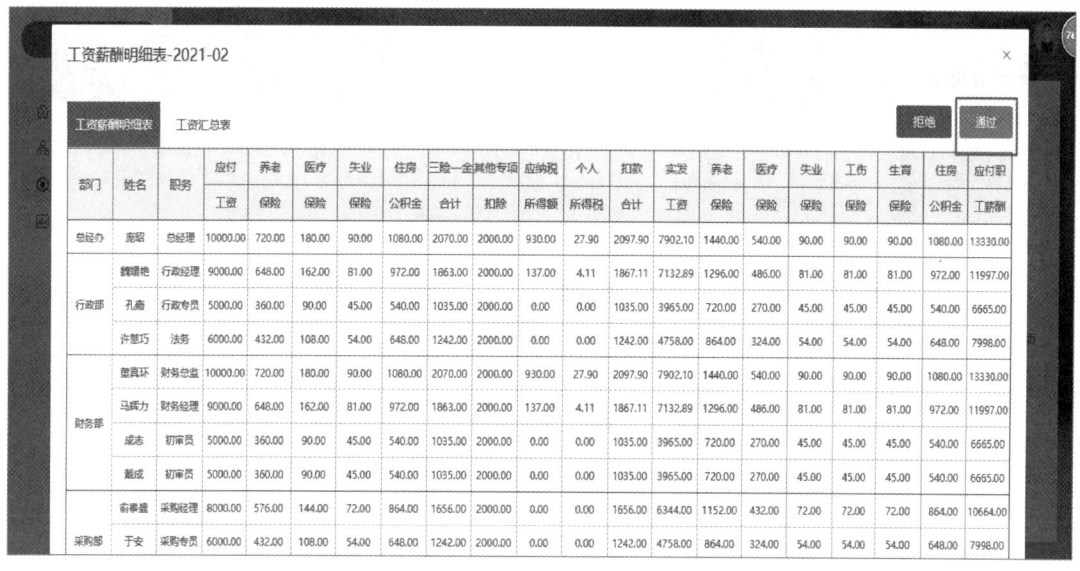

图 4-202 审批通过

(三) 薪酬费用申请流程

1. 填写薪酬费用申请单

（1）返回至【集团财务共享服务中心】界面，选择【业务角色】和【行政专员】，在【我的待办】栏中，单击【新增】，如图 4-203 所示。

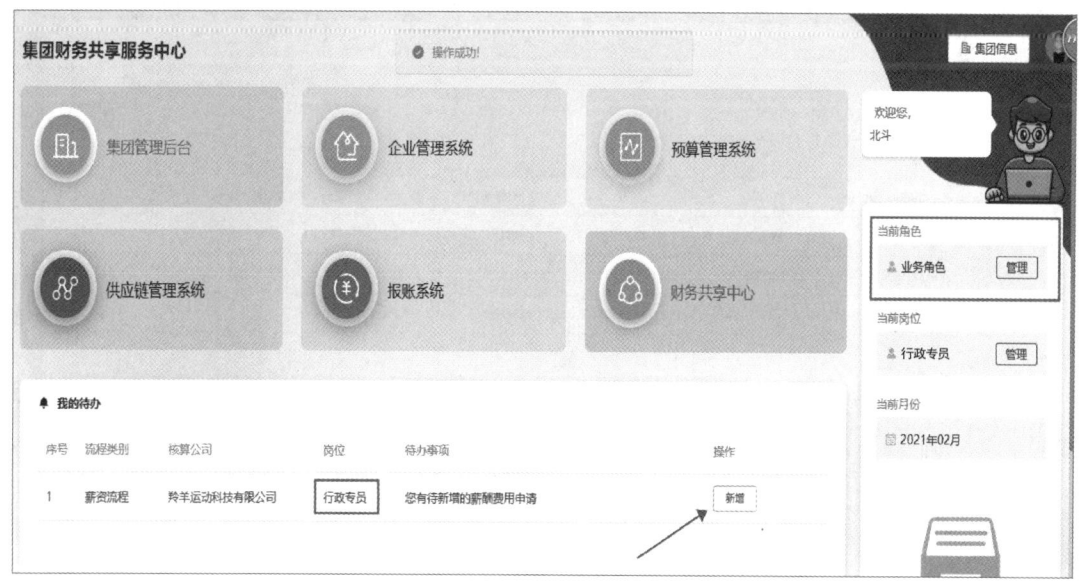

图 4-203 新增薪酬费用申请单

(2)单击【申请】,如图4-204所示。

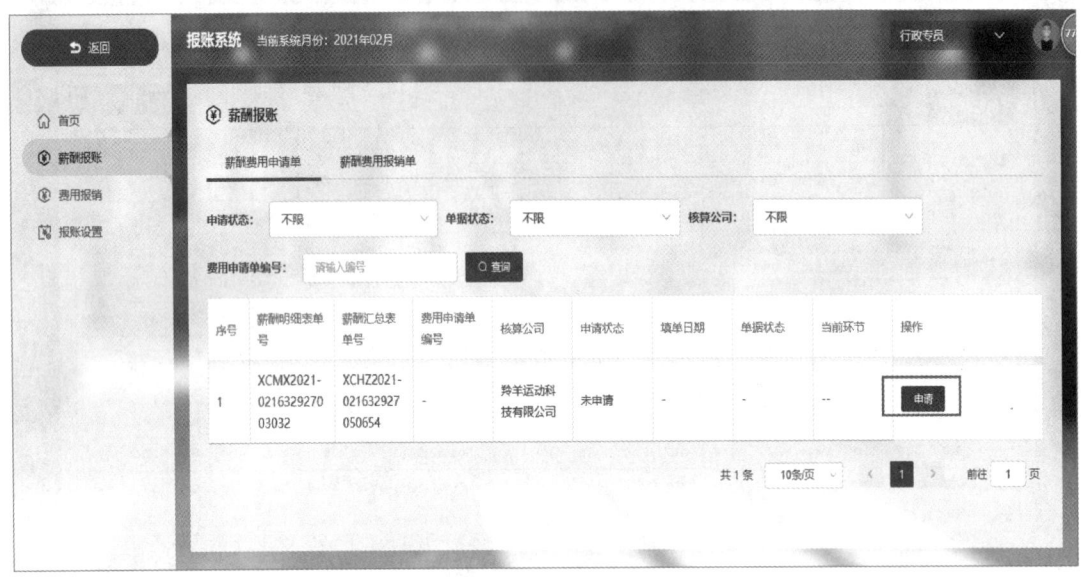

图 4-204　薪酬费用申请单

(3)填写完成薪酬费用申请单相关信息后,单击【提交】,如图4-205所示。

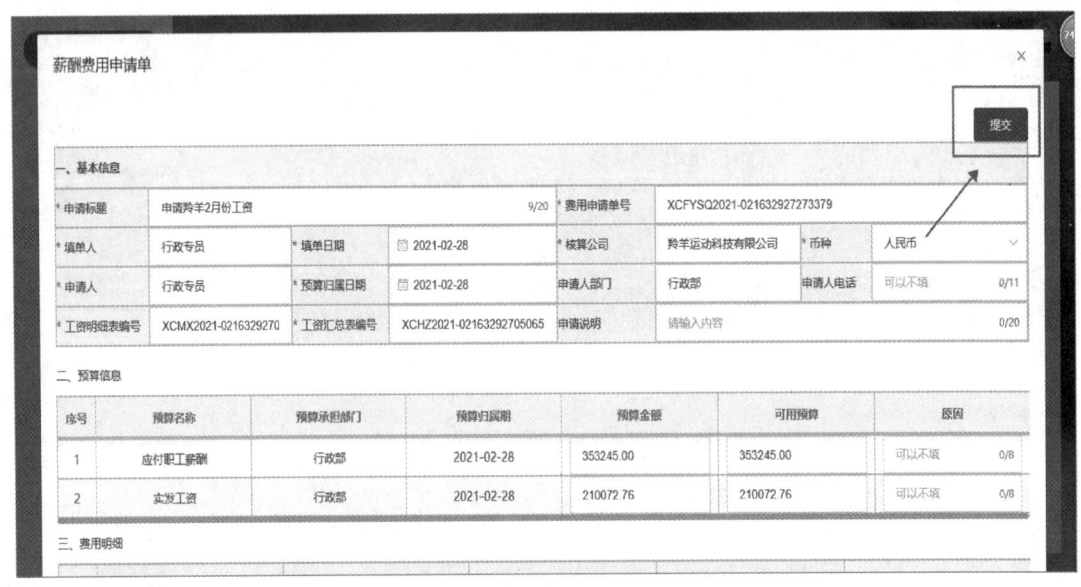

图 4-205　提交薪酬费用申请单

2. 审批薪酬费用申请单

返回至【集团财务共享服务中心】界面,选择【审批角色】和【行政经理】,依次单击【审批】—【通过】,如图 4-206 所示。

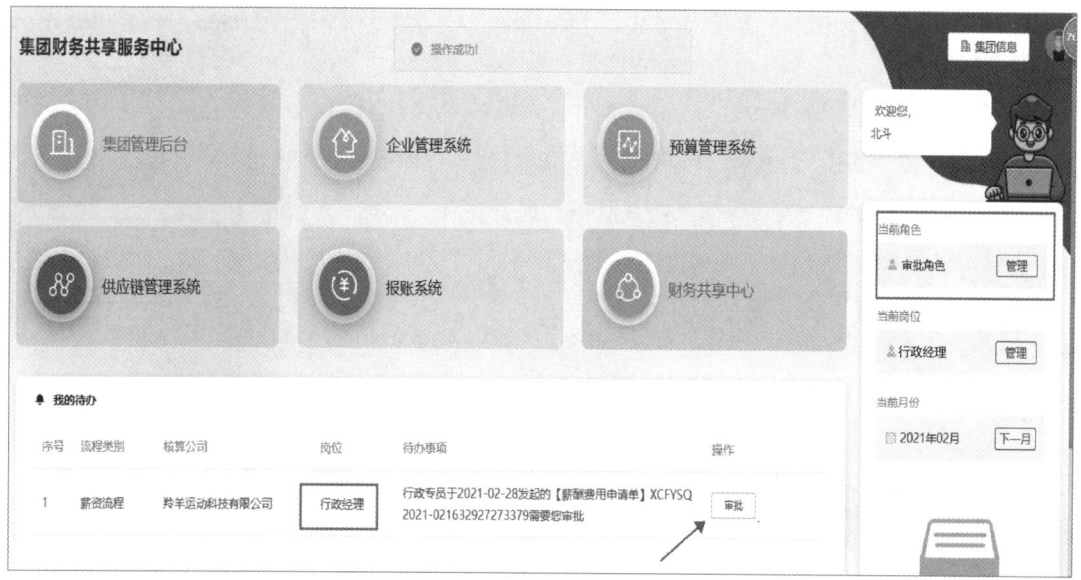

图 4-206　审批薪酬费用申请单

图 4-207　通过薪酬费用申请单

(四)薪酬费用报销流程

1. 填写薪酬费用报销单

(1)返回至【集团财务共享服务中心】界面,选择【业务角色】和【行政专员】,单击【新增】,如图 4-208 所示。

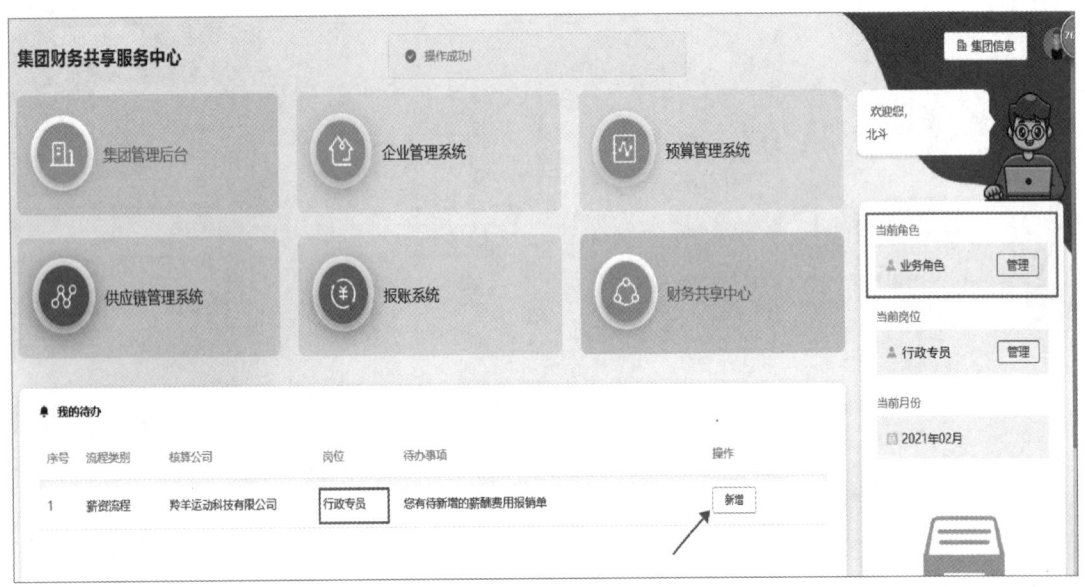

图 4-208 新增薪酬费用报销单

(2)单击【报销】,如图 4-209 所示。

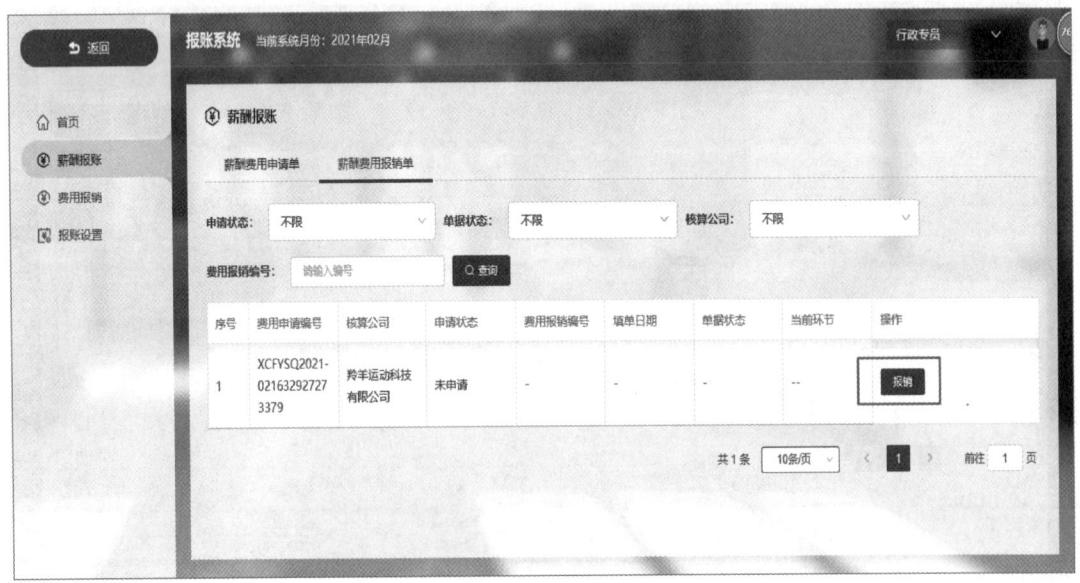

图 4-209 薪酬费用报销单

(3) 填写薪酬费用报销单相关信息后,单击【提交】,如图4-210所示。

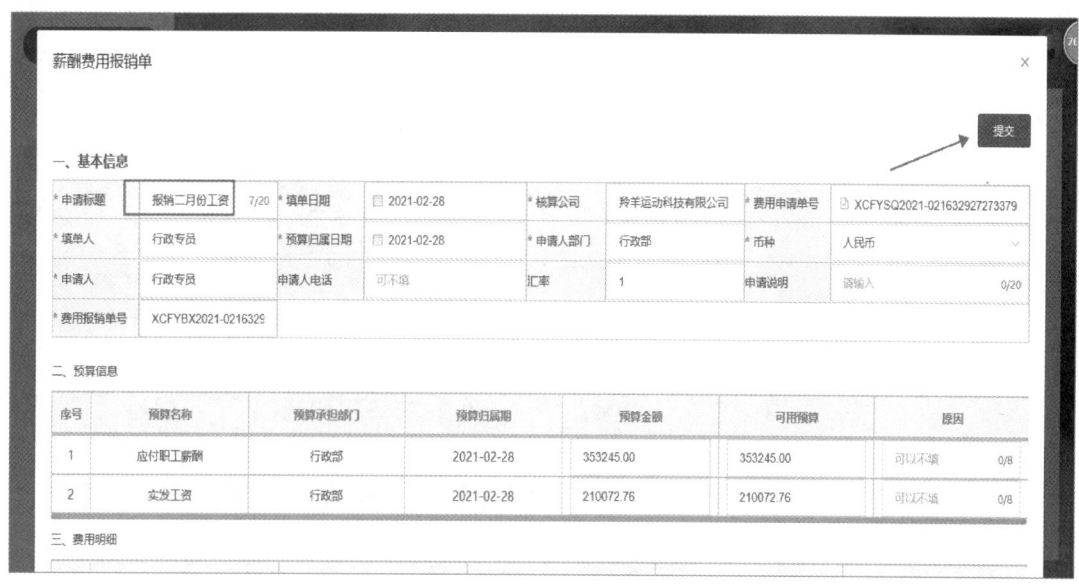

图4-210 提交薪酬费用报销单

2. 审批薪酬费用报销单

(1) 返回至【集团财务共享服务中心】界面,选择【审批角色】和【初审员】,在【我的待办】栏中,依次单击【审批】—【通过】,如图4-211、图4-212所示。

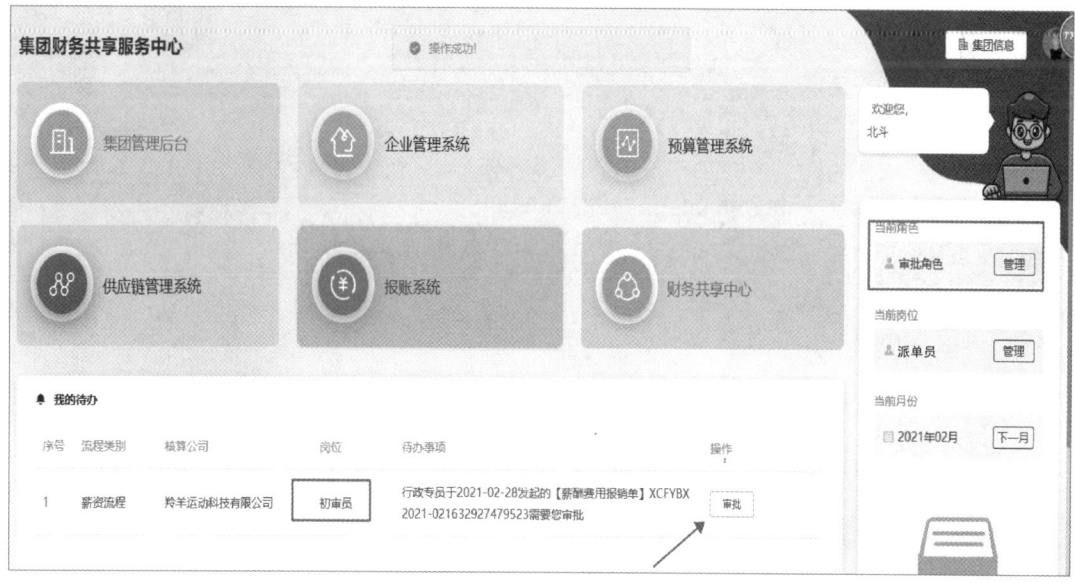

图4-211 审批薪酬费用报销单

图 4-212　通过薪酬费用报销单

(2) 返回至【集团财务共享服务中心】界面，选择【审批角色】和【行政经理】，在【我的待办】栏中，依次单击【审批】—【通过】，完成审批。

3. 任务派单

(1) 返回至【集团财务共享服务中心】界面，选择【共享中心操作】和【共享中心派单员】，单击【派单】，如图 4-213 所示。

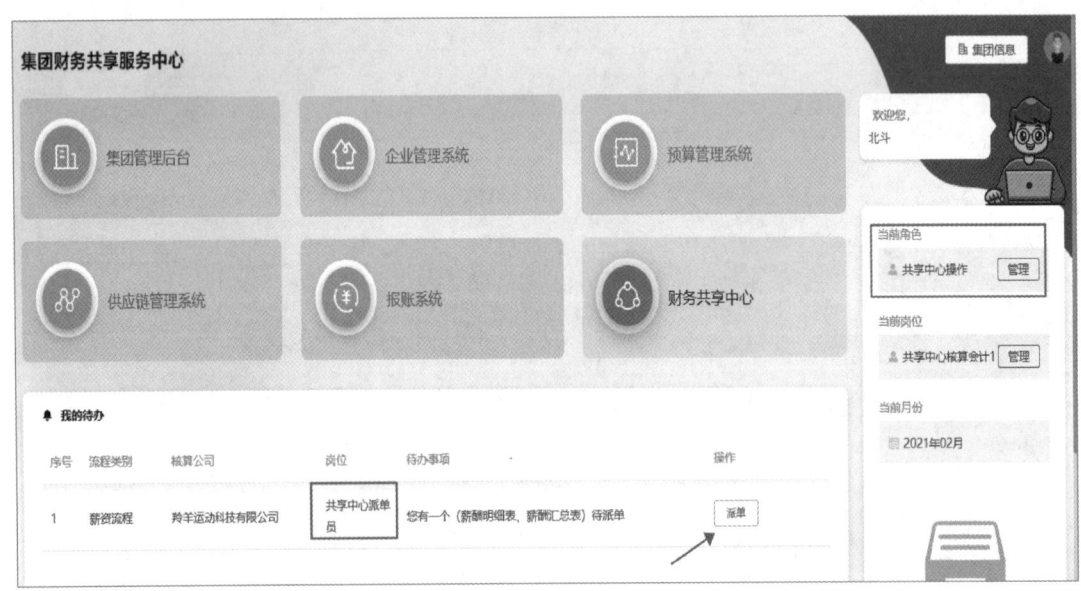

图 4-213　任务派单(1)

(2) 单击【派单】，任意选择一位核算会计，单击【确定】，如图 4-214 所示。

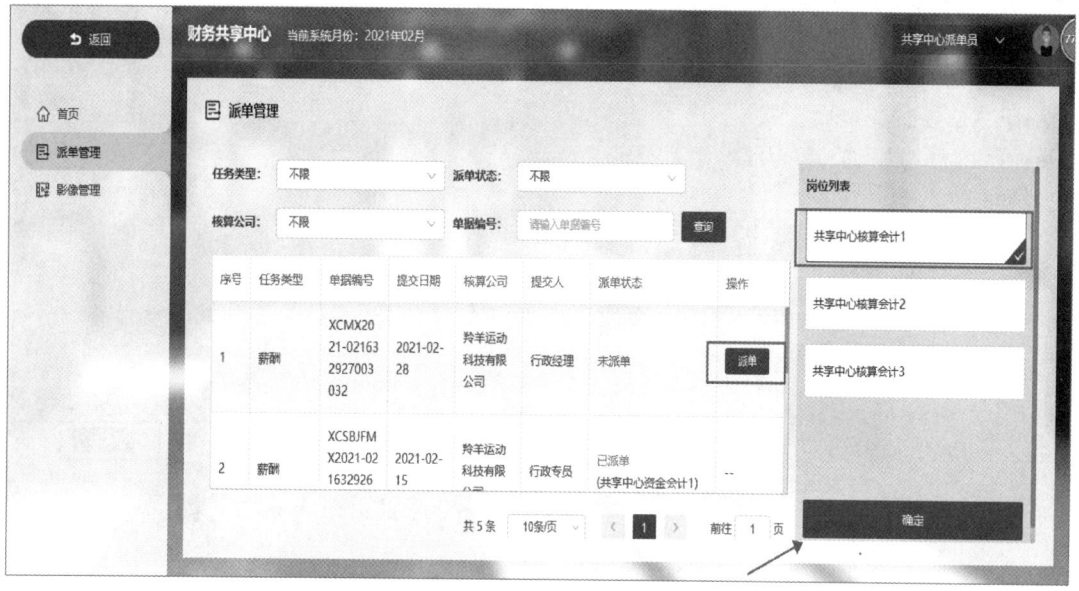

图 4-214　任务派单(2)

4. 生成记账凭证

(1)返回至【集团财务共享服务中心】界面,选择【共享中心操作】和【共享中心核算会计】,单击【生成】,如图 4-215 所示。

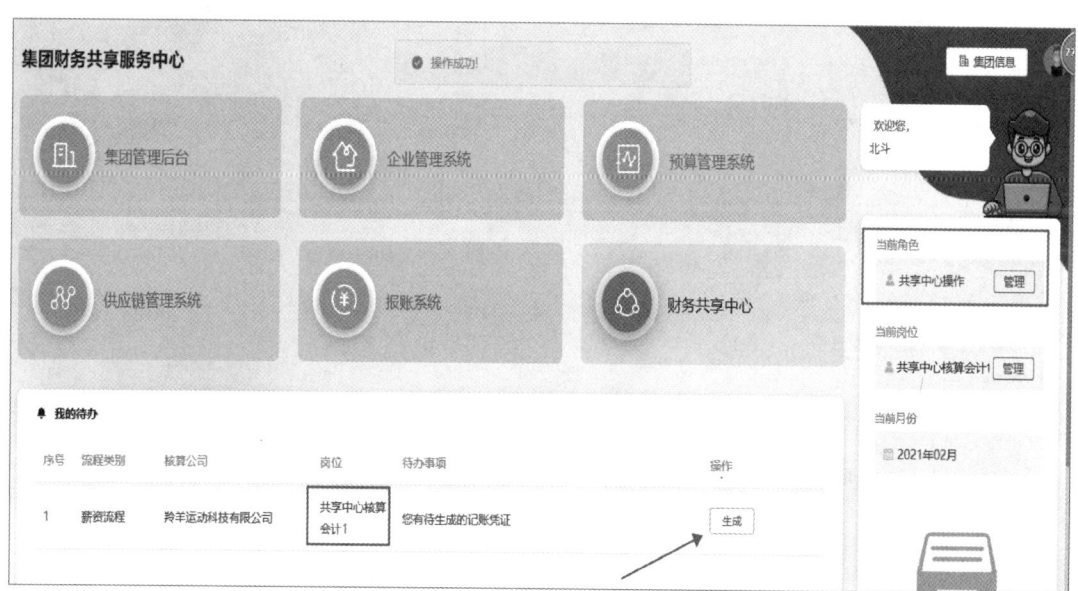

图 4-215　生成记账凭证(1)

(2)单击【生成凭证】,如图 4-216 所示。

5. 审核记账凭证

财务共享中心经理在系统中审核该记账凭证(计提)分录的完整性和准确性,审核通过后,将其推送给财务共享中心资金会计。具体操作步骤如下:

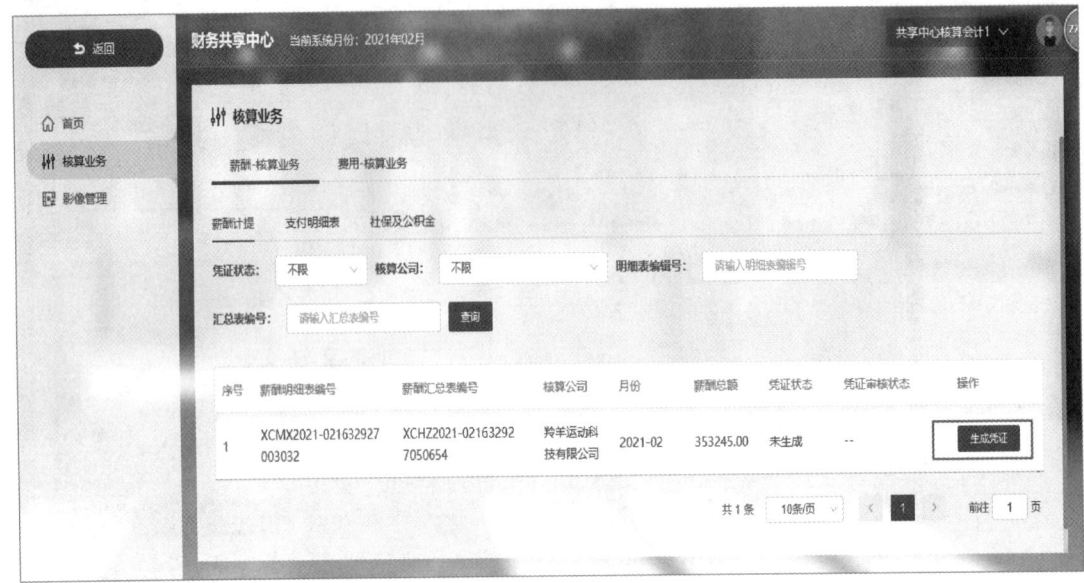

图 4-216　生成记账凭证(2)

(1) 返回至【集团财务共享服务中心】界面,选择【共享中心审批】和【共享中心经理】,单击【审核】,如图 4-217 所示。

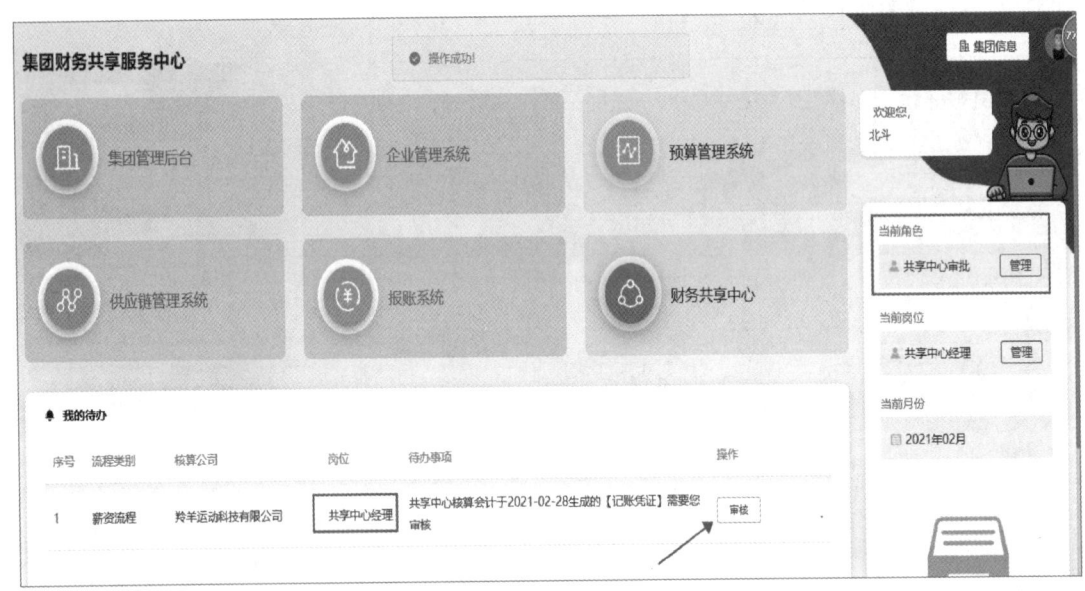

图 4-217　审核记账凭证(1)

(2) 找到相应的记账凭证,单击【审核】,完成对记账凭证的审核,如图 4-218 所示。

(五) 工资薪酬发放流程

一般企业发放薪酬时,应先核对工资卡,维护新增、辞退、变更等工资卡信息;然后计算员工薪酬并审批,导入银行给出的工资支付明细表模板;之后与个人账户和工资信息匹配后,提交银行支付员工工资,支付完成后,进行工资的账务处理;最后对所有资料进行存档。

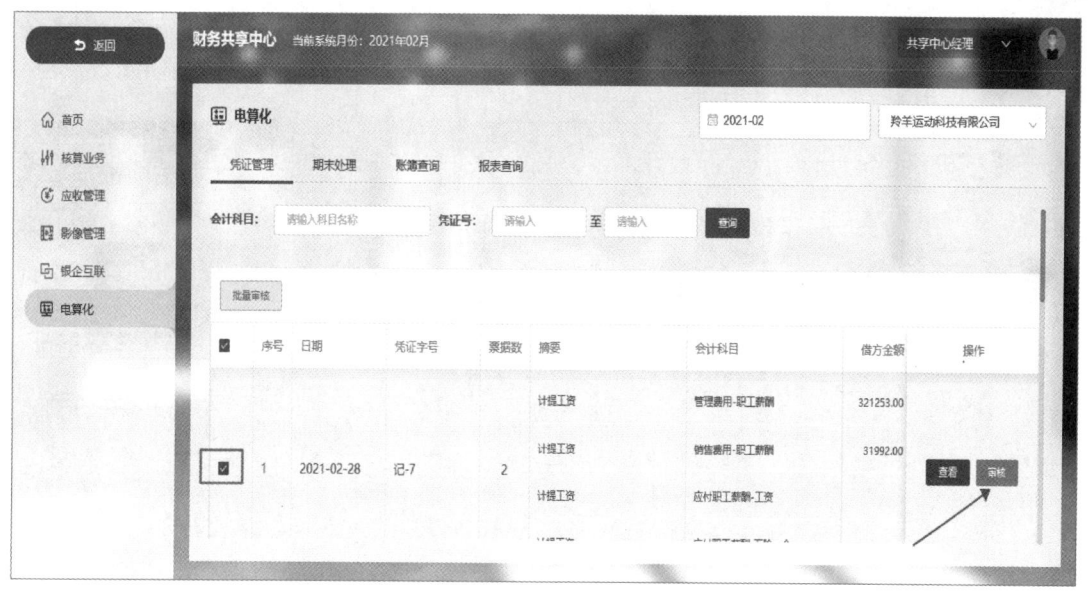

图 4-218 审核记账凭证(2)

【任务要求】 跨月后支付工资。注意：2月份的所有业务,并且已经进行了月末结转和跨月处理。为了业务的连贯性,这里是3月份发放2月份工资。具体操作步骤如下：

1. 任务派单

进入【集团财务共享服务中心】界面,选择【共享中心操作】和【共享中心派单员】,找到相对应的核算公司业务,单击【派单】,选择任意一位资金会计,再单击【确定】,如图 4-219 所示。

图 4-219 任务派单

2. 生成薪酬付款明细表

财务共享中心资金会计根据工资薪酬明细表,在系统中自动匹配生成工资薪酬银行付款明细,并提交给财务共享中心经理审批。具体操作如下：

返回至【集团财务共享服务中心】界面,选择【共享中心操作】和【共享中心资金会计】,在【我的待办】栏中,依次单击【新增】—【生成支付明细表】,如图4-220、图4-221所示。

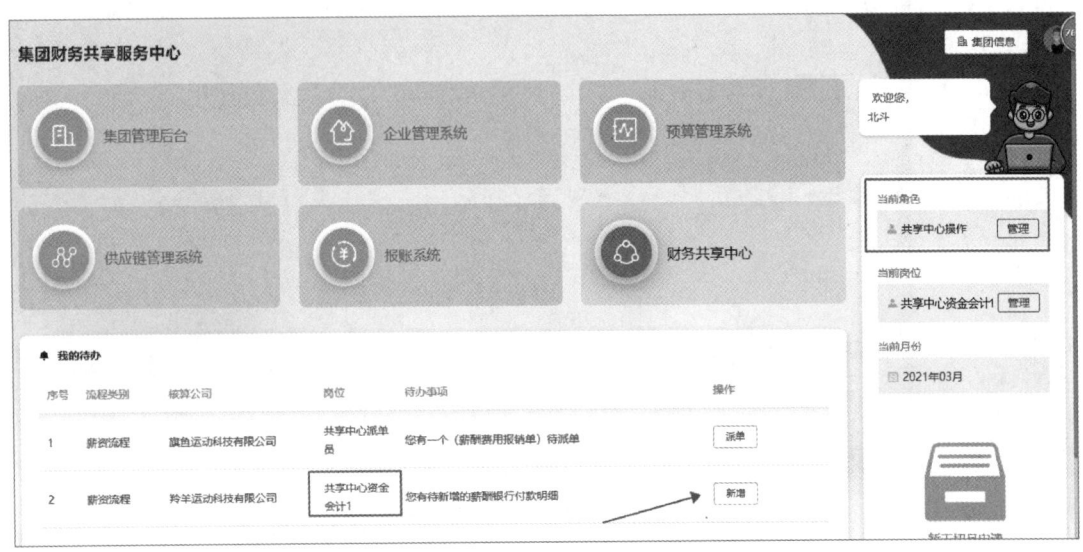

图4-220　生成薪酬付款明细表(1)

图4-221　生成薪酬付款明细表(2)

> **提示**
>
> (1)将工资卡号和银行个人卡号信息进行比对时,尤其要比对新增人员和信息变动的人员,确保卡号信息准确无误。
>
> (2)将工资收入和工资明细表中的实发工资明细详细比对,确保金额无误。

3. 审批薪酬付款明细表

返回至【集团财务共享服务中心】界面，选择【共享中心审批】和【共享中心经理】，在【我的待办】栏中，依次单击【审批】—【通过】，完成对支付明细表的审批，如图 4-222、图 4-223 所示。

图 4-222　审批薪酬付款明细表(1)

图 4-223　审批薪酬付款明细表(2)

4. 支付薪酬

财务共享中心资金会计根据审批后的工资薪酬银行付款明细进行薪酬支付,查看银行电子回单,同时进行薪酬清账,在系统中生成支付薪酬的记账凭证,并提交给财务共享中心经理审核。具体操作步骤如下:

(1) 返回至【集团财务共享服务中心】界面,选择【共享中心操作】和【共享中心资金会计1】,在【我的待办】栏中,单击【付款】,如图 4-224 所示。

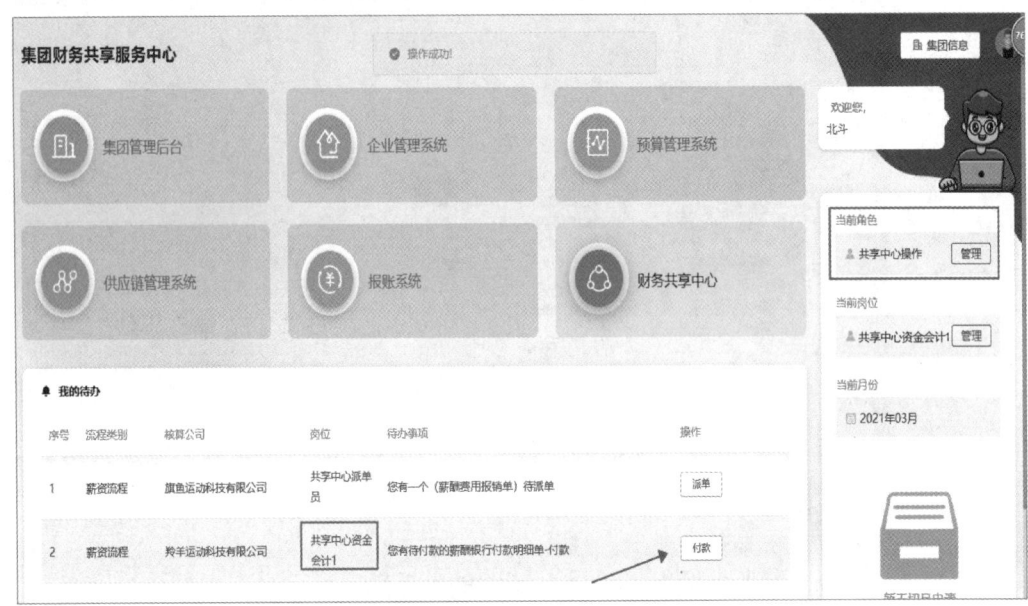

图 4-224 支付薪酬(1)

(2) 单击【支付核销】,显示"支付成功",如图 4-225、图 4-226 所示。

图 4-225 支付薪酬(2)

图 4-226 支付薪酬(3)

5. 生成薪酬付款凭证

返回至【集团财务共享服务中心】界面,选择【共享中心操作】和【共享中心资金会计】,在【我的待办】栏中,依次单击【生成】—【生成凭证】,如图 4-227 所示。

图 4-227 生成凭证

6. 审核薪酬付款凭证

财务共享中心经理在系统中,查看并审核凭证,完成记账凭证的审核工作,至此,工资薪酬发放流程结束。具体操作步骤如下:

(1) 在【集团财务共享服务中心】界面,选择【共享中心审批】和【共享中心经理】,在【我的待办】栏中,单击【审核】。

(2) 找到相应的需要审核的支付凭证,单击【审核】,工资支付完成,如图 4-228 所示。

图 4-228 审核凭证

三、薪酬福利支出分析

企业管理层对于薪酬福利支出都比较看重,因为它直接关系到公司的费用控制是否得当、人员效率是否合理,是企业经营最重要、最直观的财务分析。

薪酬福利一般由人事部门和财务部门进行统计分析。常见的薪酬福利分析方法是分析人均效率指标、人力资本投资回报率以及不同岗位人员薪酬占比等。通过对这些指标的分析,可以发现企业在薪酬福利管理方面存在的问题,从而进一步完善薪酬福利设计,优化薪酬福利结构,提高员工人均劳动效率。

(一) 薪酬福利支出分析要点

薪酬福利支出分析主要包括以下三点,如图 4-229 所示。

1. 人均效率分析

反映人均效率的指标主要是人均销售收入和人均利润。

(1) 人均销售收入是考核企业效率的指标,尤其是用在同行业之间相比较最有可比性,人均销

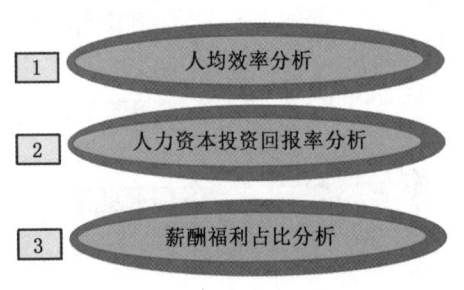

图 4-229 薪酬福利支出分析

售收入越高,企业效率越高。计算公式如下:

$$人均销售收入 = \frac{销售收入}{人员总数}$$

（2）人均利润反映一定时期内利润总额与员工总人数之间的比率,表示定时期内平均每人实现的利润额。这是一项侧重从劳动力利用的角度平均企业经济效益的综合性指标。该指标越高说明每个职工创利越多,贡献越大。计算公式如下:

$$人均利润 = \frac{利润总额}{人员总数}$$

2. 人力资本投资回报率分析

人均资本回报率反映公司在员工身上财务投资的回报率。计算公式如下:

$$人均资本投资回报率 = \frac{税前利润 + 薪酬费用 + 福利费用}{薪酬费用 + 福利费用}$$

3. 薪酬福利占比分析

（1）薪酬福利占营业收入比率反映了公司薪酬福利支出的经济性。计算公式如下:

$$薪酬福利占营业收入比率 = \frac{薪酬费用 + 福利费用}{营业收入}$$

（2）薪酬福利占成本比率反映企业的薪酬福利费占总成本的比例。不同的行业占比不同,一般劳动密集型企业该指标较高。计算公式如下:

$$薪酬福利占成本比率 = \frac{薪酬费用 + 福利费用}{企业总成本费用}$$

（二）薪酬福利分析流程

【任务要求】 北京祈福科技有限公司主要从事软件研发与销售。公司的薪酬福利范围包括:职工工资、社保、福利等所有计入应付职工薪酬的款项。对该公司薪酬福利进行分析,主要分为以下四点,如图4-230所示。

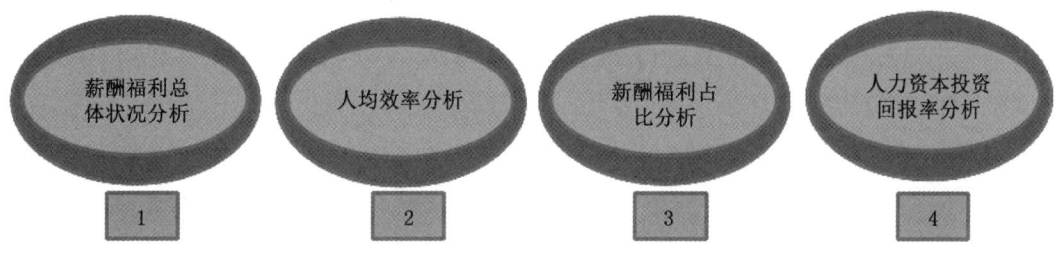

图4-230 薪酬福利分析

1. 薪酬福利总体状况分析

北京祈福科技有限公司各年度职工人数、工资总额、利润总额,如表4-12所示。薪酬福利总额与收入总额情况分析,如图4-231所示。

表 4-12　薪酬福利总体情况　　　　　　　　　　　　　　　　　　　　金额单位：万元

年份	职工人数(人)	工资总额	社保类总额	福利费总额	薪资福利总额	利润总额	收入总额
2016年	510	7 500	3 400	800	11 700	8 000	28 000
2017年	550	8 400	3 800	900	13 100	9 600	25 000
2018年	530	9 000	4 100	800	13 900	10 100	29 000
2019年	470	8 350	3 800	850	13 000	9 300	25 300

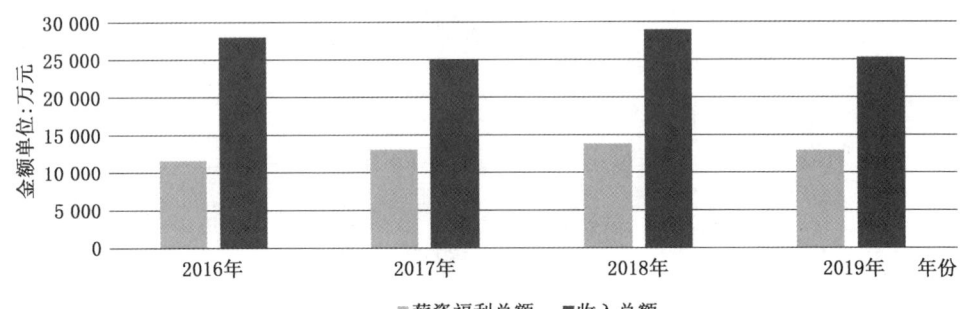

图 4-231　薪酬福利总额与收入总额情况

从 2016 年至 2019 年，北京祈福科技有限公司营业收入在 2.5 亿～2.9 亿元之间，人员在 470 人至 550 人之间，薪酬福利总额处于 1.17 亿～1.39 亿元之间，相对比较稳定。说明该企业的经营处于较稳定状态，人员薪酬福利总额与收入总额的变化基本保持一致。

2. 人均效率分析

北京祈福科技有限公司人均效率情况，如表 4-13 所示。

表 4-13　人均效率情况　　　　　　　　　　　　　　　　　　　　　　　　　单位：万元

年份	人均销售额	人均利润总额	人均工资	人均薪酬福利支出
2016	54.9	15.69	14.71	22.94
2017	45.45	17.45	15.27	23.82
2018	54.72	19.06	16.98	26.23
2019	53.83	19.79	17.77	27.66

北京祈福科技有限公司 2016 年的人均销售额为 54.9 万元、人均利润为 15.69 万元，历年最低；2019 年人均销售额为 53.83 万元，人均利润达到 19.79 万元，历年最高。相比两年的销售收入，基本持平，2019 年人均效率是最高。

3. 薪酬福利占比分析

北京祈福科技有限公司薪酬福利占销售收入比率，如表 4-14 所示。

表 4-14　薪酬福利占比情况

年份	薪酬福利占营收比率	薪酬福利占营收比率（其他行业）	年份	薪酬福利占营收比率	薪酬福利占营收比率（其他行业）
2016	54.9%	15.69%	2018	54.72%	19.06%
2017	45.45%	17.45%	2019	53.83%	19.79%

北京祈福科技有限公司 2016 年薪酬福利占销售收入比率为 54.9%，其他行业比率为 15.69%。这主要是由于公司行业性质决定的，北京祈福科技有限公司主要从事软件研发与销售，公司主要成本就是人力成本，因此薪酬福利支出比其他行业高。

北京祈福科技有限公司内部各部门人员分布及平均薪酬福利，如图 4-232、图 4-233 所示。

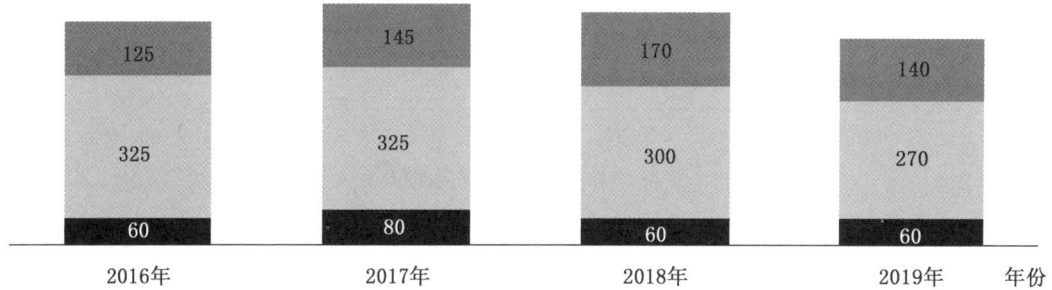

图 4-232 各部门人员分布

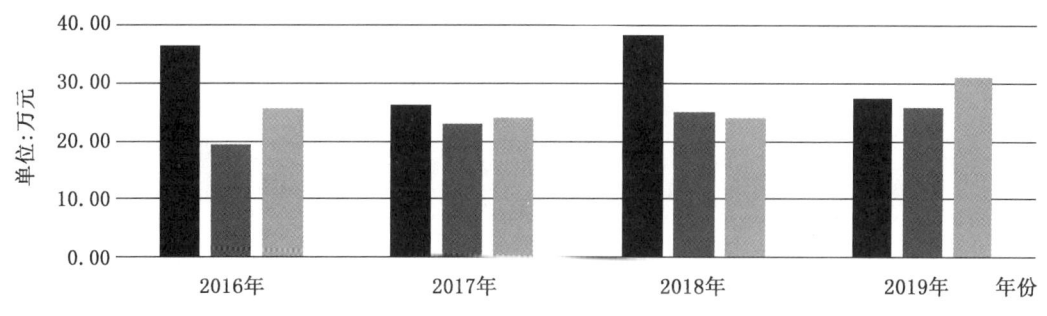

图 4-233 不同岗位人员平均薪酬福利

北京析福科技有限公司主要由管理、研发、销售三类人员构成。其中，销售人员数量最多，管理人员数量最少，管理人员在 60~80 人左右。根据 2016 年至 2019 年各部门的人员平均薪酬变化可以发现，管理人员平均薪酬呈逐渐下降趋势，尤其是销售收入下降的年份，管理人员薪酬降幅更大；销售人员人数逐年递减，但是人均薪酬费用逐年上升，与销售收入增长和降低关系不是很大，说明北京祈福科技有限公司对于销售人员实行精兵策略，人员精简的同时提高薪酬福利，可以看出这样的策略提高了人均营业收入效率。北京析福科技有限公司也比较重视研发投入，研发人员的人均薪酬福利（除了 2018 年，2018 年研发人员人数最多）均高于销售人员。

综上所述，北京祈福科技有限公司近年来薪酬福利向研发、销售一线倾斜，激发一线员工的积极性，同时压缩管理人员的薪酬福利。这样的薪酬福利策略导致的结果是，虽然公司的营业收入出现波动，但是人均效率逐年提升。

4. 人力资本投资回报率分析

北京祈福科技有限公司人力资本投资回报率分析，如图 4-234 所示。

图 4-234　人力资本投资回报率

北京祈福科技有限公司人力资本投资回报率一直处于较均衡的水平，2017 年提升了 5 个百分点，2017 年至 2019 年都在 170％以上，说明企业的人力资本投资获得了不错的回报。